珍藏本
纪念版

汉译世界学术名著丛书

实验心理学史

下册

〔美〕E.G.波林 著

高觉敷 译

2017年·北京

目　　录

近代心理学在德国的建立

第十七章　海林、布伦塔诺、斯顿夫与 G.E.缪勒 …… 427

埃瓦尔德·海林 …… 428

弗朗茨·布伦塔诺 …… 433

卡尔·斯顿夫 …… 440

格奥尔格·埃利亚斯·缪勒 …… 451

附注 …… 460

第十八章　“新”内容心理学 …… 469

赫尔曼·艾宾浩斯 …… 472

马赫与阿芬那留斯 …… 478

到符茨堡之前的屈尔佩 …… 484

屈尔佩与符茨堡学派 …… 488

铁钦纳 …… 499

心理的生理学家 …… 511

“新”心理学的边境 …… 517

附注 …… 523

第十九章　意动心理学与奥国学派 …… 537

形质 …… 539
意动心理学与内容心理学 …… 547
附注 …… 554

近代心理学在英国的建立

第二十章　英国心理学 …… 563
系统心理学 …… 567
进化论 …… 574
动物心理学 …… 578
心理遗传 …… 583
统计法 …… 586
心理学家高尔顿 …… 590
实验心理学 …… 597
附注 …… 606

近代心理学在美国的建立

第二十一章　美国心理学:它的先驱 …… 623
威廉.詹姆士 …… 627
斯坦利·荷尔 …… 638
赖德与斯克里普彻 …… 645
詹姆士·马克·鲍德温 …… 651
詹姆士·麦基恩·卡特尔 …… 655
其他先驱 …… 665
附注 …… 669

第二十二章　美国的机能心理学 …… 679
芝加哥的机能心理学 …… 682
哥伦比亚的机能心理学 …… 690
教育心理学 …… 699
心理测验 …… 704
附注 …… 714

近代心理学的晚近趋势

第二十三章　格式塔心理学 …… 727
格式塔心理学的性质 …… 728
格式塔心理学家 …… 736
格式塔心理学的前身 …… 745
基本原则 …… 758
附注 …… 764
第二十四章　行为学 …… 770
动物心理学 …… 772
客观心理学 …… 784
行为主义 …… 795
操作主义 …… 811
附注 …… 818
第二十五章　脑的机能 …… 827
心与脑 …… 828
脑的机能 …… 832
知觉 …… 836

机能的定位 …… 851
附注 …… 858
第二十六章 动力心理学 …… 864
精神神经病 …… 866
活动观念 …… 876
唯乐主义 …… 879
精神分析 …… 883
目的心理学 …… 894
其他的动力心理学家 …… 903
附注 …… 915

评 价

第二十七章 回顾 …… 927

译者附识 …… 938
中西人名对照索引 …… 940

近代心理学在德国的建立

第十七章　海林、布伦塔诺、斯顿夫与G.E.缪勒

351

一般地说，心理学来得早，心理学家来得晚。对建立新的实验心理学作出贡献的人不自称，或至少在开始时不自称为心理学家。有一个时期，心理学的火炬是由哲学家、生理学家，有时还由物理学家扛着的。洛采替新心理学做了许多工作，但他仍为双料的哲学家。费希纳是一位转化为哲学家的有名望的物理学家，后被封为心理学家可不是由于他自己的选择。赫尔姆霍茨对新心理学的科学地位的贡献几乎比费希纳和冯特以外的任何其他的人为更大，但他算是生理学家，后来成为物理学家。冯特开始时表面上是生理学家，实际上是哲学家，发表了有关哲学、逻辑和伦理学的巨著，称他的实验心理学的新刊物为《哲学研究》。我们承认这些人是新心理学的创始人，但同时还有些人紧随其后，在这个新领域内作出贡献。这些人里面有海林，他是生理学家，是赫尔姆霍茨的经常的对立面，是在心理学内善于支持歌德和普金耶的现象学传统的人；有马赫，他是物理学家，对心理学事实和方法都有很大的贡献，所以后来被称为心理学家；有布伦塔诺，他是牧师兼哲学家，他在新情境内拥护亚里士多德的传统，提出与冯特相反的论点，使冯特的立场更加突出；有斯顿夫，他是洛采的著名弟子，因为他要研

究音乐，成为心理学家的哲学家；有 G.E.缪勒，他是洛采的另一位最卓越的心理学弟子，后来在哥廷根继承了洛采，主持实验室达四十年之久，这个实验室是继莱比锡和柏林之后在德国遵守严格的实验传统的最重要的实验室。

一般地说，我们可以把费希纳、赫尔姆霍茨、冯特和 G.E.缪勒看成一组，把海林、布伦塔诺、马赫和斯顿夫看成另一组。第一
352 组主张严格的实验技术，描述的分析和在知觉中的学习的重要。第二组相信现象的描述和在知觉中的先天论（就是知觉对有机体的遗传属性的依存关系）。他们议论得多，实验得少，虽然那是对善于思辨的德国人所能做到的阿谀之词。第一组曾被称为硬心肠者（用詹姆士的话来说）；第二组叫做软心肠者。也有人传说，南部德国人在思想上，比北部德国人心肠要软些，也较为和气些。这种区别虽较形象化，但也有例外。斯顿夫虽拥有普鲁士柏林的讲席，而这个讲席“应当”是德国最硬性的讲席，但他在布伦塔诺的影响之下变成了“软性”。马赫虽然支持现象学的描述，但深刻地影响了主要的新冯特派屈尔佩和铁钦纳。冯特和布伦塔诺的对立是显而易见的，但在我们对这个分歧作进一步的讨论之前，最好作如下的详细的考察。

埃瓦尔德·海林

埃瓦尔德·海林（1834—1918）生于普鲁士柏林之南靠近德国边疆的一个小镇名叫阿尔格尔斯度夫。他年约十九岁时，考入莱比锡学医，在那时，这是培养成生理学家的正确的办法。他在莱比

锡受了 E. H. 韦伯、费希纳、O. 芬克（他在二十五年后和海林为赫尔曼的《生理学纲要》合著躯体觉的几章）和卡勒斯的教导，卡勒斯是刚到莱比锡的一个年轻动物学家。这些人在 1853—1858 年间是海林的实际教师，海林也许还可以自称为约翰内斯·缪勒的学生，因为他受了缪勒著作的启发和指导，却不曾亲受他的教诲——正像许多美国心理学家承认詹姆士为他们的老师，可是他们知道他，只是通过他的《原理》的绿色精装的两卷。

海林有一个学期和卡勒斯到了墨西拿海湾研究环虫（annelids）。1860 年他在莱比锡开始行医，又为华格纳的临床助手。但是他在十九世纪六十年代的重要成就是科学的。海林大胆地闯入了视觉空间知觉的问题。他的《生理学概论》（Beiträge zur Physiologie）五编都专论视觉的空间知觉的问题，出版于 1861—1864 年。后来他于 1868 年又刊布了《两眼视觉学说》（Die Lehre vom binokularen Sehen）。赫尔姆霍茨和冯特已经在这个领域内积极活动了。赫尔姆霍茨《光学》的首两卷刊行于 1856 年和 1860 年，但是研究视知觉的第三卷发表于 1866 年，因此是在海林的首 353
几卷之后。冯特的有关视知觉的第一部分发表于 1858 和 1860 年，但他的《贡献》的全书至 1863 年才与读者见面，是在海林开始写作的两年以后。海林的几卷是在那一段短时间内的视知觉的权威著作，虽然我们不久就要在海林和赫尔姆霍茨之间进行抉择了。这两位学者的根本对立已开始显而易见了。他们很早就开展争论了——例如关于视限形式的问题。

就在这个时期，海林在视觉空间知觉学说上成为先天论的拥护者。试问视知觉的空间排列决定于先天的禀赋或后天的学习

呢？这就构成了十九世纪后期的先天论者和经验论者之间争论的大问题。海林作为一先天论者，发现自己和经验论者赫尔姆霍茨是互相对抗的。海林以为每一个网膜点都赋有三个局部符号，一个表示高度，一个表示左右的位置，一个表示深度。海林为了解释实体镜的知觉，主张这第三个符号可以为正的，也可以为负的。相反，赫尔姆霍茨相信空间形式是在经验中建立起来的，而局部符号的位置则必须由学习而获得。因此，经验论者赫尔姆霍茨追随着洛采和英国经验论的传统。冯特步赫尔姆霍茨的后尘，屈尔佩和铁钦纳则步冯特的后尘。海林本来没有先天论的思想，后来受了约翰内斯·缪勒的影响，而缪勒则接受了康德的空间的先天直觉的空间论的影响。最后，这个对立可一直回溯到洛克的经验主义和笛卡尔的天赋观念。海林影响了斯顿夫，斯顿夫关于先天论的专刊发表于 1873 年，为他获取了符茨堡的讲座。这个发展的路线，即先天论的路线今天以格式塔心理学为终点，格式塔心理学以为知觉有赖于神经系统预定的物理属性较多而有赖于继续经验的后获属性则较少。海林和赫尔姆霍茨的分歧还没有充分让位于自然（nature）和教养（nurture）的常相合作而永不分离的概念。

海林以十年的时间致力于视觉空间知觉，以第二个十年的时间致力于色觉。1870 年他被召赴布拉格，继伟大的普金耶之后，任生理学讲席，至 1895 年去职。他的《光觉学说》（Zur Lehre
354 vom Lichtsinne）分编发表于 1872 年维也纳学院的科学报告会。全文出版于 1878 年。这里我们看到了海林和赫尔姆霍茨在色觉学说上的最著名的对立。赫尔姆霍茨采取了托马斯·扬的三种纤维的三色说。海林提出了三种物质的六色说。他在这个学说内假定网膜含有红绿物质，黄蓝物质和白黑物质，每种物质可受刺激而引起两种相反反应的一种如异化（分解代谢）或同化（合成代谢）。异化反应各在三种物质内，产生了白、黄或红。同化产生了黑、蓝和绿——较温和或较少刺激性的颜色。这个学说还有其他许多细节，但是它在今天历史上的重要性在于它在近五十年来代表扬-赫尔姆霍茨说的反面的有力的主张。

1870年海林发表了论记忆为一切有机物质的特性的小册子。这是远在艾宾浩斯用实验法研究记忆之前，甚至在冯特和詹姆士建立心理实验室之前。这篇论文当时常被征引为重要著作，还被译成英文，现在似已过时了。

1880年，海林论温度觉的部分出现于赫尔曼的《纲要》之内。这里海林提出一种理论类似于他的色觉说。温和冷被视为相反的感觉，产生于相反的反应历程。这个学说是吸引人的，因为我们在温和冷之间所看到的关系同于适应和连续对比（负后象）适用于相反的色觉。这个观点和记忆的理论相似，由于海林的威望盛行了二十年。

1895年，海林被召赴莱比锡，继承了另一伟大生理学家路德维希。他在那里继续探究颜色，创制了许多仪器，用以演示颜色现象，并写作了其他论文。他开始发行他论颜色的专刊《光觉说要义》(Grundzüge der Lehre vom Lichtsinn)的若干篇章，全书出版于1920年，是在作者去世后的第二年。海林于1918年第一次世界大战结束时去世。

海林除了他的先天论和色觉说以外，还以他的仪器留名后世，有许多较老的实验室还存有这些仪器样品的零件以供展览。例如

海林的颜色纸，你可以买得到，还有精制的永不褪色的红、黄、绿、
355 蓝的原色。又如四十种灰色纸，从相当纯黑至相当纯白的。又如**海林窗**显示出这种优美的颜色对比的效应，这是一个双层的窗，有一层窗采用灰色玻璃，另一层窗用有色玻璃。来自两半扇窗的光的强度可以用滑片控制借以消除光度对比，使色的对比达到最高值。你如果用绿色和灰色的玻璃，观察一条直竿的双重影子，你就看见这些影子在物理上是绿色和灰色，影子各被看成绿色和带蓝的红色，也就是绿色的补色。又如间接视觉的混色器（the indirect-vision color mixer)，这是一个缝纫机式的机构，用以转动色纸的水平的盘形混色器，在混色器上有一屏膜，架在毛刷子上，使它不至于因这个机构而发生太大的震动，屏膜上有一孔可以从孔内窥见混色器。眼睛通过一个圆圈看下去。一个运动着的注视点决定色斑究竟落在网膜外周什么地方。又如色盲的测验器，被试可在器内观察一管，看到了一个半红半绿的圆形视野。他可以移动反射屏膜，变化这一半的色彩，那一半的光度，或同时变化两半面的浓度。他被告知将两半匹配起来，如果他匹配成功，那么他便是色盲。又如海林的实体镜，是惠斯顿的实体镜的变型。又如海林的两眼混色器，每眼在混色器的纸片上看到一种不同的颜色，通过实体镜的安排将它们复合起来。海林宣称颜色在适当的情境之下将会造成混合而不造成竞争。这些零件都是德国制造的好样品，在为这门新科学赢得“铜器心理学”的名称上起了它们的作用。

但只有注意到海林如何在现象学传统的背景下发生作用时，关于他的说明才算是完美无缺。海林相信感觉存在于意识之内，而意识现象的描述则为心理事实理解的基础。他是一位心理物理

学家，曾与费希纳共同研究，但是他不相信繁杂的方法。他隶属于歌德和普金耶的传统，歌德深信训练有素的观察所能看到的现象，普金耶是另一著名的生理学观察者，他把他论视觉的书奉献给歌德。为海林作传者有一个人说过，“他在自然科学的先进者的观点中采取了歌德的观点。”我们如果向前看，便可见海林的信念如何仍见于格式塔心理学家之中。当他们信赖现象学描述的可靠时，356
当他们安排关键性的实验去证明他们的原则而不从自然抽取事实，他们就是按照海林传统进行工作的，这不仅因为在他们和海林之间在基本价值上的这个类似性，而且因为当他们不止一次地驳斥赫尔姆霍茨时，他们实际上在企求海林的赞许。

弗朗茨·布伦塔诺

弗朗茨·布伦塔诺（1838—1917）生于来因河岸上的马林贝格，其祖先为意大利人，定居已久。布伦塔诺幼时志为牧师，十六岁，开始受专业的训练。他先赴柏林研究哲学，特伦德伦伯格使他赏识亚里士多德，他便终身受到亚里士多德的影响。一两年后，至1856 年，改入慕尼黑大学，受教育于多林格，多林格系天主教派的史学家和神学家，后因批判教会，致被开除教籍。这个事实颇可注意，因为布伦塔诺后来也与教会发生纠纷。最后，他赴杜平根求学，1864 年得哲学学位，因完成其十年来预备的研究。同年受命为格拉茨地方的牧师，进入多米尼克派的寺院。在 1862 年时，他曾发表一文讨论亚里士多德的“存在”一词的多重意义，且以此文贡献于特伦德伦伯格。

1866年，布伦塔诺离开寺院，转任符茨堡大学的讲师，在符茨堡七年，其生平的两重难关，前一重即在此度过。他讲授哲学，发表论文六篇讨论教会内的科学的发展及亚里士多德的哲学。斯顿夫比布伦塔诺小十岁，在符茨堡为布伦塔诺的学生，有一年之久（1866—1867）。其后，布伦塔诺乃遣斯顿夫赴哥廷根就学于洛采，以求取博士学位，但是斯顿夫取得学位后，复回符茨堡修学两年（1868—1870）。因为布伦塔诺的关系，柏林大学的实验室终于受到了亚里士多德的间接影响。

布伦塔诺在符茨堡任讲师时，天主教教会内对于教皇无过说
357 发生了争论。布伦塔诺在1869年发表一文否认此说，这篇文章写得很好，以致他成为教会内的自由党的学术上的领袖。1872年，原任牧师的布伦塔诺升任哲学额外教授，但是不幸那时教皇无过说为教会所接受。自由党失败了，布伦塔诺势难立足，因为他向所疑虑之事，至是已看得明白了：就是，忠于教会和忠于学问的研究是可以互相冲突的。布伦塔诺在此进退两难的当儿，取慎重的态度，作勇敢的行动；1873年3月，他便以曾受任为牧师为理由，辞去符茨堡教授之职；至4月间复辞牧师职而去。

次年，布伦塔诺既脱离了教会和大学，乃写作其名著《经验观点的心理学》（Psychologie vom empirischen Standpunkte），刊行于1874年。书仅一卷，计共三百五十页，原为二卷的首卷，虽然第二卷永未行世。此书之所以称为“经验的”，因为布伦塔诺说，“只有经验影响着我，好像情人一样。”这是代表一个哲学家倾向经验而背弃武断的趋势。这不是实验心理学，但欲以系统的解释，求一个“只此一家”的心理学，而推翻当时流行的许多心理学。因此，布

伦塔诺对于穆勒、培因、费希纳,洛采及赫尔姆霍茨都曾在他的序言中加以论列,但屡对他们表示不满,崇奉他们的研究,而驳斥他们的结论。冯特的《生理心理学》的前半部已刊行于 1873 年,布伦塔诺也曾屡加征引。他可不赞成科学心理学就是生理心理学;他以为冯特只在名称内重视方法而已。由他看来,心理学是一科学,但是这个科学可不必冠以另一形容词,而限制其意义。

1874 年在心理学史上是重要的一年,因为布伦塔诺的书及冯特的《原理》的第一版都刊行于此年。这两部书都欲定新心理学为一科学。但是其相异之点较其相似之点更值得我们的注意。布伦塔诺的心理学为经验的,但不是实验的;冯特的心理学则为实验的。因此,布伦塔诺的方法为思辨的,冯特则志在叙述,虽也尝出
人意外而降为思辨的,读了前章定可明白。布伦塔诺以意动(psy- 358
chical act)为中心而组织起来他的系统;冯特的系统则以感觉内容为中心。关于意动,我们不久便欲作更详细的讨论了。

布伦塔诺辞退两职后,虽大有闲暇以从事于《心理学》著述,但他那时方仅三十六岁,深知其学术的能力,自不愿和教会及大学两无关系,更不愿没有正式的机会,以促进"人群的较高的利益",他曾自称,这就是他的使命。洛采对于布伦塔诺的不幸甚为关心,布伦塔诺以洛采的推荐,在 1874 年,以普通人的资格,就任维也纳大学的哲学教授。此后他讲学六年卓有成效,影响很大。值得注意的是:就在这个时期,年轻的弗洛伊德方二十余岁来听布伦塔诺的课,甚至为布伦塔诺承担将约翰·穆勒的某些著作译成德文的任务。

布伦塔诺的生活的第一度难关,在 1874 年解决,到 1880 年,

发生了良心上的第二度难关。布伦塔诺和一女天主教徒发生恋爱，她在奥国不能和曾任牧师的人互订婚约。因此，布伦塔诺复辞去教授职，这次是为了取得萨克森籍公民的资格。其后他就在莱比锡结婚，婚后即回维也纳，复任讲师于大学。凡此各事都发生于1880年终以前。

1894年，他的妻子去世。布伦塔诺悲痛之余，体弱多病，因复辞去教职。他的两眼患病甚剧，几至失明。他在瑞士及意大利，一年多以来，屡次迁移。至1896年，终卜居于佛罗伦萨。此后隐居生活的十九年都致力于著述，以哲学为对象者多，而以心理学为题材者较少。他的眼病日益加剧，1903年虽动了手术，也未奏效。然而不健康没有减弱他的事业心和勇气。1915年他离开佛罗伦萨，移寓苏黎世，因为他主张和平，而意大利则已加入欧战。在苏黎世他的身体更趋衰弱，1917年患盲肠炎去世，终年七十九岁。

很明显，布伦塔诺只是以个人为主，冯特则在某种意义上说代
359 表一个学派，而这个学派则半以研究的起劲、著作的丰富为特点。冯特是第一个专业的心理学家。布伦塔诺则不是一个专业的心理学家。他是一个勇敢的理想主义者，以自由研究真理为自己的任务。他的写作分量不多，终身只有三十八种著述，而此三十八种之中，只有八种对于心理学是重要的。第一种就是他的名著《心理学》，写作于符茨堡及维也纳两地。从此之后，再过了二十年之久，才复有严格的心理学的作品。在他最后离开维也纳的不久之前，又写了三篇文章，讨论视觉的错觉，颇引起时人的注意，因为那时对于错觉的兴趣方登峰造极。他卜居于佛罗伦萨之后，1896年，在慕尼黑大会中宣读其关于感觉学说的论文。1905年复发表一

文以讨论音的性质。1907 年，他的第二部心理学著作《感觉心理学》（Sinnespsychologie）刊行于世，此书虽小，但也重要。1911 年，他复印行一本有同等重要性的书《心理现象分类》（Von der Klassi-fikation der psychischen Phinomene），这是他的《心理学》的附录，或也可视为他的《心理学》第二卷的代用品，可是印行已迟延了三十七年了。

布伦塔诺对于心理学所以有相当的影响，部分由于他的人格，部分由于他所发表的少量著作都极深刻而有力，部分由于他以亚里士多德的观点讨论近代心理学。因此，近代德国经验心理学有一半是他所创始的，可是他的心理学不是彻底的实验的，我们可称之为意动学派。

布伦塔诺生值实验心理学已经产生的时候，可不是一个实验者，因此，我们只须再将他的意动心理学的性质约略一述，以期后来能够了解实验派对于意动心理学的调和。

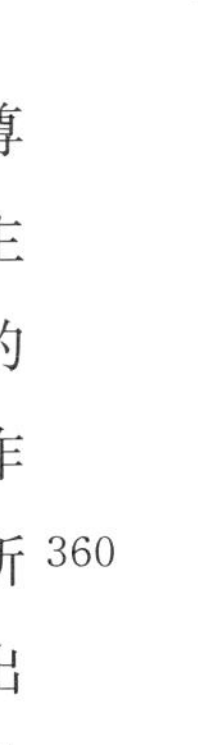

我们已知道“经验”心理学不是“实验”心理学。布伦塔诺虽尊重实验的结果，但以为侧重实验便不免太看重了方法，而迷失了主要的问题。就这个观点而言，他有近于詹姆士，而与欲解释经验的一切哲学家也约略相似。这也许是一种气质的差异：实验的工作系将眼光暂时集注于细节详目，哲学家要对自然作大体的解释，所 360
以就没有那个耐性。譬如布伦塔诺讨论视觉的错觉，也很愿画出旧的错觉说明的新图形，以就正于读者的经验：这是具体的经验法，或决验法（the experimentum crucis）。然而布伦塔诺从未用心理物理法在各种不同情境之下以测量错觉的总值；这也许可算是实验法，对于所欲研究的各点，可产生更精确的结果。决验法依

附于辩论，因此每易降为经验法的一部分。系统的实验可产生明确的报告，所以是实验法的必要条件。

一个心理学系统的基本的检验，就看那创此系统者如何区别心理学和物理学。布伦塔诺以为心理现象以有内在的客观性(immanent objectivity)为特征。现象涉及一种内容——针对着一个客体，并有意地使那客体附丽于其内而存在时，便说是有内在的客观性。我们要了解这些话的意义，须先将心理的现象当做意动。我们看见一种颜色的时候，这颜色的本身可不是心理的。这个看，这个意动才算是心理的。但除非有物可见，否则这个看见便无意义可说。意动常含有一个客体，涉及一种内容。因此，作为看的意动的内容的颜色，系有意地使它内存于意动。所以一个心理的意动不是自己包含着自己的，但有意地包含着一个客体于其内；这就是说，它以有内在的客体性为特征。反之，物理的现象是自己包含着自己的，因为它们不在其外涉及一个客体。肤浅地说，心理学和物理学的区别似乎是意动和客体的区别；但是在基本上，这个区别是，心理的意动系另有所意或另有所及的，反之，物理的现象则为自足的。

我们要知道物理学和心理学所以如此关联的缘故，乃因心理的意动所涉及的为物理的内容。尤有进者，布伦塔诺将冯特所视为心理的内容，都改属于物理学。譬如“我看见一个颜色”。颜色之为感觉可不是心理的，而就其本身而言，乃为物理的，虽然它在意向内附丽于“看”的意动而存在。

361 我们已知道在前几章内，物质的问题，在联想主义者的手里，变成了知觉的问题。现在到了布伦塔诺手里，客观涉及的问题便不复为一独立的问题，因为一切心理现象都涉及内容作为其根本的性质的一个部分。

布伦塔诺将意动分为基本的三类；观念的意动（如感觉的活动〔sensing〕，想像的活动〔imagining〕）判断的意动（如承认的活动，拒绝的活动，知觉的活动，回忆的活动）及爱恶意动的心理现象（如感情、愿望，决断、意志、欲望等活动）。一个意动的客体或对象也可为另一意动，这另一意动可不必改变其性质，然后才可为一个意动的对象。这便产生一个错杂的系统了，但我们于此可不必详加讨论。

十九世纪后期和二十世纪早期的系统心理学的分歧在于意动和内容，也就是在于布伦塔诺和冯特。布伦塔诺得到了古代的支持，冯特满足了近人的发明。斯顿夫以研究内容开始其专业的生涯（1883，1890），然后把它们转交给现象学，而专注于布伦塔诺和意动。屈尔佩也初为内容心理学家（1893），但是他对思想的实验所得到的相反的结果使他转向布伦塔诺，而终止于半内容半意动的二重心理学（1915）。那时还有其他二重心理学家如威塔塞克（1908）和梅塞尔（1914）。沃德在英国加入布伦塔诺的阵线（1886，1918），麦独孤（1923）面对屈尔佩的歧路，终于创立了策动心理学，而这个心理学就是他取自沃德的布伦塔诺的意动的实质。

感觉是大家最熟悉的内容，一般地说，心理学家用心理物理法测量感觉（内容）较易于用同样严格的方法处理意动——也就是屈尔佩所描述的只能用内省观察的稍纵即逝，难以理解的意动。我们不难知道实事求是的实验家，即采用仪器确定两种变量的函数关系的学者偏爱内容心理学，而空谈实验，竞逞思辨，依靠个人经

验的学者往往滑入意动心理学，把感觉移交于没有明确界说的叫做现象学的那门学科。

362

卡尔·斯顿夫

卡尔·斯顿夫(1848—1936)生于巴伐利亚省的符茨堡大学区的维森第特村。他的父亲是省城内的一个医官，他的外祖父又以法医为职。外祖父告老后，退居于斯顿夫家内，在斯顿夫考入文科中学之前及其后，都由此老人承担他的教育之责。他教斯顿夫读拉丁。医生来访者很多，有三人，斯顿夫后来知其为大学教授。斯顿夫因此常与医学及自然科学相接触。但音乐尤为他所酷嗜。七岁开始学习提琴，十年之间更学熟其他五种乐器。十岁时开始作乐谱，且复为三人合唱的圣乐，作谱填词；十一岁后，入文科中学肄业四年。其后因家庭迁居于阿沙丰堡，乃改入该处文科中学，重复肄业二年。所以，他从一岁至十七岁都受正常的教育，家庭的环境则充满着科学和音乐的气氛——而尤以音乐为最。

1865年，斯顿夫考入邻近的符茨堡大学。他虽酷好音乐，但不能考取音乐学位。他在第一学期试习美学，因此乃引向哲学；第二学期专治法律，以期谋一职业，而以余暇从事于音乐。第二学期之末，布伦塔诺入符茨堡为讲师。斯顿夫羡慕布伦塔诺的人格的刚毅和思想的敏锐，从那时起，斯顿夫成为布伦塔诺的弟子。布伦塔诺对他自己的思想要求严格。斯顿夫开始受到了严格思想的训练。那时布伦塔诺方欲求基督教的哲学和宗教的复兴，斯顿夫有四年之久都以这个观念为其主要的动机。布伦塔诺主张科学的方法为真正的哲学的方法，所以他的弟子斯顿夫在化学实验室内肄习科学，甚而至于使房子起火，因为据斯顿夫说，“我的才能不在于手指的技巧”。（科学的十九世纪产生一种在科学内求方法的哲学，少年哲学家肄习科学，不是因为志在实验——他们决没有实验 363
的精神他们都是哲学家——乃因为要实现这个哲学的方法的信仰。）

斯顿夫从布伦塔诺一年；后被他的新老师遣从洛采在哥廷根以求学位。斯顿夫所追随的是哲学家的洛采，可不是心理学家的洛采。那时《医学心理学》已出版了十五年，洛采的《小宇宙》也已经脱稿。他对于斯顿夫若父之于子，更彻底地使他研习知识论。斯顿夫又治科学，从迈斯纳研究生理学，而从韦伯的兄弟威廉·韦伯研究物理学。1868 年的夏季，考取了博士学位。

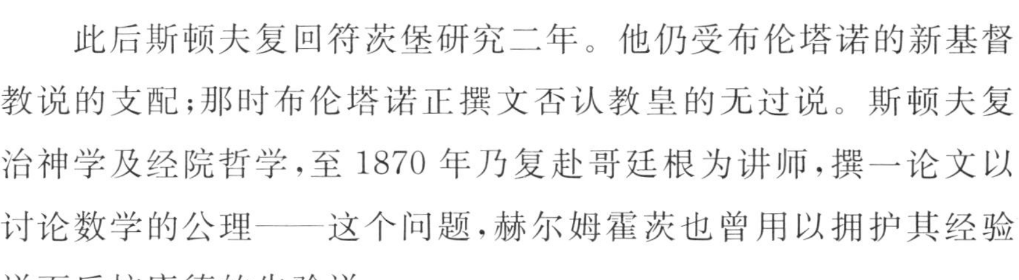

此后斯顿夫复回符茨堡研究二年。他仍受布伦塔诺的新基督教说的支配；那时布伦塔诺正撰文否认教皇的无过说。斯顿夫复治神学及经院哲学，至 1870 年乃复赴哥廷根为讲师，撰一论文以讨论数学的公理——这个问题，赫尔姆霍茨也曾用以拥护其经验说而反抗康德的先验说。

斯顿夫在哥廷根任讲师三年。他更深知洛采。韦伯由莱比锡来访哥廷根，在斯顿夫的皮肤之上，演示感觉的受纳器，于是斯顿夫得识韦伯。他又于莱比锡遇见费希纳，那时费希纳方致力于美学，在实验黄金分割（the Golden Section）时，斯顿夫乃为费希纳作一个观察者。他曾在私人的小乐队内演奏大提琴。他欲为实体的概念作一批判性的历史研究，但无所成就而止，至 1872 年，又欲研究空间知觉的起源。这个企图很有成绩，1873 年春，斯顿夫刊

行其第一种心理学的书籍《论空间观念的心理起源》(Ueber den
psychologischen Ursprung der Raumvorstellung)。这是一个先
天说(海林的先天说自从 1864 年以来,已流行于世),以为颜色及
展延性同为视觉的原始的部分内容。这部著作的出版适逢其会,
因为那时有五个哲学讲席出缺,斯顿夫以此为求一较好位置的根
364 据。他在维也纳失去机会,但在符茨堡则成功了。布伦塔诺既经
辞职,便同洛采合力保荐斯顿夫。因此,1873 年,他三次进入了符
茨堡,但是这次则往任教授。他在哥廷根的最后一年中,G. E. 缪
勒也为洛采的一个学生,然而斯顿夫和缪勒似未有所接触。

斯顿夫在此后二十年间,屡易其地。他在符茨堡六年,在布拉格五年,在哈雷五年,在慕尼黑五年,至 1894 年乃转入柏林。

斯顿夫在符茨堡时更致力于心理学,但也不离开哲学。哲学仍为他的主科,但假使科学可供给哲学以方法,斯顿夫便以为研究科学的心理学,或可有贡献于哲学。他在这个观点上依旧追随布伦塔诺,布伦塔诺的《心理学》现在也已经出版了。因此,斯顿夫乃有意于联想心理学,尤其是穆勒的联想心理学,他以为可利用这个学说以解决实体的概念。但是他不久即为音乐的嗜好所支配了。前十年来他爱哲学尤甚于音乐,但是现在则以为研究音乐心理学可为治哲学的帮助。1875 年,他著作《音乐心理学》(Tonpsychologie)始有意于心理的实验。那时斯顿夫希望以数年光阴研究音调及音乐心理学,结果终身专治此学,那是出了他的预算之外的。推原其故是因为斯顿夫对于音乐的先天的爱好和对于哲学的习得的爱好,于此可有一调和的办法,矛盾解决之后,他乃更卓有成效地进行著作。他在符茨堡出版虽不多,但他的有关音乐和音调心理

学的伟大工作已策源于此了。

1879 年，他复以布伦塔诺的支持，改任布拉格大学教授，以接替福尔克曼，这个福尔克曼在 1856 年间著有《心理学课本》（他属于赫尔巴特派，费希纳的生理学的朋友福尔克曼乃另为一人）。马赫和海林也方在布拉格，斯顿夫与马赫以学问相接触，与海林则以友谊相交结。詹姆士读斯顿夫的关于空间知觉的书，乃于 1882 年访斯顿夫于布拉格（后复访问他于慕尼黑），从此之后，他们二人便开始作友谊的通信。詹姆士受了斯顿夫论空间知觉的书的吸引。斯顿夫虽深憾实验室设备的缺乏，但继续写作他的《音乐心理学》，365
终于刊行其第一卷于 1883 年。

1884 年斯顿夫渴欲返回德国，转任哈雷大学教授。不久之后，布伦塔诺介绍胡塞尔往见斯顿夫，先作斯顿夫的学生，后乃升任讲师。斯顿夫那时乃开始其对于原始音乐的研究，但其主要的工作系完成其《音乐心理学》。此书第二卷讨论音之混合，斯顿夫对于音之混合的著名实验都详述于此，所以在历史上，较第一卷尤为重要。斯顿夫在大学内没有设备，乃以教堂中的乐器作试验的工具。他虽发表不多，但仍坚持工作。

1889 年，斯顿夫移任慕尼黑大学教授，这是他任教的第五所大学。他于是可算有一实验室，虽然是一个很小的。一个小房间，位置在顶楼上，室内放置若干音叉，可为斯顿夫星期日演讲之用。他又由一个物理学院的管门者手里，购进一个由音叉合成的钢琴，将钢琴拆开，乃得有一组音阶各相连续的音叉。这些音叉帮助他完成其《音乐心理学》，第二卷因得出版于 1890 年。

同年斯顿夫对于洛伦茨的音之距离的研究详加批判。洛伦茨前曾在莱比锡和冯特共同研究，冯特且于其《生理心理学》的最新版中，采取这种研究的结果以为己有。因此，冯特和斯顿夫乃大起争辩，发生了激烈而尖锐的争论。各发表意见三次。这个论战自然以斯顿夫批评洛伦茨为始，但将论战变成为人身攻击的则为冯特。斯顿夫专恃其关于音乐的思辨，冯特则以仪器及心理物理法所得的实验结果为根据，论战的发生似即由于此。冯特以为凡得自没有成见的，受慎重控制的实验情境者应当是正确的。斯顿夫的答辩则以为实验室所得的结果若显然和音乐专家的经验互相冲突，那么这些结果必然是错误的。斯顿夫反驳了冯特对于他人身的攻击，而耿耿于怀。

1894 年斯顿夫转任柏林大学教席，乃终止其在学术上的不安定的生活。艾宾浩斯曾在柏林任额外教授，创立一个实验室，不知为了什么原因，不能升任，乃即于斯顿夫就任之后，改就布雷斯劳
366 大学教职。于是，斯顿夫受到了德国的最出色的任命。就事实论，冯特为第一流的前辈的心理学家。他的著作已甚宏富；他又创立了第一所领先的实验室，他的《哲学研究》杂志已行世很久，而在冯特的系统之外的心理学家，方在艾宾浩斯的领导之下，创办《心理学杂志》(Zeitschrift für Psychologie)。有人说伟大的、有影响的赫尔姆霍茨反对冯特在柏林的任命。无论如何，结果斯顿夫得任柏林大学的讲席，他于是有一个小实验室，及一个伟大的前途。他复自觉已生活于地球上最能欣赏音乐的都市之中，而执教于德国的最有学术刺激的大学之内。

斯顿夫有了这个变化之后，促进了心理学的造诣和多产。此后三十年间的出版物较其前三十年增多五倍。他的活动很多——

“有时真太多了”，他说。实验室也由三间陋室扩充而为一大型的重要的机构。他又和立普斯在1896年同任在慕尼黑召集的国际心理学协会主席，国际心理学协会举行过十二次，在德国只有此一次。1897年，他被邀请研究一个四岁的超常儿童，这个研究和其在数年后对于音乐的超常儿童的研究约略相似。1900年他和他人共同创立柏林的儿童心理学协会（Verein für Kinderpsychologie）。那时他已有意著《音乐心理学》的第三卷，但先开始写作《论声学与音乐科学》（Beiträge zur Akustik und Musikwissenschaft）（1898年及其后）。1900年，他始创录音档案室以记录原始的音乐，这个事业的发展尤多属冯·霍恩博斯特尔之功。1904年，他复分心于研究一聪明的怪马，据说此马能揣测人们的思想，反应驯马者的无意识的运动。1907—1908年，他荣任大学校长。1921年退职，由W.苛勒继其任，至1923年不复教书。1928年在庆祝他的八十岁寿辰时，以其半身像奉赠大学。斯顿夫于1936年圣诞节去世。

审察斯顿夫的著作，关于音调和音乐问题的文章几占全数。所以他对于心理学的专门的贡献系以一小范围为限，而心理学受惠于他的也较受于他人者为少。他在较一般性的方面对心理学发 367
生最重要的影响。

他的影响显然是由于他所占据的地位而增加，但是他的地位则确实是由他的才能而取得的。斯顿夫从未忘记了布伦塔诺所给他的锐敏思想的训练（虽然冯特不承认共为然）。斯顿夫虽未尝有心理物理学的著作，但关于心理物理学的概念的修订，斯顿夫也有重要的贡献。他的心理物理学多见于他的《音乐心理学》的第一卷。他对于注意的学说及其对于其他一般问题如练习，疲劳，分析，比较，代替等的讨论也都见于此卷。他对于数学的概率的论文发表于1892年，尤足表显示他的博学。他有一个重要的学说，以为感情就是附丽于他种感觉之上的感觉，1907及1916年对于此说力加拥护。他又于数年之前（1899）反对詹姆士—朗格的情绪说。

比这些更加重要的（自然是除了音及音乐的研究之外），是斯顿夫在系统方面的贡献。1907年他发表了两篇论文：即《现象与心理机能》（Erscheinungen und psychische Funktionen）及《论科学分类》（Zur Einteilung der Wissenschaften）。这些论文的内容固然不是实验的事实；但是斯顿夫对实验心理学的影响，是由于他以布伦塔诺的烙印打在柏林实验室之上。实验心理学和系统心理学的关系是不能互相脱离的。

在未讨论这两篇论文之前，我们首先要知道现象学（phe-nome-nology）那时已经诞生了。斯顿夫在哈雷时的学生和助教胡塞尔以其《逻辑研究》（Logische Untersuchungen）一书（1900年及共后）创造了现象学，且复以此书贡献于斯顿夫。胡塞尔在未从斯顿夫之前，曾为布伦塔诺的弟子。他终身致力于现象学的发展，现象学是要以本质的审察法（method of immanent inspection）研究纯粹意识的一门学问，胡塞尔及其他各人从未认为这个现象学是任何人的心理学。胡塞尔对于心理学，则追随布伦塔诺之后，定心理学的界说为研究心理事实（即经验或意动）的经验的科学，意动则指向物质的事实（非经验的），即为物理学所讨论的对象。心
368 理学本不是胡塞尔的主要兴趣，但是他用不同的方法，得到布伦塔

诺所曾有的见解，而学者剐以绝非胡塞尔的方式，称这个见解为现象学。推原其故，乃由于现象学一词和胡塞尔的学说都已产生于世，而盛行于柏林。其后屈尔佩在符茨堡，乃将这些见解纳入他的意动及内容的二重心理学之内。屈尔佩的这些见解或许直接得自胡塞尔，但也有人以为约当斯顿夫刊印那两篇论文的时候，K. 彪勒适由柏林赴符茨堡，因将这些见解转告屈尔佩。

斯顿夫在这种环境之下，从事于直接经验的分类；他区分为主要的三类如下：

(1)第一为现象，感觉及意象的资料，如音，色，及意象，组成了现象学的对象。现象不是物理学的资料，现象学因研究这种初步的经验材料，所以乃是物理学及心理学的入门的科学（Vorwissenschaft）。（这是斯顿夫的现象学，不是胡塞尔的现象学，它们除了名称以外，是有所不同的，胡塞尔的现象学是以本质审察描述纯粹的存在。）

(2)其次为心理的机能（psychical functions），如知觉活动，组合活动，理会活动，欲望活动，意志活动。这些机能等于布伦塔诺的意动；这两个名词几乎可互相通用：布伦塔诺及胡塞尔讲意动，斯顿夫及屈尔佩讲机能，心理学研究心理的机能，而以现象学为入门的学科。

(3)第三类为各种关系，属于关系学（logology），也是一个入门的学科。关系常为心理学所难解决的问题。它们似也直接进入经验，但又和感觉不同；所以元素主义者往往不知道可否要另列关系的元素。斯顿夫置关系于经验之内，且复为它们另列一项。它们在认识论上显然也和现象相同，前于机能而存在，所以关系学也应为心理学的入门的学科。

(4)最后尚有内在客观性的问题。布伦塔诺曾以现象为意动的客体(或对象)。譬如就我看见红色这个情境而言,红色似兼为一种现象,而又是有意地存在于意动之内。但就我喜欢红色这个情境而言,红色之为现象便不复如此明了了。现象的独立的存在
369 似乎排除其有意的"内部存在"("inexistence"),这不仅因有形式上的理由,且也是实际的经验的事实。因此,斯顿夫乃为机能的内在的对象另列一项,而称之为结构(Gebilde),因而另有一特殊的认识的入门的学科,叫做结构学(eidology)。

后两类利在没有困难;前两类本身自有兴趣。据这个分类说来,我们或可戏称冯特为现象学者,布伦塔诺为心理学者,斯顿夫则就音乐心理学的内容而言,可称为现象学者而兼心理学者。就其为音乐的心理学家而言,则他的现象学者的成分又多于心理学者的成分,虽然这些名词,就其现在的涵义看来,便未免可怪了。可是,这个区别也有其便利,利在兼给意动和内容以地位,因此,乃得为屈尔佩,威塔塞克及梅塞尔的二重心理学的基础,因为屈尔佩等后来要兼留这两种资料于心理学之内。

斯顿夫在所有这种讨论中,从未放弃其经验论的思想习惯。读者若不懂一个心理机能和一个现象的区别,斯顿夫便给他许多实例以说明它们的独立的变化。譬如一个未经注意的现象若本身没有变化而为人所注意,一个音乐的合奏,一个混合的触觉或混合的味觉若为人所分析,那就是机能变而现象不变。又如房间在薄暮时,逐渐变暗,可没有人注意其变化,或如感觉不断地变化,而我们只能注意其突然的变化,和最小可觉差的差距的变化,那便是现

象变而机能不随之而变了。

由此看来，斯顿夫在形式上和意动学派站在一起，将感觉的现象排斥于心理学之外，而改列入现象学之内，然而在实际上，他所做的和他所说的适得其反：他引入现象学于心理学之内。第一，他使现象和意动并列成为合法的研究对象。第二，他从未丢开现象学，因为他对于这门学问太有兴趣了；他无论怎样说，当世总认他的兴趣系在于心理学，如同他自己在 1883 年及 1890 年所承认的一样。所以斯顿夫在法兰克福及其后在柏林的学生，创始一种为新格式塔心理学的根据的实验心理学，那是毫无足怪的。

斯顿夫在实验心理学上的重要还有另一个理由。他以其学生之力，使心理学受其影响，有些学生比他更勤于实验。但就此点说，他的势力远在冯特之下，因为冯特就任于莱比锡，在斯顿夫就 370
任于柏林之前，几约有二十年，更因为冯特创始一正式的实验室，比斯顿夫又较早十五年。在斯顿夫离开慕尼黑之前，冯特的学生已经很多，且都已任教于各大学。美国也受冯特的领导，因为当美国学生出国研究心理学的时候，莱比锡已获得新的非哲学的心理学实验室的名誉。当斯顿夫就职于柏林的时候，美国学生已经在本国的一些受过莱比锡训练的其他美国人手里，接受其哲学博士的学位。

斯顿夫原也有学生，但因就职于柏林较晚，以致不能使柏林成为实验心理学的圣地，像冯特的莱比锡一样。马克斯·迈耶在未到美国之前，或许是斯顿夫的考取柏林博士学位的最早的一个学生。斯顿夫尤称道共助理 F. 舒曼和 H. 吕普。艾宾浩斯死于 1909 年，弗里德里希·舒曼（1863—1940）接办《心理学杂志》，所以是一个重要的人物。缪勒于 1881 年执教于哥廷根时，舒曼赴哥廷根考取学位，留校至 1894 年；后来在斯顿夫就职于柏林时，赴柏林而为斯顿夫的助手，任职十一年，乃改就任于苏黎世，后复迁任于法兰克福，自 1910 年至 1929 年退休。汉斯·吕普（1880—）因巧于制造仪器，也为心理学家所熟知。

苛勒和考夫卡都是斯顿夫的学生。考夫卡因“论节奏”的论文而获柏林大学学位。苛勒的第一篇研究论文就是《声学研究》，他们两人都不甚忠于斯顿夫，斯顿夫对他们的影响也就很小了。但只有一点例外，就是斯顿夫和格式塔心理学家都相信知觉问题的现象学的研究。1910 年苛勒和考夫卡在法兰克福都受了惠太海默的精神的感染，惠太海默刚到那儿，开始其关于视见运动的实验，导致了格式塔学派的建立。惠太海默是屈尔佩的学生，但屈尔佩和那时任教于法兰克福的舒曼，都不是这个新学派思想的创始人。后来，苛勒于 1921 年继承了斯顿夫的职位，而惠太海默已在 1922 年受任为柏林大学额外教授，新格式塔学派的中心看来已转
371 移到斯顿夫实验室，但斯顿夫对此则很少贡献。格式塔的思想诞生于法兰克福，然后在斯顿夫退休时，才在柏林开花结果。

总之，斯顿夫原为一个哲学家；他是为哲学的兴趣而成为心理学家的。他有音乐家的禀赋，而又以这些兴趣服务于心理学。他为一实验者，乃是由于哲学的信仰，而非由于气质使然。所以他有二十五年自恨没有实验室的设备，一旦有了，却又将自己所殷殷期望的技术方面的工作转授于舒曼和吕普，虽然他仍长期耐心地从事声音的实验。他的位置是柏林实验室的主任，因此，乃致力于促进实验心理学的事业，如录音档案室的建立、儿童心理学协会的创

办。但就其个人说来，他仍旧是创立一个赞助实验主义的意动心理学系统的心理学理论家和音乐心理学家。

格奥尔格·埃利亚斯·缪勒

格奥尔格·埃利亚斯·缪勒(1850—1934)生于距离莱比锡不远的萨克森的格里马。幼时在格里马的侯立学校受一种人文主义的教育，包括很少的数学或科学。然而他必定对哲学有偏爱，因为他受这个教育到年仅十五岁时，就已经养成了哲学的兴趣。这个兴趣的起源则由于读歌德的《浮士德》，拜伦及雪莱的诗，和爱德华·扬的《夜思》(Night Thoughts)，此书在一世纪前甚为风行，因此，译成了德文。缪勒从此变成了一个青年哲学家，并略带一点神秘主义的色彩。但是他因读哲学诗人、戏剧家、批评家莱辛的著作，从这个神秘主义中解放出来。缪勒从莱辛那里学到谨严的思想的价值，和斯顿夫所受于布伦塔诺者相同，而这个思想的习惯乃为他一生突出的特点。

在莱比锡文科中学肄业半年之后，缪勒乃升入莱比锡大学，研究哲学和史学，哲学是他所嗜好的，史学则欲以为将来教书之用。那时是 1868 年，冯特在海德尔堡方开始其生理心理学的讲演。缪勒在莱比锡时深受德洛比歇的影响，治赫尔巴特的哲学。1869 年，转入柏林，随柏林大学的著名史学家研究历史，在博物院内研 372
究考古学及艺术史，从波尼兹及特伦德伦伯格研究亚里士多德的哲学，特伦德伦伯格在十四年前曾引导布伦塔诺，使他成为亚里士多德派。那时缪勒的情感虽暂倾向于史学；但读了洛采的著作后，

又转以哲学为其主科。斯顿夫前曾以爱好音乐和哲学而取舍难定，只是到了后来，才知道如何利用后者以服务于前者。缪勒固然也愿以史学为哲学的先行学科，但是他终不敢如此断定，因为当时学者都相信自然科学和数学乃为哲学的适当的基础，这是我们已经知道的。科学和历史在缪勒心内的争衡，诚如他自己所称，常迟延至“夜深始息”。这个争衡，奇怪得很，因普法之战而解决。缪勒弃其所学，投身为志愿军。由二十岁的青年看来，军队的生活乃是愉快的休假。退出军职之后，似觉史学太窄，不足实现其所期望，乃立即转治自然科学，特别是赫尔姆霍茨的《生理光学》，此书乃给他以论文的题材。

因此，缪勒于1871年复回莱比锡，1872年春，转赴哥廷根，就学于洛采度过了一年。从前他在柏林时以读洛采的著作，乃专致力于哲学，此时洛采乃为他的一个亲密的私人朋友，对于缪勒的思想有很大的影响。缪勒以读莱辛的文章而始受精密思想的训练，此种训练现已完成，他更主张哲学应造基于科学之上。斯顿夫比缪勒大两岁，那时是他在哥廷根的最后一年，但与缪勒很少接触，这是我们已经说过的。1872年终，缪勒乃以其论文《感觉的注意学说》(Zur Theorie der sinnlichen Aufmerksamkeit)，而获取博士学位。

叙述实验心理学史的时候，我们要记得(假使我们说实验心理学在1860年为费希纳所创始)，它不是立即生长的。在十九世纪六十年代，我们有大量的心理学实验，多成于生理学家之手。但是心理学则为哲学家所有；他们相信哲学及心理学应有赖于科学的方法，但是他们虽抱有这个信仰，他们可没有把自己培养为实验

者。他们可能是良好的经验论者；他们可能利用他们所能获得的
科学的结果，也能侧重经验而否认纯粹的理性。因此，由科学到实 373
验心理学系取径于经验心理学。1873 年斯顿夫发表其空间知觉的先天说，同年缪勒也刊布其讨论感性注意的论文。这些都是经验的，而不是实验的论述。缪勒的讨论深刻透彻（为他的将来的文体立一典范），其所讨论的题材长时期来拒绝了实验法。到了三十五年以后，关于注意的著作仍屡征引缪勒的论文。

缪勒既得学位，乃任教于莱比锡附近的露太，后复任教于柏林。不久，他忽患重病，只得复返故乡休养。在莱比锡时，他曾和费希纳相识，后便与费希纳进行科学通信讨论学术。因此，他病愈后，注意于心理物理学，而以其锐利的批评眼光，批判费希纳的学说。结果导致了心理物理学的方法的修正和扩充，且以此为哥廷根的教师论文；离开三年后，1876 年被任为讲师。这篇论文在 1878 年，刊印为《心理物理学基础》（Zur Grundlegung der Psychophysik），次年复辅以一篇讨论正误法（常定的刺激法）的论文。这两篇专著提出许多新的方法，后便为心理物理法的楷模。他的书所讨论的大半系关于韦柏法则的事实。后一篇论文，载有缪勒的一个重量表，代表正误法所观察而得的次数和应用它们时的理由和规则。

缪勒在哥廷根连任讲师四年。1880 年改任捷诺韦兹大学的哲学讲座一年。1881 年洛采被说服，前往柏林，数月后因病逝世，缪勒继任哥廷根洛采的讲席。从此终身不复他就，在职四十年而退。斯顿夫受任命于六个大学，只是到了中年之后，才有安定的生活。相反，缪勒则除了捷诺韦兹不算外，仅任教于哥廷根。哥廷根

由赫尔巴特主讲八年，洛采三十七年，缪勒四十年，所以哥廷根的讲席本向有荣誉，因缪勒而更著名。

缪勒在哥廷根也造成一个学院，同于冯特在莱比锡一样，但异于斯顿夫之在柏林。他有一个优良的实验室。参观者都说他为实
374 验室道歉，但是1892年一个美国的调查员遍察德国的心理学实验室，以为缪勒的实验室，“有许多方面是全德国最适于研究的处所”。也许它仅次于莱比锡。但是实验室的优劣决定于研究的结果，而不决定于占地面积的大小和仪器的多寡。缪勒的精于批判与斯顿夫不相上下，他作为一个心理学家是较欠专门化的（虽然作为一个哲学家，则有更高度的专门化）。他在早年时继续研究心理物理学，是费希纳去世后的首屈一指的心理物理学家。他在九十年代专治视觉和听觉的心理物理学。1903年后对于一般的心理物理学虽无所贡献，但视听二觉则是他终身研究的课题。他在这三个领域里的问题都取自它们的创始者，他加以批评，修改，扩充，并用为研究的中心。他的心理物理学取自费希纳，视觉的问题取自海林，记忆的问题则取自艾宾浩斯。他在哥廷根的学生都是第二流的最突出的德国心理学家，因为冯特的学生无疑地应名列第一。缪勒虽从未著一系统的纲要如冯特，也未刊布认识论的文章如斯顿夫，但是他因受洛采的批判精神的训练，也常以理论为怀。他是一位纯粹的心理学家。斯顿夫常自称为哲学家，他为哲学的兴趣而研究心理学。冯特虽自称心理学家，但是我们已知道他受哲学家的思想的支配。只有缪勒才能脱离其初恋的哲学，而专致力于心理学。他也许未能完全成功，但就他的时期而论，他总算比较成功了。他在老年的时候，愈注意于系统的问题，与一般老人无

异。就系统说，他显然和冯特同为内容的心理学家，他的处境和斯顿夫相似，所以他在信仰上理应为意动心理学家，虽在实践上则否。但是信仰和实践的区别是很重要的。心理学家不知道如何实验意动：但都能以内容为实验的材料。缪勒既成为实验心理学家，便不能不趋就冯特而脱离布伦塔诺了。

舒曼自 1881 年开始，在哥廷根为缪勒的非正式的助手，至 1894 年，才往助斯顿夫。哥廷根在八十年代有何活动，我们可不甚了然。屈尔佩在莱比锡及柏林各一年后，至 1883 年左右赴哥廷根留居三学期，然后复回莱比锡考取学位而为冯特的助理。阿尔方斯·匹尔捷克在 1886 年来哥廷根，留居至少达十四年之久。他 375
先研究注意，至 1889 年，刊布其在缪勒指导之下的博士论文《感觉注意说》(Die Lehre der sinnlichen Aufmerksamkeit)。这篇论文来源于缪勒 1873 年的论文，且也用相似的名称。缪勒自己仍从事于心理物理学，因为 1889 年他和舒曼共同发表其关于举重的研究，他由这个研究乃断定“较重”及“较轻”的判断视被实验者的肌肉对刺激的预期而定，这是早期有关态度的实验研究的一种。他显然是在研究肌肉的问题，因为同年他复发表其《肌肉收缩说》(Theorie der Muskelcontraction)。1885 年，艾宾浩斯刊布其关于记忆测量的实验，1887 年，缪勒和舒曼开始用艾宾浩斯的完全记忆法(Erlernungsmethode)以研究记忆。缪勒常敏于掌握新方法。他和舒曼持续这些实验至 1892 年，然后于 1893 年在一篇著名论文中刊布其结果，兼及如何构造无意义音节的规则。

此文刊布后，缪勒以匹尔捷克的帮助，继续研究。这次他用“正确的联想法”(the Treffermethode)。但是首创此法于 1895

年左右者为缪勒的另一学生阿道夫·乔斯特。结果造成乔斯特法则,以为两个联想,其力相等,则复习一次使旧联想比新联想更加巩固。乔斯特且用此说以解释复习分配法的优点。缪勒和匹尔捷克于1900年合刊一文,发展此正确的联想法,以为反应时间可用以表示联想的强度。

但是缪勒没有放弃心理物理学。莉莲·J.马丁是缪勒的1894至1898年间的学生,他们共同实验,后复于1899年共同发表《感觉差别的分析》(Zur Analyse der Unterschiedsempfindlichkeit)一文。此书是费希纳的《纲要》之后的关于举重的心理物理学的经典的研究。同时比纳的学生V.亨利由巴黎至哥廷根,作了许多实验,结果于1898年刊为《论触觉的空间知觉》(Ueber die Raumwahrnehmungen des Tastsinnes)。此书是韦伯之后的关于皮肤上位置觉的误差及两点觉阈的经典著作,和缪勒在1879年关
376 于这同一感觉问题的正误法的研究性质相同。缪勒不仅以其实验室供给这些学生研究便算完事。所以亨利虽贡献其书于比纳,但对于缪勒的随时的帮助深致谢意。

然而心理物理学和记忆还不能满足这好学不倦的缪勒的要求。这些研究正在持续的时候,缪勒已注意于视觉问题。1896—1897年间,他发表了四篇文章,其名称则同为《关于视觉的心理物理学》(Zur Psychophysik der Gesichtsempfindungen),这里采用心理物理学一词的生理学的意义而非数学方法的意义。这些论文讨论而复维护缪勒的色觉说,此说包括海林的学说于其内,但常以海林说见称于世。缪勒采取海林的三种相反的光质说(他以为这些历程是化学的,而非新陈代谢的,如海林之所揣想);且更假设一

个皮质的灰色为零点，离开这个零点，便成种种色觉。据海林的学说，黑白，蓝黄，红绿等刺激若互相均衡，则我们将必毫无所见，那时为视觉的空虚，但是在实际上，我们所看见的为灰色。缪勒假设皮质中的分子活动产生一种常住的灰色，且复用经验的证据以证实其假设。海林要避免其困难，以为这是由于经验内的等力的感觉的混合，而没有一个特别有力的成分以为颜色的全体的特征。

缪勒在这些论文内也泛论性质系列的和强度系列的问题，且复于第一篇论文内规定了心理物理学公理的这样五条，他以为凡欲假设生理历程以解释意识历程的都须以这五条为基础。缪勒在规定这些公理时，正沿着这样一条路线前进，这条路线是洛采、马赫和海林所创始的，并发展为惠太海默及苛勒的同型论（参看边码615，678—680，690 等页）。

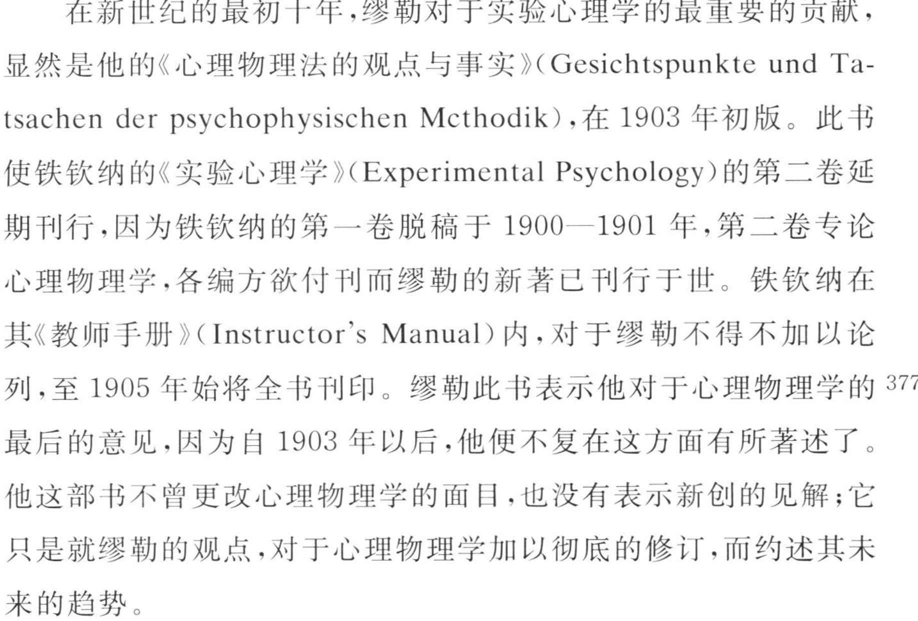

在新世纪的最初十年，缪勒对于实验心理学的最重要的贡献，显然是他的《心理物理法的观点与事实》（Gesichtspunkte und Tatsachen der psychophysischen Mcthodik），在 1903 年初版。此书使铁钦纳的《实验心理学》（Experimental Psychology）的第二卷延期刊行，因为铁钦纳的第一卷脱稿于 1900—1901 年，第二卷专论心理物理学，各编方欲付刊而缪勒的新著已刊行于世。铁钦纳在其《教师手册》（Instructor's Manual）内，对于缪勒不得不加以论列，至 1905 年始将全书刊印。缪勒此书表示他对于心理物理学的 377
最后的意见，因为自 1903 年以后，他便不复在这方面有所著述了。他这部书不曾更改心理物理学的面目，也没有表示新创的见解；它只是就缪勒的观点，对于心理物理学加以彻底的修订，而约述其未来的趋势。

此十年内，缪勒不复有其他重要的著作。1904 年，他复细述他的色觉说，且讨论其与色盲的关系，同年（后复于 1913 年）又讨论记忆的问题，并研究数学的天才吕克尔。他在这十年的最后数年时，似已开始写作其大著《记忆》（Gedächtnistätigkeit）。

同时，他的实验室也渐有势力。最后继承缪勒的职位的人纳其斯・阿赫在 1901 至 1904 年间，是他的第一任正式的助手。1904 年，一个新由因斯布鲁克得哲学博士学位的吕普为缪勒的助手三年，然后往助斯顿夫十四年。我们已知道斯顿夫的助手多来自缪勒。韦尔斯利的甘布尔女士是缪勒的 1906—1907 年间的学生，后刊一经典的专著，讨论测量记忆法的改造，虽然这个研究的大部分都成于在韦尔斯利的时候，而尚未到哥廷根之前。大卫・卡茨于 1907 年被任为助手，至 1918 年始退职，距缪勒告老的时期已不远了。他于 1906 年得博士学位于哥廷根。至 1909 年，乃刊行一篇很重要的著作《颜色现象》（Die Erscheinungsweisen der Farben）。对于容量色（volumie colors），表面色（surface colors）及膜状色（film colors）的性质及条件详加辨别，以为膜状色最为简陋，其他各色都是由它派生的。此文实为实验现象学的一篇，因为其所描写的范围非感觉元素的分析所可适用的。它既发表于惠太海默的创造格式塔心理学派的文章之前，所以它是心理学史的许多实例之一，我们可用以证明新的观念决非真是新的：一个学派的原则须已存在于前，然后才有创立的可能。卡茨于 1919 年赴罗斯托克。此外还有 E. R. 扬施。他在哥廷根于 1908 年得博士学位，留校两年。他由哥廷根发表《视觉知觉的分析》（Zur Analyse der Gesichtswahrnehmungen），且以此贡献于艾宾浩斯及缪勒。

1913 年，任职于马尔堡，发现遗觉的影像（eidetic imagery），且用以为人型分类的基础。所以格式塔心理学尚未以知觉为中心的研 378
究之前，缪勒已因学生的关系而注意知觉的问题了。

次十年是值得注意的，因为缪勒发表他的《记忆与想象活动的分析》（Zur Analyse der Gedächtnistätigkeit und des Vorstellungsverlaufes）。书共三卷，刊行于 1911，1913 及 1917 年，第二卷刊印最后。它们虽在实验心理学史中属于不同的时期，而其作者又较依赖正式的实验，但它们之于记忆，也可比斯顿夫的《音乐心理学》之于声学。缪勒不仅予读者以新材料（尤其是关于天才吕克尔的），且总结他在这个领域中的观点。缪勒的深刻彻底自然要引起理论的问题；第一卷几有三分之一，讨论内省的方法。但是缪勒也不在著作一部心理学的系统；他仍坚持着实验的工作，倘有理论也仅满足实验的需要而已。

现象学和知觉在哥廷根仍占优势。缪勒本人在 1912 年对于视觉的位置觉略有所著述，至 1915 年，则于视觉位置觉中的奥贝特现象（the Aubert phenomenon）详加解释，结果乃与柏林的年轻格式塔心理学家大起冲突。埃德加・鲁宾在 1912 年自哥本哈根来就学于缪勒二年，以求取学位。他由哥廷根刊行一书，名《视知觉的图形》（Visuell wahrgenommene Figuren），此书来源虽异，但被接受为格式塔心理学，因为它为现象学的，将视觉知觉分析而为图形，背景，及轮廓等元素，而不为较因袭的感觉元素。

1921 年，缪勒退休。1923 年内，批判了格式塔心理学。他在他的《复合说与格式塔说》（Komplextheorie und Gestalttheorie）这本书内讨论知觉研究的方法论，以为格式塔心理学不是新的，尤其是参照哥廷根对于知觉研究的性质时完全没有新鲜的东西。1924 年缪勒刊行一小册子名为《心理学概要》(Abriss der Psychologie),他只在这本书内,企图讨论心理学的整个领域。

1920 至 1930 年的十年间,缪勒大部分在从事色觉心理学的老问题的研究。他从未失去其在色觉和视觉方面的兴趣。1930 年左右,他完成了其两卷共 647 页的《论色觉:心理物理学的研究》(Üeber die Farbenempfindungen: psychophysische Untersuchungen)。这两卷和记忆的著作一样完整,但那时这个领域已背
379 离了缪勒,而更重视物理的控制,而不依靠内省的事实了。这两卷书已使缪勒充分完成其对实验心理学的贡献,除了斯顿夫以外,他是最后的伟大人物,他死于 1934 年。

总而言之,在我们已讨论过的学者之中,缪勒是第一位的实验心理学家。他以哲学的才智,精密的逻辑,深刻的批判,进行实验的研究。他坚守其少年时科学应前于哲学之训,所以力避哲学而成一科学家。在实验心理学的范围之内,他既有广博的兴趣,而复有丰富的知识。他的学生都受他的额外的奖励和帮助,通过他本人及学生们的研究,他对方在成年的实验心理学,有很大的影响。就影响及学派说,他仅次于冯特而已。

附　　注

海　　林

海林的全名是卡尔·埃瓦尔德·康斯坦丁·海林,但是他通常用埃瓦尔

德·海林。本章提到了他的著作的书名和出版的日期。他的《生理学概论》，全文共有五个部分，分别出版于 1861 年，1862 年，1863 年，1864 年和 1864 年。这本书有一个副标题，叫做“网膜位置觉学说”(Zur Lehre vom Ortsinne der Netzhaut)，这一个标题似乎也很妥帖，因为海林以后也再没有用主要的标题了，他的有关生理学的研究也未超越视觉的范围。

他的名著《光觉学说》，出版于 1872 年至 1874 年间，后来的完整本刊布于 1878 年。它的姊妹篇《光觉说要义》，分四分册出版，分别为 1905 年(1—80 页)，1907 年(81—160 页)，1911 年(161—240 页)，以及可能为 1920 年(240—294 页)，这是因战争拖延的全书作为遗著出版的日期。头三本分册在每册结束时，好像一句话只说了一半，为了一个动词得等上几年。

本章还提到两篇一般的论文，“有机物质的一般机能的记忆力”(Ueber das Gedächtnis als eine allgemeine Funktion der organisierten Materie)，是 1870 年 5 月 30 日在维也纳科学院会议的一篇演讲稿，分别出版于 1870 年，再版于 1905 年。关于“神经系统特殊能”一文，见洛托斯:《自然科学年鉴》，1884 年，第 5 编，113—126 页。这两篇论文都被译成英文并合并出版于 1895 年及共后。海林最为著名的几件仪器由铁钦纳作了描述，见铁钦纳《实验心理学》，1901 年，第 1 卷，第 2 页；见第 1、2、76 图，并参见索引。

关于海林的生平及其著作的记载，见 S. 加顿“纪念海林”，《生理学文献》(Arch. ges. Physiol.)，1918 年，第 170 卷，501—522 页；希尔布兰德的《回忆海林》，1918。

布伦塔诺

布伦塔诺的三部心理学著作的全名称如下:《经验观点的心理学》1874
年;《感官心理学研究》(Untersuchungen zur Sinnespsychologie)1907 年;《心 380
理现象分类》，1911 年。本书所引还有三篇关于视觉错觉的短文，见《心理学杂志》(Zsch. Psychol.)，1892 年，第 3 卷，349—358 页；1893 年，第 5 卷，61—82 页；1893 年，第 6 卷，1—7 页。

关于布伦塔诺的生平和著作，见 O. 克劳斯，《布伦塔诺的生平与学说》(Franz Brentano, zur Kenntnis seines Lebens und seiner Lehre)，1919 年。斯顿夫在此书内撰述其对于布伦塔诺的回忆，可看出他们二人的关系，85—

149 页。胡塞尔也有一文追述他对于布伦塔诺的回忆，151—167 页。布伦塔诺的传记另有一篇简明的文章：M. 普格利西，《美国心理学杂志》1924 年，第 35 卷，414—419 页。克劳斯和普格利西都列举了布伦塔诺的书目，细节上略有不同。

铁钦纳介绍布伦塔诺给美国人较任何人写得更多。关于布伦塔诺和现代意动心理学的体系，见铁钦纳的机能心理学和意动心理学，《美国心理学杂志》，1922 年，第 33 卷，43—83 页；重印于他的《系统心理学绪论》，1929 年，195—259 页。关于布伦塔诺与冯特的对比，铁钦纳把他们两人的对比相当于经验心理学和实验心理学的对比，同杂志，1921 年，第 32 卷，108—120 页，后又在回顾实验心理学时重提起这个差异，见“实验心理学：回顾”，同杂志，1925 年，第 36 卷，313—323 页，尤须看 316 页以次。

卡米启尔在“什么是实验心理学？”中，见《美国心理学杂志》，1926 年，第 37 卷，521—527 页，批评铁钦纳在作布伦塔诺和冯特的对比时，将经验的和合理的二词混淆不分。其困难之处似乎是由于经验法，严格地说，应包括实验的，但因为不讲方法以致其唯理主义非常显著，或比较显得是唯理论的。除非我们将这种经验主义和真实的先验主义相比，才觉其不然。见波林的经验心理学，同杂志，1927 年，第 38 卷，475—477 页。铁钦纳也提出经验心理学和实验心理学的相同的论点，见《普通心理学杂志》，1928 年，第 1 卷，176 页以下。他更注意到德文 empirisch（经验的）和 empiristisch（实验的）都译成英文“empirical”（经验的）一词的混淆的危险。布伦塔诺的心理学为经验的。但不是实验的，因为，他不以为心灵起源于经验，而仅据经验的观点描写心灵而已。

关于年轻的弗洛伊德与布伦塔诺的“动力”心理学的关系，见 P. 默连，“布伦塔诺和弗洛伊德”，《历史思想杂志》(J. Hist. Ideas) 1945 年，第 6 卷，375—377 页；“布伦塔诺和弗洛伊德——续编”，同杂志，1949 年，第 10 卷，451 页。

斯　顿　夫

斯顿夫的重要书名就是《音乐心理学》第 1 卷，1883 年，第 2 卷，1890 年，他的论声学与音乐科学，动笔于 1898 年，至 1924 年，已成九编。第 1 编，

1898年，讨论和音及不和谐音，因此，可视为《音乐心理学》第3卷的开端。关于此说的次要的参考资料，见穆尔，“和音及不和谐音的发生方面”《心理学专刊》(Psychol. Monog.)第17卷(第73期)11—18页。斯顿夫也曾将他的对于原始音乐及音乐起源的研究作一通俗的摘要：《音乐的起源》(Die Anfänge der Musik)，1911年。

斯顿夫用以获取符茨堡讲座的第一部心理学著作为《空间观念的心理起源》1873年。他的两篇重要的论文是：“现象与心理机能”，《柏林普鲁士科学院丛刊》(哲学历史部)(Abhl. preuss. Akad. Wiss. Berlin, [philos. -hist. Kl.])1906年，第4期，计40页；“科学引论”(Zur Einteilung der Wissenschaften)，同杂志，1906年，第5期，计94页。此两文都另计页数，重印的日期为1907年。关于斯顿夫的心体问题的主张，见他的开会词，《第三次国际 381
心理学会会刊》，1897年，3—16页，重印为“身体与心灵”(Leib und Seele)，1903年和1909年。

斯顿夫曾自述其生平及著作于R. 施密特的《现代哲学自述》(Die Philosophie der Gegenwart in Selbstdarstellungen)内，卷五，1924年，205—265页(也曾单行刊印，英译本收在麦奇森的《心理学家自传集》，1930年，卷一，389—441页)。并附有他的德文著作的目录。这个目录(至1924年为止)含有五十四种关于音乐或纯音的著作，二十七种关于其他心理学问题的著作，十四种关于哲学问题的著作。就这个意义看来，斯顿夫作为音乐心理学家较胜于普通心理学家，而作为心理学家又较胜于一般哲学家，但是他却以自己的心理学为哲学。关于斯顿夫和布伦塔诺的关系，见施密特，前引书，和克劳斯，前引书。

关于提供斯顿夫更多资料的悼文的有：H. S. 朗菲尔德的“卡尔·斯顿夫：1848—1936”，《美国心理学杂志》，1937年，第49卷，316—320页；勒温，“卡尔·斯顿夫”，《心理学评论》，1937年，第44卷，189—194页；C.A. 鲁克米克，“卡尔·斯顿夫”，《心理学公报》，1937年，第34卷，187—190页。并参阅比彻，“卡尔·斯顿夫诞辰七十周年”，《自然科学》(Naturwiss.)，1918年，第6卷，265—277页。

关于斯顿夫的乐音，混合，和音及不和谐音，音的联合，原始音乐，母音，语音分析等特殊方面的研究，读者可于上述的参考资料之外，并参看斯顿夫的书目及其原著。斯顿夫的这个研究在一个特殊领域内具有宏大的规模。

斯顿夫对于音乐的兴趣使他注意情绪和感情的学说。他对于这个题材曾刊布三篇重要的论文:"情绪动作概论"(Begriff der Gemüthsbewegungen),《心理学杂志》,1899 年,第 21 卷,47—99 页;"论感情"(Ueber Gefühlsempfindungen),见同杂志,1907 年,第 44 卷,1—49 页;《感情的辩解》(Apologie der Gefühlsempfindungen),见同杂志,1916 年,第 75 卷,1—38 页。关于此说的动机,背景的讨论及各种批评,见铁钦纳,"斯顿夫教授的感情心理学",《美国心理学杂志》,1917 年,第 28 卷,263—277 页。

除上所述者之外,斯顿夫还有两篇理论的文章,曾引起特别的注意。有一篇讨论视觉的属性,及讨论得很多的强度作为视觉属性的问题:"视觉的属性"(Die Attribute der Gesichtsempfindungen),《柏林普鲁士科学院丛刊》(哲学历史部),1917 年,第 8 期,计 88 页。另一文讨论感觉和影像的关系及其标准:"感觉与观念"(Empfindung und Vorstellung),同杂志,1918 年,第 1 期,共 116 页;两文都单独印行。关于第一篇,参看铁钦纳,《美国心理学杂志》,1923 年,第 34 卷,310 页以下。

关于斯顿夫的心理物理学,只有心理物理学专家才曾听到,然而他也有一种积极的心理物理学说,贡献于心理物理学,而散见于《音乐心理学》,见铁钦纳,《实验心理学》1905 年,卷二,第 2 编;尤须见 161—163 页。但索引中也有许多参考资料。并见斯顿夫讨论数学的几率的概念的文章,《慕尼黑巴伐利亚科学院会报》(哲学和语言学部)(Sitzber. bayr. Akad. Wiss. Zu München [philos. -philol. Cl.]),1892 年,37—120 页,关于斯顿夫的数学概论的应用,同杂志,1892 年 681—691 页。

他和冯特的关于纯音距离的论战,见下列各杂志:关于被批判的结果,冯特,《生理心理学》,1887 年,第 1 卷,428 页以下。洛伦茨,对音距的理解的研究,《哲学研究》,1890 年,第 6 卷,26—103 页;斯顿夫对于洛伦茨的批判,音距的比较见《心理学杂志》,1890 年,第 1 卷,419—485 页;关于冯特的三次批判,关于音距的对比见《哲学研究》,1891 年,第 6 卷,605—640 页;斯顿夫的一个回答,见同杂志,1892 年,第 7 期,298—327 页;也是一个结论,见同杂志,1892 年,第 7 卷,633—636 页;斯顿夫的散见于各处的答复,冯特的反批评见《心理学杂志》,1891 年,第 2 卷,266—293 页,我反对冯特的论断,同杂志，438—443 页。关于这个论战，参考波林的争论心理学，《心理学评论》，1929 年，第 36 卷，107—113 页。 382

我们为什么不能把斯顿夫在 1900 年前的学生而成为重要心理学家的人列一名单，如前章为冯特所列的相同，读了本文当可明白了。事实上没有这种名单，斯顿夫本人曾举舒曼和吕普为其最重要的弟子（施密特，前引书，220 页以下）；其次，特别关于声学的，有 O. 阿伯拉罕，谢弗，梅耶，芬斯特，霍恩博斯特尔及阿勒喜。他后来也曾提起苛勒。我们尚须将格尔布，考夫卡，朗菲尔德，波普尔路透等人列为他的较著名的学生。

斯顿夫曾论述柏林实验室的历史于伦茨著的《柏林腓特力-威廉大学的历史》(Geschichte der Friedrich-Wilhelms-Universität Berlin)内，1910 年，第 3 卷，202—207 页。艾宾浩斯前于斯顿夫在柏林完成其著名的记忆实验，且可说是创设了柏林实验室。斯顿夫显然以实验室的实际的开始定在 1894 年他到柏林的时候，虽然那时尚未称实验室，而称“心理学研习所”(the Psychologisches Seminar)，更正式的“心理学学院”(the Psychologische Institut)起始于 1900 年。舒曼从缪勒处来，在 1894 至 1905 年间为斯顿夫的助理员和助教。其后霍恩博斯特尔任助理一年，阿赫又任一年。阿赫和舒曼同，也由哥廷根而至柏林。再后，吕普也由哥廷根来任助理，至斯顿夫退休时为止。

G. E. 缪勒

1934 年缪勒逝世后，开始出现悼念他的报导，在此以前除本文第一版本章以外，没有刊行记载 G. E. 缪勒的生平与著作的文章，这一类介绍大多数都很贫乏，较为满意的是卡兹（缪勒的学生），见《心理学报》(Acta psychol.)，1935 年，第 1 卷，234—240 页；还可参阅《心理学公报》，1935 年，第 32 卷，377—380 页。波林，《美国心理学杂志》，1935 年，第 47 卷，344—348 页（包括缪勒给作者的英译的信件，叙述缪勒认为指导他的一生的早期学术影响）；克拉帕雷德，《心理学文献》，1935 年，第 25 卷，110—114 页。

缪勒的著作不易获得，虽然据说有一个发表在不易见到的荷兰杂志上；范·埃森，“纪念 G. E. 缪勒”，见《心理学杂志》(Ned. Tijdschr. Psychol.)，1935 年；第 3 卷，48—58 页。因此，最好是将本书第 1 版内作者认为最重要的书目重印于此，加上 1930 年的一篇，以及已举各项的有关评论，现列表如下：

1873 年，《感觉的注意学说》计 136 页。参看铁钦纳，《感情与注意心理学讲义》(Lectures on the Elementary Psychology of Feeling and Attention)，1908 年，特别见 188—206 页，356—359 页。

1878 年，《心理物理学基础》，计 424 页。参看铁钦纳，《实验心理学》1905 年，卷二，2 页。

1879 年，"正误法对于皮肤位置觉的测量"(Ueber die Massbestimmung des Ortsinnes der Haut mittels der Methode der richtigen und falschen Fälle)，[普夫吕格尔的]《生理学文献》([pflüger's] Arch. ges Physiol.)，第 19 卷，191—235 页。

1889 年，与舒曼合著："举重比较的心理学的基础"(Ueber die psychologischen Grundlagen für die Vergleichung der gehobener Gewichte)，同杂志，第 45 卷，37—112 页。参看《美国心理学杂志》，1889 年，第 2 卷，650 页以下。

1889 年，"肌肉收缩说"《哥廷根科学会会刊》(Nachtrichten Gesellsch. Wiss. Göttingen)，1889 年，132—179 页。参看 E. C. A.，《美国心理学杂志》1889 年，第 2 卷，490—492 页。

1893 年，与舒曼合著："记忆的实验研究"(Experimentelle Beiträge zur Untersuchungen des Gedächtnisses)，《心理学杂志》，第 6 卷，81—190 页，257—339 页。参看 J. A. 柏格斯特罗，《美国心理学杂志》，1894 年，第 6 卷，301—303 页。

1896 年，"关于视觉的心理物理学"，《心理学杂志》，第 10 卷，1—82 页，321—413 页。

1897 年，同篇名，同杂志，第 14 卷，1—76 页，161—196 页。

1899 年，与 L. J. 马丁合著：《感觉差别的分析》，计 233 页。参看安吉尔，《美国心理学杂志》，1899 年，第 11 卷，266—271 页；铁钦纳，《实验心理
383 学》，1905 年，卷二，第 2 编，300—310 页。

1900 年，与匹尔捷克合著："记忆的实验"(Experimentelle Beiträge zur Lehre vom Gedächtniss)，《心理学杂志》，第 1 期，计 300 页。

1903年,《心理物理学法的观点与事实》,见L.阿谢尔和K.斯皮罗,《生理学的成果》(Ergebnisse der Physiologie),卷二,第2编,267—516页。另页重印于1904年。参看铁钦纳,《实验心理学》,1905年,卷二,2页,尤须注意310—313页。

1904年,"补色说与色盲"(Die Theorie der Gegenfarben und die Farbenblindheit)《第一次实验心理学会会报》(Ber. I Kongr. exper. Psychol.),6—10页。

1904年,关于一个异常记忆研究的报告(吕克尔),同杂志,46—48页。

1911年,"记忆与想象活动的分析,第一卷",《心理学杂志》,第5期,403页。参看铁钦纳,《美国心理学杂志》,1912年,第23卷,490—494页(内省);J.W.贝耳德,《心理学公报》,1916年,第13卷,373—375页。

1912年,"视觉观念的位置"(Ueber die Lokalisation der visuellen Vorstellungsbilder),《第五次实验心理学会会报》,118—122页。

1913年,"记忆与想象活动的分析,第三卷",《心理学杂志》,第8期,共567页。参看贝耳德,如前引。

1913年,"新的关于吕克尔的研究"(Neue Versuche mit Rückle),《心理学杂志》,第67卷,193—213页。

1915年,"关于奥柏尔的现象"(Ueber das Aubertsche Phänomen),《感觉生理学杂志》(Zsch. Sinnesphysiol),第49卷,109—246页。参看考夫卡,《心理学公报》,1922年,第19卷,572—576页。

1917年,"记忆与想象活动的分析,第二卷",《心理学杂志》,第9期,计682页。

1923年,《复合说与格式塔说:对于知觉心理学的一种贡献》(Komplextheorie und Gestalttheorie: ein Beitrag zur Wahrnehmungspsychologie),计108页。参看苛勒的答复,《心理学研究》(Psychol. Forsch.),1925年,第6卷,358—416页;及缪勒的答复,《心理学杂志》,1926年,第99卷,1—15页。

1924年,《心理学概要》(Abriss der Psychologie),计124页。

1930年,《论色觉:心理物理学研究》,卷一和卷二,《心理学研究》,第17、18期,共647页。

下列各著也都为很重要的研究,或在哥廷根和缪勒合作而成,或受他的亲身指导而成。各作者对于这种指导都热烈承认。

匹尔捷克,《感觉注意说》,1889 年,共 84 页。

缪勒与舒曼,1889 年,引见前。

缪勒与舒曼,1893 年,引见前。

乔斯特,“联想的强度与重复的关系”(Die Associationsfestigkeit in ihrer Abhängigkeit von der Verteilung der Wiederholungen),《心理学杂志》1897 年,第 14 卷,436—472 页。

亨利,《论触觉的空间知觉》,1898 年,共 228 页。

马丁与缪勒,1899 年,引见前。

缪勒与匹尔捷克,1900 年,引见前。

扬施,“视觉知觉的分析”,《心理学杂志》1909 年,第 4 期,共 388 页。

扬施,“空间知觉”(Ueber die Wahrnehmung des Raumes),同杂志,1911 年,第 6 期,共 488 页。

卡茨,《颜色的现象及其由个别经验的影响》(Die Erscheinungsweisen der Farben und ihre Beeinflussung durch die individuelle Erfahrung),同杂志,1911 年,第 7 期,共 425 页。

鲁宾,《视知觉的图形》,1915 年,德译为 Visuell Wahrgenommene Figuren,1921 年,共 244 页。

甘布尔,论再造法(method of reconstruction)的专篇《心理学专刊》1909 年,第 10 卷,(第 43 期),不属于此表之内,因为她的研究多完成于韦尔斯利,那时她尚未到哥廷根。

关于 1892 年时哥廷根实验室的记述,见 O. 克罗,《美国心理学杂志》,1893 年,第 5 卷,282—284 页。

第十八章　“新”内容心理学 384

十九世纪七十年代对冯特所称的“生理心理学”的新的实验心理学似乎有点新鲜而动人。它体现了一种新的科学企图。它不仅是生理学家的感觉的实验如韦伯和约翰内斯·缪勒的发现，也不仅是哲学家追求科学的支援，不仅是赫尔巴特的数学的应用，也不仅是洛采所编著的“医学”心理学。这里确实有些新东西，有它自己特有的科学的活动。当然，新的研究多半以知觉为对象，但即使如此，只要有充足的时间，也可望得到一个完全的实验心理学。费希纳已经提供了新的测量法。赫尔姆霍茨在演示着视觉和听觉的研究的方法，也不仅只有他一个人。十九世纪六十年代的末年，海林、A. W. 福尔克曼、奥贝特、埃克斯纳和德尔柏夫已发表了有关心理光学，视觉空间知觉和颜色感受性的重要著作，马赫和维洛特曾对时间估计的基本实验作出贡献，唐德斯曾发明了混合反应；冯特曾从天文学的人差研究中摄取了复合实验。这就是已在海外盛传的新心理学引起了远在美国的詹姆士的兴趣，后来便鼓动他把这个新学科引进了美国，并使美国熟悉这个学科。

冯特对这一切究竟有多大贡献呢？我们知道他给这个新心理学提供它的构造和形式，它的自我意识和名称，它的第一所正式实验室，它的第一种实验的杂志，以及系统的方式，借以设计实验，并

使实验取得它们的意义。这是历史上的大事，即使没有冯特这个人，历史也会迟早在1900年左右达到了冯特参与之下所达到的相
385 同的情境。无论这个事实通过冯特或通过历史的不可思议的力量，这个新心理学却是内省的，感觉的，元素的和联想主义的。它是**内省的**，因为意识是它的对象。因而意识是心理学**存在的原因**。它是**感觉的**，因为感觉表现了意识的性质，无象思想直至世纪更始后才要求对它的地位的承认。它是**元素的**，因为整个元素主义的概念发轫于心理化拦，似乎感觉、影像和感情可能是构成心理学材料的混合物的元素。最后，它是**联想主义的**，因为联合正是混合作用的原则，因为不列颠学派证明了部分的联合如何造成知觉和意义。这个种类的心理学后来被称为**内容心理学**，有异于贴着布伦塔诺标签的**意动心理学**。

十九世纪心理学的主要派别是意动和内容，布伦塔诺和冯特，这正如我们经常说的。但是哲学家和科学家的差别，思辨和实验的差别便较欠鲜明了。实验心理学约略知道如何处理内容。至于意动——后来据屈尔佩在符茨堡的发现——是不易掌握的，没有像内容那样地经得起观察。要了解新的实验心理学，在那时就是需要了解内容心理学。

那个要求对1950年的年轻的美国心理学家来说似乎是不可思议的。他以为詹姆士在1870年所视为新鲜动人的东西如今已很古老、陈旧而非常令人厌倦了。事情的经过是这样的，美国从德国那里接受了心理学，却将心理学的注意从感觉和知觉转移到行动和行为。这是部分依照美国民族气质所发生的变化，这个变化几乎是无意识地改变了取自德国的心理学的模式和价值。后来我

们可知道这个年轻的洛肯瓦①从西方来把冯特的德国女子夺上马骑走了，没有把她养成为谨小慎微的学院性的家庭主妇，而把她养成为开天辟地的巾帼英雄（边码506等页）。但是德国和美国心理学的分界虽在十九世纪开始，却只是到了下一世纪才被认为有决定性意义。

现在重要的问题是考察十九世纪的“新”心理学究竟有什么东西似乎是引人注意的，这便使我们来研究内容心理学的领导人所起的作用。他们就是冯特、海林、早期的斯顿夫和G. E. 缪勒，上 386
文对于这些人曾进行过充分的讨论；还有马赫，他用他的实验和原理鼓动了这个学派，而这些原理后来证明在实质上与几难理会的阿芬那留斯所提供的完全一致；还有艾宾浩斯，他是内容心理学的折衷者和宣传者；还有屈尔佩，他以得自G. E. 缪勒和冯特的印记，开始时为一内容心理学家，头脑清醒的思想家，紧跟实验走的学者，最后随着符茨堡学派的思想实验，转入了布伦塔诺的阵营，为了保持忠诚，乃提倡内容和意动的二重心理学；最后还有铁钦纳，他以英国人怀有德国人的思想而寓居于美国，他比冯特尤有过之，留给我们以内容的内省心理学，充分代表了1910年的这个近代的联想主义，正如詹姆士·穆勒代表1829年的旧联想主义一样。

由此我们要论述马赫、艾宾浩斯、屈尔佩，铁钦纳以及某些与这种心理学有关的学者。因为马赫与屈尔佩及铁钦纳有特殊的关

① 洛肯瓦（Lochinvar）是一骑士，他与一女子发生恋爱。这个女子本注定嫁给一个“爱情上的懒汉，战争中的懦夫”，可是洛肯瓦在她婚礼前把她夺上马一同逃走了。下面的德国女子暗指新心理学。——译者

系，我们可以艾宾浩斯为始。

赫尔曼·艾宾浩斯

赫尔曼·艾宾浩斯（1850—1909）乃一商人之子，生于巴门，距波恩不远，波恩大学就是他所肄业的第一个大学。他小于斯顿夫两岁，大于G. E. 缪勒六个月。他先进巴门的文科中学，至十七岁时，乃入波恩大学研究史学和语言学。他也依从德国大学生的风习，由波恩改入哈雷，复由哈雷转入柏林。他肄业于这些大学计共三年（1867—1870），逐渐舍其前所爱好的学科而专研哲学。特伦德伦伯格方在柏林，他从前吸引了布伦塔诺，影响了缪勒，此时艾宾浩斯的兴趣的转移或许也为特伦德伦伯格之力。其后，普法战争爆发，艾宾浩斯同缪勒一样，投笔从戎。战后，他复返波恩，1873年撰文讨论冯·哈特曼的无意识哲学，获取哲学博士学位。

此后七年艾宾浩斯都消磨于独立的研究。他返寓柏林两年，
387 遵循当时哲学界的惯例，他的读物渐倾向于科学（布伦塔诺从前使斯顿夫转治科学，洛采对于缪勒也是这样）。至1875年，他乃历游英法二国，计共三年，一方面求学，一方面教书。他在巴黎旧书店内购得费希纳的《纲要》。他对于此书在科学心理学上的重要，立即加以注意，以为费希纳的方法，在感觉方面，固曾使实验心理学有长足的进步，但尚未能研究心理学的重要对象如“较高级的心理历程”。冯特的《生理心理学》出版虽仅数年，但也必为艾宾浩斯所见，我们的这个推想如果不错，那么他必更坚定其对于高级心理历程的研究的信仰了。

艾宾浩斯那时是孤立的，既没有一个大学环境的激励，也没有和费希纳、冯特、洛采，或有希望的青年如斯顿夫或缪勒有私交的关系。他单靠费希纳的书及他自己的兴趣从事于改造费希纳的方法以研究记忆测量的问题。也许他那几年的思想从未脱离他的《记忆》(Ueber das Gedächtnis)。他在此书的第一章内，研究测量如何可能的条件。他以复习的次数为联想的重要条件，因此，证明了次数如何可用以测量记忆。关于方法的原则，他是以费希纳为根据的。至于记忆的问题则取自英国的联想主义者，一个青年哲学家留学英国若干时，当然要受英国思想的影响。我们在前数章内，已知道联想的法则如何逐渐引次数为联想的重要条件。艾宾浩斯摄取英国联想主义的这个结果，而以复习为记忆实验的测量的基础。后来他在以他的《心理学》贡献于费希纳的时候，虽谦逊地自称皆受费希纳的启示，但是他的研究也确很富于创造性。他的心理测量虽取自费希纳，但是他没有完全采用心理物理学的方法；也许他知道这些方法若直接应用于记忆的材料，便未免麻烦太过，正如后来的研究所证明的一样。他发明了无意义音节，这似 388
乎是没有受前人的启发的。假使他要测量联想的构成，他便须先有一种全未有过联想的材料；因此，他乃用两个子音，一个母音，合成 zat, bok, sid 等，计共有二千三百个无意义音节，可用以为联想的学习之用。这些音节的相似远较单字组为胜，因为语言的习惯没有造成它们的任何联想。他用无意义音节及诗为材料，以他自己为唯一的被试验者，而用完全记忆法和节省法(methods of complete mastery and of savings)为工具，开始其对于记忆的实验的测量，有些测验且完成于未放弃学术的孤独生活、而就职于大

学之前。

但是他在 1880 年进柏林为讲师。他依旧实验记忆，因不愿轻信其所已得的结果，乃重复了旧的实验以求证明。他终于 1855 年，以《记忆》为题，刊布这个创纪元的研究的结果。除了他的博士论文以外，这就是他的第一次的出版物。此书载有上述的内容，又包括关于学习材料的长短的变化对于学习的影响的测量，保持作为不同复习次数的函数的测量，遗忘作为时间的函数的测量（即著名的“遗忘曲线”），同一材料的直接联想和远隔联想、前行联想和倒行联想的强度的测量等。这是科学中的明白、精确及引人入胜的论文的一个模范作。我们所以称它为创纪元的，不仅因为它的范围和笔调（虽然这些因素对于共书的成功不无帮助），而且因为这是实验心理学攻破“较高级的心理历程”的障碍物的表示。艾宾浩斯开辟了一个新园地，G. E. 缪勒等人便从而耕耘之，于是实验心理学乃复因明白其进步和命运而更具有生气了。

1886 年，艾宾浩斯升任柏林额外教授。这个升任自然是由于他的新声望所致。他在柏林任职八年，不复持续其对于记忆的研究；他是一个创始者，但是到了初步工作完成之后，他便愿意让他
389 人如缪勒等人持续下去。八十年代间，他乃对于光的对比及光觉方面的韦伯律作实验的研究，而刊布其结果。

1890 年他与阿图尔 · 柯尼希同创《感官心理学与生理学杂志》（Zeitschrift für Psychologie und Physiologie der Sinnesorgane）。1876 年培因在英国创办《心灵杂志》。然而大不列颠可不是新心理学的策源地。1881 年冯特曾创办《哲学研究》，但这是莱比锡实验室的机关报；1887 年，荷尔创办《美国心理学杂志》

(American Journal of Psychology),可见美国对于新心理学的发展并非远在德国之后。就此点说,美国且复为其他各国领先,因为《美国心理学杂志》是不以任何一个学派为限的。德国需要一种为心理学而设的一般志杂。1890 年左右,莱比锡圈子以外的其他各大学也有太多的研究了,不是冯特的《哲学研究》所能对付得了的。因此,艾宾浩斯乃以柯尼希的协助创办这个杂志。他还有赫尔姆霍茨·奥贝特,埃克司纳,海林,冯·克里斯,普累叶等生理学家及特奥多尔·立普斯(他那时适由波恩转任布雷斯劳大学讲座),缪勒,斯顿夫等心理学家的帮助,共同担任编辑。因此,这个杂志可代表冯特学派之外的学者的集团。

1893 年,艾宾浩斯刊布其色觉说。然而就大体说,他的成名而为领袖,可非因有多量的发表。他的记忆的实验,以富于创造性虽应得在历史上占一地位,但是他的一般的成就须归功于他种因素,而非他的科学刊物的重要和分量。我们也许可以假定他之所以不能在柏林升任,而斯顿夫得于 1894 年来任哲学教授,这也是重要的原因。我们已知道有人说赫尔姆霍茨以其势力反对冯特之来柏栉。柏林也许以为艾宾浩斯缺乏那个讲座所应具的才能,也许因为斯顿夫不像艾宾浩斯那么为心理学而屏弃哲学,所以柏林要请像斯顿夫那样的学者来任哲学教授,也许它只是要在年龄相等、学问相若的二人之中选择一位,结果选取了斯顿夫。无论如何,就事实说,1894 年在赫尔姆霍茨去世前几月,斯顿夫由慕尼黑来任柏林专任教授,立普斯由布雷斯劳来继任斯顿夫的讲座,艾宾 390
浩斯则赴布雷斯劳继任立普斯的讲座。

艾宾浩斯在布雷斯劳任职至 1905 年。他仍敏于接受新的观念。1897 年，他刊布了一种学童的心智能力的测验的新方法。这个研究系受命于当地市参事而作，其目的在欲考查学童学习时间的分配。这个新方法即我们现在所称的“艾宾浩斯的填充测验”(Completion test)，是现代许多智力测验者所采用的一种心理测验，也是现代考查大学生学问造诣的一种最有成效的测验。比纳那时已开始其对于儿童心理的研究，艾宾浩斯乃以法文刊布其结果的要略，然而比纳的《智力实验研究》(L'étude expérimentale de l'intelligence)至 1903 年才出版行世。所以我们可以称艾宾浩斯的创造力不仅在记忆方面，且复在现代所测验的智力方面，深深地攻入高级心理历程的壁垒之内。

1897 年艾宾浩斯又刊行其《心理学纲要》(Grundzüge der Psychologie)第一卷的上半部。其下半部及全卷出版于 1902 年。此书大受社会的欢迎。两年之内，即有修订再版的需要，艾宾浩斯

刊布其修订本于 1905 年，可还没有写第二卷。第二卷的开首九十六页出版于 1908 年，但干几月之内，出版家又请他为第一卷筹备第三版。他正开始作此修订，不料忽因病逝而搁笔。其书销路仍旺，因此，杜尔在艾宾浩斯死后，乃订正其第一卷，而完成其第二卷，杜尔死后，彪勒复修订其第一卷。

此书成功要不外由于笔调的流利。艾宾浩斯是一个很有力的作家，文章清晰，思想周密。他和缪勒及冯特不同，缪勒立论有如大将布置阵线，冯特则以事实，论辩，断定等使读者受其威胁。艾宾浩斯之在德国，正犹如詹姆士之在美国，其所著心理学都足引人入胜，但科学的谨严则各微有欠缺。

391 艾宾浩斯既在 1905 年完成其《心理学》的第一次修订，乃由布

雷斯劳而入哈雷，在哈雷的多产时间似多消磨于修订的工作。他又欲另著一教科书。有人请他为《现代文化大全》(Die Kultur der Gegenwart)撰一文论心理学，此文首刊于1907年，至1908年重刊为他的《心理学大意》(Abriss der Psychologie)。《大意》比《纲要》更为社会所欢迎，既再版于1909年，复于艾宾浩斯死后，经过杜耳及彪勒多次的修订，英法文都有译本。

艾宾浩斯忽于1909年死于肺炎，终年仅满五十九岁。他终身勤于编著书籍，参加心理学会，编辑杂志，其敏捷的思想，富于同情的人格使当时学者受其感动。他死得突然出人意外，当时认为是心理学界的一个不可补偿的损失。谁都记得记忆研究的重要性。但是我们的赞扬也不能言过其实。除了记忆的研究之外，艾宾浩斯在系统方面或实验方面的贡献甚属有限，远在同时的斯顿夫或缪勒，后辈的屈尔佩或铁钦纳之下。

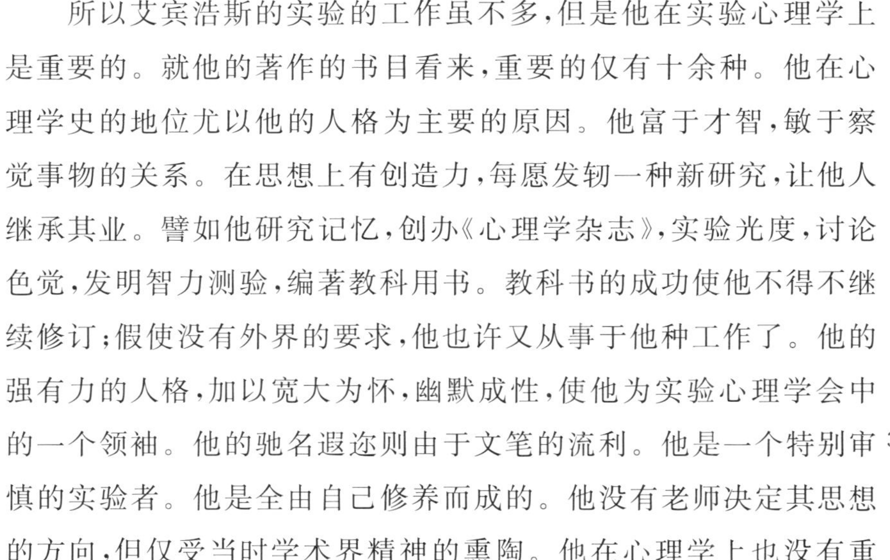

所以艾宾浩斯的实验的工作虽不多，但是他在实验心理学上是重要的。就他的著作的书目看来，重要的仅有十余种。他在心理学史的地位尤以他的人格为主要的原因。他富于才智，敏于察觉事物的关系。在思想上有创造力，每愿发轫一种新研究，让他人继承其业。譬如他研究记忆，创办《心理学杂志》，实验光度，讨论色觉，发明智力测验，编著教科用书。教科书的成功使他不得不继续修订；假使没有外界的要求，他也许又从事于他种工作了。他的强有力的人格，加以宽大为怀，幽默成性，使他为实验心理学会中的一个领袖。他的驰名遐迩则由于文笔的流利。他是一个特别审 392
慎的实验者。他是全由自己修养而成的。他没有老师决定其思想的方向，但仅受当时学术界精神的熏陶。他在心理学上也没有重

要的弟子。他未尝造成一个学派,却也没有这个宏愿。他只要做得好,可没有雄心。他也缺乏多数伟大心理学家所具有的入主出奴的褊狭性,所以,他在世虽很有势力,但身后对于心理学界可没有深刻的印象。

他在实验心理学上的重要,尤其是因为当时学术界欲求心理学脱离哲学,而他则能迎合这个要求。他的《记忆》的副题为《实验心理学研究》(Untersuchungen zur experimentelle Psychologie),在标题上还有拉丁文引语如下:"我们要将一个极古旧的学科造成一个极崭新的科学。"二十年后,他的《大意》复有一名言与此意相应:就是"心理学虽有一长期的过去,但仅有一短期的历史"。

艾宾浩斯的系统的观点则无关重要。他在实验方面的兼容并包的态度,于此乃变成折中主义。他主要不外为内容心理学家,因为池接受一种宜于实验的心理学,除实验主义外,其余都不足打动他的热情。在他的《心理学》内,他便逃避了元素主义的问题,而讨论最简单的心理的"构成物"(formations)及心理生活的通则。他可不知道自己已同情于美国所特有的才能心理学(psychology of capacity),他的记忆实验之有类于心理测验,甚于其有类于内省的叙述,而且他又发明了填充测验。但事实是:他的心理学只能视为带有冯特色彩的心理学,不过这个色彩已为他的宽容主义及对于哲学思辨的厌恶所冲淡了。

马赫与阿芬那留斯

马赫对心理学有巨大的影响。他是一位老人,相当于布伦塔诺的年龄,比冯特和海林年轻几岁,比斯顿夫、G. E. 缪勒及艾宾浩斯大十岁。他在十九世纪六十年代对早期的心理学实验工作是有贡献的,七十年代发表了有关身体旋转的知觉的著名研究,八十年代写成了名著《感觉的分析》(Analyse der Empfindungen),它以明白引人的笔调定下了科学实证主义的基本的信条,给心理学与物理学的关系提供这样一种认识论,后来屈尔佩和铁钦纳便用它为近代平行论者的条规。当此书出版时,阿芬那留斯不厌求详 393
地论述了类似的观念,马赫在诠释了阿芬那留斯的《纯粹经验批判》(Kritik der reinen Erfahrung)以后,同意他们在讨论相同的东西,于是阿芬那留斯也表示同意。此后,阿芬那留斯去世了,马赫继续写作更多的心理学的论文,给认识论作出技术性的贡献。这里我们所最要注意的是马赫的实证论和他同阿芬那留斯一起对心理学体系工作的影响。

恩斯特·马赫(1838—1916)出生于摩拉维亚,那时是奥国的地方。他后来赴维也纳求学,成为那里的讲师。他于二十六岁时,被任命为格拉茨数学教授(1864—1867),三年后,转任布拉格物理学教授,任职二十八年(1867—1895)。他的重要著作多撰写于布拉格,此后他又在维也纳任教授数年(1895—1901),到维也纳恰巧在布伦塔诺离开以后。1901 年他被选入奥国贵族院,1905 年刊印《认识和谬误》(Erkenntnis und Irrtum),这是一本影响了皮尔逊的书。马赫是在 1916 年去世的。

马赫在六十年代刊布了他的视觉的空间知觉的研究,和听觉学说的讨论以及他对时间感觉的实验研究。他是一位敏锐的分析家,他的对于一般原理的扼要的讨论,多被编入实验的报告,出版问世，而为人所征引，例如他在1865年的有关心体关系的评论，1896年G. E. 缪勒在规定心理物理学的公理时，就采用了这个评论。

马赫到了布拉格后，于1875年刊布了他的《运动感觉学说》(Lehre von den Bewegungsempfindungen)，是关于旋转知觉的著名的研究。他在书内描述了他的旋转仪器，这是一个巨大的旋转的架子，常常占用早期实验室中有空间可以供应的一个房间。他又提出他的学说说明三半规管在身体转动的知觉中的作用，这个学说由于缺乏一个较合用的理论，以致经过一些修改，到现在仍被保留着。单凭这一本书也许就可使他这个物理学家列名心理学家的队伍之内了。

他的最重要著作也是在布拉格出版的，题名《感觉的分析》
394 (1886)，出过五版，译成英文。此书的认识论观点后来在《认识与谬误》(1905)，一书内加了工，但是它的较早期的版本，以共直截了当简单明了的思维和顺利流畅引人入胜的文笔，为广大读者所周知，产生了更大的影响。马赫在此书内，建立了所谓早期的近代实证论，对物理学和心理学都有助益，可用以区别物理学和心理学。这个流派的实证论应被称为马赫的实证论，可不是后来施利克、卡尔纳普、费格尔和布里奇曼的逻辑实证论，是引申为操作主义和行为学的实证论(见边码653—658页)。马赫详述了这个先行的实证论，皮尔逊在他的《科学入门》(Grammar of Science)中采用了它；这个观点起源于休谟(见边码191页以下)，认为因果仅仅是被观察到的东西，也就是伴随而至的现象，它断言理解科学的对象就要将它们归结为经验(感觉)，经验就是观察它们的组成部分。

《感觉的分析》的主题是马赫的感觉为一切科学的资料的主张。他的实用的认识论是为科学家而非为哲学家而写作的,因为他的引言一章是以“反形而上学”为标题的。可怜的形而上学!赫尔巴特曾将它留在心理学之内,而将实验除外。洛采也没有避免了它。“新”心理学家则常欲使心理学脱离哲学,即有哲学兴趣的心理学家如冯特及屈尔佩也莫不然。马赫依从时代的精神,在科学的见解上乃为一非批判的唯心论者。我们对于他的学说的艰深之处,可不必深究。“凡是科学都莫不为观察的”,而“观察之主要的资料都莫不为感觉的”,这两句话自不难予以证明。马赫也像冯特之于他的直接经验和间接经验一般,以为意识的资料是可以观察的,因而肯定了内省,给物理学以自己说明自己的责任。这是在胡塞尔及斯顿夫之前提出的,胡塞尔和斯顿夫则定现象学为一入门的学科以解决这个同样的问题。

马赫征引克劳泽的话,克劳泽立喻如下:“问题:对于自我要进
行自我观察。答案:要直接地观察。”这便是说,没有问题了:感觉
不是被观察的;它们是给与的。因而,我们不能证明其错误。错觉
本身是“错觉的”,是没有的,否则伸入水内的直竿是曲折的;假使
确有错觉,那就是竹竿还是直的。自我是没有的;只有感觉的资 395
料。假使我们说,“它亮了”,我们也应说“它想了”。“宇宙只有我
们的感觉。”梦作为知觉乃是有效的知识。

马赫的实证论在于他将物理学和心理学的现象都还原为观察的直接资料,也就是他所说的“感觉”。他的观点除给屈尔佩和铁钦纳的体系以一种特殊的认识论以外,还另有一个重要的影响。因为他认为一切经验都是感觉,所以马赫在视觉、体觉的空间知觉

和时间估计作了实验研究，无怪他在《分析》中说什么空间感觉和时间感觉，在那一方面他比冯特前进了一大步，因为冯特仍旧以康德的术语认为空间和时间是将感觉纳入特殊的复合物的架格。冯特不认空间和时间是经验的直接资料，但是受了马赫影响的屈尔佩则于1893年把它们写成经验的资料，是感觉的性质和强度以外的两种属性。元素主义者往往以为元素在性质上彼此有别，但不是在空间和时间上彼此有别的。这个颜色如果色调有变化，他们以为是一个新的感觉；反之，如果它移动或再呈现了，那么它就不是一个新的感觉，而是在新的地方或新的时间内的旧感觉。起先是马赫的实证论，后来是屈尔佩的实证论，有助于把康德的这些范畴转化为经验资料的类别。这是一个重要的事件，因为它为格式塔作好了准备，格式塔心理学充分承认展延性和持续性的现象的地位。

马赫是一个文笔生动而明晰的作家，与弗卢龙，艾宾浩斯及詹姆士差堪相比，他的影响有一部分应归功于他的笔调。由屈尔佩及铁钦纳看来，他似证明内省有效，可为一种科学的方法。他醉心于强调心理学和物理学的共同性，以致几乎忽略二者的差别，但此缺点则有持论相似的阿芬那留斯立即加以补充。

里夏德·阿芬那留斯(1843—1896)在1877至1896年间，任苏黎世大学哲学教授，其思想的深奥难懂，与马赫的简单明了相映成趣。他和马赫同时研究，但不知有马赫，然此二人后都承认他们
396 的学说大致相同。他也欲造成一个科学的理论，脱离形而上学，而取消自我。他的《纯粹经验批判》两大卷出版于1888年及1890年，是他一生的唯一重要的著作。这两卷书的写作想更较阅读为

难，因为阿芬那留斯因此致病，书出版不久，他即去世了。

阿芬那留斯先假定了一个“系统 C”，是意识所依赖的一个身体的系统。这个系统 C 几乎就是神经系统，但是阿芬那留斯用一个无可指摘的循环定义，以为系统 C 就是心灵所必不可缺的东西，因而逃避了这样的一种困难，就是规定心灵所需要的神经系统的部分的范围。我们在心理学内，要研究“R 值”即刺激，和“E 值”，即经验的陈述。E 值直接有赖于系统 C，也即系统 C 的构造的直接的结果。系统 C 不断地受破坏作用及构成作用的新陈代谢的变化，但于这两种相反作用之间维持一种“生命的均衡”。R 值的工作倾向于破坏作用，而均衡的趋势则因相反的 S 值而得以维持。因此，生命均衡的公式为 $f(R)+f(S)=0$，不相等意即均衡破灭，而造成一种“生命的差异”。生命的差异所用以到达均衡的遗传过程为一种“生命系列”（“vital series”），阿芬那留斯用这些名词给注意的消长以一种很近理的解释。但是——据他的学说——我们须讨论两种生命系列。有一种独立的生命系列，发生于系统 C 之内，是属于物理的。有一种依存的生命系列，平行而又有赖于系统 C 的独立的生命系列，是属于心理的。这两种生命系列是共同变化的，其一可释为独立的，其他则只能视为有赖于前者，才可予以充分的叙述。

将阿芬那留斯的学说缩为几百个字，固未免有负于阿芬那留斯，但是我们的重要之点是研究屈尔佩和铁钦纳是否摄取依存一词应用于构成心理事实的经验，并摄取独立一词应用于物理事实的经验。

到符茨堡之前的屈尔佩

德国心理学家是哲学教授，但也有例外，如海林一样的人则为生理学家，如马赫一样的人则为物理学家。内容心理学家相信心
397 理学应有别于哲学，但几乎没有人相信二者可以完全分离。艾宾浩斯确把它们分别开来，可是这便是一个充足的好理由，使他得不到柏林的讲席而使斯顿夫得到了。这也是铁钦纳对他表示十分钦佩的一个理由，因为铁钦纳也要划分心理学和哲学。G. E. 缪勒是一位德国批评家，铁钦纳在晚年时常以他为志同道合的人，他也要分清这两门学科，但是冯特和斯顿夫及后期的屈尔佩都不以为然。

奥斯瓦尔德·屈尔佩(1862—1915)出生于柯尔兰的康度，属拉脱维亚，那时和现在都是俄国的属地。这个区域距东普鲁士很近。他虽有一祖先曾任加德林二世的猎场主任，但在思想和兴趣上都属于德国人的。他的父亲是书吏，叔父是牧师。他在柯尔兰沿岸的利波地方的文科中学肄业，后复就学于私人教师二年，十九岁开始进入大学。

1881 年他舍最近的柯尼斯堡大学而考入莱比锡大学研究历史。但在莱比锡时，与冯特接触，冯特引导他转治哲学和实验心理学，那时实验心理学还是一门幼年的科学，因为莱比锡实验室的成立方仅二年。但是他也没有完全打消成为史学家的愿望。他和冯特相处一年，然后前往柏林再学一学期的历史。他也许重视历史而轻视心理学，以致离开冯特而求教于柏林的大史学家 T. 莫姆

生、J. W. A. 基尔霍夫和 H. 迪尔斯。但在柏林的经验没有使他
决定选取历史。一学期后，于 1883 年离开了柏林，不返回冯特那
里，却往从哥廷根的 G. E. 缪勒，那时缪勒继任洛采的职位已经 398
两年了。屈尔佩在柏林时是否听过艾宾浩斯的讲课，或在他往见缪勒时是否想过艾宾浩斯的新实验，知道这些事实可能是有兴趣的。他在哥廷根开始了他的关于感情的论文，这个理论的研究和缪勒讨论注意，斯顿夫讨论空间知觉是属于同一类型的。屈尔佩没有直接叙述他在此时的思想或他如何受过缪勒的影响，但是我们间接知道屈尔佩常以为缪勒决定他的少年时的生活，仅次于冯特。其后屈尔佩在莱比锡刊布他的论文时，对于缪勒的辅助表示感谢，但于冯特则没有提起。

屈尔佩仍徘徊于心理学及历史之间。他离开缪勒，赴多尔巴得研究史学一年。缪勒从前也曾有同样的迟疑，所以不难对屈尔佩深表同情。在多尔巴得住了一年之后，他又第三次复返于心理学了，1886 年再赴莱比锡从冯特为师，持续至八年之久。

他于 1887 年以其论文《情欲学说》(Zur Theorie der sinnlichen Gefühle)获取学位，这篇文章是缪勒鼓励他写的。次年他被任为讲师。为了这个提升，他的**教师候选论文**(Habilitationsschrift)是另一种理论的研究，《新哲学中的意志学说》(Die Lehre vom willen in der neueren Philosophie)，冯特将此文发表于《哲学研究》。那时向冯特自荐为第一位助理的卡特尔回美去职，屈尔佩成为冯特的第二任助理。他于是致力于自己及他人的实验的研究。那时心理的时间测量法及减除法正为世所注意，心理的时间测量法，就是以反应实验测量心理历程的时间关系的方法。屈尔

佩对于这个运动贡献一篇重要的论文(1891),讨论两手的反应时间,以为注意所及之手较占优势,因此,与朗格以人差的心理学分析而得到的反应时间的注意说,互相证明。就其实验的工作而言,他是一个细心的技师,因此乃为“新”心理学之一功臣。

屈尔佩那时转注意于教科书的编著。冯特的《生理心理学》为
399 新心理学的唯一的教本,已出了第三版,不久要印第四版了,且常扩充篇幅。冯特的系统渐臻复杂。思想进步时的限制,那是个人所不易打破的。他原可以十二分忠实的态度力求修改和订正,然而他愈向前进展,便愈不能彻底改变其方向,或纠正其发展的重要路线。这是心理学的一个惰性律,既反对方向的改变,也反对速率的改变。假使科学上的伟人都不老死,科学究将有如何情形,那是谁都不能揣想的。事实是:一个新人物接替较老的人的工作而不受过去惰性的限制,他思考,研究,著述都更简单而直接,因此,乃推陈出新,然后新的本身又渐增加其惰性。冯特已太复杂而受其信仰的支配。譬如他曾创造并加强了实验心理学,但是他承认实验心理学对于较高级的心理历程,没有研究的能力,因此乃转求之于**民族心理学**。屈尔佩似曾自己告诉自己,以为“实验心理学就是实验心理学,我将著一本关于新心理学的书,详述心理实验的报告,反之,没有实验,我便不写”。科学的再生常由于少年人的这种天真的判断。于是屈尔佩就要(屈尔佩之后有许多人也是如此!)编著一本简单明了的实验心理学教科书了。

讲到这里,我们便须讨论一个重要的系统问题。屈尔佩在九十年代,在莱比锡计划编著他的《心理学概论》(Grundriss der Psychologie)。据记载看来,他在实验室内似和墨伊曼,安吉尔,

及铁钦纳最为接近。屈尔佩是讲师及助理，这些人则尚在求学。铁钦纳带有英国人的粗鲁性，初颇为屈尔佩所不喜。但是屈尔佩常和铁钦纳讨论他所计划着的教科书，所以此书后来出版，铁钦纳也认它半为己有，立即将它译出，然后再编著类似的一部。他们讨论的问题有一项就是冯特的心理学的定义为直接经验的科学，而物理学则研究间接的经验。由冯特以至今天，学者在这一点上持论如冯特的，不在少数，所以冯特的观点，由今看来，较易了解，但在当时则似难令人满意。尤有进者，马赫及阿芬那留斯的新认识论又正流行于世。铁钦纳特别抓住马赫，其后且大受他的影响。屈尔佩深喜哲学的深奥，赞许那艰深的阿芬那留斯。其实这里也 400
并无差别，因为他们两人后来都一致以为他们用很不相同的文字说出相同的东西。要点就在于马赫和阿芬那留斯在体系方面影响了屈尔佩和铁钦纳灯新心理学。

屈尔佩弄清楚了观点，于 1893 年刊印了他的《心理学大纲》，奉献于冯特。他把心理学定义为“经验事实的科学”，他更指出它的特点在于“这些事实依存于经验着的个体”。这个观念是由阿芬那留斯那里取来的。他以为这样做的好处在使物理学也研究经验，但是这个经验是不依存于经验着的个体的。冯特给物理学以间接的经验，既然是间接的，似便不复为经验了。新的定义似较完善。

屈尔佩接着编写实验心理学教科书，把冯特用以代替科学事实的思辨的部分一概删去。同冯特相比起来，他是比较成功的。他的教科书前三分之一讨论有关感觉的约可信赖的知识。有十分之一的部分讨论记忆，略述艾宾浩斯的实验，详述英国的联想主义。也许那时屈尔佩还没有感觉到艾宾浩斯的研究的重要，虽然他承认艾宾浩斯在实验心理学史内开创第三大时期的功绩。他的书另有七分之一的部分讨论感情，因为那时冯特的新三度说所引起的感情的实验研究还多未着手，所以多少采用冯特的旧说。但是他还有勒曼的表示法的研究可资参考（冯特不久就以勒曼的研究建立他的新学说）。其次他以与感情相等的篇幅论述混合（fusion）和结合（colligation）。在混合的标题下有斯顿夫的声的混合，色的混合，触觉的混合及情绪。结合是屈尔佩的一个著名的术语用以称空间和时间的复合方式。他研究了所有空间知觉的事实和理论，以及时间知觉的研究，这个研究有些是墨伊曼在莱比锡实验室内所完成的。屈尔佩又以反应研究隶属于时间的结合，且复批判心理时间测量法中的减除法，据说颇足予此法以致命的打击。他的书是以最短的一章讨论注意而结束。意志和自我意识共五
401 页。对于思想则只字不提，然而这可是屈尔佩一生的重要的题材。

屈尔佩与符茨堡学派

屈尔佩刚刊行他的《大纲》，即升任莱比锡的副教授，然而未满一年（1894），便移任符茨堡大学专任教授，于是在他的指导之下，成立一个著名的关于无象思想的符茨堡学派。思想心理学是屈尔佩的主要的研究，但是在讨论这个问题之前，须先记得屈尔佩的兴趣也曾移注于哲学和美学。

1895 年，他刊行他的《哲学引论》（Einleitung in die Philosophie），这是与他的《心理学》同一文体的一本教科书，销路甚好，在

屈尔佩逝世的时候，已出到第七次的修订版，由皮尔斯伯里和铁钦纳合译为英文。1902 年，屈尔佩出版其《现代德国哲学》(Die Philosophie der Gegenwart in Deutschland)，后出至第六版，且有一英译本。1907 年他的《康德论》行世，后再刊行两版。1910 年后，他对于哲学至少有两篇重要的论文和两部重要的书籍，后文当再加以讨论。我们以为屈尔佩在符茨堡专致力于新的系统的实验的内省；但是他尤热心培养共对于哲学的爱好。

屈尔佩前因酷嗜音乐，在符茨堡对于美学也有所撰述。他的第一篇论文(1899)系讨论美学法则的客观性及其和外界刺激的依存关系。同年他撰文讨论联想而以它为美的印象的一个因素。1903 年《美国心理学杂志》出版荷尔的纪念号，屈尔佩为撰一文讨论实验的美学。有一位未署名的作者，刊布屈尔佩的很完备的书目，似以为美学乃是支配着屈尔佩一生的兴趣的一种。

但是屈尔佩同时仍持续共严格的心理学的研究。他于 1897 年论述记忆，1902 年论述心理物理学。1902 年夏，他和印第安纳人布赖恩实验抽象作用。这些实验引起了下列这个问题，就是，一个感觉印象的各种属性是否同时存在于意识，因为对于这一属性的注意的倾向，可完全消灭其对于其他属性的内省。屈尔佩也许 402
不曾重视这个研究，因为他至 1904 年才发表其结果；但是拉恩后便用以批判铁钦纳，而铁钦纳，由本书的作者看来，也终于修订其对于感觉及属性的观察的见解。1902 年屈尔佩更有一篇类似的文章，论感觉印象的客观化和主观化。

据记载，屈尔佩在本世纪的头十年间，对于心理学似不及他对于哲学和美学的注意。他所著的书完全是哲学的。所以他的余暇的时间,可能多消磨于哲学。然而他的实验室也有很重要的论文发表,屈尔佩乃为其鼓励者。他复在大多数实验中作一个观察者,我们若熟悉内省法的麻烦,也就可揣想他在这些探索上费时很多。但是屈尔佩那时不立即将这些结果纳入自己的学说之内,因此,我们应将他这十年间的心理学研究视为符茨堡学派的学生的工作。

我们已说过《大纲》未列思想一章,这在屈尔佩的晚年中至为重要。1893 年,屈尔佩在实验心理学内对于思想确无法处理。他不愿附和冯特之意,将思想屏斥于实验室之外;但是这个题材从未进入实验室之内,因而没有实验可供参考。屈尔佩显然要补救这个缺陷。艾宾浩斯曾以实验的方法研究记忆,记忆是一种"较高级的心理历程";为什么思想就不能介入实验室之内,而使新心理学更臻完备呢?

符茨堡学派系以迈尔及奥尔特的关于联想的性质的论文为始(1901)。思想似即联想的过程;因此,内省法应可为描写思想之助。我们于此可见屈尔佩的实证论在符茨堡的全部工作中都有表现。科学是经验的。观察就是它的方法。如果你要知道思想,那么让人们去思维,并让他们描述他们的思维吧。

同年马尔比正在符茨堡任讲师职,发表判断作用的实验研究。
403 马尔比发现一很奇特之事。一个被试验者举起两个重量,判断哪一个较重。这里有许多意识的内容,如在联想的时间过程中的感觉及意象,但是内省"没有发现判断的心理条件"。这就是说,判断之来,常属不错,判断者可不知道如何从心内得到这种判断。这个关于判断的见解似和数百年来的信仰互相冲突;前人以为逻辑的法则就是思想的法则,思想的历程也像三段论法的历程的那么明确。可是，由内省法的研究，心灵乃是心理内容的一种非理性的联想索，但也可得一种合理的结论。马尔比的观察者都是优秀的观察者，例如迈尔，奥尔特及屈尔佩；然而他们的报告不能尽举一切意识而无遗。

因此，乃发生这个疑问：假使内省所常发现的意象和感觉，不足解释意识，那么意识内还有何种其他内容可用以为意识的解释呢？这个疑问的答案为识态（Bewusstseinslagen 或“Consciousattitudes”）。马尔比曾提起识态，但奥尔特的新论文（1903）才使这些识态占重要的地位。奥尔特不研究思想，而研究感情。他于1903年或接受冯特的多数感情的新学说，而承认感情内容尤多于感觉内容的一个心灵，否则必须提出某种其他假设。他的见解以为冯特的那些感情及心灵的他种许多内容在实际上可被称为识态，或模糊的、无可捉摸的、无可分析的、无可描写的内容，既非感觉，也非观念。他欲以此一类包括冯特的感情，詹姆士的意识的边缘，霍夫丁的熟识性（quality of familiarity）。因此，识态乃为心灵的一种新的无像元素，也许可用以为思想心理学的了解之助。

这一系列的第二种研究成于瓦特。他于1904年对于思想本身问题作直接的研究。他要他的观察者造成半受束缚的联想，例如为一下级的名词说出一个上级的名词。为一整体说出部分，他用这个方法不能解决思想的问题，因为他觉得就思想的成就而言，意识是没有什么内容的。但是，他对于这种研究的情景，提出了三种变动。

第一，他介入了希普计时器及其附属设备以求联想的精确的反应时间。时间终于对他没有多大的益处，但是有了计时器，赫尔 404

巴特的形而上学幽灵便无从影响其结果，而且这也是用意很好的一个证据。他纵使不能测量思想，他的失败可不是由于怠惰。

第二，他首倡分段的内省法（the introspective method of fractionation）。一个小心的观察者也许用几百个字描写他的意识，而当他将经验译为文字的时候，他的记忆便渐消失了。因此，瓦特将意识分成四期：预备期，刺激字的呈现期，反应字的探索期，反应字的发出期。他要他的观察者先限于此一期，次限于另一期，因此对于经过有较确实的完全的说明。

第三，瓦特侧重任务（the Aufgabe），这个侧重现仍未废。我们大家都期望在瓦特的第三期内看出思想的关键，第三期即欲求一字以满足各项条件的那一时期，但也就是第三期，其所呈现的内容很少。据瓦特的发现，假使观察者在预备期内已充分接受了工作或任务，那么其思想的历程立即可由刺激字的呈现而自然完成。这确实是一种大可注意的结果。就意识说，我们在尚未知道所思何事之前，可已完成其思想了。这就是说，有了适当的预备，思想一经发轫，便立即自动进行，内容很少。瓦特的任务是他要观察者从事的各种工作，可是这个创始的预备甚是重要，于是任务一词侵入了心理学内而为一基本的内省的概念，泛用以称意识的任何种的潜能。严格地说，任务乃是在一种意识过程之前的意识的工作或目的。因此，我们可将任务视为在被试验者的心内造成一个“态度”（Einstellung or“Set”），被试验者在接受一个任务的时候，就引起了一定的态度。

阿赫对于动作及思想的研究（1905）比瓦特的研究更为著名，然此乃由于他将瓦特的结果多加以明确的规定。阿赫也利用希普

计时器，且证实了旧的许多反应时间的实验。通过他，我们明白思想问题和动作问题基本上一致。二者都有某一特殊的目的以求完 405 成，而心理物理的历程既为刺激所引起，便自行到达那个目的。譬如为一刺激字说出一同韵字，在心理学上，实无异于看见一个指定的字母，而按压一个指定的手指。

阿赫所完成的有三件重要的事情。第一，他创始了**系统的实验的内省**一词，后即为这个学派的口号，正如其为贝尔德的克拉克大学实验室的口号一样。**系统**的显系指分段而言，分段乃是瓦特的方法。阿赫加以应用而给以这个名称。**实验的**系指计时器及其他而言，也无庸置疑。他的意思就是说，所用的方法纵为内省，可也须用谨慎的科学的技术。

第二，阿赫发现了**决定的趋势**——或竟仅创造了这个名词吧？瓦特曾欲用缪勒的**坚持的趋势**(perseverative tendencies)说明发轫的**任务**究如何无意识地进行至意想中的终点。阿赫宁愿用一个新名称以适合新情境。决定趋势的概念意即谓这个趋势活动于上，而促进联想的趋势。譬如纸上印有 5 在上而 2 在下，则极常有的联想为 7，3 及 10。但是假使被试验者听说要加，有一联想便增加了势力，结果 7 常被引起；反之，假使**任务**为减，则另一联想得势而加强。这个有效的先决的概念自然由朗格及冯特派开其端，他们以注意的结果说明个人的差异。屈尔佩对于这个问题也曾参加意见，他在他的《大纲》内，反对减除法，以为预备中的一个变化也许可变更整个的意识，不仅增加或减少一个因素。但是阿赫给予这个预备和目的之间的关系以一名称，便将它视为实在。也许他于此不免过分，因为决定的趋势也为反对符茨堡学派者所承认，且曾被称为一种生理的历程，虽然其所以称为“生理的”的原因，只是它不是“意识的”这个事实。因此，符茨堡学派在态度心理学史和动力心理学史中取得了它的地位。

第三，我们对于阿赫的研究还有一点要注意的就是他的关于“觉知”（Bewusstheit〔“awareness”〕）的发现。觉知和识态同，也是一种非意象或感觉的模糊而不易捉摸的意识的内容。这个名词的注脚为 unanschaulich，铁钦纳将它译为“不易理会的”（“impal-
406 pable”）。行动意识或思想意识原没有充分的内容将自己充实起来，但是系统的实验的内省不仅发现可以理会的内容；意识还有不易理会的条项（Bewusstheiten）。这就是阿赫的观点。我们不明白奥尔特的“识态”和阿赫的觉知有无真实的差异，虽然阿赫以识态为一种关系的觉知，因此定觉知为较广泛的名词。但是它们都是思想中的无像元素，除此之外，别无可说。

阿赫的研究始于 1900 年在哥廷根与缪勒合作时，完成于 1904 年在符茨堡时。他以此书贡献于缪勒及屈尔佩二人。尤有进者，阿赫的工作完成于瓦特所印行的论文尚未到手之前，所以阿赫在表面上虽总结瓦特的见解，但在事实上也是一个独立的发现者。

其次则为吉森的梅塞尔，他对于思想的实验的研究在 1905 筚夏季成于符茨堡。梅塞尔可以说是继续应用瓦特的控制的联想法。其由此而成的论文富于内省的结果，其结论系欲将意识的资料加以分类。此文再一次强调了符茨堡的一般论点，然而由许多年后的我们看来，似乎尚未趋于极端。

这个学派内尚有一人也须附述于此，这人就是彪勒，他于

1907 年由柏林来从屈尔佩，不久后，即刊布三篇论文讨论思想历程的心理学。彪勒的研究是值得纪念的，因为他用问答法(the Ausfragemethode 此法和所谓诉述法[the Aussagemethode]的发问式大异)。用问答法时，实验者问观察者，观察者作答；二人之间有自由的、同情的通话。这个方法显然为精神分析者所不可缺，但是“系统的实验的内省”的护道者对于凡属赞成暗示而无从辨别心灵的严格的描写(Beschreibung)和心灵的诠释(Kundgabe)的差异的方法都无不加以驳斥。于是冯特，杜尔(他是彪勒的观察者之一)及冯·阿斯塔都严厉地批评彪勒。铁钦纳自然也批评这整个运动。但是彪勒也像梅塞尔对于思想的整个见解，不加以重要的 407
变动。因此，我们可结束我们对符茨堡学派的记载而重述屈尔佩的研究。

我们不易将屈尔佩置入他自己的学派之内。符茨堡的时期终于 1909 年，是他继任波恩大学埃德曼的讲席之时。他渐注意于心理学和医学的关系。1912 年撰文讨论这个问题，1907 年吉森大学医学院曾赠他以名誉医学学位。哲学问题也仍为他所注意。他在波恩发表文章讨论认识论和自然科学、现实的概念和范畴的学说；其最重要的书籍为《现实论》(Die Realisierung, 1912)是一种哲学的关于现实的研究，当然也得要讨论心理学的问题。他显然尚未预备将思想心理学作一总结。

他虽曾于 1912 年刊布一篇短文讨论近代的思想心理学。在此文内，他节述符茨堡的研究，因此，并说明思想的性质。此外他不复有所作为，摘要说明虽也有用处，但世所希望于他的是一种更积极的建设。他在讲授心理学，预备编撰讲义，以为另一教科书的基础，将来便用此书替代他的《大纲》。他未刊行讲义而死，后由彪勒就其完全成篇者，印作屈尔佩的遗著行世。就此书以观，屈尔佩自二十年前著《大纲》以来，他的见解有大可惊异的变动。其书的心理学系统至为完善，但仍无一章论述思想！据彪勒说，屈尔佩从未讲授这个题材。

这究竟有什么原因呢？

第一，符茨堡学派的研究未曾达到其积极的目的。它所求得的为决定的趋势及无像思想。决定趋势的假设半为消极的结果，而半为积极的结果。消极的，因为它说意识事件的过程的主要条件是非意识的。积极的因为它把问题明确地置于内省之外，侧重了这个发现：就是，思想及行动的关键都见于被试验者的预备。但是无像思想的发现，我们现在以为是纯粹地消极的。识态及觉知向来都仅以“非什么”作为注释，而科学的内省显然不能仅承认观

408 察者关于他的心灵的报告，而仍旧使意识的真实性的意义明了清晰。然而屈尔佩则从未同情于批判符茨堡学派的这个见解。他给朋友的信（约在 1910—1912 年间）说他觉得思想心理学仍不断由符茨堡的研究向前进展。所以他不能对于这个问题作一总结，而且他尚有一种更重要的工作，尤其是《现实论》的编著，他期望此书为他的最伟大的著作。

因此，屈尔佩似乎希望终于能以进一步的研究和哲学的卓见，使思想问题得一解决。他不相信他的哲学的兴趣和心理学的兴趣有任何不相容之处，而他之所以和冯特相距渐远，而和布伦塔诺相距渐近之故，则似间接由于胡塞尔的启发。胡塞尔的《逻辑研究》刊行于 1900—1901 年间，但符茨堡似未立即像屈尔佩后来的那样

重视它。梅塞尔在符茨堡学派中是对于胡塞尔加以注意的第一人，然而他虽甚赞许他，但仅有一次提起他。彪勒曾得读胡塞尔的著作于柏林，而受了他的影响。彪勒甚至将胡塞尔介绍于屈尔佩。前章叙述斯顿夫时，我们已知道胡塞尔对于心理学的主要的贡献是拥护现象学，而现象学——不就是胡塞尔的一种，但为斯顿夫及其他心理学家所承认的一种——则显然将内省主义所排斥于外的觉知，复收入于其内。这是一个开端，至究竟如何进展则尚未明了。

胡塞尔对于心理学的另一影响，就是增加布伦塔诺及所谓意动的势力。现象学内有意动的地位，也有内容的地位；这是一个调和的学科。我们如果无从知道屈尔佩的思想的精确的进程，至少，我们也知道他日益接近于布伦塔诺，最后他便采取一种易于理会的内容和不易理会的意动（或机能，这是他所喜称的）的二重心理学。他的遗著《心理学讲义》有许多属于旧的《大纲》的“内容”标题之下的内容，反之关于心灵的新材料则属于“机能”项下。设使他曾写一章论思想，则此章必将侧重机能，否则也将兼重内容和机能，因为屈尔佩在一封给友人书内，曾说过：“我于意见（Gedanken）及思想（Denken）详加辨别；前者为内容，后者据形式的不同而为意动或机能。”次章须再述屈尔佩的这种心理学，但目前的论 409
述要说明一个学者如何可渐由冯特的心理学而走向布伦塔诺的心理学。

要了解屈尔佩，我们千万不要揣想他以为自己为哲学而放弃心理学。由屈尔佩看，和由斯顿夫看相同，心理学就是哲学。屈尔佩以为他的实验主义没有使他走出了哲学范围之外。譬如他要以哲学的精神较多而实验的精神较少的方法探求思想之钥，由他看来，这只是研究一个问题，即思想的正常的手续，这个方法既不能收效，自然要试以他种方法的。屈尔佩的观点的演变，是与他由年轻时的马赫及阿芬那留斯的实证论而进展为他在成熟时的实在论的哲学发展相平行的。

关于屈尔佩的一生，此外便没有更多的话可说了。他在 1913 年由波恩改就慕尼黑，两年后忽患流行性感冒而去世，因此乃不能完成其心理学的著作。

屈尔佩早年时属于内容学派；他于不知不觉中进入兼重内容和意动的中间立场。1893—1912 年间，符茨堡学派有值得注意的过渡期。不易理会的机能虽已发现，但被视为心理的元素；这些机能虽也不易理会，但既染有冯特的元素主义，便不若布伦塔诺的意动的流动易逝了。

我们以屈尔佩为"新"心理学的一个主要的代表也很合宜。他接受了实验主义。他写成一本书，不愿与实验的结果相离太远。他在此书内，不能论述思想，但对于思维作实验的探究，要推广实验法于思辨的最后壁垒之内，如艾宾浩斯对于记忆一样。他学习得很多，也许他自信已经作出积极的贡献，但在他的生前没有使他的批评家心悦诚服。到了他的工作的重要关头他便因病而死了，终年五十三岁，尚未能有说服力地证明冯特的"思想不能实验"这句话究竟是错的或对的。

就说这么多了。四十年后，我们知道屈尔佩改变思想的能力比铁钦纳的坚持不变的一贯性对心理学有更大的价值。心理学的焦点从意识到行为的后期的转移由于屈尔佩在思维中对意识地位

的贬低而有很大的促进。这个向动机问题的转移使**任务**和**态度**成 410
为下一代的心理学的语言方面的工具。

铁 钦 纳

铁钦纳是在美国代表德国心理学传统的英国人。我们已知道他在莱比锡和屈尔佩的交谊如何的亲密，而且他们两人在早年时甚相类似。他们都是冯特派：都在九十年代间主持新实验室，企图稍加修改，而延续莱比锡的传统。屈尔佩著作他的《大纲》于 1893 年，铁钦纳在 1895 年将它译成英文，1896 年著作一部类似的教科书；他们在本世纪内，分别使学生的著作集中于他自己的思想历程，创立学派。但也彼此有所不同。屈尔佩在心理学内的哲学家的风度较冯特为甚，且以符茨堡的基本的学说，同他的老师相反。铁钦纳逃避哲学也较冯特为甚，却从未在重要问题上反对他的老师。因此，铁钦纳之类似于 G. E. 缪勒超过他类似于屈尔佩。他对于缪勒的敬礼钦仰，常与他对于冯特的情感互相匹敌。缪勒和铁钦纳虽于少时受哲学的训练，但都拒绝哲学化；他们对于无论何事都主张新的实验主义；他们都专致力于实验结果的学理的讨论、批判及解释；他们都建立起一种细致深刻的论辩的方法和态度。就最后那一点说，铁钦纳在学理上常具弹性，而在论辩上则常很严格，这是一个矛盾，但这个矛盾是与伟大一致的。我们刚说过铁钦纳如何坚持感觉的意识是心理学的命脉，而屈尔佩则善于变化。

爱德华·布雷德福·铁钦纳(1867—1927)出生于英国南部的奇切斯特，他的家为一旧族，他颇以此自夸。至他时，家已不富，他

只得依赖自己的特殊的才能，以博得奖学金求学。他以奖学金得
入莫尔文学院，在院成绩想来定很优异，传说洛厄尔有一年给奖
411 时，铁钦纳已得数奖，后又领一奖，洛厄尔说：“铁钦纳君，我看你领
得太多了。”1885 年，他乃由莫尔文得奖学金升入牛津大学的布拉斯诺学院。他的家庭本拟送他入剑桥大学，但是他自己则欲入牛津，终得如愿以偿。因此，铁钦纳一生的思想和行为的独立性，已于少年时开始表露了。

他在牛津五年。前四年研习哲学。我们已知道英国的经验主义和联想主义是近代心理学的哲学的始祖，所以铁钦纳注意冯特的生理心理学，那是不足为怪的。他这种注意，在牛津虽不为多数人所同情，但是他向来是不与俗浮沉的。他将冯特的《生理心理学》的刚发行的第三版译成英文。他不刊行其译本，后即随身携至莱比锡，冯特告诉他第四版也将脱稿(他后复将第四版译出，可只因第五版而又复不付印)。他在牛津的最后一年，作为一研究生，从伯登·桑德森专治生理学，大受其师的影响。铁钦纳转习生理学，是否系为生理心理学起见，或竟因治生理学而始有意于生理心理学，我们现在可无从断定。无论如何，他对于那时英国的生物学终敬仰不已，他第一次发表的著作即取材于此；同时，他复翻译冯特的著作。牛津的师友虽没有鼓励他，但他终于赴莱比锡就学于冯特。

铁钦纳于 1890 年在莱比锡遇屈尔佩，墨伊曼，基希曼，坎普费，佩斯，斯克里普彻及弗兰克·安吉尔等人。次年，后三人回美国去，而由美国学生华伦及威特默来补缺。铁钦纳和墨伊曼同室而居，和屈尔佩共同计划他的《大纲》，而和弗兰克·安吉尔则有亲

密的友谊。他和屈尔佩也热心于心理测量法,以冯特之命,乃完成其对于所谓"认识"的反应时间的研究,而刊布于世。他的博士论文系以单眼刺激的双眼影响为标题,他完成此两种研究,1892 年获取博士学位,是从冯特为师仅有两年之后,然而冯特对于他有深刻而不可磨灭的印象。

铁钦纳原欲复回牛津,但牛津对于生理心理学或生理心理学 412
家,既没有位置,也很少同情。夏期中,他在牛津讲授生物学,后(1892)即赴美主持弗兰克·安吉尔在一年前所创设的康乃耳实验室,安吉尔则就职于新成立的斯坦福大学。铁钦纳从此终身讲学于康乃耳,合计三十五年,和洛采及缪勒在哥廷根继续活动的时期相比仅差数年而已。他仅有一次复返欧洲:参加 1896 年在慕尼黑举行的国际心理学协会。过了多少年之后,他更不轻易离开伊萨卡,推原其故,半因为他虽潜心于心理学,但于美国的心理学很少直接的兴趣,结果与美国的同时代人愈离愈远。

九十年代以后,铁钦纳在康乃耳乃专欲巩固新心理学的势力。就一般说,那时美国及德国的心理学者都从事于夺取旧领土而使改属于新主权的斗争。我们已知道冯特,艾宾浩斯的这种战略,甚至屈尔佩欲以实验法研究思想时,也表现出这个战斗性。铁钦纳要先脱离康乃耳哲学家而独立,后来终于胜利了。他复觉得心理学在美国尚未有稳固的基础,他须更从事培植;为欲达到这个目的起见,英文的心理学书籍须增加其数量,因此,他乃译屈尔佩的《大纲》,和他人合译屈尔佩的《哲学引论》,冯特的《人和动物》及《伦理学》,复因冯特的《生理心理学》的第五版行世,乃不复刊印此书第四版的译本,而刊印第五版的译本的第一部分。1896 年,著《心理学大纲》(Outline of Psychology),此书和屈尔佩的《大纲》相似,1898 年复著《心理学初阶》(Primer of Psychology)。他对于新实验室的设备当然也很注意,初着力于物质方面,一切工作都由他自己动手,后来学生既来就学,乃复着力于研究方面,他在这个方面,有他人相助为理。然而在 1900 年前,姑就其知名者而言,华许本,皮尔斯伯里,本特利,甘布尔等人已在铁钦纳的指导之下,获取学位,其实验室且已有三十多种研究刊行于世。

铁钦纳的作战精神的性质更表见于其巨著《实验心理学》
413 (Experimental Psychology)之内。铁钦纳欲使心理学不依赖人为的工具而自立。他著《实验心理学》的主要的动机就是要建设新科学。他欲将心理学造成一种给学者看得起的学科。他复欲于大学课程内加入他所称的实验室训练,不仅用以证明心理学之为科学,并且为研究的基础提供适当的修养。他在著作《教师手册》(Instructor's Manuals)时,也必曾觉得他要使教师达到一定的标准。虽然这些书籍的彻底性应归功于他的人格;他和缪勒相似,作事务求彻底,从来不半途而废。《学生的定性手册》和《教师的定性手册》(The Student's and Instructor's Qualitative Manuals)刊行于 1901 年;两本平行的《定量手册》(Quantitative Manuals)因缪勒的关于心理物理学的教科书 1903 年出版,故展期至 1905 年发行。这些书已为世昕熟知,不必在此详述,虽然也许没有人曾将这两部《教师手册》从头读完。这些书可为学者的百科全书。传说屈尔佩曾称它们为英文书中最有学问的心理学著作,虽说个人的意见各不相同,但无论何人都得要钦仰这些著作的渊博,而在心理物理学中,尤为一部很难阅读的书。甚至半世纪后的现在也很难提

出一个单独的作者能够在心理学内写出几卷或一本更渊博的英文书。

铁钦纳永远不属于美国心理学的一部分。美国人出国从冯特治学，他们回到本国也很热心于“新”心理学，但是他们常于不知不觉间改治另一种心理学，而以人类才能和个别差异为研究的对象，这种心理学当俟次章详加论述。铁钦纳的兴趣和冯特的主要兴趣相同，都在于一般的、常态的成年人的心理。实验的动物心理学本肇始于美国，但是铁钦纳则不欲提倡动物心理学的研究，也无意于变态心理学，儿童心理学及个人心理学——这也许是最重要的一点。他要研究一般的**心灵**；美国人则已开始研究许多个别的**心灵**了。

这个差异已见于他和鲍德温在九十年代间的论战。莱比锡实验室所创立的心理时间测量法有一个基本的信条，以为感觉的反应比肌肉的反应约较长十分之一秒。铁钦纳对于屈尔佩的关于减 414
除法的指摘，虽表示同意，但是他对于莱比锡的反应的研究所见甚多，以致对于基本的差异得自训练有素的观察者一层，不复有所怀疑。至鲍德温则以未经练习的观察者，得有另一方向的差异，就是他那时所称的“感觉的”和“运动的”观察者之间的个别差异；他并得到了他人的支持。这两种结果不必就互相冲突，然而争论的双方是否认识到这个事实，是可以怀疑的。鲍德温以为铁钦纳闭目不看自然的事实，就是经典研究所发现的差异可只由练习而致。铁钦纳的意见则认科学所欲研究的只是一般的心灵的法则，一种态度的练习可用以显示各种态度的法则，而个别差异若不涉及明确的条件，则这种差异的说明就不是一个法则。这实为德国和美

国之间的一种论战,这个论战使铁钦纳在美国更加孤立了。

这个争论增进了铁钦纳的孤立,因为他对那些指摘非常反感,以致与美国同时代人格格不入。铁钦纳是《美国心理学杂志》的一个编辑,对于鲍德温和卡特尔所创办的《心理学评论社的出版物》的态度,与冯特对于德国《心理学杂志》的态度相同。铁钦纳到美国时,美国心理学会刚刚成立,铁钦纳似以该会为反对派的集团,所以从未热心于会务,有许多年且仅为一个名义上的会员。1904年他另有一非正式而无组织的团体,至他逝世时为止,每年春间开会一次。这个团体以"实验心理学者"见称于世,因为"实验"心理学的"新"心理学已开始分裂,尤以在美国者为甚。实验的一词不失冯特及与冯特的同时代人所规定的原意;动物心理学,儿童心理学,变态心理学,及应用心理学,尽管搞了许多实验也不称"实验心理学"。铁钦纳死后,实验心理学家改组为今天的实验心理学会,积极地容纳动物心理研究的报告在会内举行,但仍将儿童心理、变态心理及应用心理除外。

415 铁钦纳的《实验心理学》既经脱稿,他乃转治感情、注意及思想等问题。他对于这些问题的理论的见解详载下列二书;即《感情与注意的心理学》(Psychology of Feeling and Attention,1908)及《思想历程的实验心理学》(Experimental Psychology of the Thought-Processes 1909)。

关于感情,他以为是与感觉相类似的一种元素,仅有快感和不快感两种属性。他的立论与斯顿夫及冯特相反,因为斯顿夫以感情为感觉之一种,冯特主张感情性质的三度说,同时,他也与主张感情是感觉的一个属性的其他心理学家相反。

铁钦纳又视注意为属性。这里我们可以看出他的实证主义，他的对于科学观察的信仰如何支配他的观点。注意原为一个浮泛而危险的概念，容易使意动的概念侵入内容心理学之内，因为依照粗心的考察，注意似若为一种活动或能力。铁钦纳相信凡是进入科学境内的东西都应为可以观察的，至于注意则无疑地已进入科学的心理学境内了。我们说注意变动的时候，注意就算是在经验内变动的东西。铁钦纳的结论以为这个变动在于感觉历程的明了度，感觉历程因此乃有明了度为其属性，正如它有性质和强度一样，而当注意转移时所有变动的东西也就是这个明了度。他后来称这个属性为**活泼性**（vividness），更后乃复造一个新字**注意度**（attensity）称之。

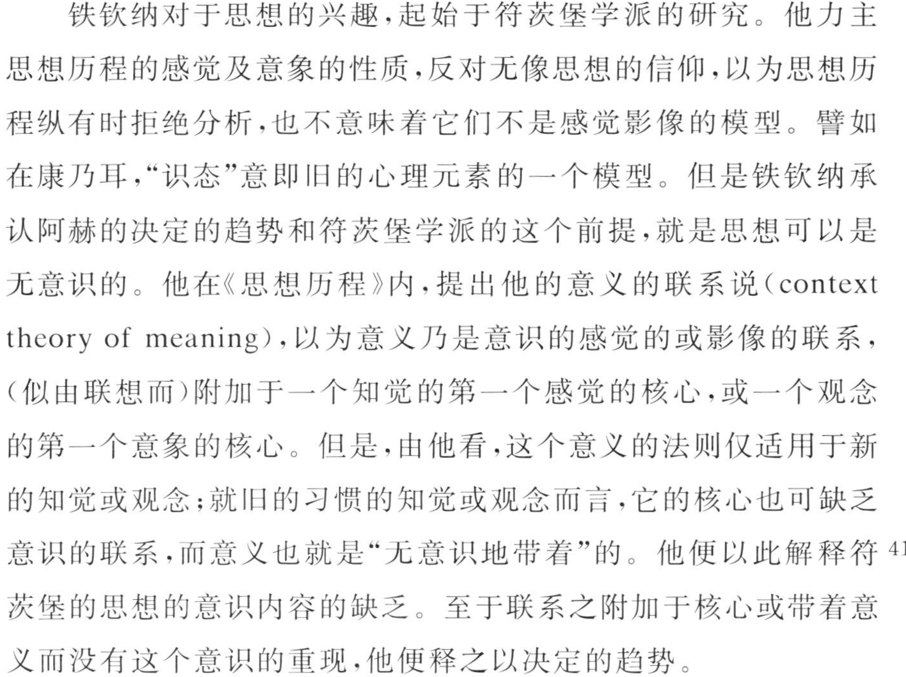

铁钦纳对于思想的兴趣，起始于符茨堡学派的研究。他力主思想历程的感觉及意象的性质，反对无像思想的信仰，以为思想历程纵有时拒绝分析，也不意味着它们不是感觉影像的模型。譬如在康乃耳，“识态”意即旧的心理元素的一个模型。但是铁钦纳承认阿赫的决定的趋势和符茨堡学派的这个前提，就是思想可以是无意识的。他在《思想历程》内，提出他的意义的联系说（context theory of meaning），以为意义乃是意识的感觉的或影像的联系，（似由联想而）附加于一个知觉的第一个感觉的核心，或一个观念的第一个意象的核心。但是，由他看，这个意义的法则仅适用于新的知觉或观念；就旧的习惯的知觉或观念而言，它的核心也可缺乏意识的联系，而意义也就是“无意识地带着”的。他便以此解释符 416
茨堡的思想的意识内容的缺乏。至于联系之附加于核心或带着意义而没有这个意识的重现，他便释之以决定的趋势。

我们讨论这三种题材——即感情，注意，和思想——好像铁钦纳仅有理论而不求证于实验。这是不对的，虽然康乃耳的实验也有后于理论而作的，或仅使理论微有修改而已。关于感情，他便举感情历程的实验所有全部文献为证，为了反抗冯特，则求证于他自己的及康乃耳的海斯的实验。他的对于注意的见解，在实验室内，先有盖斯勒，次有达伦巴哈为之作证。他的思想的研究初为对于符茨堡的批判，但后即引起派尔对于期望，鄂卡俾对于信仰，克拉克对于识态，雅各布森对于意义及了解的实验的研究。最后的研究导致了铁钦纳的一篇重要的论文。

1909—1910年间，铁钦纳刊行其《心理学教科书》(Text-Book of Psychology)，这是实验心理学的一个节本，原欲供给大学二年级学生之用，可是太艰深了。铁钦纳只有这一部书才将他的心理学全部容纳在内。此书脱稿后，他便欲著一部大的系统心理学，但是这部书在十五年后他去世的时候尚未完成。有几篇曾发表于杂志，但是铁钦纳终于不能继续撰稿。1915年，他曾欲将他的《初阶》修订付印，以其向来作事彻底的精神，将此书完全改作，易名为《初学者的心理学》(A Beginner's Psychology)。他的实验室的工作，正如他的学生的数目一样，自1910年后，逐年增加。最后十年，他很注意德国的最新的心理学，如格式塔心理学的知觉的研究，和实验现象学的新方法。铁钦纳本曾驳斥符茨堡的现象学，始终是一个守旧者；但是现在则欲试用现象学的研究法——并嘱其学生共同试用。他常对于内省的、受束缚的、严格的报告与现象学的自由的报告严加区别，但是他也显然对于新方法有很大的信仰。因为他从未于此问题有所发表，而由他的实验室出来的文章又是很专门的，所以我们大可不必揣度他的趋向。

他在他的最后十年中，对于心理学的精力日益减弱，不仅其发 417
表的次数逐渐减少，而且其所讨论的题材也渐欠重要。他渐分心于钱币学。他学富望重，常为一个团体中的主将。他的吸引力很大，康乃耳同学奉他为领袖，他处学者也都致仰慕之意。他的孤僻，他的学问的及私人的规律的谨严也树敌不少，其中有些人在名分上本应可为朋友的。1927 年他忽因病逝世，计共在美国三十五年。

铁钦纳在美国主张纯粹的内省心理学。**纯粹的**一词乃是他在许多重要问题的立场的注脚，虽然他自己从未用此一词，但是我们可用以称他的内省。由铁钦纳看，什么是心理学的资料，什么不是心理学的资料呢？马赫和阿芬那留斯的学说似足使铁钦纳的日常思考也深受其影响。冯特曾辨别直接经验和间接经验，这个区别可不足为训，因为“间接经验”一词在名词上似相矛盾。凡是科学都应为观察的，假使自然科学的资料是间接的，那又如何可以观察呢？既说是资料，又如何是间接的呢？阿芬那留斯称依存经验和独立经验，因此不复有此困难，屈尔佩及铁钦纳便采用这个区别。心理学和物理学都直接地研究经验，但是它们的观点不同；物理学以经验为“独立于经验的个体者之外”，心理学则以经验“为有赖于经验的个体”。这些是铁钦纳的术语。铁钦纳的基本学说以为有物理学的观点，有心理学的观点，也许还有其他观点，如常识的观点。因此，铁钦纳以为心理学的资料有赖于它的观点而定，于是观点乃为心理学的最重要的事件。

铁钦纳创用**刺激错误**（stimulus-error）一词，这个区别始渐明

了。心理学家若由心理学的观点移至其他观点如物理学的,则其所犯的为刺激错误。心理学家所视为错误之事,原非即物理学家的错误,但是铁钦纳则仅就心理学着想。在康乃耳范围之外的心
418 理学家罕能了解这个区别,所以将它视为秘传的诡论;然而这个区别也有其真实的意义。譬如在决定皮肤上的两点觉阈的时候,被试验者究竟在观察"依存的"经验或"独立的"经验,那是一件很重要的事;他若仅觉有一个感觉的模型,他便报告"一"。但是他也可采取另一观点,要说出刺激物的一点或两点和皮肤相接触,某些"一"的模型,他以为是两点的刺激无疑。那时他便报告"二",意即"两点"。就他例而言,这个差异是不明了的;判断两色的时候,我们的判断究竟根据色的刺激或色的感觉,那是不容易说的,但是铁钦纳以为常有这个差异,心理学家能常避免刺激的错误,有训练的心理学家尤常能如此。格式塔心理学家取消了"刺激错误"中的错误,他们以为知觉经验含有事物,而不含有人造的感觉。但由铁钦纳看来,那是实验的现象学而非实验的心理学。他相信在以心理学观点观察世界或以物理学观点观察世界,常需要我们作出选择。

铁钦纳在讨论思想的时候,推广了这个区别。由他看来,阿赫的"觉知"不是意识的资料,而是那些资料的意义。铁钦纳以为意义是"逻辑的"题材,应排除于心理学的范围之外,除非心理学家要研究意义的心理学。由此可见铁钦纳认阿赫的错误为包有刺激的错误在内的一种范围较大的错误,就这种错误而言,经验的资料意即刺激,而刺激则为一种特殊的意义。假使我们能完全避开意义,除了细心地标示其为意义者以外,我们将可在这样做的时候避免了刺激错误。因此有人谴责铁钦纳的意义的用法是秘传的,没有

意义的。

由此看来，铁钦纳主张一种极端的二元主义或多元主义。他不想引起认识论的问题，也不欲于此问题有所解答。他无论是对的或错的，总相信科学能解决它自己的问题，不必涉及认识论。在（意识的）焦点上，我们要培养“心理学的观点”，这个观点虽仅示经验的状态，但似可产生一种特殊的心理的资料，而感觉、意象、感情则为其类型。在边缘上，则可见有他种资料如事物，刺激，意义，和物理学的资料。 419

物理学和心理学之间是有很大的区别的，但是我们不明白铁钦纳是否仅主张二元主义。意义似不必属于物理学，但由他看来，显然也不隶属于心理学。我们知道他不以动物，儿童，及狂人为心理学的对象，因为他们不能内省；这就是说，他们在观察上不能有此区别。我们又知道他驳斥行为主义是因为它毁灭这个区别，他早年不利用心理测验是因为它研究物理的作业，而不研究意识的内容。所以康乃耳及铁钦纳的忠实弟子的研究与其余美国的心理学大不相同，造成了一个独立的学派，虽然铁钦纳从未予此学派以一个称号。它在德国没有造成这样的孤立，但仍与冯特及屈尔佩的学派有很大的不同。G. E. 缪勒和铁钦纳的立场最为接近，艾宾浩斯如果还在人世，可能也会这样。

铁钦纳的这个基本的“认识论”自然不是哲学的巧辩。自从洛克以来，哲学家一向集中注意于这个问题：马赫和阿芬那留斯由现在看来，也是素朴的。但是铁钦纳则不承认自己在搞哲学化；他以为自己在造成一种实用的科学的区别，假使他的立场促进科学的进步，哲学家必将以他们自己的术语加以诠释了。

铁钦纳在美国心理学史中是重要的，因为他忠实地代表这个较老的保守的传统而反抗压倒的多数人。大西洋之西在心理学上有“美国”，有铁钦纳。历史上的名人常因反对旧思想而成名，思想的运动常为背离另一思想的运动。但就铁钦纳而言则恰恰相反。他特立独行，因为接近他的人都与他分手了。如果所有运动都是相对的，那么铁钦纳对他的前进的体系而言，他是倒退的。

除了这个偶然的情形之外，我们还须论述铁钦纳的人格的影响。我们已说过他的学问为世所器重。他在美国能使他的朋友接
420 受他的意志和见解。幼于他者，对于他既敬爱而又畏惧。他们在枝节上虽有微小的异议，但对于他的系统的大体，则敬谨承受。他在康乃耳三十五年之间，得博士学位者五十四人，这是私人的一个可惊的成就，因为这些博士论文多带有他的思想的色彩。此五十四人中如华许本、本特利、甘布尔、惠普尔、贝尔德、海斯、费里、达伦巴哈等后来在美国心理学史内已很知名。铁钦纳的著作很多，除了书籍以外，尚有二百十六篇论文及注释，一百七十六种康乃耳实验室所发表的论著。他的论学的通信也很多。总之，有了他的人格，有了他的许多弟子，有了他的种种著作，加以他本人复和美国背景大相歧异，我们便不能不以他为美国的最有势力的一个学者了。

铁钦纳在他的晚年时继续写他的“系统心理学”。他的学生想象它是一部巨著，像冯特的《生理心理学》——他们说是“最后的一部伟大的系统心理学”。他是很彻底的。1917 年秋，他对他们说，他以一年少一天的时间去理解胡塞尔，现在已经懂得他了，“他是空无所有的”。这个研究发表为 1921—1922 年间的论文，后来由

韦尔德编成完整的一卷作为遗著，刊印于1929年。这是一本小书，不是什么巨著，甚至没有引起铁钦纳圈子内的人的注意。铁钦纳主义在美国是由他雄伟的人格支持的。这个主义因他的去世而忽然一落千丈了，对意识的重要性的活生生的信仰急剧降落到不光彩的境地，这也是历史发展的一个不可避免的阶段。

心理的生理学家

述至此处为止，我们曾企求掌握某些人心目中的“新”心理学的精神：如费希纳，赫尔姆霍茨，冯特，海林，缪勒，斯顿夫，艾宾浩斯，屈尔佩和铁钦纳。由这些人看来，新心理学不仅是一种专业，而且是一种目的，不仅是一种事实，而且是一种愿望。他们虽有很不相同的气质、信仰和思想的方式，但是他们自觉地热心促进心理学的兴旺。假使他们没有这个一致的目的，共同的信仰，合作的努力，希望不仅有更多的生理学和更多的哲学，且复有一种新的科学，我们也许会有一个研究导致另一研究及事实的累积，但是决不能有现在所称的心理学。“新”心理学是有强烈的自我意识的，因 421
此，传记法的叙述似最妥适。

然而很明显，这些各别的传记，虽可显示潮流的性质及趋势，但不能精确说明它的广度。对于这个新科学有所贡献而决定其趋向的，不仅是少数人，而且是多数人，不仅为几种研究，而且为多种实验。关于不同的特殊领域内的各别研究，本书不能细述。心理生理光学，生理声学、反应、学习、情绪和思想的历史需要其他专著予以特殊的叙述。另一方面，对这整个心理学战役而仅仅叙述将官们的所作所为是不够的。我们至少要把冲锋陷阵、打胜仗或败仗的校官们也择优点名。我们在这里只是论及十九世纪的德国战役。至于英、美的战况和西欧及美国在二十世纪实验心理学中的斗争，都是本书后来各章的内容。

第一，我们要知道冯特称新心理学为“生理心理学”的时候，他不仅表示一种认识论的信仰，而且描写新心理学的性质，认为它是哲学及生理学的幼儿。在开始时，作此新的努力的，生理学家尤多于哲学的心理学家。1890 年所创办的德国《心理学杂志》已附加“与感觉器官的生理学”(und Physiologie der Sinnesorgane)数字于其名称之后，它的编辑部有六位心理生理学家(奥贝特，埃克斯纳，赫尔姆霍茨，海林，冯·克里斯，普累叶)，还有一位物理学家柯尼希，可只有四位心理学(艾宾浩斯，立普斯，缪勒，斯顿夫)是莱比锡外最有代表性的集团。因此，我们可将那些属于“新”心理学而没有提到过的生理学家逐一点名于后。

这个名单自然以冯特之前的生理学家为始。本书前数章曾讨论过那个时期。约翰内斯·缪勒，E. H. 韦伯，赫尔姆霍茨都是心理的生理学家，他们至少也曾使生理学者不以研究心灵的问题
422 为耻。韦伯之所以名传千古，就因为他的心理学的研究。

与费希纳同时代的有 A. W. 福尔克曼(1800—1877)，他曾著视觉生理学(1836)为约翰内斯·缪勒的《纲要》所征引，他曾在哈雷任生理学教授三十九年(1837—1876)，他曾为华格纳《生理学词典》(1846)撰文论述视觉，他曾帮助费希纳作平均误差法的实验(1856—1857)，他又曾著生理学的光学(1863)。

稍后有卡尔·冯·维洛特(1818—1884)是杜平根的生理学

家，以时间知觉的研究(1868)以及视听和机体觉的许多研究见称于世，铁钦纳称他用正误法尚在费希纳之前。他之所以知名，与其说由于他的人格，不如说由于他的研究。

荷兰的眼科医生 F. C. 唐德斯(1818—1889)也须附述于此，因为他对视觉顺应的知识的贡献，以他的名字命名的眼动法则的规定(1846)和反应时间的研究(1865—1866)，还有一个复合反应的方法也曾以他的名字命名，此外，还因为他对母音性质的研究(1857—1870)及色觉学说的讨论。

赫尔曼·奥贝特(1826—1892)与“新”心理学更为接近。他先任布雷斯劳生理学教授，次移任于罗斯托克(1862—1892)。他在布雷斯劳著《网膜生理学》(Physiologie der Netzhaut，1865)，在罗斯托克著《生理光学基础》(Grundzüge der Physiologischen Optik，1876)。他对视觉适应(1865)，间接视觉(1857—1865)，韦伯的视觉依存于强度而变化的分数的演示(1865)，视觉的空间知觉(1857)，皮肤的空间知觉(1858)，身体朝向(1888)等的研究工作引起了人们的注意。他是(德国)《心理学杂志》的第一任编辑者之一。

西格蒙德·埃克斯纳(1846—1926)在维也纳度过其学术的生涯(1870—1026)，1891 年起升任生理学教授。他除对于纯粹生理学问题作广泛的研究外，复以早年对于色调适应的研究(1868)，音高比率觉阈的测定(1875)，两个连续闪光的视见运动的研究(1875—1876)知名于世。他规定了反应实验的名称，并在 L. 朗
格之前的十五年，指出反应大部分是自动的，决定于倾向，因而他 423
被归入动机心理学的历史。他也是《心理学杂志》编辑人之一。

尤利乌斯·里夏德·埃瓦尔德(1855—1921)是一位在斯特拉斯堡度过其学术生涯(1880—1921)的生理学家,1900 年升任生理学教授。他尤致力于外周器官的生理学,因此间接致力于感觉的研究。他以其名命名听觉的“压力模型”说,这是与赫尔姆霍茨说相反的一种学说,因为它不用内耳共鸣元素的解释(1899—1903)。他也是《心理学杂志》的一个编辑。

约翰内斯·冯·克里斯(1853—1928)对于心理学的影响或许较前述诸人为尤大。他少时曾在柏林有一短暂时间与赫尔姆霍茨交往(1876),在莱比锡复与名生理学家路德维希交往(1877—1880)。此后,他任职于弗赖堡(1880—1928),在那里度过长期的生活,贡献不小,影响很大,至 1928 年去世。他对于视觉生理学的研究最为著名,尤其是他的二重说,以为网膜的棒体司理薄暮时的视觉,网膜的锥体司理白天的视觉(1894)。他测定了色调的差别觉阈(1882),研究了光谱光的色混合(1881),他还研究了听觉定位的问题(1878—1890)。他著《视觉及其分析》(Die Gesichtsempfindungen und ihre Analyse,1882),纳格尔的《生理学教本》(Handbuch der Physiologie,1905)关于视觉的部分超过三分之一都出自他的手笔,赫尔姆霍茨的《生理光学》(1910—1911)的第三版遗著本的广泛增订也多由他负责,最后在他七十岁的那一年,他复著《感觉生理学概念》(Allgemeine Sinnesphysiologie,1923)。他虽为生理学者,却也微有哲学家的兴致。他在年轻时,曾著一本好书论概率的学说(1886),但知之者甚少。至老年时,他复著一书讨论逻辑(1916)。他也是《心理学杂志》的原有的编辑人之一,他和新心理学的关系较共和生理学的关系尤为密切。

阿图尔·柯尼希(1856—1901)是柏林的一个物理学者,赫尔姆霍茨的忠实的支持者,与艾宾浩斯合创(德国)《心理学杂志》。他曾刊布了有关色觉的细心的测量,最值得注意的是他测定了韦伯的随视觉强度而变化的分数(1888),求出了作为波长的函数的明度曲线(1884,1891),决定了三色视觉和两色(色盲)视觉的色觉感受性的曲线(1886,1892)。他证实了棒体视觉中视紫的机能
(1894)。他的许多研究编集为遗著出版。赫尔姆霍茨既死,他即 424
将赫尔姆霍茨的《生理光学》的第二版刊印行世(1896),且附加一关于视觉的书目于其后,共计约八千种题目。心理的生理学家之有意于视觉问题者之多,于此可见。柯尼希去世时只有四十五岁,死于早期事业的期望尚未完全实现之前。

继柯尼希之后而任《心理学杂志》的生理学总编辑为维利巴尔德·纳格尔(1870—1910)。他那时正在柏林,后便移任于罗斯托克。由他在《心理学杂志》所发表的论文看来,他也主要注意视觉问题,但同时在味觉,嗅觉,触觉方面也有大量的研究。他曾编一部重要的《生理学手册》(Handbuch der Physiologie),此书第三卷(1905)是那时感觉的心理生理学的标准教本。书内关于视觉的一小部分,味觉,嗅觉,机体觉,及神经特殊能的各篇都由他自己执笔。他和冯·克里斯及格尔斯特兰同为赫尔姆霍茨的《光学》的第三版的编辑,且复为第二卷增订不少(1911)。他终年仅四十岁。

这里还要提出阿尔明·冯·切尔麦克(1870—)。他在莱比锡和哈雷任讲师后,升任维也纳生理学额外教授(1906—1913)和布拉格教授(1913—)。他也是《感觉生理学杂志》编辑。他对视觉心理学最有贡献,他的明暗适应研究(1902)尤其著名。

嗅觉研究的权威为荷兰生理学家亨德里克·茨瓦特梅格(1857—1930),他的学术生涯几全消磨于乌得勒支。他曾刊布其关于嗅觉的不朽的著作《嗅觉生理学》(Die Physiologie des Geruchs,1895)。在本书第六章内,我们曾说过到了此时为止,嗅觉尚未有科学的研究,有之则自次瓦特梅格始。除了汉斯·亨宁不算,次瓦特梅格到现在还是嗅觉的权威。他于三十年后复著《嗅觉器官》(L'odorat,1925)。他常和"新"心理学有密切的接触,且为《心理学杂志》的第二组《感觉生理学杂志》(the Zeitschrift für Sinnesphysiologie)的一个编辑。

425 生理学家马克斯·冯·弗雷(1852—1932)是触觉的权威,与斯顿夫,缪勒及艾宾浩斯同一时代。他于1882年在莱比锡任讲师,路德维希在那里任教授,后来于1891年他被任命为额外教授。他任职至1898年,在1894—1897年间,他对肤觉发表了著名论文。布利克斯(1882)和哥德斯瑟德(1884)曾发现皮肤的觉点。弗雷肯定了他们的结果,把痛觉定为压、冷、温以外的第四觉,以为这四种性质的每一种都有相同的感受器(他错了,这是败仗之一),规定了皮肤感受性的许多种重要的函数。在苏黎世任职一年后,弗雷于1899年前往莱比锡,在那里继续多次发表有关皮肤及其他机体觉的论文。但最有影响的还是他的早期研究,因为它对皮肤感官生理学提供了明了的描绘,后来却没有进一步明确规定它的问题。弗雷以后,生理学课本的作者对于皮肤就有充分的知识可借以充实各段各节了。

此外还有生理学家及《心理学杂志》的另一编辑,威廉·普累叶(1842—1897)。他在研究方面,其心理学家的色彩尤较浓于生理学家的色彩。他比冯特为幼，但较斯顿夫，缪勒，及艾宾浩斯为长。他曾从克劳德·贝尔纳（学习和工作）于波恩及巴黎（1862—1865）。他任耶拿的讲师（1866—1869），后升任生理学教授（1869—1888）。其后，他的行动殊足震惊愚俗，他辞去耶拿的讲席，因为他深喜柏林的学术的空气，屈就柏林的讲师（1888—1893）。五年后，体衰多病，病四年余去世。他的最重要的著作是《儿童心理》（Die Seele des Kindes，1882，后有数次再版），自1882年后，他专致力于儿童心理学。他先刊布了有关视觉（尤其是1868，1881）及听觉（1876，1879）的研究。他的对于听力低限的决定（用音叉、低音笛和不同的音）那是可垂诸不朽的。他是费希纳的朋友，他们两人自1873至1882年间的通信曾刊印行世（1890）。

新心理学显然就是生理心理学。生理学家对于这门学问的发
展和正式的心理学家有几乎相等的功绩。我们仅列举这个新运动 426
中的较重要的生理学家。此外可尚有许多生理学者于此也不无关系。例如在赫尔曼的《生理学手册》中论述感觉的一卷（1879—1880），符茨堡的A. 菲克及海德尔堡的屈内在视觉章对于海林颇多补充；基尔大学的亨森著听觉章，其所建议的听觉说，尚为学者所称；因斯布鲁克大学的冯·文希高著味觉及嗅觉，后便成为此两种感觉的权威；弗赖堡的芬克著触觉的全部，惟温觉则为海林所作。

“新”心理学的边境

除了这些生理学者之外，还有许多心理学家可说是位在新的实验心理学的边境之上。闵斯特伯格原在境内，后为美国的他种兴趣所吸引而去。冯特还有些学生初本加入这个新运动，后或渐失其原有的兴趣，或较欠重要，或专致力于某种特殊的学科。还有些学者如立普斯及齐亨等，原非实验心理学者，但也受时代精神的影响。此外法国心理学者如李播及比纳本属法国传统，但也为德国的潮流所波及。对于这些学者，我们也应一一附述于此，和前所列举的生理学家相同。

列日大学的J.L.R. 德尔柏夫(1831—1896)，比利时人，在心理物理学中的地位的重要仅次于费希纳及缪勒。他的重要的著作为《心理物理学研究》(Étude psychophysique，1873)和《感受性学说》(Théorie générale de la sensibilité，1876)。这两个单行本合印而成《心理物理学要义》(Éléments de psychophysique，1883)，后复继以《心理物理学评论》(Examen critique de la loi psychophysique，1883)。心理物理学为一特殊学科，我们不能详述德尔柏夫的研究于此。其最重要的结果或即为"觉距"(sense-distance)的新概念，可用以答复学者对于费希纳的感觉测量的评判。费希纳以为感觉有大小，其量可和一零点相关，反对费希纳及量的实验心理学者都以下列内省的事实为根据：就是，感觉在意识内不觉其孰大孰小(见边码289—291页)。德尔柏夫以为感觉虽无大小，但可连接成系，被排列成一条连续线，可借以显示彼此距离的程度；因

427 此，费希纳得以解围；铁钦纳在写作《实验心理学》时很推重这个意见。实际上德尔柏夫的觉距概念是一切感觉测量的基础。

特奥多尔·立普斯(1851—1914)是唯一的意动学派的心理学家，被包括在莱比锡范围之外的"新"心理学杂志的原来的编辑部

之内(除非斯顿夫也估计在内)。立普斯也许应属于次章,而不属于本章。但是不将他附述于此,也不甚妥适,因为他的《心理生活事实》(Grundtasachen des Seelenlebens,1883),是论述那时新心理学的一部很重要的书,而他的《空间美术》(Raumaesthetik,1897),则集视觉错觉的大成。他尤以其美学著称于世。就气质说,他之为逻辑学家,胜于其为实验者,1893 年著一部逻辑学。他的著述甚为宏富。他先任职于波恩(1877—1890),次任职于布雷斯劳(1890—1894),最后在慕尼黑终于其职(1894—1914)。

特奥多尔·齐亨(1862—)论嗜好则为一哲学家,论教育和职业,则为多年的精神病学家。他先在符茨堡治哲学(1881—1883),后转柏林学医,以其博士论文得被任命为耶拿大学的讲师,兼精神病院助理医生。他在耶拿任讲师及副教授计共十四年(1886—1900),后即历任乌得勒支(1900—1903),哈雷(1903—1904),柏林(1904—1912)各大学的精神病学教授。那几年内,他兼治精神病学和哲学,后退居于威斯巴登五年专治哲学(1912—1917)。现任哈雷大学哲学教授(1917 年至今)。他早年在耶拿时,曾刊行一部《生理心理学引论》(Leitfaden der physiologischen Psychologie,1891),是一本生理心理学教科书,因为文章简明而有力,致有第十二次的再版(1924)。他专治哲学的结果,于1915 年著《心理学基础》(Die Grundlagen der Psychologie),详论心理学的哲学的及认识论的基础。他虽使生理心理学普及于世,但他不是冯特派的心理学家。他虽或可称联想主义者,但实非元素主义者。他于精神病学及哲学写了很多。又写了两本论述心理学的。

胡戈·闵斯特伯格(1863—1916)开始其学术的生活时,似也为此新运动的领袖之一。他曾为冯特的学生(1882—1885),虽然
428 他受影响比他人独浅。他由莱比锡转入海德尔堡研究(1885—1887),后任讲师于弗赖堡(1887—1892)。在弗赖堡时,他刊行他的《实验心理学》(Beiträge zur experimentellen Psychologie,1889—1892)。他曾在那里设立一实验室,他的实验很有创见,大为当时学者所注意。各方批评多不很好,那时铁钦纳还在莱比锡,责备他的对于冯特的误会。缪勒对于他的结果也力加驳斥。反之,詹姆士方刊印其名著《心理学原理》,写信给闵斯特伯格,庆祝他具有为那些批评家所缺乏的"对于事物的远景及比例的感觉"。詹姆士对于闵斯特伯格甚为倾慕,后来终于请闵斯特伯格来哈佛任教席三年(1892—1895),更希望他能久于其职。这个计划终成事实;哈佛以终身教授职任命闵斯特伯格,闵斯特伯格在德国考虑两年,结果再度就职于哈佛(1897—1916)而终其一生。闵斯特伯格既来哈佛,詹姆士由心理学教授改称哲学教授,使闵斯特伯格有一广阔的园地。因此。闵斯特伯格成为在哈佛大学的新心理学的解释者。但是原来的计划并没有完全实现。他退回到哲学和理论心理学的问题(他的1900年的《心理学概要》[Grundzüge der Psychologie]是一部精深渊博的书),又进展到心理学的应用。但是闵斯特伯格除载在他的《实验心理学》之内的弗赖堡时代的实验外,对于实验心理学几乎没有重要的贡献。原来闵斯特伯格太富于创造性;他的精力充沛的心灵已转入更新颖的心理学了。他创造诊疗心理学,法律心理学,工业心理学;他可称为应用心理学的建设者。他又常致力于灵学的研究。除了这个原因之外,另一原

因就是他太出名了，他已成为社会的红人，常为人所征引。有一年(1910—1911)，他竟被遣送出洋，作一种半外交家的任命，到柏林帮助建设一美国学院。这种生活显然不是一个科学家的生活，于是弗赖堡的期望永远不能实现，不过他种成就也并不缺乏。闵斯特伯格死于第一次世界大战期内，那时德美和好之梦既无从实现，429
而美国人在畏惧德国的时期内复于他有所怨恨，他于是难免伤心了。

冯特的学生对于新心理学的建设都不及屈尔佩及铁钦纳的重要。埃米尔·克勒佩林(1856—1926)历任海德尔堡(1890—1903)，及慕尼黑(1903—1926)教职，但他是一个精神病学者。他年方二十七岁，即著一本精神病学(1883)，后再版多次。他虽也为冯特的著名的学生，但不是一个实验心理学家。

恩斯特·墨伊曼(1862—1915)由莱比锡转苏黎世，转柯尼斯堡，转蒙斯特，转哈雷，再转莱比锡，最后乃任职于汉堡(1911—1915)；但是他为教育心理学所据有。他的《学习经济法》(Oekonomie und Technik des Lernens，1903年，有两次修订，复有一英译本)是教育心理学的名著，全书都表示冯特的传统。但是他也未尝完全为教育学所吸收。当冯特停刊《哲学研究》时，墨伊曼于1903年创办《普通心理学文献》(the Archiv für die gesamte Psychologie)。他和冯特实验时间感觉，而这个实验还有一重要的仪器是以墨伊曼之名命名的。到了晚年的时候，他复发表美学的著作。他以五十二岁患流行性感冒而死，那是出人意外的，他的富有期望的生命，就此结束了。

冯特的学生还有一位阿尔弗雷德·勒曼(1858—1921)，是哥本哈根人，尤以其对于表示法的研究著称；还有一位奥古斯特·基希曼（1860—1932）在多伦多甚久，现任职于莱比锡，以他和冯特对于色觉对比的研究为世所不忘；还有一位古斯塔夫·斯托林（1860—1947）离开莱比锡后，历任苏黎世，莱比锡及波恩教职，最以其心理病理学为心理学家所称，然而他尤其是一位哲学家；还有一位弗里德里希·基苏（1858—1940）在都灵多年，初以和冯特同治味觉为世所知名，后却在触觉方面继续他的研究。

除冯特的嫡系之外，还有弗里德里希·舒曼（1863—1940），我们曾称他为缪勒及斯顿夫的助理。他以和缪勒同治记忆，自己独治视觉的空间知觉（1900—1904）为世所著称。他在法兰克福甚久（1910—1928）有一很兴旺的实验室。在他的实验室内，惠太海默于1912年提出了格式塔心理学，立即得到了苛勒和考夫卡的支持，但没有得到舒曼的支持。此外还有威廉·斯特恩（1871—
430 1938），他初非出身于莱比锡，但在柏林前后和艾宾浩斯及斯顿夫共同研究。他以其差异心理学及教育心理学著称于时，但是实验家则都知道他的心理物理学的研究及以其名命名的声变器（the tone-variator）的发明（1898）。

在德国境外，新心理学为美国所欢迎，关于美国的新心理学当俟以后几章再述。英国对于新心理学甚为冷淡，虽然剑桥大学终至于接受了它。伦敦大学也不甘落后，甚至守旧的牛津大学最后也设立一个讲座（1947）。在法国者无甚足述，因为法国在心理学史内仅有贡献于较严格的生理心理学及心理病理学，法国在心理病理学中尤占一重要地位。法国泰奥迪尔·阿芒·李播（1839—1916），曾为其国人解释英国（1870）及德国的新心理学（1879），其后更著心理学多种。但是他不是实验者。他和沙可相熟，让内便为他的学生。此外还有阿尔弗雷德·比纳(1857—1911)是索邦心理实验室的主任(1892—1911)，他有一些实验研究和德国的传统略较接近。但是他早就注意推理心理学(1886)，导致了他对智力的著名的研究(1903)，从而发明测量智力的比纳量表，使他得驰名全世界。

我们的名单到此为止。上文的简介说明了这个“新”心理学的范围及分支。这似乎是一门伟大的新学术，有些人专心治之，有些人分一半精力治之，更有些人在气质，教育或环境上本无意为此，但也不得不加以论列。凡于心理学有所著述的都不能忽略它。布伦塔诺虽远引亚里士多德，但对于视觉错觉曾绘有图画。经验主义已变成实验主义了，世界总是往前进的，时间是不能停止的，一个人在某一时代内著书立说，就多少要论及那个时代。

附　　注

本章本文有术语上的困难。“新”心理学是实验的，生理的心理学，但又和某一系统的主张有密切相关，而这种主张至今还没有一致承认的名词。这个主张虽可以冯特的系统为代表，但到了他人手里，其范围却比冯特所规定的大得多了。我们若称它为“感觉的”或“联想的”心理学未免将它的范围缩 431
得太小；称它为元素主义的心理学，又未免将它的范围包括太多，而且将重心弄错。作者采用“内容”一词，因为内容(Inhalt)向来与意动相反。屈尔佩和梅塞尔终于将内容和意动或机能并列于心理学内以求解决这个分裂。读者倘欲采用另一名称，作者可不会反对。因此，他只将可用的名称列举如下，以供选择：

G. E. 缪勒近来曾提复合说(Komplextheorie)以抗衡格式塔说，但复合

(complexes)一词在精神分析内已有特殊的涵义,而缺乏内容一词所有一般的意义。铁钦纳曾称此说为构造(structural'psychology)心理学,但不幸这个词已有两歧的意义,因为格式塔心理学也曾被称为 Strukturpsychologie (结构心理学),而且格式塔心理学曾被译为"structural psychology"(结构心理学),因此,采用了主要论敌的名称①。Verbindungspsychologie(混合心理学)虽能侧重冯特的心理联合的基本原则,但这个词不易译成英文。此派心理学者常称他的资料为"意识的历程",也许他的学派可称"历程"心理学。作者不愿采用这个词,因为历程系用以说明心理学元素的流动性,换句话说,即用以对元素主义的批评的回答;然而意识的资料,虽曾称为历程,但在此派学者手里,常变成固定的或静止的。在美国,行为主义的心理学者常称其敌人为内省的,但是作者认为取名于美国也似颇不妥,因为美国除了铁钦纳外,从未坚守德国的传统;德国也未尝同样看重 Selbstbeobachtung(内省)一词。此外还有存在的(existential)一词,这个词是吴伟士用来形容铁钦纳的心理学的。因为铁钦纳认为存在着的(意思是说像感觉历程那样经得起观察,而不像意动那样经不起观察)意识内容最能表现的特征就是存在的。但是这个词没有流行,而且不加解释就没有意义。

整个困难所由起乃是因为这个学派起源于冯特,从未自视为心理学中的一个学派,只是自称实验心理学而已。倡异说者需要名称以示别于正统派;至于守旧者则并不需要给自己以名称,也从未认识革命需要名称的迫切性。一个团体既不接受一个名称,我们若硬要给它名称,那是行不通的。然而这个事实却是一个重要的历史资料。正统的实验心理学,即就其系统的学说而言,也只自觉是反抗哲学的一个学派。因此,它除"心理学"一词外,并不需要其他名称,它既和哲学分手,当然可袭取"心理学"这个名号。这个正统心理学的敌人们则各就其最不满意于正统的心理学的一点而给它命名了。

艾宾浩斯

关于赫尔曼·艾宾浩斯的生平,见《哈勒一威丁堡联合大学校刊》(Chronik vereinigten Universitäts, Halle-Wittenberg)的纪念文,1908—1909

---

① 因为英文原名与构造心理学相同。——译者

年,21—24 页;扬施,《心理学杂志》1909 年,第 51 卷,3—8 页;D. 沙科,“赫尔曼·艾宾浩斯”,《美国心理学杂志》,1930 年,第 42 卷,508—518 页;吴伟士,《哲学杂志》(J. Philos.),1909 年,第 6 卷,253—256 页。吴伟士且列其重要的书目。又见墨菲,《近代心理学历史导引》,第 2 版,1949 年,174—181 页。

艾宾浩斯的博士论文为《论哈特曼的无意识哲学》(Ueber die Hartmannsche Philosophie des Unbewussten),1873 年,和斯顿夫的《空间知觉》及 G. E. 缪勒的《注意》,同年。

Ueber das Gedächtnis(论记忆),1885 年,1913 年译成英文,题名 Me- 432
mory(记忆)。英译本的重要摘录重印于丹尼斯,《心理学史读本》,1948 年,304—313 页。记忆的实验研究的导师二人,即艾宾浩斯和 G. E. 缪勒。艾宾浩斯远承费希纳的启发,缪勒的领导心理物理学也是继承费希纳之后。因此,我们可以说他们二人都未曾完全移用心理物理法于记忆的问题之上,以测定记忆的阂限而在测量上得到较大的数学的精确度,但是近时用心理物理学中的恒常法(Konstanzmethode)研究记忆的学者已证明这个工作非常麻烦,因此常不宜于实用;艾宾浩斯和缪勒也许都曾知道这个事实。参看 H. D. 威廉斯,“关于一个联合阈限的计算”,《美国心理学杂志》,1918 年,第 29 卷,219—226 页。

实验光度的两篇论文和色觉说的一篇论文,全名如下:“色的对比律”(Die Gesetzmässigkeit des Helligskeitscontrastes)《柏林普鲁士科学院丛刊》(Sitzungsber. Preuss. Akad. Wiss Berlin),1887 年,995—1009 页;“以光觉说明韦伯律的变异的原因”(Ueber den Grund der Abweichungen von dem Weber'schen Gesetz bei Lichtempfindungen),〔普夫吕格尔的〕《生理学文献》(Arch. ges. Physiol.),1889 年,第 45 卷,113—133 页,“色觉学说”(Theorie des Farbensehens),《心理学杂志》,1893 年,第 5 卷,145—238 页。

关于填充测验的论文,题名“一个测验学童的心理能力的新方法”(Ueber eine neue Methode zur Prüfung geistiger Fähigkeiten und ihre Anwendung bei Schulkindern),(德国)《心理学杂志》,1897 年,第 13 卷,409—459 页。法文的略述,见《科学评论》(Rev. sci.)1897 年,第 4 卷,第 8 期,424—430 页。

大教科书为《心理学纲要》。卷一的前半部，1897 年；卷一全卷 1902 年，第 2 版，1905 年；卷二第 1 分册，1908 年；杜尔编卷一第 3 版，1911 年；卷二的正式第 1 版由杜尔完成，1913 年；彪勒编卷一的第 4 版，1919 年。

小教科书为《心理学简编》。初刊印时，为 P. 欣恩伯格的《现代文化大全》的一节，卷一，第 6 编，1907 年 173—246 页。《心理学大意》第 1 版，1908 年；第 2 版，1909 年；英译本，1908 年；法译本，1910 年。杜尔刊行其第 3，第 4，第 5 各版（1910—1914），此后仍继续再版，彪勒于 1922 年刊行其第 8 版，许多美国心理学家利用此书学习德文。

艾宾浩斯为现代的心理学家们高度尊重，保守的铁钦纳的颂词可以为证，见“过去十年的实验心理学”，《美国心理学杂志》，1910 年，第 21 卷，404—421 页，特别见 405 页。这是铁钦纳于 1909 年在克拉克大学二十周年纪念会上的演讲词。在这次会上，荷尔邀请了弗洛伊德和荣格访美，使美国心理学家得以认识精神分析的意义。艾宾浩斯也应邀出席并发表讲话。在听众中，除铁钦纳外，还有荷尔，弗洛伊德和荣格，威廉·詹姆士，J. Mck. 卡特尔，弗朗茨·博斯，阿道夫·迈耶，H. S. 詹宁斯，C. E. 西肖尔，约瑟夫·贾斯特罗，埃内斯特·琼斯和 E. B. 霍尔特。他写道：“正当艾宾浩斯庆祝他的五十九岁诞辰之后一个月，他的死讯传来，甚至我还没有来得及感到悲痛，就惶惑地觉得实验心理学失去了他，将会怎么办？”铁钦纳谈到艾宾浩斯“对一个问题的科学方法的本能的领会”，他的“思想和语言的清晰”，他的“善于把握事实”。铁钦纳又说，“艾宾浩斯很巧妙，他从不粗暴对待事实，但又善于安排，他对事实不轻易放过，取其所需，用来建立他的理论和体系。”铁钦纳认为，假如艾宾浩斯还能活下去，他在心理学中的地位将堪与冯特和布伦塔诺相匹敌。

马　　赫

433 关于马赫一般的，见 H. 亨宁 1915 年《哲学家，物理学家及心理学家的马赫》(Ernst Mach, als Philosoph, Physiker und Psycholog)，1915 年书内列一书目。

马赫对于心理学的最重要的实验的贡献，为他的《运动感觉概论》(Grundlinien der Lehre von den Bewegungsempfindungen)，1875 年。

他的最重要的著作当首推《感觉的分析与心体的关系》(Die Analyse der Empfindungen und das Verhältnis des Psychischen zum Physischen),1886年,第2版,1900年,第6版,1911年,第1版的英译本,1897年,第5版的英译本,1914年。《认识与错误》,1905年,第2版,1906年,较为人所少见。

我们于此须并举马赫的通俗科学的讲演,这些讲演大为一般人所赏识,通俗科学讲话(Populär-wissenschaftliche Vorlesungen),1895年,第5版,1923年,第1版的英译本,1895年,第4版的英译本,1910年。但是这些讲演仅有少数心理学的材料。

马赫承认其说和阿芬那留斯的实相一致,《感觉的分析》第2版第3章专论此事。

篇幅的限制使本书不能说明马赫究如何力主感觉为科学的唯一材料。读者须亲读《感觉的分析》(中译本,洪谦等选译,商务印书馆1975年9月出版——译者);例如(第1章第1图)关于马赫躺在沙发上时的实际宇宙的描写:房间的部分上以眉毛为界,而下以胡子为界。

关于马赫和皮尔逊及其相关的观念和休谟的因果观的关系,见第十章关于休谟的附注。马赫将《认识与错误》贡献给休谟,以示其感谢之意。

关于马赫的科学的哲学以及他与实证和科学统一运动的关系,有一清晰而有趣的现代处理,见弗朗克,《现代科学及其哲学》(Modern Science and Its Philosophy)1949年6—19页,61—89页。

阿芬那留斯

对于阿芬那留斯尚有一略传,见H. 霍夫丁,《现代哲学家》(Modern Philosopher),1905年,117—127页,英译本,130—140页。

这是本书已经说过的,阿芬那留斯的大著是《纯粹经验的批判》,卷一,1888年,卷二,1890年。这部难读的著作的参考资料如下:F. 卡斯坦扬,《心灵杂志》,1897年,卷六,449—475页,H. 德拉克洛克斯,《形而上学及道德哲学评论》(Rev. metaphys. morale),1897年,第5卷,764—779页,1898年,第6卷,61—102页,布什,"阿芬那留斯与纯粹经验的观点"(Avenarius and the standpoint of pure experience),《哥伦比亚大学哲学与心理学杂志》(Columbia University Contrib. to Philos. and Psychol.),1905年,第10卷,第4

期(兼载《哲学文献》第 2 期)。

关于冯特对于阿芬那留斯的批评见《哲学研究》,1898 年,第 13 卷,1—105 页。

屈　尔　佩

关于奥斯瓦尔德·屈尔佩的传记,见 C. 鲍姆克尔,《巴伐利亚科学院年鉴》(Jahrbuch bayr. Akad. Wiss.),1916 年,73—102 页,上载有彪勒辑集的六十种著作的书目:彪勒,《公正的生平事业》(Lebensläufe aus Franken),卷二,1922 年,243—255 页;尚有一篇未署名的纪念文,也许为一位同事所撰作,见《慕尼黑路德维希—马克西米利安大学年鉴》(Jahrbuch Ludwig-Maximillians Universitats München),1914—1919 年(刊布于 1927 年),25—29 页。可惜这些参考资料都不易得。较易得而略欠完全的为 A. 费希尔《教育心理学杂志》(Zsch. päd. Psychol.)1916 年,第 17 卷 96—99 页。屈尔佩的博士论文,当印成单行本时,也有一略传。

屈尔佩的著作目录确不易得,因此,作者列举二十七种著作如下,这些著作直接或间接地为本书所提及或似为一般人所重视。

1887 年,"感觉的学说"(博士论文),《科学的哲学杂志》(Vtljsch wiss. Philos.),第 11 卷,424—482 页,381—446 页。又单行本附略传。

1888—1889 年"新哲学中的意志学说"(教师候选论文),《哲学研究》,第 5 卷,179—244 页,381—446 页。

1891 年,"论同时运动与非同时运动"(Ueber die Gleichzeitigkeit und Ungleichzeitigkeit von Bewegungen),《哲学研究》,第 6 卷,14—53 页,第 7 期,147—168 页。

434 1893 年,《心理学概论》;英译本,1895 年。

1894 年,"实验心理学的控制"(Aussichten der experimentellen Psychologie),《哲学月刊》(Philos. Monatshefte),第 30 卷,281—284 页。

1895 年,《哲学引论》;继续再版于 1898 年,1903 年,1907 年,1910 年,1913 年(第 7 版),1915 年死后,梅塞尔又为再版;英译本,1897 年,1901 年。

1897 年,"论注意"(Zur Lehre der Aufmerksamkeit),《哲学与哲学批判

杂志》(Zsch. Philos. u. Philos. Kritik),第110卷,7—39页。

1899年,“论美学的合式”(Die ästhetische Gerechtigkeit),《普鲁士年鉴》(Preuss. Jhrbh.)第98卷,264—293页。

1899年,“论美学印象的联想的因素”(Ueber den associativen Faktor des ästhetischen Eindrucks),《科学的哲学杂志》,第23卷,145—183页。

1900年,《今日以何种道德为最优美的?》(Welche Moral ist heutzutage die beste?)。

1902年,《现代德国哲学》,继续再版于1903年,1905年,1911年,(第5版)1914年,英译本,1913年。

1902年,“由低点的至高点的差异研究”(Zur Frage nach der Beziehung der ebenmerklichen zu den übermerklichen Unterschieden),《哲学研究》,第18卷,328—346页。

1902年,“感觉印象的客观化与主观化”(Ueber die Objektivierung und Subjektivierung von Sinneseindrücken),《哲学研究》,第19卷,508—556页。

1903年,“实验的美学”(Ein Beitrag zur experimentellen Aesthetik),《美国心理学杂志》,第14卷,379—495页。(荷尔的纪念号。)

1904年,“抽象作用的实验”(Versuche über Abstraktion),《第一次实验心理学会会报》,56—68页。

1907年,《康德评述》(Immanuel Kant, Darstellung und Würdigung),第2版,1908年,第3版,1912年。

1908年,“对于感情说的一个建议”(Ein Beitrag zur Gefühlslehre),《第三次国际哲学协会》(III internat, Kongr. Philos.)1909年,546—555页。

1909年,“感情心理学”(Zur Psychologie der Gefühle),《第六次国际心理学会》(VI Congr. internat. psychol.)1910年,183—196页。

1910年,“情操心理学”(Pour la psychologie du sentiment),《常态与变态心理学杂志》(J. psychol. norm. Pathol.),第7卷,1—13页。

1910年,《认识论与自然科学》(Erkenntnistheorie und Natur wissenschaft)。

1912年,《现实说对于实质科学基础的一个建议》(Die Realisierung: ein Beitrag zur Grundlegung der Realwissenschaften),卷一,卷二,卷三由梅塞

尔编订,出版于1920年及1923年,为屈尔佩的遗著。

1921年,"关于实在概念的历史"(Contribution to the history of the concept of reality)《哲学评论》,第21卷,1—10页。

1912年,《心理学与医学》(Psychologie und Medizin)。

1912年,"现代的思想心理学"(Ueber die moderne Psychologie des Denkens),《国际科学艺术月刊》(Internat. Monatschr. Wiss. ,Kunst Technik),第6卷,1069—1110页。再印于第2版的《心理学讲义》,1922年,详见下文。

1915年,"范畴论"(Zur Kategorienlehre),《慕尼黑巴伐利亚科学院院刊》(哲学语言学部),1915年,第5期。

1915年,《论理学及其论战》(Die Ethik und der Krieg)。

1920年,《心理学讲义》(Vorlesungen über Psychologie),遗著,由彪勒集辑其手稿而成。其书本无思想章,第2版,1922年,297—331页,乃加载"现代的思想心理学"一文,以补其缺。

关于屈尔佩的美学研究,见A. A. 鲍姆勒和齐享,《美学杂志》(Zsch. Aesthetik),1916年,第11卷,193—197页。

读者可发见屈尔佩的抽象实验(1904)的效果,参看拉恩《心理学专刊》1913年,第16卷(第67期),尤其是76—85页;铁钦纳《美国心理学杂志》,1915年,第26卷,262—264页。

关于屈尔佩和胡塞尔的类似处,见H. 施拉德的《屈尔佩与胡塞尔的思想学说》(Die Theorie des Denkens bei Külpe und bei Husserl),1924年。

康乃耳大学奥格登教授将屈尔佩论思想心理学的函件择要抄示,作者愿在此表示感谢。

符茨堡学派

本书所举屈尔佩的符茨堡学派关于无象思维的著作,兹列举如下:

A. 迈尔与J. 奥尔特,"联想性质的研究"(zur qualitativen Untersuchung der Associationen),《心理学杂志》,1901年,第26卷,1—13页。

K. 马尔比,《判断的实验心理学的研究,一个逻辑的引论》(Experimentellpsychologische Untersuchungen über das Urteil, eine Einleitung in die Logik),1901 年。 435

J. 奥尔特,《感情与意识的态度》(Gefühl und Bewusstseinslage),1903 年。

H. J. 瓦特,"思想学说的实验"(Experimentelle Beiträge zur einer Theorie des Denkens),《心理学文献》(Arch. ges. Psychol.),1905 年,第 4 卷,289—436 页。

N. 阿赫,《意志与思想》(Ueber die Willenstätigkeit und das Denken),1905 年。

A. 梅塞尔"思想之实验心理学的研究"(Experimentell-psychologische Untersuchungen über das Denken),《心理学文献》,1906 年,第 8 卷,1—224 页。

K. 彪勒,"思想历程的心理学事实与问题"(Tatsachen und Probleme zu einer Psychologie der Denkvorgänge),I. "论思想"(Ueber Gedanken),《心理学文献》1907 年,第 9 卷,297—305 页;II. "论思想的联合"(Ueber Gedankenzussammenhänge),同杂志 1908 年,第 12 卷,1—23 页;III. "论思想的记忆"(Ueber Gedankenerrinerungen)同杂志,24—92 页。

正是彪勒的论文开始引起了批评。冯特特别反对彪勒的方法:《心理学文献》,1908 年,第 11 卷,445—459 页。杜尔本为彪勒的一个观察者,他的解释与彪勒不同:《心理学杂志》,1908 年,第 49 卷,313—340 页。阿斯塔批评此整个的运动:同杂志,56—107 页。彪勒对于这些批评,作一总答复:同杂志,1909 年,第 5 卷 108—118 页。

这个学派的研究在美国的影响甚大。铁钦纳在康乃耳曾总结这个研究而加以批判,见他的《思想实验心理学讲义》(Lectures on the Experimental Psychology of the Thought-Processes),1909 年,尤其是第三第四两讲,他且于 1909—1911 年间,以他的学生作建设性的研究,一度被认为铁钦纳的继承人贝尔德后即以"高级心理历程"的"系统的实验的内省"为克拉克大学的中心问题。

关于本书所举的描写(Beschreibung)和说明(Kundgabe)的区别,见铁钦纳"意义的描写与说明"《美国心理学杂志》1912 年,第 273 卷,165—182 页。

一般的关于符茨堡学派,除铁钦纳上引书外,见墨菲,《近代心理学历史导引》，第 2 版，1949 年，225—233 页；弗罗革尔，《百年心理学史》，1933 年，233—240 页。

铁　钦　纳

爱德华·布雷福德·铁钦纳的最完备的传记为作者所撰，见《美国心理学杂志》，1927 年，第 38 卷，489—506 页（本书所举的铁钦纳和冯特相似之处，见 442 页以下）；并参考华伦所撰的略传，《科学杂志》，1927 年，第 66 卷，208 页以下；又迈尔士，《英国心理学杂志》，1928 年，第 18 卷，460—463 页；关于铁钦纳在莱比锡的情形，见 F. 安吉尔，《普通心理学杂志》，1928 年，第 1 卷，195—198 页。

关于铁钦纳的著作及康乃耳实验室刊物的目录，见 W. S. 福斯特，《心理学研究：铁钦纳的纪念册》（Studies in Psychology：Titchener Commemorative Volume），1917 年，323—337 页（至 1917 年为止，）及达伦巴哈，《美国心理学杂志》，1928 年，第 40 卷 120—125 页（到铁钦纳逝世时为止。）

铁钦纳手内得博士学位的学生的名单，见达伦巴哈，《美国心理学杂志》，1927 年，第 38 卷，506 页。

关于其他作者对铁钦纳及其学派的评论，特别见吴伟士，《现代心理学派别》（中译本，谢循初译，人民教育出版社 1962 年 6 月出版——译者），第 1 版，1931 年，18—42 页（第 2 版，1948 年，26—30 页，因为这时铁钦纳已不属于现代范围，所以叙述已简略）；海德布里德，《七种心理学》，1933 年，113—151 页，墨菲，《近代心理学历史导引》第 2 版，1949 年，210—216 页，与其他大多数叙述相同，过于简略。

铁钦纳的书籍有：《心理学大纲》，1896 年第 2 版，1899 年，俄文译本，1898 年，意大利译本，1901 年；《心理学初阶》1898 年第 2 版，1899 年，西班牙文译本，1903 年，日文译本，1904 年、1907 年；《实验心理学；实验纲要》（Experimental Psychology：A Manual of Laboratory Practice），卷一，第 1 编（属于定性的，学生手册 Qualitative，Student's Manual），1901 年，第 2 编（属于定性的，教师手册），1901 年，卷二，第 1 编（属于定量的，学生手册，）1905 年，第
436 2 编（属于定量的，教师手册，）1905 年；《感情与注意的初级心理学讲义》（Lectures on the Elementary Psychology of Feeling and Attention），1908

年;《思想历程的实验心理学讲义》(Lectures on the Experimental Psychology of the Thought-Processes),1909年,《心理学教科书》,1909—1910年;德译本,1910—1912年,俄文译本,1914年;《初步心理学》,1915年。他少年时,勤于翻译他人的著作,到了他著作的时候,他自己的书籍也有他人代为译出。

铁钦纳的第一次心理学的研究为“关于认识的时间测量”(Zur Chronometrie des Erkennungsactes)《哲学研究》,1892年,第8卷138—144页;他的博士论文为“单视刺激的双视的结果”(Ueber binoculare Wirkungen monocularer Reize),同杂志,231—310页。这篇论文也曾印单行本,附一略传。

关于铁钦纳和鲍德温的对于反应时间的论战,见鲍德温,《心理学评论》1895年,第2卷,259—273页;铁钦纳,《心灵杂志》,1895年,第4卷74—81页—506—514页;鲍德温,同杂志,1896年,第5卷,81—89页;铁钦纳,同杂志,236—241页。作者以为这个问题为安吉尔及穆尔所解决:见《心理学评论》,1896年,第3卷,245—258页。关于作者的这个意见,见同杂志,1929年,第36卷111页。

韦尔德将铁钦纳的一本遗著题为《系统心理学:绪论》,是符合它的内容的。它出版于1929年,某些部分已刊印子《美国心理学杂志》,1921—1922年,第32,33卷。

铁钦纳的心理学和非心理学的基本区别的历史很长,还没有人作追本穷源的研究。其起源约当铁钦纳在莱比锡读马赫和阿芬那留斯的时候。书内未及述其第二步,即铁钦纳以“构造心理学”和芝加哥所提倡的“机能心理学”相反抗。这个论战的起因为杜成的“心理学内的反射弧概念”一文,见《心理学评论》,1896年,第3卷,357—370页。铁钦纳答以“构造心理学的假定”,《哲学评论》1898年第7卷,449—465页。“构造心理学与机能心理学”,同杂志,1899年,第8卷,290—299页。“构造心理学的假定”一文,重刊于丹尼斯,《心理学史读本》,1948年,366—376页。

第二个区别隐含于“刺激错误”一词之内,关于这个错误见铁钦纳,《实验心理学》卷二,第1编,26页以次;《心理学教科书》,202页以次。作者也曾讨论刺激错误的意义,见《美国心理学杂志》,1921年,第33卷,449—471页,但是读者须知道铁钦纳曾力斥这个解释,但未表示于文字而已。参看本特利,

《心理学概观》(Field of Psychology),1924年,411页以下。铁钦纳说此刺激错误的概念倡自冯·克里斯,然这仅为他的谦虚的表示而已。关于其他参考资料,见作者的论文,引见前,451页。

关于心理历程和意义的对峙,从而关于意义的联系说,见铁钦纳,《思想历程》,174—194页,尤须注意174—184页;《教科书》,364—373页,并参看韦尔德的为铁钦纳所赞许的警句,《铁钦纳的纪念册》(引见前),181页以下。雅各布森的实验给符茨堡学派以攻击之隙,铁钦纳企图在这种对峙的明白的规定,即意义的描写和说明——中谋一救济,《美国心理学杂志》1912年,第23期,165—182页。这整个问题,如参考铁钦纳同时所撰的论内省的文章,便更可明白:"内省研究引论"(Prolegomena to a study of introspection),同杂志,427—448页;"内省概观"(The schema of Introspection),同杂志,485—508页。有人颇以铁钦纳及其他心理学者每易用"意义"一词的歧义以逃避困难为憾,参看卡尔金斯,同杂志,1927年,第39卷,7—22页。

铁钦纳对于现象学的见解未尝见于文字的记载。但是关于铁钦纳对胡
437 塞尔的想法之所想,见铁钦纳,《系统心理学》(上引书),213—218页。

研究铁钦纳的心理学的学者将可见有与本问题有关而未为本书所列举的论文多篇。他须参看铁钦纳的书目,引见前。他还可在此看见书内所举或《美国心理学杂志》1926年,第1—30卷,1942年,第31—50卷,索引内所载的关于康乃耳的实验研究。

心理的生理学家

本书如要列举这些生理心理学家的重要的心理学著作,便未免太累赘了。书内曾举出几种论文,许多日期。读者欲更知其详,则十九世纪的作家多可见于鲍德温的《哲学与心理学词典》兰德的书目。1905年,卷三。第2编,关于1894年后的著作,可参看《心理学索引》(Psychol. Index)。关于1890年时的著作,可参看《心理学杂志》的索引。这些索引继续于1902,1909,1918,1927年分成25卷刊行于世。这些参考资料尚有大多数可得自铁钦纳,《实验心理学》中的作者索引,卷一,第2编,1901年,卷二,第2编,1905年。吴伟士的《实验心理学》,1938年(又见文献目录中的1729条);波林的《实验心理学史中的感觉和知觉》,1942年。

本节正文中提到十三个心理生理学家或心理物理学家，作者未发现福尔克曼，维洛特，唐德斯，奥贝特，埃克斯纳，纳格尔和切尔麦克等人的好而易见的传记。1890年以前对于“悼文”，不像后来专业性杂志那样重视，但仍找到了下列六人的传记材料：

关于埃瓦尔德：M. 吉尔迈斯特，《感觉生理学杂志》，1921年，第53卷，123—128页。

关于冯·克里斯：E.v. 司克拉姆里克，同杂志，1929年，第60卷，249—255页。

关于A. 柯尼希：H. 艾宾浩斯和J. A. 巴特，《心理学杂志》，1901年，第27卷，145—147页。

关于茨瓦特梅格，他有一自传见于C.麦奇森，《心理学家自传集》，1930年，卷一，491—516页，又见G. 格里扬斯，“纪念茨瓦特梅格”《荷兰生理学文献》(Arch. néerl. physiol.)1931年，第16卷，1—5页；A. K. M. 诺伊翁斯，《美国心理学杂志》，1931年，第43卷，525页以下。

关于冯·弗雷：E. G. 波林，《美国心理学杂志》，1932年，第44卷，584—586页；R. 鲍里“皮肤感觉和肌肉感觉的研究：纪念冯·弗雷”《心理学文献》，1933年，第88卷，231—252页。

关于普累叶：他与费希纳的通信对他在转而研究儿童心理学以前这一早期有影响，见K. v. 维洛特，《费希纳和普累叶的科学通讯》，1890年。

“新”心理学的边境

关于一般的，见前段所举的参考书目。

正文中提到的十四个人，除勒曼外，都不难找到一些传记材料。

关于德尔柏夫，见铁钦纳，《实验心理学》，1905年，卷二，第2编，由索引去找，但尤须注意67—72页，211—218页。关于G. S. 荷尔的非正式传记，见《美国心理学杂志》，1896年，第8期，192页；1897年，第8期，312页。

关于立普斯：G. 安舒兹，《心理学文献》，1915年，第34卷，1—13页，(五十三种书目)；E. v. 阿斯塔，《心理学杂志》，1915年，第70卷，429—433页，有一未署名的英文短文，见《美国心理学杂志》，1915年，第26卷，160页。

关于齐亨，见他的生平和思想自述，施密特，《现代哲学自述》，1923年， 438

卷四,219—236页(又单行本内有一书目,载三十六种著作标题)。英译本见麦奇森,《心理学家自传集》,卷一,1930年,471—489页。

关于闵斯特伯格见玛加丽特·闵斯特伯格女士(他的女儿),《胡戈·闵斯德伯格,他的生平与著作》,1922年。此书述其私人的生活较详于学术的生活,但附录中详载其著作的目录。安吉尔对这本书有一富于启发性的评论,见《美国心理学杂志》,1923年,第34卷,123—125页;他死时,战争情绪高涨,不能对他赞扬。

关于克勒佩林:W. 沃思,《心理学文献》,1927年,第58卷,1—32页。

关于墨伊曼:G. 斯托林,《心理学文献》,1915年,第34卷,1—14页(书目载有五十一种著作);《美国心理学杂志》,1923年,第34卷,271—274页;也有一未署名的简短注释,见《美国心理学杂志》,1915年,第26卷,472页以下。

关于基施曼:W. 沃思,《心理学文献》,1933年,第88卷,321页以下。

关于斯托林:W. 沃思,"纪念斯托林的八十诞辰",《心理学文献》,1940年,第107卷,384—391页;K. 费希尔,"斯托林的生平著作",同杂志,392—410页。

关于基苏:自传见麦奇森,前引书,卷一,163—190页;沃思,"纪念基苏的七十诞辰",《心理学文献》,1928年,第65卷,1—6页;M. 庞佐,"悼基苏",同杂志,1941年,第108卷,5页以下。

关于舒曼:梅茨格,"舒曼:补考"《心理与杂志》,1940年,第148期,1—18页。

关于斯特恩:见他的自传,施密特,引见前,卷六,1927年,129—184页(又单行本),英译见麦奇森,前引书,卷一,1930年,338—388页;又见奥尔波特,《美国心理学杂志》,1938年,第51卷,770—773页。

关于李播:与在第一次世界大战中逝世的许多人一样,对于他的叙述短而不充分,克拉帕雷德,《心理学文献》,1916年,第16卷,194—196页;J. W. 贝尔德《美国心理学杂志》,1917年,第28卷,312页以下。

关于比纳:见克拉帕雷德,《心理学文献》,1911年,第11卷,376—388页;西蒙,《心理学年报》,1912年,第18卷,1—14页;拉古尔(Larguier des Bancels)"比纳的著作",同杂志,15—32页;R. 苏色克,"比纳和布伦塔诺学派",《正常和病理心理学杂志》,1924年,第21卷,883—888页。

第十九章　意动心理学与奥国学派 439

在系统上，前世纪末的德国心理学的两个焦点是布伦塔诺及冯特所代表的意动和内容。前章已详述内容心理学如何和实验法联系在一起。历史事实是，内容易受实验而意动则否。我们由此或将揣想这个差异是意动和内容的性质的基本特点，但是我们可不得因此太轻易地断定历史上的偶合是必然的或有因果关系的。事实上，意动是一个较老的概念，因而与这样的哲学联系在一起，这种哲学在处理心理时，是不用实验的。反之，内容出现于较新的分析的经验主义，因此，在新心理学中就成为实验者的对象了。意动心理学可能发展成近代的行为和目的行为的动力心理学，而不需要一种内容心理学。也许用不到那么多年头的实验的内省，使观察者用长时间去研究如何把他们的意识碎片标签为这些或那些感觉、意象和感情。

这个意动学派有时以奥国学派见称于世。这种地域的界限虽难期精确，但是意动学派的区域，在我们所论述的那个时期之内，确在奥国及靠近奥国的德国南部。

这个奥国学派当超越了系统化和论辩而进入实验心理学领域的时候，常致力于空间知觉的问题及和美学有关的问题。这个专

门化是毫不足怪的。知觉问题是一种基本的心理学的问题,可易引起实验或貌似实验的演示。内容学派和感觉生理学结合,因欲
440 以实验法处理一切问题,于是乃研究感觉及他种题材。意动心理学既未尝有意识地期望自己常成为生理的及实验的,又未尝受联想主义的分析的遗教,所以可实验知觉,也可复弃之不顾。

前世纪末奥国心理学和实验心理学的最明确的接触点在于形质说(the doctrine of form-qualities)。这个学说,我们要立即加以讨论了,它面对内容学派所主张的知觉乃元素感觉的集合的观点,并批判了它。格式塔心理学在系统上起源于形质学派,有些关于知觉的实验的研究也由这个学派作一倡导。慕尼黑的立普斯以其广博的兴趣及其在新心理学内的影响,和空间知觉及美学的研究,可代表另一关系。其后复有比努西在格拉茨对于知觉的实验的研究,及前章叙述屈尔佩时所称的意动内容的二重心理学的发展。

我们若进而研究其人和其大学,或也足明了奥国学派的意义。此派重要的人物有布伦塔诺,立普斯,麦农,厄棱费尔科内利乌斯,威塔塞克及比努西。斯顿夫以布伦塔诺的学生的资格,也可列名在内,他在系统上系倾向于意动的。屈尔佩及梅塞尔就其晚年的系统的学说看来,可算是进抵这个学派的边境。马赫和形质也不无关系,因为他在他的《感觉分析》内曾论及“空间感觉”。奥国在心理学上占有重要地位的大学有维也纳,格拉茨及布拉格(其他次要的只有因斯布路克及克拉科夫)。德国巴伐利亚南部的慕尼黑也应附列在内。以布伦塔诺,斯顿夫及屈尔佩和符茨堡的关系,我们也许要将巴伐利亚的符茨堡附列于其后,但是我们可不要太重视了地域和

哲学观点的关系。现在让我们略述这个学派的史迹。

布伦塔诺在维也纳系由1874至1894年。马赫所有对于心理学最有影响的书都著作于布拉格,他到维也纳,刚在布伦塔诺离开之后。麦农是布伦塔诺在维也纳时的学生;后任维也纳讲师,1882年,移任格拉茨教职,1894年成立奥国的第一个心理学实验室,连任至1920年去世。厄棱费尔为布伦塔诺的学生,约当麦农到格拉茨的时候;后任格拉茨讲师,维也纳讲师,布拉格教授。威塔塞克 441
及比努西较幼,不及从布伦塔诺为师,而从麦农求学。威塔塞克在格拉茨约自1900至1915年去世;比努西入格拉茨稍后,在1927年逝世之前转赴意大利。布伦塔诺、麦农、厄棱费尔、威塔塞克及在维也纳,格拉茨,布拉格的比努西都是奥国学派的突出人物。但与他们相接近的尚有立普斯及科内利乌斯。立普斯在1894年为斯顿夫在慕尼黑的接班人,留任至1914年去世为止。科内利乌斯在斯顿夫尚在慕尼克时,即任该校教职,连任至1910年,乃转赴法兰克福。

我们已说过这个学派的重要的建设就是形质说。现可进述此说的概略于后。

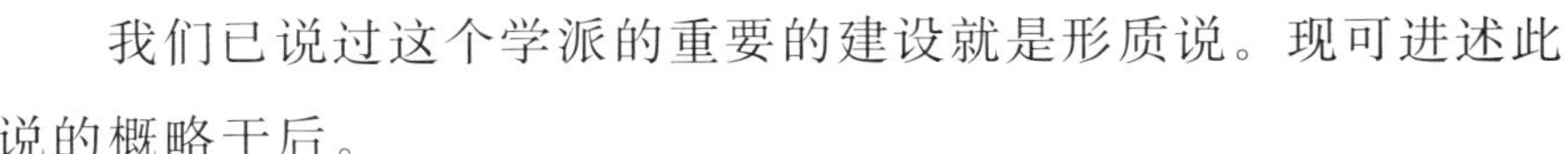

形　　质

内容心理学的元素主义对于知觉的解释是不明确的。就形式的,系统的方面而言。知觉据说是感觉的集合。知觉是集合体,感觉则为元素。这个知觉的学说就混合及复合的事例说,那是很明了的。一个声是一个感觉。假使两声同发,便可产生一个新东西,即声的混合的知觉。又如于网膜感觉之外加以两眼调适及辐合的感觉，我们便可有一种复合，即视觉动觉的关于深远的知觉。

这种知觉的化合——后来惠太海默称之为“相加而成的关系”（Und-Verbindung）意即谓仅仅把元素相加起来，而没有造成一个整体——也许可暂时令人满意，假使知觉问题在实际上不多是空间知觉的问题，又假使时间知觉没有和空间知觉发生同样困难的问题。空间和时间一向使心理学家和哲学家大感麻烦。屈尔佩将空时认为另一种结合的知觉。铁钦纳将它们视为品质及强度的感觉属性的派生物。其他心理学家复予它们以特殊的位置。

空时知觉的困难立即可以明白，假使我们讨论两度空间的形式——这就是说，姑将深远的因素除外。元素主义者常以性质辨
442 别感觉。假使有人看见一个红斑点在一黑斑点之旁，他便说同时得有两种感觉。但假定他看见两个黑斑点彼此相近。他是否有同性质的两个感觉呢？我们似乎不应说两个黑斑点是一个感觉，而白色的背景又是一个感觉。但假使我们称两个黑斑点为不同的感觉，那么我们辨别元素显然以空间的隔离为根据，而不以性质为根据了。纵使我们将元素主义兼以空间及性质为根据，然而困难也未尝解决。试以一黑线连接此两黑斑点，结果将何所得呢，究竟是一个感觉而非两个感觉呢，或且为一行列的感觉呢？如果是一行列，那么那里又有多少感觉呢？一个元素在空间上究以何物为界呢？

元素主义对于这个困难永难有最后的解答，其实也只是到了现代**格式塔心理学**指出这个困难之后，学者才予以相当的注意。知觉的研究在进行中；惟研究的结果则尽可能释为感觉的混合。

马赫在布拉格于 1885 年著《感觉分析》(见边码 395 页)。在这本有影响的书内,他将经验认为感觉,而以感觉为物理学及心理学的观察的资料。感觉一词这样的应用,显然是缺少批判精神的结果,马赫且复扩充感觉的概念以包括空间,时间及性质的各种差异。他称“空间形式的感觉”如一圆周,“时间形式的感觉”如一乐曲中的连续的音程。他的意思自然以为形式本身是可离开性质而独立的一种经验。我们可改变一个圆周的颜色或面积,而不改变其圆周性,或其空间的形式;我们也可更换一个乐曲的实际的音符,而不更换其曲调或其时间的形式。形式系独立地为我们所经验;经验就是感觉;因此,我们乃有形式的感觉。

到了克里斯蒂安·冯·厄棱费尔(1859—1932)手里,这个素朴的理论才有系统的规定。厄棱费尔曾在维也纳从布伦塔诺,在格拉茨从麦农,后复返维也纳任讲师,在 1890 年发表一篇论文提出形质(Gestaltqualität)的概念。他所要解决的问题就是空间和时间的形式究竟是一个新性质或他种性质的集合,他的结论则主张前说。一个正方形可为四条直线所组成。直线是正方形知觉的基本的感觉,因此就这个知觉而言,可称为基素(the Fundamente);合起来,便可说是组成一个基体(the Grundlage)。但是 443
“正方形”可不附着于这些元素的任何基素之内。只是它们组成基体之后,正方形才可呈现;形式既显然为直接的经验的,当然应为一个新元素,即一个形质。

厄棱费尔将这个系统造成更精密的组织。他区别出两种形质,时间的和非时间的。时间的形质包括音调,“色调”(“color-melody”)及感觉的任何时间的变迁,如变红,或变冷。非时间的形质大部分是空间的，但也包括音的混合，响乐的铿锵，香味，及运动的知觉。就此诸例而言，形质的存在可证以独立的变化；假使我们可改变基素的性质而不改变其形式，那么一个形质的独立的存在便不复有可怀疑的余地了。

厄棱费尔又以为基体和形质的关系可见于各种不同的平面之上。形质的较高级，可用低级平面的形质为其基素。较高的等级可得自比较，如以此曲和他曲相比，也可得自混合，如多音合成的曲调。这个系统的这些深奥之处，不必细述，我们只要因此明白这个新概念应用的范围，也便可以满足了。

厄棱费尔的这个学说是关于某种知觉的一种逻辑的分析，这种分析建立在经验的论据，而不建立在实验的论据之上。这种方法是意动心理学所常用的方法，然而形质和心理的意动可没有一种直接必然的关系。形质本身之为新的元素的内容，也许可为他种学派所发现。然而就事实说，厄棱费尔在奥国的环境之内，将形质和意动发生关系了。他以为比较或混合的心理活动由基体中将形质抽出。心理学家若在想象上由四点造成一个正方形而复注意其集合作用的经验，便足了解这些意动之为实在的了。

在这里必须指出厄棱费尔没有说形质发生于基素中的关系。四条直线显然不能产生一个正方形，除非它们彼此有相当的关系；因此，我们或易下一结论，以为形质是一种关系而不依赖基素而存
444 在的。但是厄棱费尔则以为形质附丽于基素，虽可不随基素而变异，但不能有独立的存在。他也许是错误的，但这可不是一个要点。

这里也值得指出时代精神的惰性。厄棱费尔深知冯特的元素

主义已经失效，他也许可以把分析的整个事业全般推翻，象惠太海默二十年后所做的一样——假使这不是太大的一步，他也许可能跨上去了。他微微地推进了心理学，但是他要保持过去的关系。他不是一个现象学者，看不到没有元素如何可以前进。因此，他要保留主要的元素，加上次要的元素，认为整体的性质似乎是整体所由构成的部分之上的附加物。这就是后来格式塔心理学何以坚持原来的部分在整体中消失，而不仅仅是在整体形成时的新生事物附加于共上的理由。

其次，厄棱费尔的系统由亚历克修斯·麦农（1853—1920）加工，麦农乃是布伦塔诺的学生，为格拉茨学派的领袖。麦农的学说在基本上不大异于厄棱费尔，但运用一种新的术语。麦农称创造的内容（fundierende Inhalte）和被创造的内容（fundierte Inhalte）。厄棱费尔的基素变为麦农的创造的内容，而厄棱费尔的形质则变成麦农的被创造的内容。这两种内容的关系是相对的，有等级的，创造的内容可称下级（inferiora），而被创造的内容可称上级（superius）。

据麦农的见解，创造的和被创造的内容合起来可造成一种复型（a Complexion），实在的复型等于知觉，思想的复型等于概念。复型成于创造的行动，但实在的复型（知觉）要有赖于被知物所固有的关系而定，反之，思想的复型（概念）则单靠创造的行动。麦农因此承认知觉的原有分子之间的关系的重要了，至厄棱费尔则未尝有此承认。而就理想的复型而言，麦农复申明意动的重要。

麦农认知这个心理等级的相对性。他以为创造上级的时候，下级复型的上级可变成上级复型的下级，因此乃有更上级的复型的形成。

麦农虽曾于格拉茨建设第一所奥国实验室(1894),但是他乃
445 一哲学家而非一实验心理学家。他为人富有能力,他的关于形质的说明尤足确立形质在心理学中的地位。

由此看来,知觉心理学似也可为内容心理学者所手创。形质固仅为一种新的元素的内容,但似乎需要一种创造的意动以为其说明。在慕尼黑的汉斯·科内利乌斯(1863—)乃将这个论点拉回,使复和实验者的传统的地位相近。慕尼黑无论就学术说或地理说都适在奥国的边境。斯顿夫任教于慕尼黑时,科内利乌斯正肄业于慕尼黑,后当立普斯来自布雷斯劳的时候,乃升任讲师。他是哲学家而非心理学家,但这不足妨碍他的参加于这个讨论之内。

就一般说,科内利乌斯拥护麦农,但是他在系统内,提出两个重要的修正。第一,他以为形质不是一种被创造的内容,但为一种被创造的属性。第二,这些属性与其说是由创造的意动所造成,不如说是由分析的注意所破坏,他说,经验常现为未经分析的整体,有整体所特有的性质。对于部分的注意既破坏了整体,也消失了被创造的属性。

麦农和科内利乌斯之间似仅有文字上的差异. 但是文字也很重要。内容学派自称能处理属性和注意,但否认新的非感觉的元素及意动的存在,例如创造的意动。说混合物可以有只为这些混合物所有的次要属性,或将注意介入以为解释的原则,都和传统的元素主义不生冲突。由冯特派看来,注意固然不是一种意动;但常在意动和内容之间占一个可此可彼的位置,这个事实,现代格式塔心理学常用以批评传统的元素主义。

因此，斯顿夫在柏林时的助手舒曼，以其对于视觉的形式的实验的研究，也似可取消非正统的形质。他的论文研究了许多种视觉的形式及错觉，分析它们的种种条件，可没有应用形质的概念的 446
必要。舒曼以刺激的客观的条件和注意的效果解释这种现象。他的结果不是思辨的，乃为实验观察的解释。譬如他的结论以为形式的视知觉是遵守注意法则的一种组合，而这个组合则半有赖于客观的条件，半有赖于观察者的注意的态度。它也可附有主观的附加物，如补充知觉的意象及某种知觉的选择作用。有许多知觉随对于“整个印象”的注意的方向而定，随分析的注意而变。眼的运动也可有作用，但这些运动，由舒曼看来，比由冯特看来，较欠重要。总之，知觉是一个复合物，但也具有统一性，因为注意可将它合成一团，也可将它由与此知觉不关重要的部分之中抽取出来。

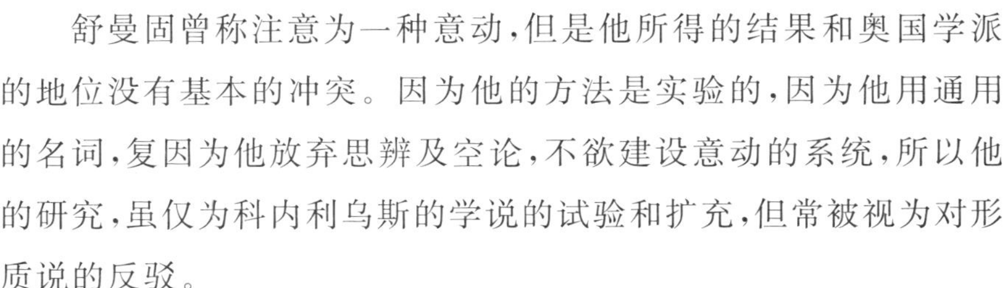

舒曼固曾称注意为一种意动，但是他所得的结果和奥国学派的地位没有基本的冲突。因为他的方法是实验的，因为他用通用的名词，复因为他放弃思辨及空论，不欲建设意动的系统，所以他的研究，虽仅为科内利乌斯的学说的试验和扩充，但常被视为对形质说的反驳。

形质学派起于九十年代，那时厄棱费尔，麦农及科内利乌斯方写作其论文。这个观点在次十年间，因麦农的弟子斯特潘·威塔塞克(1870—1915)及维特里奥·比努西，(1878—1927)而仍传于世。威塔塞克的贡献是属于系统的，无论就他的心理学教科书或他的关于视觉空间知觉的教本而言。他的知觉心理学是以心理的创造意动的效应为其中心。他以为复型也可为简单的(如在响乐或简单的曲调之内)，那时创造几乎是自动的，也可为繁复的(如在复调音乐的创作）。就后者而言，其复型决定于客体刺激物的外在因素及内在的创造的意动。比努西精于实验，为奥国的最有成绩而最有效果的实验心理学家。他的研究几乎全是视知觉和躯体知觉的问题。数量既多而又很重要。这些研究含有一种知觉的学说，但就其大部分而言，可只是代表奥国学派系统下的心理物理学的探究。

447 我们若对于这个运动作一概观，便可见它在十九世纪末虽略受阻挠，但其势力依然存在。它在意动心理学内，既自称发现一新元素，便大足吸引元素主义者的注意。但是这个运动似也失败于一时，因为提出的元素未尝为学者所承认，又因其事实可用他种解释的方法，三因奥国学派的各成员由侧重形质而讨论复型，至于这些复型则除有赖于意动者外，未必有异于内容学派的复合的知觉。

反过来说，形质说在基本上是一种对于元素主义的批判，其所以失败之故，是由于它仅欲增加一个新元素，而不欲提供心理分析的一个新观点。补救这个缺点而于 1912 年对于元素主义作同样的批判的，则为格式塔心理学。因此，形质说和格式塔心理学的运动有一相同的消极的动机，要纠正一种不易成立的心理化合说；也有一种相同的积极的努力，要选取知觉方面为论战的基地。它们也有相异之点，因为前者欲以一新元素解决其困难，后者则否认真实元素的存在。读者可凭自己的意见将此新学派视为旧学派的改良的方式，或视为一种完全的新运动。然而毫无疑问，格式塔心理学在思想和人员上都是新的独立的运动，是时代精神的缓慢和坚定的进化中的新鲜事物。厄棱费尔开始了这个进展，惠太海默有了更大的进展，但是约翰·穆勒和冯特早已在这个方向上推动了。最突出的相加而成的关系说则见于詹姆士·穆勒。

意动心理学与内容心理学

意动和内容在欧洲互相对峙。经验论者常注目于他自己的意
识的性质，不得不承认意动是心灵的本质。实验者承认内容，因为
内容可供研究，而既承认了内容，他自己的意识的内省就不能确信
意动作为心理材料的有效。经验论者讥评实验者为方法所蒙蔽。
实验者的答辩以为偶然的经验的观察常不足产生真理，科学也就因
此求助于实验。这个分歧产生于意动和内容的对立，意动是难于掌 448
握的，内容则是易于掌握的。意动躲避了直接的观察，但在回顾时
重新进入意识，从而证实它确曾发生过。内容在本质上是属于感性
的，经得起内省。但在开始时，二者之间的争论难解难分，这个分歧
就不为人所认识了。现在让我们看一看这个矛盾是如何解决的。

第一，我们要注意，意动心理学家也曾有倾向实验法的某些运动。布伦塔诺对于新的实验心理学是同情的。麦农建立一个心理学实验室。威塔塞克的心理学，与立普斯的相同，也易于处理实验心理学的资料。威塔塞克显然隶属于布伦塔诺及麦农的学派，虽然他在心理学内兼认内容和意动。他的空间知觉的实验是饶有兴趣的，因为他的结果，可以译成意动的术语。比努西使这个趋势更向前进展，那是我们已经说过的。他也属于布伦塔诺及麦农的学派，但是他原为实验者，只是间接地成为一系统理论家。很明显，威塔塞克及比努西把知觉的资料多半化为意动。我们只须讨论通常的心理物理学的实验，便可明白其经过。这种实验有判断以为其资

料。内容心理学者以这些判断为对于所判断的对象的观察。意动心理学者则侧重判断的意动，而不侧重其内容。甚至冯特也以为韦伯律说明了感觉和感觉的判断之间的关系，而不是说明刺激和感觉之间的关系。但尽管有了这种研究，两种对立观点的整合在奥国学派手里是不会走得很远的。他们虽曾作此种研究，但这两种相反观点的综合不完成于奥国的学者之手。

更进一步的运动便为强求意动和内容的统一。屈尔佩领导这个运动，虽然梅塞尔最有成就。这个运动的背后，还有胡塞尔的影响，其主要的原因是屈尔佩及梅塞尔都很重视胡塞尔。这个新观点只是把意动和内容都引入心理学内一起讨论。结果或可称二重心理学，因为现在已有两种很不同的材料，即不易领会的意动和易于领会的内容，合成一个共同的系统。我们可先略述梅塞尔的这种综合，因为只有梅塞尔用这个两元的观点，写一部完全无缺的著作。

奥古斯特·梅塞尔（1867—1937）是怀有心理学兴趣的哲学家，他求学于吉森大学时，受哲学家席勒的影响。他在大学毕业后，在
449 几个文科中学任教了几年，至 1899 年移任吉森大学的哲学讲师。1904 年，改任副教授，1910 年升任正式教授。第一次的实验心理学协会在 1904 年聚会于吉森，屈尔佩在会上宣读他的论文《试论抽象》（Versuche über Abstraktion），这篇论文本书前章也曾提起（边码 401 页以下）。梅塞尔大为屈尔佩的哲学和心理学的观点所感动，决定在他的指导之下从事于研究的工作。因此，1905 年，梅塞尔前往符茨堡从屈尔佩过一个夏季，结果乃有他的《思想的实验研究》（Experimentell-psychologische Untersuchungen über das Denken,

1906)，是符茨堡的重要的研究之一(边码 406 页)。梅塞尔的兴趣兼寄托于认识论和心理学，屈尔佩那时的兴趣正复相同。梅塞尔仅较小于屈尔佩五岁，他们两人发生了学问的友谊。1908 年，梅塞尔刊行其《感觉与思想》(Empfindnug und Denken)，也是符茨堡研究的产物。他于此欲于感觉主义之外，另外提出一个学说，而以讨论知觉，意义，注意，抽象，判断，思想等介于认识论和心理学之间的课题入手。他的内容和意动的两分法开始见于论知觉的感觉元素和思想元素的几章之内。梅塞尔深受屈尔佩的《现实论》(Die Realisierung)的影响，这部书屈尔佩仅写成第一卷，刊布于 1912 年。屈尔佩那时已采取二元的观点，由他的遗著《心理学讲义》(Vorlesungen)内可以看出。梅塞尔使这个观点明显地见于他在 1914 年所发表的《心理学》(Psychologie，第二版发行于 1920 年)。因此，明白宣示这个观点的当首推梅塞尔。屈尔佩原先是他的鼓励者。我们不知道他们两人在相距七十五英里的吉森和符茨堡之间，以友谊的酬酢，究竟此得于彼者多少，彼得于此者又多少，因为从未有人提出这个疑问，我们也只好置而不论了。

梅塞尔完成了意动和内容的结合，而这种结合则不仅为相反之物的一种并列。梅塞尔主张心理学只是要研究有意的经验，即广义的意动。但是他以为这种经验兼括一种不易领会的意动(狭义的意动)和意动的易于领会的内容。心理学应兼行研究这两种东西，由内容扩充其范围，而包举意动。

他举出三种有意的经验：知的(对于客体的意识)，情的(对于
状态的意识)，及意的(对于原因的意识)。他就此三种经验，各讨 450
论其内容的元素和加入内容之内的意动的原素。

知的内容为感觉，意象，时间和空间的内容，及印象。感觉和意象是他所欲论述的明显的感性的材料。空间和时间的经验常为创造系统者的难关所在，他将这些经验位置于较易领会的平面之上，也正犹屈尔佩之以它们为感觉的属性一样。梅塞尔的印象是易于领会的关系，例如同于，异于，大于，小于等类的经验。这种资料之不被列入于较易领会的清单之内，即属实验的心理物理学家也感觉不安，因为这些资料在内省上，比仅属内容的判断作用，更类似于直接的经验。因此，梅塞尔对于内容是很慷慨的，因为他还剩下来那么多有关意动的话。他对于知的意动作了一种细心的逻辑的讨论。知觉及其两种相反之物，如记忆和想像，都以有一种内容为特征，至与知觉同级的系统，如对于现在的物体，过去的物体，及构成物的思考，则没有内容。更高级的意动则更属复杂。关联作用和比较作用是知的简单的意动；两种相反作用，如肯定及否定也莫不然；他如由信仰至推测，用以表示肯定及否定一系列的意动似乎也都如此。判断及其相反的假定作用都涉及了这些意动。

情的经验有感觉以为内容，有情的好恶和价值之感以为意动。内容心理学家最不易处理简单的感情，梅塞尔则将简单的感情位置于内容及意动之间，有时为内容，有时则以其难于领会而可视为意动。

意的经验有感觉以为内容，有嗜欲，欲望及意志以为意动。意向(conation)之不易确定，有类于简单的感情；它也半为感觉，而半为意动。

这就是梅塞尔的“二重”心理学，这个名词是可以应用的。因为由他看来，意动和内容不仅有一难领会而一易领会的差异，且就特殊的事例而言，它们还可以互相分离。据梅塞尔的揣想，假使你要知道没有意动的内容果为何物，你只须设想意识的边缘，在边缘上有赤裸裸的，无意义的内容。假使你要知道没有内容的意动，你便只须考察无像思想。

这种系统对于实验心理学的关系不在于积极的贡献，而在于 451
障碍物的排除。我们如果以为心灵全是意动或全是内容，那么意动心理学大部分是与实验心理学相反的。在类似于梅塞尔的系统之内，内容心理学或传统的实验心理学就有一份健康证明书，只要不妨碍对方的研究，它便可通行无阻了。

由屈尔佩的遗著《心理学讲义》(1920)看来，可见屈尔佩进行的方向与梅塞尔相同。我们在这部书内，较易看出冯特的风味，这正符合于我们对 1893 年在莱比锡写出《心理学大纲》的作者的期望。但是屈尔佩在二十年内已走过一大段路了。符茨堡的研究迫得他走向布伦塔诺和胡塞尔。屈尔佩附加意动于其早年的心理学之内(虽然他像斯顿夫称意动为机能)，正犹梅尔塞在意动上增加内容一样。

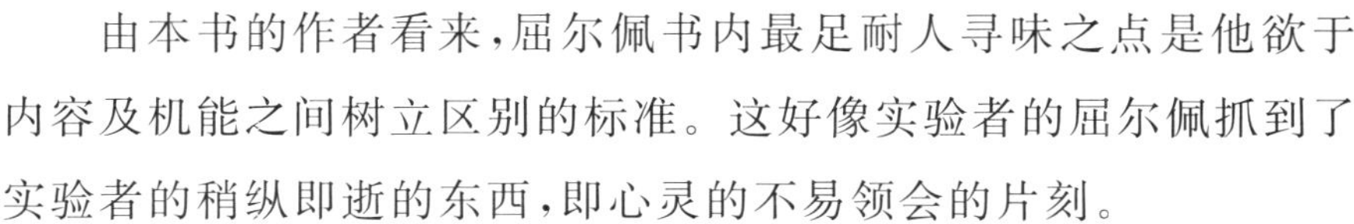

由本书的作者看来，屈尔佩书内最足耐人寻味之点是他欲于内容及机能之间树立区别的标准。这好像实验者的屈尔佩抓到了实验者的稍纵即逝的东西，即心灵的不易领会的片刻。

总之，屈尔佩的论点是这样的：内容和机能是心理生活的不同的事实。(1)它们必定是彼此相异的，因为它们在经验内是互相分离的。就梦及客体的赤裸裸的呈现而言，则为有内容而极少机能；反之，本无客体而单作注意或期望的意动，则是有机能而极少内容。(2)内容机能可各自独立变化。譬如先知觉这一感性客体，然后知觉另一感性客体，知觉持续着，则内容变而机能不变。反之，对于同一感觉的内容,继续着知觉、认识及判断的活动,则机能变而内容不变(这不是布伦塔诺的学说,因为据布伦塔诺的学说,意动和内容的划分是较欠明确的)。(3)内容和机能在性质上各不相同。内容在意识内有被分析的可能,但是机能则否,因为分析可改变机能而不改变内容。因此,观察内容可用内省,但观察机能,只能利用反省。再说,内容较为稳定,机能较欠稳定。由这三个特点看来,可以明白机能或意动为什么是不易领会的。(4)内容和机能都兼有强度和性质,但这两类彼此之间毫无关系。机能中的质的差异和内容中的质
452 的差异不生交涉,一个强烈的声音也不能和一个强烈的欲望互相比拟。但时间的久暂则为它们所同有:声音和欲望的时间的持久性是可以相比的。(5)最后,内容和机能可互相区别,因为它们遵循不同的法则。内容的法则为联合,混合,对比,刺激和感觉器的关系,及一般的心理的相关。机能的法则有观点或任务(Aufgabe)的效应的事实及决定趋势的法则。屈尔佩对于机能的法则,仅根据符茨堡学派的发现,但是他确以为对于不易领会的机能若进行更多的实验,这些法则必可成倍地增加。

屈尔佩去世得早,是很可悼惜的。若假以天年,使他能完成此新心理学,他也许终能使意动似乎远较合理。但是在事实上,我们对于可能的经过只能有模糊的一瞥,而不能有明了的理解。而且实验现象学和格式塔心理学又乘时勃兴。这两种运动对于意动及内容作实验的研究而没有给以此种名称,因为它们是要讨论一切种类的经验的。我们将于下章再讲格式塔心理学(边码 587—619 页)奥国学派对于英国心理学有很大的影响,因此,我们必须接述英国的心理学。

语义的钥匙

心理学的对象印成大写体

线内包含心理学的领域。
物理学的对象印成斜体字。
现象学的对象印成正体字。

	心理学的对象	意向资料	其他可得的资料：作为资料的内容	其他可得的资料：不在心理学领域内的他种资料
布伦塔诺	ACT	意动 =ACT	→*Content* 内容	
斯顿夫	FUNCTION	机能 =FUNCTION	←→Phenomena 现象	*Physical data* 物理的资料
威塔塞克	MIND	心灵 =ACT 意动	+CONTENT 内容	*Physical data* 物理的资料
胡塞尔	ACT	意动 =ACT 意动	→*Content* 内容	Phenomena 现　象
梅塞尔	ACT（广义的）	意动 =ACT（狭义的）意动	+CONTENT 内容	*Physical data* 物理的资料
屈尔佩	CONSCIOUSNESS	意识 =FUNCTION 机能	+CONTENT 内容	*Physical data* 物理的资料

我们现在对于各个意动心理学家的不同的术语及其关于心理
453 学的对象的认识论的观点，提供语义的钥匙，以为本章的结束。这些不同的观点是混乱的，一个图表尽管失之僵化，但也可为说明之助。立普斯之名不列入此表，因为他称心理学的对象为内容，却描述它为意动，所以我们不知道究竟应将他置在何行之内。

从目前的情况看来，可见各种二重心理学都注定不能留存。它们都存在着元素主义的致命的“基因”。为了解决心理学是否研究内容或意动的问题而仅仅说我们可以兼容并蓄，这是极端的折中主义的懒汉办法。后来只能等待格式塔心理学来付出内容的代价以便换取屈尔佩及他人所追求的东西。

附 注

眼看地图，以研究德、奥心理学，那是很耐人寻味的一回事。实验心理学盛行于北，而意动心理学盛行于南，虽然意动和实验没有互相冲突的必要。例如，我们可随意画一线，由梅斯到华沙，划维也纳，格拉茨，布拉格，慕尼黑及符茨堡于南，而划莱比锡，哥廷根，法兰克福及马尔堡于北。假使我们要描写这两个区域的心理学，则此区必大异于彼区，虽然我们不能立一明确的分界。柏林有斯顿夫就不符合这一概括，和蔼的意动心理学家们也不适合于普鲁士。

在奥国和德国的南部，天主教的势力很大。布伦塔诺将亚里士多德的心理学加以改造，使适应于现代，正为适合本区的心理学。意动较内容稍合教会的脾胃，因为意动较不易趋于机械的，决定论的心理学。实验心理学不得不为决定论的；我们自然无从知道宗教的信仰和科学的信仰有多少关系，但是我们决难望心理学能完全取消此种关系。我们已知道布伦塔诺的心理学运动如何两次戏剧性地受教会的影响，斯顿夫也感受到它的影响。

厄棱费尔

克里斯蒂安·冯·厄棱费尔(1859—1932)是布伦塔诺在维也纳的学生(1882—

1885)，后与麦农同为格拉茨的讲师(1885—1888)，再后在维也纳为讲师(1889—1896)，再后为布拉格的额外教授(1896—1900)，终于升任教授(1900—1932)。他有广泛的文化兴趣，他的重要著作涉及戏剧，华格纳，性的伦理学，价值论，及宇宙的起源。他得人心理学史，仅偶因他是形质论的创造者。他的那篇论文为“论形质”(Ueber Gestaltquatitäten)，《科学的哲学杂志》1890 年，第 14 卷，249—292 页。

厄棱费尔于 1932 年逝世时，《心理研究》的格式塔心理学家编辑们，刊登了这样的颂词：“我们心情沉重地注意到厄棱费尔的逝世。对于他并不需要单独的纪念仪式，他的著作对于当代大部分心理学著作都产生了后果。”《心理学研究》，1933 年，第 18 卷，1 页。

麦　　农

亚历克修斯・麦农(1853—1920)是维也纳的学生(1870—1878)，布伦塔 454
诺于 1870 年到维也纳，使麦农注意哲学。麦农既考取了哲学学位，留任维也纳讲师(1878—1882)，后升任格拉茨的额外教授(1882—1889)，终于升任教授(1889—1920)。他在那里建设奥国第一个心理学实验室(1894)。关于他的生平及著作的自述，见施密特，《现代哲学自述》，1923 年，第 1 卷，101—160 页(也另行刊印)。此文举出一经过选择了的书目；其完全的书目，见他的《论文全集》第 1 卷，1914 年，631—634 页，或第 2 卷，1913 年，551—554 页(两种书目彼此相同)。此第 1 卷为“心理学论文集”载有大多数的心理学论文。并参看霍夫勒的麦农心理学述略，《心理学杂志》，1921 年，第 86 卷，368—374 页。

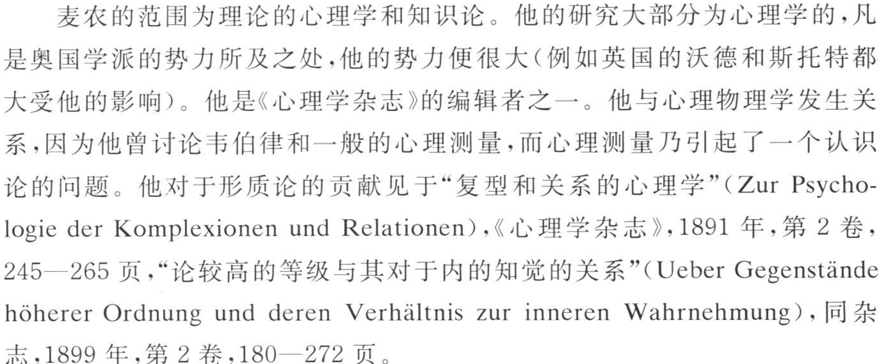

麦农的范围为理论的心理学和知识论。他的研究大部分为心理学的，凡是奥国学派的势力所及之处，他的势力便很大(例如英国的沃德和斯托特都大受他的影响)。他是《心理学杂志》的编辑者之一。他与心理物理学发生关系，因为他曾讨论韦伯律和一般的心理测量，而心理测量乃引起了一个认识论的问题。他对于形质论的贡献见于“复型和关系的心理学”(Zur Psychologie der Komplexionen und Relationen)，《心理学杂志》，1891 年，第 2 卷，245—265 页，“论较高的等级与其对于内的知觉的关系”(Ueber Gegenstände höherer Ordnung und deren Verhältnis zur inneren Wahrnehmung)，同杂志，1899 年，第 2 卷，180—272 页。

可以顺便指出：fundirende und fundirte Inhalte 应译为“founding and

founded contents"而不应译为"funding and funded contents"(参看本特利，引见下)。元素主义者每易以为麦农的动词"founding"(如在 foundry 铸造厂)= fusing(混合)，因此乃为一种混合 = fund (fundo, fundere, fusum)，其实他的"found"意即造成一个基础(fundo, fundare, fundatum)。

科内利乌斯

汉斯·科内利乌斯(1863—)先研究数学和物理学，然后研究化学，被任为慕尼黑哲学讲师(1894—1903)，与立普斯在慕尼黑继任斯顿夫的讲座同年。斯顿夫使他注意哲学，但是立普斯和科内利乌斯之间没有同情之可言。科内利乌斯后来升任慕尼黑哲学的额外教授(1903—1910)，终任法兰克福哲学教授(1910—)。关于他的生平及著作自述，见施密特，引见前，第 2 卷，1923 年，83—102 页(也有单行本)，内略载他的著作目录。他的主要研究为认识论的和哲学的，但是他曾三次对于心理学有重要的贡献。关于书内所提及的他的见解，尤须参看"论混合与分析"(Ueber Verschmelzung und Analyse)，《科学的哲学杂志》1892 年，第 16 卷，404—446 页；1893 年，第 17 卷，30—75 页；至关于这些问题的较一般的讨论，见他的《经验科学的心理学》(Psychologie als Erfahrungswissenschaft，这是一部心理学教科书)，1897 年，128—235 页，尤须注意 164—168 页；《心理学杂志》，1900 年，第 24 卷，117—141 页。

舒曼

前两章内(边码 370，429 页)已提起弗里德里希·舒曼(1863—1940)。他曾服务于哥廷根(1881—1894)。柏林(1894—1905)，苏黎世(1905—1910)，法兰克福(1910—1928)。他的论视觉的空间知觉的名文为"视觉知觉的分析"(Beiträge zur Analyse der Gesichtswahrnehmungen)，《心理学杂志》，1900 年，第 23 卷，1—32 页，1900 年，第 24 卷，1—33 页；1902 年，第 30 卷，241—291 页，321—339 页；1904 年，第 36 卷，161—185 页。

威塔塞克

斯特潘·威塔塞克(1870—1915)在格拉茨度过其学术生涯。他曾在那

里任讲师(1900),后乃升任教授。作者无从知道他的传记或著作。他以心理 455
学为主科,仅偶或注意于教育心理学,美学及伦理学。他的最重要的著作为心理学教科书及视觉的空间知觉的心理学(见下引)。关于他的混合作用及产生的意动的见解,见他的"复型心理学"(Beiträge zur Psychologie der Komplexionen),《心理学杂志》,1897 年,第 14 卷,401—435 页;《心理学大纲》(Grundlinien der Psychologie),1908 年,222—246 页;《视觉的空间知觉的心理学》(Psychologie der Raumwahrnehmnug des Auges),1910 年,291—338 页。他的《大纲》尤显然表示其意动和内容的二重心理学,参看铁钦纳《系统心理学》,1929 年,197—201 页,226—235 页。

此 努 西

维特里奥·比努西(1878—1927)约由 1902 年起即任教于格拉茨,至第一次世界大战时解职,后死于帕多瓦。作者未见有他的传记。他的较有成绩的时期为欧战前在格拉茨的时候。他与其他奥国学者不同,因为他的论文几都为实验的,而且著作的目录很长。他研究时间知觉,重量知觉,立体知觉,视觉错觉,视觉运动,及触觉运动。有关于这种问题的论文十五篇,载《心理学杂志》及《心理学文献》,时期在 1902 至 1920 年。

比努西的知觉说散见于这些实验的论文之内。考夫卡曾评述其说于《心理学杂志》,"知觉心理学基础:一种解说",1915 年,第 73 卷,11—90 页,在那里举出十二种重要的论文。关于比努西的研究尚散见于 H. 赫尔森的"格式塔心理学",《美国心理学杂志》1925 年,第 36 卷,342—370 页,494—526 页;1926 年,第 37 卷,25—62 页,189—223 页(并另见索引)。赫尔森举出十六种论文(217 页以下)。就一般说,比努西系步麦农的后尘,产生的意动渐形突出,考夫卡为现代格式塔心理学的一个倡导者,对这个意动表示反对。

一 般 的 形 质

本特利述形质说而加以批评,"心理排列的心理学",见《美国心理学杂志》,1902 年,第 13 卷,269—293 页。斯托特采用这个观点,而加以说明,见《分析心理学》(Analytic Psychology),1896 年,第 1 卷,66—77 页。塞弗特,舒曼,及阿斯塔都曾被视为形质说的批判者,因为他们对于简单图形的知觉作实验的分析，而不采用这个概念或意动的概念，然而读者将知道他们的论文可从未直接攻击奥国的学说，见塞弗特，《哲学研究》，1898 年，第 14 卷，550—566 页；1902 年，第 18 卷，189—214 页；舒曼，如前引；阿斯塔，《心理学杂志》，1906 年，第 43 卷，161—203 页。

立　普　斯

关于特奥多尔·立普斯(1851—1914)的心理学在正文中未加讨论，因为他虽然是一个意动心理学家，但对心理学的进程似无多大的影响，见上章“新”心理学的边境，叙述了他在“新”心理学中的地位，上章附注同一节有一他的传记短文及其著作的出处，记载这些短文的目的在于提醒我们，立普斯是一个重要的心理学家，而且是一个意动心理学家，虽然还不是一个重要的意动心理学家。关于立普斯的意动和内容的概念，见铁钦纳，前引书，206—212 页，238—242 页，248 页以下。

立普斯当然以他的移感说(theory of empathy)最为闻名，这个学说乃是
一个感知的主体设想自身处于知觉的客体之中。他感到巨大的物体沉重压
456 下，跨桥岌岌可危，箭头向前移动，立普斯的美学理论是以移感说为基础的。
对他说来，移感就是一种意动。但是，这个学说也很容易由内容心理学家用
所可接受的名词加以复述，正如铁钦纳所指出(前引书)，关于什么是意动、什
么是内容，立普斯本人在不同时间往往也有不一致的说法。

梅　塞　尔

关于奥古斯特·梅塞尔(1867—1937)的生平和著作的自述，见施密特，引见前，第 3 卷，1922 年，145—176 页(也有单行本)。这里曾举出他的重要著作二十九种。本书已将有关的著作明白说出。参看前章关于梅塞尔的讨论(边码 406 页)。梅塞尔的系统，见铁钦纳，如前引，219—235 页。

屈　佩　尔

见前章附注(边码 433 页以下)。

一般的意动心理学

见铁钦纳，如前引，194—259 页。读者并可参看铁钦纳的关于布伦塔诺及冯特的讨论："经验的和实验的心理学"，《美国心理学杂志》，1921 年，第 32 卷，108—120 页；"实验心理学：回顾"，同杂志，1925 年，第 36 卷，313—323 页。铁钦纳在英美为这个学派的主要的诠释者。

近代心理学在英国的建立

第二十章　英国心理学

459

读了前数章之后，看来读者已深知科学进步的情形。依据近距离的观察，科学的进步似不为连续的；一个"天才者"忽然有所发现，或形成一种学说，就立即引起有成果的研究。依据广大范围的历史透视，科学的进步则似为连续的，天才者只是时代的产儿。偶然性虽也有关系，但是科学史只记载那些有成绩的努力，而不记录那些有希望的失败，所以偶然的作用隐没不见。但是科学进步除了这些主要的因素之外，还有一种力量，这便是社会的拥护，这在前世纪内，尤为明显。我们已屡见青年受生活问题的驱使终于成为著名的心理学家或哲学家，可不知道也有许多青年，因经济困难而不能成为著名的心理学家。本世纪四十年代，心理学在美国形成广泛的专业化以前，社会对心理学的支持常来自大学的任命。德国虽不设心理学讲座，但任哲学教授的学者往往能致力于心理学及实验心理学的研究。如果心理学家不受任命，心理学也许没有振兴的可能。这个经济的因素使德国心理学不能脱离哲学的束缚，较美国为甚，因为在美国，大学教授的任命没有受如此严格的限制。美国心理学讲座设立很早，大学经费可直接供应这个新科学的费用。至就英国而言，则大学校对于心理学从未予以同样的支持。结果德国、美国自 1885 至 1935 年半个世纪内得为新心理

学的领导，而英国则只能追随于后。

460 在德国和美国，心理学的发展是由哲学的心理学进为实验心理学，及应用心理学。实验心理学先到德国，而后到美国，但是美国首先使应用心理学有实质的进步。在英国，沃德及斯托特的哲学的心理学盛行过一个长时期，只是到了近时，应用心理学才以工业的经费的补助，乘时兴起。实验心理学在美国和德国被认为构成一个必要的中间阶段，在英国虽不缺乏，但要克服许多困难。牛津大学拒绝现代的心理学，1936 年以前没有心理实验室，1947 年以前未设心理学讲座。在事实上，该大学生理实验室的设立也只是在 1882 年的最激烈的争论之后。在剑桥，沃德自 1897 年后，任道德哲学教授，他不仅为哲学家，且也为心理学家，但几乎缺乏实验家的风度。虽然，剑桥早在 1897 年也曾在里弗斯的领导下有一勉强像样的心理学实验室，1913 年起在迈尔士的领导之下，也有一所设备很好的心理学实验室。在实验心理学方面，剑桥常为英国的倡导者。斯皮尔曼是伦敦的心理及逻辑教授；他虽受教育于德国，并对新心理学表示同情，但非德国式及美国式的实验家。斯托特为圣安德鲁大学的逻辑及形而上学教授，也不是一个实验家。高尔顿在英国倡导实验心理学，正如他倡导其他事业一样，但是他与大学本无关系。麦独孤是一个实验者，对于英国的实验的生理心理学的建设颇著劳绩，但是他从未在英国大学内受有重要的任命。劳埃德·摩尔根任布里斯托尔的心理学及教育教授。迈尔士曾任伦敦大学皇家学院心理学教授，但是里弗斯则在剑桥大学内仅得任生理及实验心理学的讲师。自 1890 至 1920 年，德国、美国方盛设实验室而盛产专业的实验心理学家的时候，英国只是少数

富有资产的学者从事研究，所以心理学的进步较为迟缓。现今，剑桥实验室自1922年以来在巴特勒特的领导下，在研究和著作多产上，仍居领导地位。英国已设立了许多心理学教授职位，甚至牛津最后(1947)亦无法例外。伦敦大学学院早在1890年间即有一小而旧的实验室，爱丁堡也有一个，较新较好。总之，英国大大落后 461
于美国，而最后能领先于德国，只是因为纳粹文化扼杀了德国的科学活动。

现代英国心理学不仅在数量和发展速度上，而且在质量上也大异于德国，而这种差别尤易见于高尔顿及冯特二人之间。冯特是我们已经知道的，现在可专述高尔顿。

高尔顿是一个天才。他幼即聪慧，假使他受智力测验，他的智商或许可达200；这就是说，受过智力测验或其传记曾受智力测验者研究过的人们之中，他是属于最高智力者里面的一位，可和约翰·穆勒、歌德及莱布尼兹并驾齐驱。这是就心理测验方面讨论他的天才的。就通俗的方面说，他也是一个天才，因为他是一个聪明的，创始的，博学的，有鼓舞性的学者，他的研究为后人开辟了许多新的园地。他富于资产，从未受大学的任命。他没有固定的职务，是一个绅士般的科学家。他究竟要持续共创造性的研究呢？或像他的兄弟们一样，定居乡间，专作绅士呢？在事实上，他也曾在这个歧路上，作过慎重的考虑。他对科学的贡献，除了少年时的探索之外，有关于简单力学的探讨，仪器的发明，气象学的持续的兴趣，遗传学的持续的考察，优生学的建设，刻特雷的统计法的发展及其在人类学和心理学上的应用，人类测量学的多种研究，英国测验的实验心理学的提倡。他常看见新的关系，而或在纸上，或在实施方面，推究其结果。无论何种学问都可引起他的兴趣，无论何种科学都可作为他的领域。总之，高尔顿有活泼的想象和永不满足的兴趣。

他和冯特是多么的不同！冯特是一个天才吗？他虽博学而有成，我们可不能称他为天才。冯特博学；高尔顿是富于创造性的。冯特努力研究，克服重重困难；高尔顿解决困难，则凭借其灵机一动。冯特常以他的系统武装自己；高尔顿则从未有什么系统。冯特是重视方法的；高尔顿是多才多艺的。冯特的哲学渗透于他的科学之中；高尔顿的科学是散漫而无组织的。冯特常作无休止的争论；高尔顿则常从事于观察。冯特有一个学派，一个正式的，自
462 觉的学派；高尔顿则仅有朋友及影响。因此，冯特好辩而偏执；高尔顿却是能容人的，易于认识错误。前一章曾经说过，冯特是第一位专业心理学家，高尔顿是没有专业的。因此，冯特在科学业务上，易与人忤，而高尔顿则与当时名人有亲密的接触，尤善于交际。这两个人的总的差异虽不能以一语表示；但重要之点在于高尔顿缺乏冯特的专业主义。冯特作为一个专业的心理学家，常背上了他的过去，他的系统主张的逻辑和哲学倾向的包袱。他只是限于他所认定的心理学的牛角尖内，从事于他的研究工作。高尔顿是自由的；他没有重要的主张。他不是心理学家，人类学家或其他，他只是顺着强烈的兴趣。他有优越的才能，而不受专家所受的限制。

高尔顿和冯特的这个对比，是德国科学和英国科学的一般的差异的极端表现。然而个人可有异于民族的典型。赫尔姆霍茨较类似于英国的学者。布伦塔诺的影响也基于他自己的人格，不过大体的差异

是依旧存在的。德国的心理学在学制内占一地位，所以有其学派，也有其领袖。至在英国，我们所论述的基本上是许多个人。

系统心理学

我们已知道实验心理学半以英国的经验主义和联想主义为准备的基础。实验心理学乃为哲学心理学和生理学的这个结合的结果。赫尔巴特和洛采对于新心理学的准备，虽都很重要，但是冯特的实验法则取自生理学，而新心理学的系统的结构则取自穆勒、培因及其英国的前辈。因此，德国的“新”心理学的模式是来自英国的。英国在生理学的研究上并不落后，因此，我们也许可望这种结合举行于英国；然而就事实说，实验心理学创始于德国，只是后来才为英国所采取。

培因之后，心理学的哲学传统在英国为沃德及斯托特所继承。
詹姆士·沃德（1843—1925）受布伦塔诺之赐，也可说是一位意动 463
心理学家。他以活动的主体和客体的关系，建立起一种精密的系统。他起初陈述其心理学的见解于《大英百科全书》第九版（1886）的一篇讨论心理学的条文之内，后为该书出第十一版（1911），而重加修饰，使更臻完备。后来他复将此文扩充而成《心理学原理》（Psychological Principles，1918），据他自称，这是准备了四十年的一部著作。由实验者看来，这个系统似陷入时代的错误，在逻辑上虽甚完满，但缺乏累积的实验事实的根据。沃德原是一个哲学家，他在心理学上的兴趣也遵循英国的传统而成为哲学的。虽然，他在英国是培因之后的前辈的心理学家，他的影响之大，非同时代的萨利所可比。但是读者不要以为沃德仇视实验心理学。他受教育于剑桥，但曾留学于柏林及哥廷根(在洛采的时候，约当1874年)，在那里他知道新心理学应当受到重视。他回剑桥(1875年)，要建设一心理学实验室，但因那时有人以为心理学实验室的成立，是对于唯物主义的拥护，故力加阻挠而止。但是，沃德在气质上也和布伦塔诺相同，不宜于作实验的研究，布伦塔诺也想设立实验室于维也纳。我们即将看到沃德如何为创立剑桥实验室而努力工作(边码489—493页)。

沃德将心理学的对象区别为认知，感情，和意向(conation)，其概要有如下述：心理学的对象为“一主体，(1)对于感觉连续线上的变化，作不随意的注意(这是认知)；(2)因此而有喜悦或不快之感(这是感情)；(3)以有意的注意或神经兴奋作用(innervation)，使在运动连续线上引起变化(这是意向)”。这是主体的概要，意即含有客体的补充物。就客体的观点看来，我们便可知(1)认知是感觉的客体的呈现，(3)意向是运动的客体的呈现，(2)感情不是一种呈现，因为它不位置于经验之内，但为感觉的呈现的原始的产物，而为运动的呈现的条件，因此，乃为两种呈现之间的解释的中名词。所谓呈现乃是心灵的实验的材料，也就是一种Erlebnis，沃德以为Erlebnis是洛克的观念的近代的相当物。我们要知道意向
464 位置于经验之内，正同认知一样。呈现意即包有主体和客体的关系，也就是心理学的对象。这个系统，我们可不必细述。我们只须知道沃德的主要兴趣所在以及其和实验心理学的距离有多远也就够了。

沃德不是一个通俗的心理学家，因为他的命意太不容易使读

者了解。而且大部分是当心理学在英国有了明确的形式之后，才得到一定的表达。相同的观点的有效的说明则有待于乔治·弗雷德里克·斯托特（1860—1944）。斯托特曾求学于剑桥（1881—1883），却未尝出国留学。他至中年时，很为时人所推重，因为他著有下列心理学的系统教科书：《分析心理学》（Analytic Psychology，1896）；《心理学手册》（Manual of Psychology，1899），此书经过多次的修订再版；《心理学基础》（Groundwork of Psychology，1903）。这些书虽用不同的观点及不同的术语，但仍主张一种和沃德相类似的意动心理学。斯托特自认他先受沃德的影响，次受英国学派及赫尔巴特的影响。奥国学者麦农似也对于斯托特的思想不无关系。意动到了斯托特的系统之内便成了著名的意向说，或关于奋力的事实及经验的学说。他的《手册》在英国采用而为教本的很多，因为还没有成功的敌手，它便成为多年来的英国系统心理学的样板。1892 年，他继克鲁姆·罗伯逊之后而主编《心灵》（Mind）杂志，他的影响也随而加大了。

斯托特主张心理学所研究的为心理历程，这些历程就本身说是属于主观的，但兼有心理的客体如感觉。他像沃德一样，主张主体与客体的关系给予心理历程以心理的特质。他像布伦塔诺一样，以感觉为这些历程的客体。他将这些历程区分为认知和兴趣，又将兴趣分为意向和感情态度。他将意向作为奋勉，欲望或意志的相当物；以它和它的满足所发生的关系为特征，在满足的时候，便将消逝。意向的客体就是目的，或达到目的的手段。此地我们必须仔细区别表面的目的和实际的目的。意向的客体给意向以驱动力，不一定就是活动的终点。人可求赦罪，而走向教堂。因此，

斯托特不认意向可以解释一切的活动。他又详论无意识的心理的
465 倾向，而我们所以知道这些倾向，则仅依据它们的影响，因此，这些倾向也应位置于脑内。斯托特的观点，尤其是他的意向说，我们所以要加以注意的缘故，因为它们导致了麦独孤的系统的主张。

威廉·麦独孤(1871—1944)在系统的路线上靠近斯托特之后，虽然他最明显地发展其系统的主张是在他于1920年离英赴美之后。麦独孤被称为目的论者，因为他的关于心灵的观点建立于目的性的奋勉在心理活动中所起的作用之上，这种奋勉就是意向的产儿。因此，他与沃德及斯托特相似，实为一个意动心理学家。但是他与布伦塔诺，在时代上相距较远，以致不复有相同之处。这也许是因为麦独孤与沃德及斯托特不同，他是一个实验者。而且，威廉·詹姆士对于麦独孤也有很大的影响，他在系统上比另一苏格兰人培因还要更多地继承了杜格尔德·斯图尔特的苏格兰哲学的传统，因为培因后来受到了穆勒父子的英国的影响。

麦独孤受医学教育于剑桥及伦敦，也曾有一时期在哥廷根与缪勒有短时期的接触。剑桥在托里斯海峡的人类学的探险，麦独孤也曾参加，后又在婆罗洲作独立的人类学研究(1899—1900)。他回到英国后，任伦敦大学学院讲读，主持一个规模甚小的心理学实验室，这个实验室后文再述。他任牛津(1904—1920)大学心理哲学的王尔德讲读(Wilde Reader)，并由生理学家戈奇的私人安排，有一私人创设的实验室，直至第一次世界大战发生时为止。其后他便前往美国执教于哈佛，在美国，心理学家比在英国似乎得到了较好的待遇，但很难说美国对他表示欢迎。他的北欧日耳曼族的优越感，他认为决定论不能完全控制心灵，心灵仍有一种自由成

分的存在；他对精神研究的兴趣始终不懈并力加宽容，凡此种种都使他与美国心理学家的文化背景格格不入。他始终以在不列颠殖民地的英国人自居，一再转移环境，1927 年赴度克大学任教，死于 1938 年。

麦独孤早年曾刊布多种实验的研究，大多关于视觉的问题，还有一小本的《生理心理学》(Physiological Psychology，1905)。他的《身体与心灵》(Body and Mind，1911)，细察心体关系的各种学说，现已成一名著。第一次世界大战时，他在英国军队内担任心理
医学的工作，刊行了一部大著《变态心理学大纲》(Outline of Ab- 466
normal Psychology，1926)。他于人类学及社会心理学也感有兴趣，他的《社会心理学》(Social Psychology，1908 及其再版)发生很大的影响。他又著有一小册子，《心理学，行为的研究》(Psychology, the Study of Behaviour，1912)，后因行为主义崛起于美国，乃放弃行为一词，以为不再能充分表示他的对于心灵的观点。他的系统的立场见他的《心理学大纲》(Outline of Psychology，1923)，此书与美国的行为主义针锋相对。他对于实际的社会问题也曾发表过几部著作。因此，麦独孤有英国人所特有的广博的兴趣，大有异于德国的专业主义。他列名于英国心理学之内，因为他对实验的贡献，又因为他的系统的立场直接得之于沃德(因而间接得之于布伦塔诺)，但是他在学术上也属于美国的传统，因为他的目的心理学在系统上与 E. B. 霍尔特及 E. C. 托耳曼的行为主义有关，从而间接与最终所造成的动力心理学有关。他很赞赏威廉・詹姆士，詹姆士对他的这些观点确曾发生了影响。

麦独孤的目的心理学之类似于沃德，是在其基本的系统的假

定之上:换句话说,是就主体,客体及活动而言的。但在麦独孤,则哲学家的成分较少,而实验家的成分较多。他定心理学的界说为“心灵的实证的经验的科学”,个人的心灵为“能自身表现于经验及行为之内的东西”。他反抗内省主义和行为主义,并同这两个学派鼎足而立。他常侧重有机体的有目的的活动,因此,乃视有机体的行为为由于心体交感的结果。他不是美国华生式的行为主义者,因为他认行为有异于单纯的运动及机械的反射。在美国,他便不得不求心理的而非仅物理的行为所有客观的标准,他的行为的七个特征如下:(1)“运动的自发性”:(2)“引起活动的印象虽已消逝,但活动仍可持续不息”;(3)“持续的运动的方向的变化”;(4)“动物的运动若在其情境内引起特种的变化,此种运动即可停止”;(5)
467 “对于动作所引起的新情境的准备”;(6)“动物若在相同的情境之下,重复演习某种行为,则此行为的功效就有某种程度的改进”;(7)“有机体的反应的完整”。同这些标准相合的动作是有目的的;一个反射动作便不合这些标准。

麦独孤在以有目的的奋勉为心灵的中心的事实的时候,虽然兼根据于动物及人类行为的观察和人类的内省。无论何人都觉得自己的心灵有一个明显的事实就是“他所要做之事”,到了解释他人的心灵的时候,又觉得他人的心灵与自己相类似。所以一有心灵,便显然有努力、意志及自由,我们若细察麦独孤的目的行为的标准,便可见它们隐含着几分的不决定性或自由,且有一部分与关于必然的条件或原因的观察相反。这个自由的成分正是麦独孤所要保留而为心灵的特征的。心灵的现象必常有几分不确定性,因此,虽与科学的决定论相反,却也有充分的证据。麦独孤在美国倡导此说时，因机械的行为主义方盛行于美国，而科学中的自由说又已成陈迹，以致很难博得他人的同情。虽然，机械的实验心理学家也从未完全打消了他的不确定的几率差（indeterminate probable error），由本书著者看来，麦独孤和决定论者的争论仅起于名词的差异：就是，决定论者所称为“机率差”，麦独孤则称之为“自由”。

麦独孤在美国培育连续几代的白鼠，训练它们的一种特殊辨别力，借以证明习得性的遗传。他在支持拉马克的假设时，就是要支持自由，或至少以此来反对魏斯曼的狭隘的遗传决定论。他的赞同拉马克的结论引起了一场轩然大波，除非他的结论在别的实验室得到证实，否则不易为人所接受。与他对灵学研究和目的论的持久兴趣一样，他毫不隐晦地反对保守主义，不信任现代机械主义心理学的约束力。

我们于此便须一述詹姆士·萨利（1842—1923），他的年龄大于麦独孤，与沃德同时。他作为教科书的作家，在英国心理学中占一显要地位。他薄有资产，曾三次求为大学教授而不成，至1892年克鲁姆·罗伯逊逝世，才得任伦敦大学哥罗特的心理和逻辑讲 468
座，这大半是他的《人类的心灵》（Human Mind）两大卷刊布的结果。他较幼于培因，是培因的好友，培因对于他也力加提携。他与当时的科学家及文学家都有交谊。那时达尔文和他的进化论方为一些人所乐道，他就是这些人里头的一个较不重要的分子之一。他的首要的兴趣是心理学及美学。他曾留学于哥廷根（1867—1868），和洛采仅有肤浅的接触，后又转学于柏林（1871—1872），欲随赫尔姆霍茨研习心理学，随杜布瓦-莱蒙研究解剖学。结果他成了著作家，而不是科学家。他的第一部书，名《感觉与直觉》（Sen-

sation and Intuition,1874)为达尔文所赞许,第二部书《错觉》(Illusions,1881)受到冯特的好评。这两部书既经刊行之后,他乃从事于供给心理学教科书的需要,因为从培因在二十五前所著的两大卷刊行以来,尚未有其他可用之书。他刊行其《心理学大纲》(Outlines of Psychology)于 1884-年,此书写得很好,立即得到了畅销。他复著一部教师用的心理学,至 1892 年,乃刊布其更伟大的《人类的心灵》。从此之后,他转而著儿童心理学,仿德人普累叶的先例,但取材于人类学的著作。萨利的书在培因和斯托特之间填补空隙。优良教科书的作者在科学史中也有地位,因为他阐述知识而为之传播。翻过来说,只是因为萨利的书流行甚广,他的名誉超过了他在心理学上的实际重要性。现在我们要离开系统心理学问题,讨论达尔文及其进化论对英国心理学的影响了。

进　化　论

十八世纪中人深信物种的特创说,以为每一生物自始即各异其类——这个信仰和圣经所述的关于动物生命的创生和洪水时期它在方舟中的残存的故事互相符合。那时虽也偶然有人认为这一物种可由另一物种发展而成,因而有过渡的形式,然而关于物种起
469 源的问题的解决,在这个世纪中,没有真正的进展。到了这个世纪的末年,这个问题逐渐趋于尖锐化,因为地质学的探究增加了已知物种的数目,难道诺亚能将每一物种各置一对于其方舟之内吗?

对于这个问题的解决,由诗人歌德和查理·达尔文的祖父伊拉斯谟·达尔文开其端(边码 20 页)。歌德(1749—1832)提出部

分的变形说(1790)。他对于植物细心观察,结果以为一种植物的变形可由这一部分变化而为另一部分所致:例如单瓣花的雄蕊变为花瓣则为重瓣花,后来,歌德又将此说扩充,以解释动物,以为脊椎的头盖系由一脊椎骨变形发展而成。伊拉斯谟·达尔文(1731—1802)也独立地主张物种的变化说。他的学说与歌德所主张的互相类似,但更直接地涉及物种原始的问题。伊拉斯谟·达尔文是自然的爱好者,作诗描写自然,他的学说因而减少了威力。但在十八世纪的末年,大多数学者虽仍默认物种的特创说,可是进化论的观念那时已具雏形了。

进化论史上的第一位伟大人物当是法国博物学家拉马克(1744—1829),他应属于十九世纪,因为他在1809年才刊布他的学说。现在相信习得性遗传的学者便称拉马克派,其实拉马克所侧重的有两件事:(1)动物因力求适应环境而改变其形态,(2)由此改变而习得的品质又可遗传于后代。譬如一个短腿鸟站在浅水之内,捕鱼为活,当岸边鱼少的时候,它便尽其腿的长度所能允许,入水求鱼。据拉马克的信仰,鸟既入水较深,便将略拉长其两腿,这也许是由于用力可助生长的缘故,它的后代若既受此腿略加长的遗传,而又继续求其适应,那么累积的结果便可成为长腿鸟,例如苍鹭。

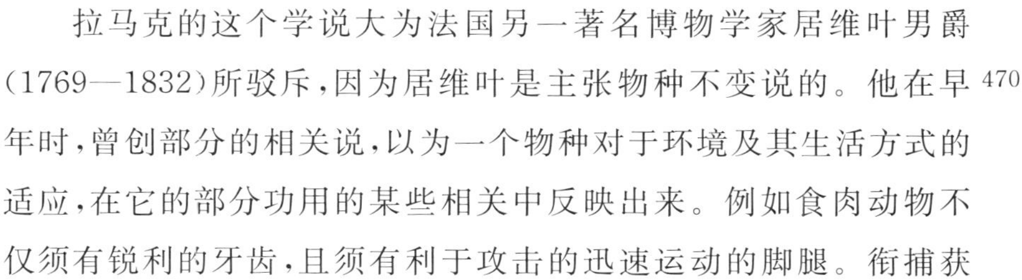

拉马克的这个学说大为法国另一著名博物学家居维叶男爵
(1769—1832)所驳斥,因为居维叶是主张物种不变说的。他在早 470
年时,曾创部分的相关说,以为一个物种对于环境及其生活方式的适应,在它的部分功用的某些相关中反映出来。例如食肉动物不仅须有锐利的牙齿,且须有利于攻击的迅速运动的脚腿。衔捕获物于口内的动物，不仅须有强固的牙齿，且须有强固的颈肉。居维叶自称根据这些相关的知识，便可由一单块骨化石，重复构成全动物的形态，但是这个极端的自夸却从未得到实现。由他看来，物种对于环境的适应，是天赋的，决非由于自己力求适应而习得的。拉马克的理论，虽然似乎进行了较有思想性的辩论，但是居维叶的影响太大，以致有效地阻止拉马克说的广泛流传。

到了查理·达尔文(1809—1882)的手里，我们才有一种深刻可信的物种进化论。这个学说提出后，惊动了世界，并立即引起了抗议的浪潮，但是承认它为最伟大的科学成就的，人数究竟甚多。这个学说与其他许多伟大的学说相同，由现在看来，非常简单，它的伟大在于理由的充足，见解的新奇，又能在一定程度上反抗当时流行的信仰。同一种的各动物之间显然存在着差异的事实。达尔文相信这种自然而然的变异有时是可以遗传的。养育动物如能据这种“偶然”的变异作适当的选择，便可因多代的累积，而使新生的动物大有异于前代。由此类推。我们似可假定大自然中，有一种自然的选择，使最适宜于环境和生活需要的动物得以生存传种。情境既逐渐变异，而自然选择又不断地行使职能，亿万年后，就形成新种。物种不像原先所设想的那样地彼此有别，相反，它们构成了连续的纲目；它们之所以现在有相对的差别，是因为在某一横断面的时间内，不同的动物形态，几乎各能适应它们的生活情境。达尔文的学说，和拉马克的极端相异之点只有：(1)假定遗传的变异，起于自然或起于偶然，可不起于有机体强求适应的努力，(2)承认
471 一切动物都不能不为生存而竞争(马尔萨斯以为人口的繁殖受自然情境的限制，达尔文大受此说的影响)，既为生存而竞争，便不能

不受自然的选择，(3)用偶然的变异和生存代替了有一定方向性的适应的努力，于是达尔文的学说不得不假定新种的产生需要较长的时间。

可是我们要知道达尔文的学说和拉马克的学说，可没有重要的冲突，称遗传的变异为自然的或偶然的，非必不能释以求适应的努力，赫伯特·斯宾塞（边码 240—243 页）就是主张这个综合说的。原来我们若相信决定性的原因的存在，而我们对这些原因又一无所知，我们便常称之为“偶然”。因此，拉马克的学说可借以补充达尔文的学说。但是魏斯曼(1834—1914)在 1883 年对任何习得性的遗传的信仰进行了严肃的挑战，而魏斯曼和拉马克之间的争论到今天也尚未结束。我们刚说过麦独孤如何支持拉马克说，而多数科学家至少在西方的文化中又如何驳斥了它。

达尔文的《物种起源》(The Origin of Species)刊行于 1859 年。他于 1837 年，在“卑格尔”号船内周游世界时，便开始择要记录，细心校订，这些笔记后来便成为此书的基础。他以观察的结果，不久即为他的学说写成大纲。1884 年，他作了一个摘要，秘而不宣，准备死后刊布，一方面他仍搜集更多的观察资料，再三校订他的笔记。后来正在他将要刊行全文的时候，他的朋友艾尔弗雷德·拉塞尔·华莱士(1823—1913)寄给他一篇论文托为刊布，这篇论文提出同样的学说，虽没有同样充分的材料。达尔文乃将华莱士的论文和他自己的论文同时发表，而将其书刊行于次年。在随而引起的批评的浪潮中，达尔文屹然不动，得到了许多科学家的大力拥护，其中尤以赫伯特·斯宾塞和托马斯·亨利·赫胥黎(1825—1895)为最著。

进化论对于心理学发展的影响极为巨大。这个学说不仅向物种特创说的“创世记”的权威挑战，以为人的身体得之于动物祖先的遗传，而且提出动物和人之间是否有连续性的问题。达尔文相信这种连续性，他的《人类和动物的表情》(Expression of the
472 Emotions in Man and Animals，1872)一书为他的观点提供了证据。但人们也得承认，他所引证的动物情绪只是行为的态度(例如和善的猫，发怒的狗)，而不是类似于人类灵魂雏形的动物意识——或十九世纪宗教正统派所需要的一种不占空间的、不朽的笛卡尔武的灵魂。

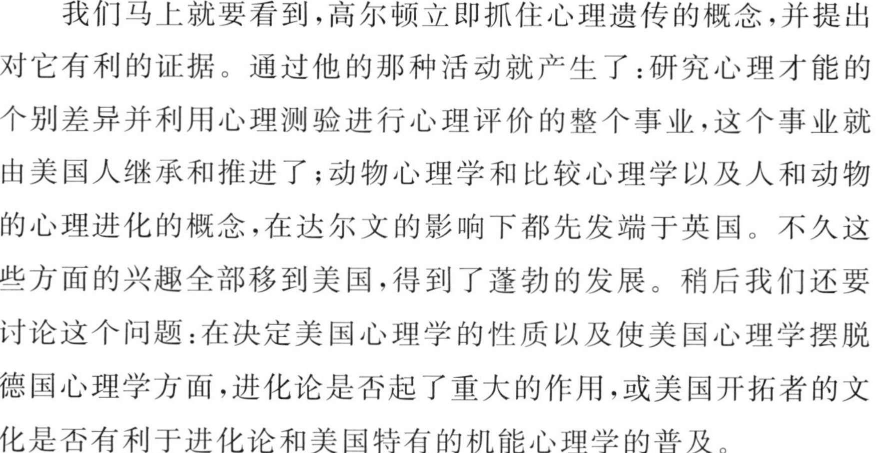

我们马上就要看到，高尔顿立即抓住心理遗传的概念，并提出对它有利的证据。通过他的那种活动就产生了：研究心理才能的个别差异并利用心理测验进行心理评价的整个事业，这个事业就由美国人继承和推进了；动物心理学和比较心理学以及人和动物的心理进化的概念，在达尔文的影响下都先发端于英国。不久这些方面的兴趣全部移到美国，得到了蓬勃的发展。稍后我们还要讨论这个问题：在决定美国心理学的性质以及使美国心理学摆脱德国心理学方面，进化论是否起了重大的作用，或美国开拓者的文化是否有利于进化论和美国特有的机能心理学的普及。

动物心理学

进化论导致了现代的动物心理学。当动物是自动机而人有灵魂时，就没有理由对于动物心灵发生科学的兴趣，到了人们开始明白人的心灵(当时与人的灵魂有别)与动物所有类似于心灵的东西之间具有连续不断的关系时，这种兴趣就随而产生了。因此我们认为，正是达尔文刊布他的《人和动物的表情》(1872)，开创了动物心理学的近代世纪。他在这本书内利用他观察而得的丰富知识，指出人类的情绪行为依靠对动物有用而对人类不复有用的行为的遗传。他以为人类在冷笑时两唇的卷缩乃是食肉动物的有用的习惯的遗迹，因为这种动物怒时便露其犬齿。类似于这种解释的例子很多，可以类推。

用现代的术语来说，我们认为此书是讨论人和动物的情绪的条件反应，包括许多有关个体的条件反射的例子，但也包括许多其
他为拉马克说所引申的有关种族的和种系发生的条件反射的 473
例子。

这个科学的发展的第二步成于乔治·约翰·罗曼尼斯(1848—1894)，他在1882年刊行其《动物的智慧》(Animal Intelligence)。罗曼尼斯是达尔文的一个朋友，是拥护进化论的英国知识分子中的一员。他是一个著作家，他的著述多半以动物学的材料为主题，有时为要以进化论抗衡宗教起见，兼及神学的问题。

罗曼尼斯的论动物的智慧的书是第一部《比较心理学》，他用这个名词，以为比较心理学将可与比较解剖学有相等的重要性。在此书内，罗曼尼斯还没有直接涉及动物和人的心理连续的问题，但仅满足于论述动物行为的许多材料，为后日的讨论奠一基础。他的材料约都取自动物行为的科学的及通俗的传说，而详加剪裁，因此，他的方法乃以“故事法”见称于世。这个方法现在虽为学者所不取，但是为求作持平之论起见，我们须记得罗曼尼斯也深知采用故事传说的危险，因此，他规定几条严格的规则以资遵循。所可

憾者，在观察时，事实和解释的界线常不明了，未经训练的观察者常易报告他自己的对于动物心灵的诠释，而不描述其观察动物行为所得的结果。总之，他常易以人的心理比拟动物，罗曼尼斯也有这个倾向，因为他欲求种种关于动物的最高水平的智力的传说以示动物和人的心理的连续。因此，罗曼尼斯的故事法不仅为学者所弃，且复为动物心理学中的一个骂人的名词。虽然，心理学者在力避故事法而采取实验法的时候，要记得罗曼尼斯曾为比较心理学立一根基于实验法尚未发展之前的一个时期之内。

这第一部书虽为世所欢迎，但是罗曼尼斯不认为它是他的最重要的著作。他在此书内仅欲立一事实的基石，好建筑其心理进化说于其上。他的第二部书《动物心理的进化》(Mental Evolution in Animals，1883)也没有完成其学说，如他初意所期望的。
474 此书所记述的以关于动物之间的连续性的事实为多。第三部书《人的心理进化》(Mental Evolution in Man，1887)为最后的一部书，而由进化论的观点看来，也是最重要的一部。由我们看，第二第三两部书似都不及第一部的重要，因为罗曼尼斯对于人类的能力还没有一种满意的分类可为研究的帮助。他的名词多取自洛克及联想论者。他的一般的结论以为"简单的观念"如感觉的印象、知觉，及知觉的记忆乃动物和人所共有；"复杂的观念"，联想的混合物如联想学派(他也许可将冯特加入)所讨论的，乃人和少数动物所共有："抽象的观念"，如概念，则为人所独有。我们要原谅罗曼尼斯的分析的困难，现代心理学欲求人和动物的能力的重要的差别，也仍不免借用"自由意象"，"延宕反应"，"符号历程"和"领悟"(insight)，以便对人类和人类以下的动物的心理差异提出不同

的概念。

故事法的危险为劳埃德·摩尔根(1852—1936)所深悉。他欲以“节省律”(“law of parsimony”)反抗动物心灵的解释中的拟人说的趋势。这个节省律应用于动物心理学时便称“摩尔根法规”,规定(1894)如下:“一个动作若可被释为较低级的心理历程的结果,便不得释为一种较高级的心理能力的产物”。这个法规的理由在欲介入一有相反效果的误谬;以抵制一个常有的误谬。在前世纪之末,学者正都要证明进化论时,摩尔根的这个办法是合理的:倘虽遵循这个法规而仍能证明进化的连续,那么进化应为事实;反之,也无所害,因为那时仅有证明的失败而没有事实的错误。但就现在而言,我们的兴趣既集中于动物心灵的描写,这个法规便减少了防护之用;大自然是浪费的;我们如何仅仅作节省的解释呢?

摩尔根对于罗曼尼斯的反抗先见于他的《动物生命与智慧》(Animal Life and Intelligence,1890—1891),后来增订再版,改称《动物的行为》(Animal Behaviour,1900)。他的最著名的著作为《比较心理学引论》(Introduction to Comparative Psychology,1894),这是一部普通心理学,详论动物心灵和人类心灵的关系。475
此书论述了方法论的原则和诠释的法规。这些书记载作者对于动物的实验,而这些实验则介于博物学家的野外的观察和实验室内的人为的情境之下的观察之间。平常的环境改为特殊的情境,然后细察动物在这个情境中的行为。因此,说实验的动物心理学在1898年始于桑代克的迷笼的应用,是将**实验**一词限于用仪器的正式的实验室之内。

摩尔根的保守的观点,大为雅克·洛布(1859—1924)所赞同。

那时洛布在德国于1890年提出向性(tropism)的学说。洛布半复返于笛卡尔的机械论,以动物为自动机,但是洛布持论较为慎重。他以为"联想的记忆"乃意识的标志,因此,只有较低等的动物才为无意识的。他没有反抗达尔文主义,但深信物理化学法可以为生理学及行为进行适当的科学研究。在实际上,为心灵定一标志是不能实现的。甚至最下等的动物(或少数机器)的行为,也微可随经验而改变,因此,或也可视为有"联想的记忆"。但是,洛布的学说及研究是反抗故事法的,虽然,这个反抗在美国较在英国为甚。

在英国还有他种重要研究和罗曼尼斯及摩尔根的研究互相说明。约翰·卢波克爵士(1834—1913)在罗曼尼斯刊布其第一部书的那一年,出版其《蚂蚁、黄蜂与蜜蜂》(Ants, Wasps and Bees, 1882)。此书详述社会性的昆虫,这些昆虫除不易因经验而改变之外,也似有高级的智能可为动物有心灵之证。伦纳德·特里劳尼·霍布豪斯(1864—1929)因出版其《心灵的进化》(Mind in Evolution, 1901),也应附述于此。他在这本书内讨论了整个问题,并报告他自己的几种实验。这些实验和摩尔根所做的相同,和苛勒对于猩猩的研究(1917)也不无类似之点,所欠缺者,只是未和一种新的心理学系统发生关系。

在英国之外,也有重要的研究在进行着,尤其是关于昆虫的研
476 究。亨利·法布尔(1823—1915)对于昆虫行为的研究,由1879至1904连刊数卷行世。奥古斯特·福勒尔(1848—1931)的研究,大部分是关于蚂蚁的,起自1874年,止于1922年,他的讨论昆虫感觉的最重要的书出版于罗曼尼斯正在刊行其著作的时候(1887)。奥尔布雷克特·贝蒂(1872—1931)于1898年刊布其关千蚂蚁和

蜜蜂的研究，对于这些昆虫的复杂的行为作机械的解释。比纳也曾于1888年，出版其关于微小动物的精神生活的观察；美国H.S.詹宁斯在前世纪末和本世纪初，研究微小动物更有成绩。凡此种种研究都托始于达尔文的学说所引起的对于动物心灵的新注意。

在本世纪之初，动物心理学的倡导转由美国人负责。桑代克使动物受正式的实验室的研究，其后学者纷纷利用迷津、迷笼，及测验感觉辨别力的仪器，并创设比较心理学的特殊的实验室。当我们进而考察行为主义发展中动物心理学的作用时，将再讨论这个题目（边码626页）。

583

心理遗传

达尔文刺激当时的思想还有一个方面，就是，引起学者对于遗传及心理遗传的注意。他的表弟高尔顿为此种研究的领袖。他于1869年刊行其《遗传的天才》（Hereditary Genius），是关于各家天才遗传的一种审慎的传记的研究。他以名誉为天才的一个可靠测量的论点，虽然可引起訾议，但是他的研究半世纪来仍不失其重要性，因为我们还有许多他种事实证明智力遗传的可信，而且他的结论以为名人可生名人，无论是由于社会的或生物的遗传，到如今尚未有人加以指摘。此书不仅就资料的收集而言，即就其研究的方法而言，也足视为高尔顿的统计工作的开始。

高尔顿的关于统计方法的观念系取自比利时的统计学者阿道夫·刻特雷（1796—1874），刻特雷是把拉普拉斯及高斯的常态的差误律(Normal law of error)应用于人类的生物的及社会的资料的分配的第一人。据他的发现,人类学的测量,如关于法国征兵的身材的高度,苏格兰兵的腰围的大小,其次数的分配都遵循这个常
477 态的法则,即钟形的概率曲线。这个法则本来是就解释赌博的概率论而制定的;也曾应用于他种偶然变异的事例,高斯且曾用以表示观察的误差的分配。这个数学函数与差误概念的配合,似可见这个定律说明:理想目标实现的成就有不同程度的差异,例如目标的射击在标准线的两旁的分配。因此,刻特雷以为这个定律几乎可应用于人类的变异,假定我们或可解释这种人类变异的产生似乎是由于大自然好像要射中一种理想,但以不同的程度,离开了目标。由于曲线是对称的,所以其平均数居中,而单由差误的分配,即可表示大自然所欲求而得的理想的位置。因此,我们可以了解刻特雷的中人说(doctrine of l'homme moyen),以为中常的人为大自然的理想,好坏两方面(就人类性质之可作此种评价者而言)的歧异是大自然的不同程度的误差。平均是常见的数值,大相差是罕有的。

高尔顿相信量的测量是成年科学的一个标号,他采用刻特雷的常态律,以期将天才产生的次数化作天才的程度的测量;就是说,他定一个字母分级的量表,由刚出于中才之上的A,上溯至G和X,X代表在G之上的各级。例如才能F,四千三百人中只有一人具有,才能G,七万九千人中只有一人具有,才能X,一百万人中只有一人具有。反之,由位置于中才之下的a,下降而至于“白痴及愚笨”(idiots and imbeciles),如f,g,及x,也有相同的情形。此法将所观察而得的统计的次数化为另一量表,并顾到下面的两

个事实:(1)事例积聚在平均数的附近;(2)平均数附近的两个相邻的事例的距离必较小于两端上两个相邻的事例。现今心理学家已不如此天真地假定:不管选用何种测量量表,大自然总坚持它的一种特殊的误差律。但在那时候,常态律确被假定为常态的自然法则。

高尔顿在他的《遗传的天才》之后,继以《英国科学家》(English Men of Science,1874)的研究,后复继以《自然的遗传》(Natural Inheritance,1889)。这三部书详载传记的研究和精密的诠释。478
此外他又刊行论文三四十篇,讨论遗传问题,其最重要的是研究双生子的相类似处和禀赋及教养的关系(1876)。此文为这两个更合适的同义词的来源——禀赋一词代表遗传,教养一词代表环境。

高尔顿在《遗传的天才》内的结论以为雅典的文明,就心理的才能而言,远在现代英国文明之上,正如英国文明远在现代黑人的文明之上一样,于是他常注意人种如何改良的问题。高尔顿于1883年创优生学,以为因谋种族的改良而研究如何以一种聪明的选择代替自然的选择的计划和科学的一个名称,这个学科在当时及其后引起了许多人的争论。1904年,他终于在伦敦大学设一优生学研究讲座,由皮尔逊任其事。大学学院内又设高尔顿的国家优生学实验室,和皮尔逊的设立较早的生物测量实验室相互为用。1911年,这两个实验室合而为应用统计系,由高尔顿讲座皮尔逊主其事。皮尔逊的研究将另行叙述。我们都知道他的统计法的发展,二十余年以来,究如何支配英美两国的个人心理学的研究。

统　计　法

就一般说，实验心理学和个人心理学是各自发展的。实验室研究的结果没有使心理测验法的研究受到影响。学者虽常欲混合这两种心理学，然而它们的合一仍有待于将来。这种不自然的分裂就下列一事而言，尤为显而易见：就是，心理物理学的历史和统计法的历史大部分是不相为谋的，虽然这两个学科的关系为英国的威廉·布朗及G. H. 汤姆生，新近并为美国的L. L. 瑟斯顿和J. P. 吉尔福德所深知。不过在本书内，我们只是偶然提起个人心理学和心理测验，心理测验在基本上自然是实验的；这只是一种历史的不自然的办法，使实验的一词有较狭窄的意义。

个人心理学的主要工具为统计法，而统计法在历史上则可说是托始于刻特雷的研究，刻特雷是我们刚已述过的。我们又知道高尔顿如何采用刻特雷的常态的误差律，而应用于心理才能的测量。高尔顿对于此律的种种无关紧要的应用势难尽述于此。现暂
479 举一例为限。高尔顿曾据此律以决定竞争时的第一奖和第二奖的分量的比例。我们已知道此律以为在一组内接近平均的个体的差异较两端上的差异为小。而就较大的集体而言，两端上的差异也随而愈大。高尔顿的分析（就自十人至百人的集体而言），假使第一奖约当第二奖的三倍之大，才能的酬报才不失为公平。

发明统计的相关法的，以高尔顿为第一人。早在1877年，他即怀有此意。他以为遗传的现象有“返于中常”的一个原则，他以这个原则发现相关法。例如研究父子的身高的关系时，我们可认

儿子的身高半得自其父,半为他种不易确定的原因的结果。儿子的身高必较其父更集中于均数的附近,因为两个成分都趋极端的现象必较一个成分独趋极端的现象为少见。高尔顿由关于遗传的研究,乃深悉次数的离散图,用以表示联对量数的关系,最后复以J. D. H. 迪克森的一些数学上的帮助,更深悉回归线(lines of regression)及这种椭圆图内等高线的次数面的性质,并知道以一简单的系数表示这种关系。1885 年他在英国学会的 H 组内致会长接任词,讨论“返于中常”的法则,次年乃将此演说词一部分刊成论文。他用一机械的模型说明回归现象。他又述其对于种子的实验,在这个实验内,第一代即表示“返于中常”的现象。1886 年他另撰一文,以迪克森的辅助,发展成“相关指数”,这个指数不久即称“高尔顿函数”、至 1892 年,F. Y. 埃奇沃思乃定其名为“相关系数”。这个系数向例是以 r 这个字母(regression)代表的。

但只是到了卡尔·皮尔逊(1857—1936)手里,才予相关说以其现在所有的数学的基础。法国数学家 A. 布拉维虽早已(于1846 年)求出基本的定律,但是在 1896 年利用这些定律以求高尔顿的问题的解决的,则为皮尔逊。皮尔逊在两年前即开始研究生 480
物的分布的常态性。他比高尔顿更精于统计的数学上的技术,他在晚年所有的成就于此时已示其先兆了。1901 年,高尔顿、皮尔逊,和 W. F. R. 韦尔登合创《生物统计学》(Biometrika)杂志,以发表生物学及心理学内的数学的研究。同年,伦敦大学设生物统计实验室,由皮尔逊主其事。

皮尔逊对于生物统计法的贡献范围太大,非本书所能详述。他和高尔顿定心理问题的统计研究法为基本的方法之一,其他英国学者也多采用其法。后来 G. U. 尤尔(1871—)以曾著统计法教科书,颇为世所知名,但他对于统计法的功用的见解视皮尔逊辈较为持重。皮尔逊似常以为不精确的材料,因统计的处理而产生精确的结论,这个观点实验者鲜敢苟同,尤其是受到尤尔的批评。

查尔斯·E. 斯皮尔曼(1863—1945)之所以列入英国心理学史,因为他于 1904 年在相关法的应用上,走上了有重大意义的第二步。他在那年发表了他的著名论文:《普通智力》(General Intelligence, Objectively Determined and Measured),在此文中奠定了人的能力的二因素说的基础,正犹高尔顿以确定的和不确定的两种成分解释回归作用一样,斯皮尔曼以为两种变数的相关意即谓有一公共因素和各变数内的一种特殊因素的存在。表面上不同的心理才能的测量往往发现相关,心理学家初颇引以为异。斯皮尔曼总结说,正相关的普遍存在必定是由于在所有各种作业中有一种共同的**普通能力**(general ability)的存在,他称这个公共因素为 G,亦即所谓**智力**(intelligence)。似乎很自然,两种能力可被分析而为三种因素——即二者所共有的因素和各自具备的特殊因素,1912 年,斯皮尔曼和哈特共同发明一种相关系数等级矩阵(hierarchal matrix)法,可以将种种作业分析而为公共因素 G 和各种特殊因素 S_1,S_2 等。1916 年及其后不
481 久,汤姆生指出,当你有了两种以上作业时,除了 G 之外,还可以有其他的交叠。例如:三种作业可以有三者的公共因素(G),每一对的公共因素(R_1,R_2,R_3),以及三者本身的特殊因素(S_1,S_2,S_3)。争议于是而生,因为二因素说和群素说(theory of group

factors)似为不可调和的，直至马克斯韦尔·加尼特才证明二因素说只是群素作用的最简单情况。至1927年，斯皮尔曼承认了某些其他公共因素的有效性，在他的《人的才能》(The Abilities of Man)一书中加以讨论。

后来，1930年间，爱丁堡的汤姆生，伦敦的西里尔·伯特，美国芝加哥的L. L. 瑟斯顿，在他们各自领导下发展了因素分析(factor analysis)。因素分析是一种方法，用以将一组相关的作业分析而为许多各自变化的因素，计算的劳动虽较繁重，却也是值得的。每一因素是以它在每种原初作业中所参与的程度来规定的。首先分析出的因素是最重要的因素，有些剩余数太小，就可以略而不计。这种方法大都用之于心理测验，当问题情境可以事先分离为不同参数，而可受独立的实验控制和变化时，便不宜利用这个方法了。因此之故，本书对于心理学的这一重大发展，就不必作更详细的说明。我们只须记住因素分析一脉相承的重要人物就行了，他们是：拉普拉斯——刻特雷——高尔顿——皮尔逊——斯皮尔曼——汤姆生——加尼特——伯特——瑟斯顿。

虽然因素分析在美国不断得到发展，英国可决没有失去统计法中的领导地位。除了有汤姆生和伯特在继续工作外，在三十年代复有R. A. 费歇尔崭露头角。他在伦敦大学学院高尔顿实验室中，继承了皮尔逊的高尔顿优生学教授职位。他以发展这个方法分析应用和证实小样本而闻名。例如，他曾在英美成千上万的心理学毕业生的词汇中，加进了空位假设(null hypothesis)一词，他又曾使这么多人改变其想法，以致他们现在认为在显著差异和不显著差异之间并无明显的界限，但是统计学上的显著性在两极之间不断变化着，与数值的全域中的其他地方是一样的。

482 心理学家高尔顿

弗朗西斯·高尔顿爵士(1822—1911)当然是英国新心理学或大部分从事于人类个别差异研究的实验心理学的先锋。皮尔逊要使高尔顿成为英国的冯特，以为高尔顿的研究和冯特异途而同归，其所以不配称英国心理学的倡导者之故，只是因为后来心理学家不幸选取了德国的传统。关于这个争端，本书可不必详述。在本章的开端，我们已将高尔顿和冯特互相比较。我们知道高尔顿的博学，心理学只是他的多种兴趣之一。他虽熟知德国的研究而加以利用，且复对韦伯费希纳律的意义大加注意，但是他的创始力，他的性灵之非来自德国，那是毫无疑问的。皮尔逊深叹现代心理学对于高尔顿的研究，仅重视其相关说，其他种种多被忽视。关于这个叹息，我们可以说，高尔顿倘有一队热情的弟子，他的创见也许能产生重要的方法和重要的结果，虽然高尔顿的精力分注于多方面的著作，以致我们不能代为编订一个完全无缺的书目；读者可以揣想这个自强不息的天才心灵有多少智慧的嫩绿幼苗埋藏在他分散很广的著作之中呢！在另一方面，作者的意见认为高尔顿的重要的心理学研究，无论就仪器或事实而言，都已为现代心理学所采纳，高尔顿的影响之所以不随而加大，只是因为他分心于多方面，以致他在心理学上的著作量就不能更多了。再说，高尔顿只是半个心理学家，论时间且仅有十五年。至于冯特，则以心理学为专业家达六十年之久。

高尔顿的心理学的研究全依附于其对于人类进化问题的注意，因此，他可为达尔文及其学说的影响之大作一说明。高尔顿刊印《遗传的天才》(1869)虽已在四十七岁的时候，但此书几乎可以视为他的大量著作中的第一部，而由此书看来，高尔顿似乎一开始便注意心理的遗传和种族的改善——或至少是大不列颠人种的改 483
善。此后十四年内，他对于人类才能的测量的兴趣逐渐增高，最后乃成《人类才能及其发展的研究》(Inquiries into Human Faculty and its Development)出版于1883年。这部名著，有人视为科学的个体心理学及心理测验的肇始，但高尔顿自己对于此书的用意却并非如此。那时进化论和神学信条有尖锐的矛盾，主张达尔文说的英国科学家每被视为宗教的不可知论者(religious agnostics)。高尔顿的思想本以科学的客观性为特征，此时乃凭此客观性，对于这个问题进行心平气和的衡量，结果以为信仰的深度不足为它的效度的测量。他在其《研究》一书内讨论祈祷的客观效果，他的结论以为没有证据可以证明医生用祈祷为治疗的一种手续，气象学者以祈祷预测天气，或牧师在事业上较兴盛于他人。他深信罗马天主教徒，新教徒，犹太人和不可知论者的生活彼此很少差异，无论就他们对于人类的关系，或他们自己内心的安宁而言，他欲于他的《研究》内求一种新的科学的信条以供给于世。他要推翻时人的宗教的武断，而代以人人所应努力的目标即进化的信仰，他所主张的人类努力的目标，并非天国，而为超人。

因此，他的《研究》要测量实际的人，不把人当作创造主而侧重他的成就，却把人当作较优良后代的不良祖先而侧重他的缺点。高尔顿几乎具有一种宗教家的态度，而以人类的缺点代替罪恶。

虽然，高尔顿对于未来的梦想，没有使他对于现在不作细心的观察。他的《研究》对于优生学的计划作第一次的规定，虽有一部分陈述这个梦想，但以对于人的描写为主而尤侧重其心理的才能。高尔顿有时也写作普通心理学，似乎要表示人类所同有的缺点；然而他常侧重个别差异，因为这些差异可示我们以已有的变异，因此使我们对于较适者有作明智选择的可能。

但是要作明智的选择，首先要考察人类的才能。高尔顿的统
484 计学和心理学于此乃携手并进。而要测量大多数人，并为全人口取样，便不得不有仪器和方法，好使每个人的测量既易且速；使随同手续草率而俱来的错误则可望因大量的结果而抵消。为欲达到这个目的，高尔顿发明了**测验**，尤其是**心理测验**，这是测量的一个实验法，以简便为其特征，和德国心理学的麻烦的心理物理法大不相同。心理测验既为个体心理学而非普通心理学的工具，所以要发现人类的差异，而不欲于少数可为一切人的代表者的心理现象作彻底的分析。这个事实的结果使测验以快速度研究作业，而不研究作业背后的生理或意识的详细的条件。在美国，行为主义不难采纳心理测验，因为二者的主旨都要讨论作业，而不注意其意识的原因。高尔顿为这个观点的先锋；他说："我们不欲分析我们辨别两物异同的能力究竟是由于许多基本的知觉之中的哪一知觉的活动。我们只要研究其整个的结果。"

高尔顿的心理学虽有此很重实际的倾向，但是他也是一个内省家。他与哲学家相反，以为一个人对于自己内心经过的情形的报告和地理学家对于一个新地域的报告同样有效。他自己便兼长于观察意识的事件和客观的事件。他散步于伦敦街上，观察自己

的心灵，先断定其联想历程的门类之多，而又推定其发生于“意识的前厅”之内的无意识历程的范围之大。以这种细心的内省为根据，他复持论否认意志的自由，以为在考虑选择的时候，观念起伏，最后乃使某一观念支配行为，而没有意志的意识行动。他得到这个结论，不是由于受德国实验室研究的影响，而由于他倾向决定论的科学而背弃当时的神学。他又以内省法研究宗教意识的问题，他从滑稽报中取出一张滑稽画，故意相信画中有神圣的品质，对它说话“假装诚敬，好像它有一种神力可赏罚人们对它的行为似的”；如此作为之后，他终于对于此画得有一种迷信的情感，有“野蛮人对于偶像所有的情感”。以从不迷信的人竟有这个结果，也必大可 485
自豪了。高尔顿复欲亲历疯狂病。他所遇见的无论是人或动物或无生之物，他都想象其为侦探；久之他果获有一种疯狂的状态，于是每一头马都似乎在侦察着他，有时耸耳而听，有时则隐瞒其侦察的工作。

但是，高尔顿对于内省心理学的最大贡献，尤其在他的对于意象和意象的个别差异的研究。他和德国的费希纳及法国的沙可同为观念类型的概念的创始者。他的对于类型的决定及不同感官的意象的活泼性的测量的研究，那是心理学家谁都知道的，他对于其所求得的个别差异颇感惊异，他又发现联觉(synesthesia)，他的“色觉联想”的例子也是谁都知道的。他又发现“数目形”(number-forms)的存在，搜集了许多关于这些图形的重复呈现的资料。

高尔顿对于心理学的他种贡献大部分是心理测验的仪器的发明。他创造了一个口笛，用以测定最高而还可以听见的音，不仅试验人类，且复试验动物。他置一口笛于一空心的手杖的顶端之上，杖柄的另一端置一橡皮球可使口笛发声，因此他可在动物园中及街道上试验动物。对于很高的声音——他以为有些动物的听觉阈在人类的听觉阈之上——他便以煤气或氢气和口笛并用。高尔顿口笛以现代的技术而使其形式和口径大加改良之后，乃成为心理实验室中的一件标准的仪器。直到本世纪三十年代才让位于电子学。

他又创制一个横木，刻不同的距离于其上，用以试验人们对于视觉范围的估计力：还有一个圆盘用以实验人们对于垂直线的视觉的判断力。高尔顿的横木现在也是标准的仪器，虽然学者常以它为高尔顿所厌弃的心理物理学的研究之助。后来成为心理物理实验的标准仪器。

关于肌肉觉，他以每三种重量为一组，受试者须将每组重量依轻重排列。他初制小盒代表不同重量，后乃在坊间用黄铜制就，精巧美观。此一测验后不复用，继之而起的为比纳量表中对于九岁
486 智力的辨别测验。这个测验既容纳于智力测验之内，似可为接受高尔顿的下面这个主张的少数实例之一：就是，感觉的辨别可用以表示判断和智力。

高尔顿的他种测验的仪器后便较少流传。他自制一个摆子，测量反应时间。他复制一巧妙的仪器，测量以臂击物的速率。他又制一器具以测量色之深浅的辨别力，制卡片以测定视觉的锐敏度，制羊毛球以测验颜色识别力。他又计划着造一仪器以测验色盲。他又深欲为颜色制一标准的量表，且欲于梵蒂冈求镶嵌用的各种颜色样本二万五千种。他又用储有不同香料的瓶子，以测验

嗅觉的辨别，这是现在依旧采用的一个手续；他又采用韦伯创始的罗盘测验，或触觉空间测量器（the esthesiometer），以测验触觉的空间的辨别。他的《研究》既经刊行之后，他便采取雅各布斯的关于记忆广度的研究（1887 年发表于《心灵》杂志），以为“理解”（prehension）的测量，且复设法测量学童的疲劳。

高尔顿对于混合画像的研究已跨越了心理学的本身范围。他发展了像片法，置许多像片用以组成一代表型的像片，用多次的检查核对以证明其每一元素都有等值。他于此检得“一般化”的罪犯，家庭，种族，及纯种的马等的许多画像。这个手续虽然很好，但没有表示出明显的面貌差异。他又曾细心研究罪犯及他种人等的标志，尤其致力于指印问题。但这个问题主要是属于人类学测量，而不属于心理测量的范围之内。

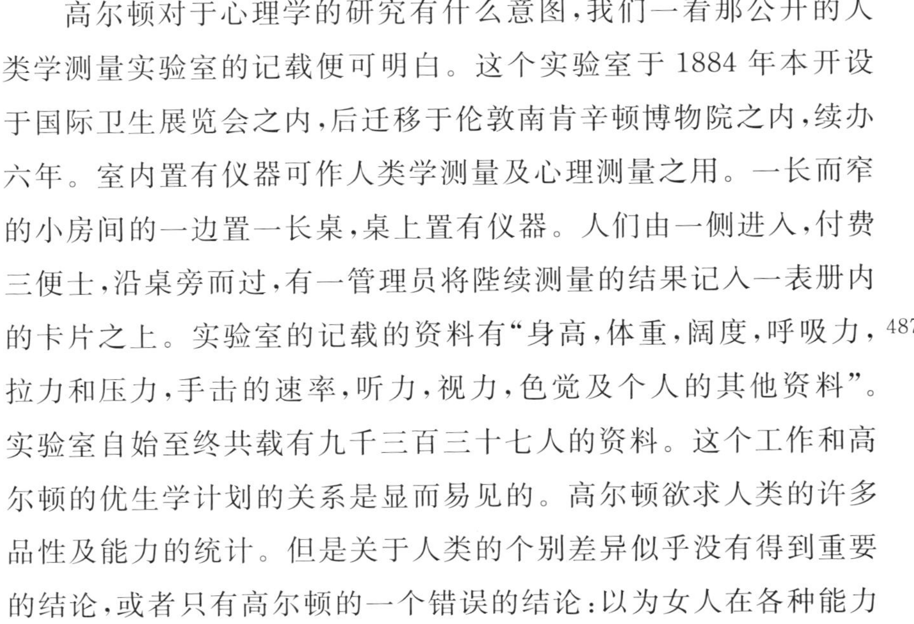

高尔顿对于心理学的研究有什么意图，我们一看那公开的人类学测量实验室的记载便可明白。这个实验室于 1884 年本开设于国际卫生展览会之内，后迁移于伦敦南肯辛顿博物院之内，续办六年。室内置有仪器可作人类学测量及心理测量之用。一长而窄的小房间的一边置一长桌，桌上置有仪器。人们由一侧进入，付费三便士，沿桌旁而过，有一管理员将陆续测量的结果记入一表册内的卡片之上。实验室的记载的资料有“身高，体重，阔度，呼吸力，487
拉力和压力，手击的速率，听力，视力，色觉及个人的其他资料”。实验室自始至终共载有九千三百三十七人的资料。这个工作和高尔顿的优生学计划的关系是显而易见的。高尔顿欲求人类的许多品性及能力的统计。但是关于人类的个别差异似乎没有得到重要的结论，或者只有高尔顿的一个错误的结论：以为女人在各种能力

上都比不上男人。虽然,人类学测量的实验室也是一种伟大动人的实验。这可代表心理学家的理想,可是这个理想从未实现。因为测验太简短而取样太稀少了。高尔顿信任自己的测验,并想用它来测量大不列颠的总人口。他认为到了那时,国家当可第一次明了其心理资源的精确范围了。

皮尔逊虽然埋怨实验心理学家采纳冯特的传统作为其活动的榜样,而忽视甚至忘掉了英国实验心理学的先锋高尔顿,但他的意见未必正确。冯特可说是普通心理学的始祖,普通心理学是有关一般化的,人类的,成人的,正常心理的心理学,高尔顿则为个体心理学的创始人,个体心理学是有关人的才能的个别差异的心理学。任何人都承认高尔顿在心理学领域内的天才和创造力,他的领悟的重要性和多面性,在心理测验上以及在人类才能心理学的发展和应用上的重大影响。若把冯特称为"纯粹的"心理学家而把高尔顿称为"应用的"心理学家,也不能说是完全正确的,而且还有一层区别,即冯特赞同描述和概括化,高尔顿只经常注意心理学的实际用途并致力于促进它的应用。冯特希望改进心理学,高尔顿则希望改进全人类。

普通心理学和德国的传统发展在前,应用心理学和美国的传统继之于后,这是确实的。但若说应用科学一定要后于一般化科学,则不但不正确,且复往往适得其反。实际的情况是:英国对于这两种心理学都不予以适当的支持,而德国和美国则各自分头急进。其后,当剑桥的实验室得到发展,英国其他各大学开始设置实验室时,很清楚,这些大学追随了已被接受的德国传统;但同样真
488 实的是,英国的应用心理学与实验的普通心理学相比起来,它的成

长比美国为速。1923 年在牛津的国际心理学会议上，发现一个出身于矿工的心理学家比发现一个受心理实验室训练的心理学家还容易些。因而英国心理学的这种发展趋势，也许更受高尔顿的欢迎，但是皮尔逊也许仍然不免感到失望，因为应用心理学家还没有形成自觉的协会，写出自身的历史，并树立高尔顿的形象作为它们的原动力。

美国在向冯特表示敬意的同时，却忽视了贡献极大的高尔顿。自觉心一贯强烈的美国人把卡特尔看成心理测验的伟大先锋，卡特尔是冯特的一名倔强的弟子，坚持研究人的个别差异。卡特尔也承认高尔顿的优先地位和天才，但由美国测验者看来，高尔顿似乎距离较远。遗憾的是，他没有同赫尔姆霍茨于 1893 年一道来参加芝加哥世界博览会！他们的年龄相差只有六个月，但高尔顿却没有前来。其后不久，在利用心理测验发现最有益于国家的心理资源方面，高尔顿就得让位于比纳了。心理测验者既致力于智力和斯皮尔曼的 G 因素的研究，就不复注意高尔顿的人的能力目录单上的各种不同才能的评价了。

实验心理学

我们已经知道，实验心理学从未受到英国大学的鼓励，因而在英国诞生较晚。高尔顿的研究没有产生心理学实验室的学派。十九世纪的最后十五年中间，在大不列颠，除了高尔顿的多种贡献，皮尔逊及其同事的生物测量和统计学，沃德和斯托特的体系建立的研究，萨利和斯托特的教科书编著，以及罗曼尼斯及摩尔根的动物心理学和进化论之外，几乎没有所谓人类心理学。

回顾过去，可以清楚地看到，剑桥实验室和剑桥的实验心理学的贡献，足够占有英国实验心理学史的一半篇章。沃德，里弗斯，迈尔斯和巴特列特在剑桥的努力、成功和失败，此起彼伏，连续未断，从他们身上当可看出英国实验心理学的进步。麦独孤在伦敦和牛津的作用固然重大，但不是主流。这段历史还提到其他一些
489 人、实验室和事件，但只象征着工作的情况。英国实验心理学的整个发生过程虽不太复杂，但我们仍可从沃德开始，按照发生次序，概述其主要的事件。

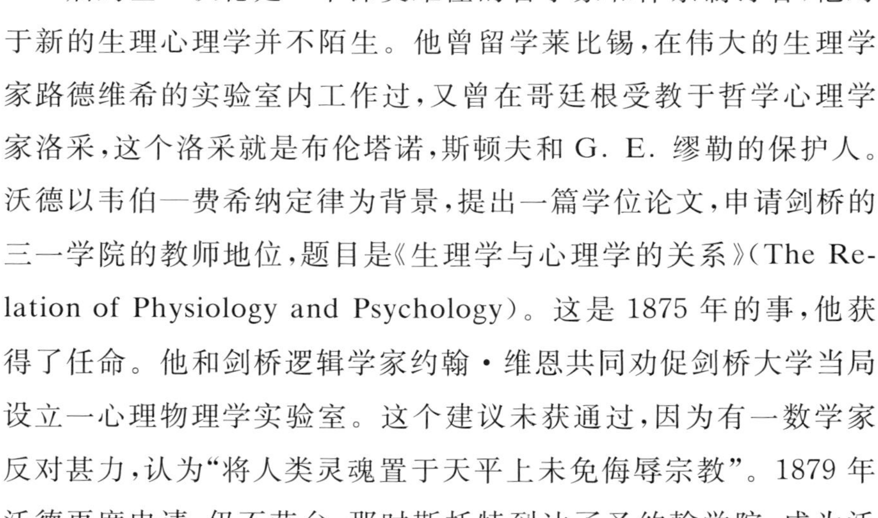

詹姆士·沃德是一个深奥难懂的哲学家和体系制订者，他对于新的生理心理学并不陌生。他曾留学莱比锡，在伟大的生理学家路德维希的实验室内工作过，又曾在哥廷根受教于哲学心理学家洛采，这个洛采就是布伦塔诺，斯顿夫和 G. E. 缪勒的保护人。沃德以韦伯—费希纳定律为背景，提出一篇学位论文，申请剑桥的三一学院的教师地位，题目是《生理学与心理学的关系》(The Relation of Physiology and Psychology)。这是 1875 年的事，他获得了任命。他和剑桥逻辑学家约翰·维恩共同劝促剑桥大学当局设立一心理物理学实验室。这个建议未获通过，因为有一数学家反对甚力，认为“将人类灵魂置于天平上未免侮辱宗教”。1879 年沃德再度申请，仍不获允，那时斯托特到达了圣约翰学院，成为沃德的学生。

沃德为大英百科全书撰写心理学条目，刊布于 1886 年。同年卡特尔刚从冯特获得哲学博士学位，于返美途中在剑桥停留。1888 年卡特尔复短期回到剑桥，任圣约翰的讲师，在马克斯韦尔

物理实验室中从事某些关于颜色的实验（当时称色轮的纸制色盘为马克斯韦尔圆盘），他具有美国人的自由思想和活力，给圣约翰的研究员们留下了深刻的印象（正如他也确曾给冯特以印象），此后，圣约翰的研究员知道了别处也有实验心理学。1887 年，斯托特曾任圣约翰的研究员，是被任命为心理学研究员的第一人。其后 1890 年，麦独孤也到圣约翰攻读了四年。

1891 年，沃德再次努力，从大学请得 50 英镑购买心理学仪器，后数年陆续获得补助。三十年以后，巴特列特在剑桥实验室曾发现当年遗留下来的赫尔姆霍茨双声笛（Helmholtz double siren）和希普计时器。1893 年，生理学家迈克尔·福斯特设一实验心理学和感官生理学讲席，W. H. R. 里弗斯（1864—1922）首任这个讲席，他曾在欧洲大陆从海林和克勒佩林工作过。剑桥评议会一个成员讥笑此项任命为一“可笑的冗员”。四年后，福斯特才

能在原生理系内另辟一单房间作为心理学实验室，由里弗斯主持。490
与此同时，沃德已任道德哲学教授，此后他的主要兴趣便从实验室心理学转向其他方面了。里弗斯曾从海林于布拉格，此时研究视觉问题，查尔斯·S. 迈尔斯（1873—1946）为其学生之一。次年麦独孤成为圣约翰的研究员。

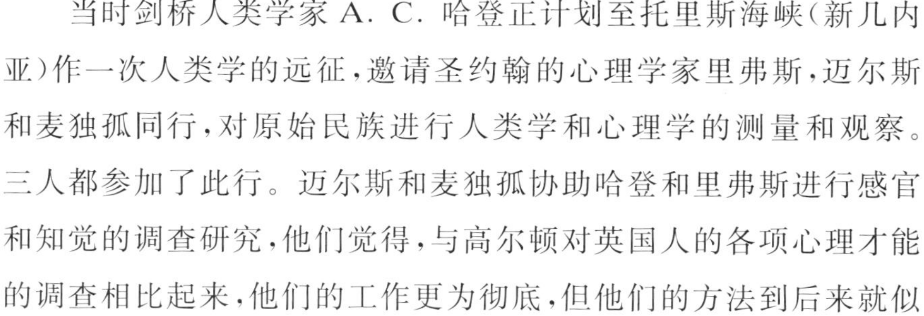

当时剑桥人类学家 A. C. 哈登正计划至托里斯海峡（新几内亚）作一次人类学的远征，邀请圣约翰的心理学家里弗斯，迈尔斯和麦独孤同行，对原始民族进行人类学和心理学的测量和观察。三人都参加了此行。迈尔斯和麦独孤协助哈登和里弗斯进行感官和知觉的调查研究，他们觉得，与高尔顿对英国人的各项心理才能的调查相比起来，他们的工作更为彻底，但他们的方法到后来就似

嫌粗糙了。迈尔斯赴婆罗洲继续工作，但三人都于 1899 年年底以前返回剑桥。

当时英国生理学家查尔斯·S. 谢灵顿（1857—　　）在利物浦对感觉心理学逐渐产生兴趣。他在十九世纪九十年代对于色觉和光的波动的研究，常为人所引证。他曾为 E. A. 谢弗的《生理学教科书》（Text-Book of Physiology）著关于触觉和肌肉觉的几章，此书刊布于 1900 年。里弗斯则写了关于视觉的一章。

伦敦大学学院的实验室的成立可说和剑桥大学实验室同年，即 1897 年。是年，闵斯特伯格离开了弗赖堡而转就哈佛大学的终身教职，大学学院的朋友为该学院向弗赖堡购来大批仪器。高尔顿也是此组购买人之一，但是这个购买计划则创自萨利。里弗斯除任剑桥的教职外，兼任这个实验室的首任主任。里弗斯去托里斯海峡，E. T. 迪克孙继任其职，其后远征的心理学家都返回了英国，麦独孤入大学学院任讲读（1900）。他发现弗赖堡的仪器都藏在顶楼上一个不适用的小房间内，但他仍继续用它为实验室，至 1906 年由斯皮尔曼继承其业。

剑桥的单房间实验室也不能令人满意，于是里弗斯于 1901 年向大学当局请求每年拨款 35 镑购买仪器和“更合适的实验心理学设备”。他获得了经费和一小幢屋子，小屋内的房间不久被描写为
491 “冷宫”。里弗斯向往人类学，并于 1902 年去南印度从事研究工作，后来发表关于托达斯族的论文以表示其工作的成绩。后来他又回到剑桥，再次请求每年拨款 50 镑和穆勒巷的一所“体面的小屋”。二者都获批准。他和迈尔斯及其他一些学生在此工作达六年之久，但是当时那所“体面的小屋”却被称为“潮湿、阴暗、不通风

的"小屋。下一步就得看迈尔斯的了。

同时，很快成名的神经学家亨利·赫德（1861—1940）对于外周神经的受伤后果发生兴趣，与里弗斯共同作了一个后来成为经典的实验，区分出皮肤感受性的粗觉（protopathic）和精觉（epicritic）。1903年，里弗斯切断了自己左上臂的两条神经，以便与赫德研究神经再生后的手部和腕部的逐渐恢复的感受性。他们和外科医生詹姆士·谢伦于1905年共同发表了他们的初次报告，然后赫德和里弗斯于1908年刊布了一长篇报告，最后里弗斯脱身前往美拉尼西亚作进一步的人类学研究。

1909年，里弗斯又返回剑桥，他辞去了讲师之职，但保留了圣约翰的研究员职位，未再他往，直至1922年逝世，青年学者因而失去一砥砺学术的长辈和一敬爱的友人。迈尔斯继承其实验室职位，而巴特列特也及时地来到，听里弗斯的演讲成为他的学生。迈尔斯曾在伦敦皇家学院被任命为心理学教授。1908年，他和物理学家H.A.威尔逊发表了经典研究，论声音的两耳定位中的相对的位相的效果，1909年他刊布了他的《实验心理学教科书》（Text-Book of Experimental Psychology）。此书如其所愿，成为一本名符其实的教科书，不似铁钦纳的教科书仅为一实验方法的手册。迈尔斯移任剑桥教职就已有充分的准备了。

此时麦独孤在大学学院继续其心理生理学的实验，直至1904年被任命为牛津的王尔德讲读，他任此职直至1920年赴哈佛时为止。有趣的是，王尔德讲读的职位并不包括实验心理学和灵学研究，而实验心理学当时为麦独孤的主要兴趣所在，而灵学研究也是他后来的最大兴趣之一。麦独孤在牛津任职时，有一段时间几乎

没有心理学家的地位，但旋即于 1907 年，牛津生理学家弗朗西
492 斯·戈奇在他的实验室内拨了三间房子供麦独孤使用，在此与他共事的有后来的著名学者威廉·布朗，西里尔·伯特，J. C. 弗罗格尔和梅·史密斯。麦独孤于 1905 年发表其《生理心理学》(Physiological Psychology)，复于 1908 年刊布其《社会心理学》(Social Psychology)。此书实际上为大学教学开辟了一个新的园地，它又将各种本能加以分类，成为安乐椅心理学家取之不竭的讨论话题。

与此同时，爱丁堡也出现了新心理学。1906 年史密斯被任命为实验心理学讲师，并于 1907 年建立了一所实验室，1912 年复创立了一所教育心理学实验室。史密斯死于 1918 年，德雷弗继任其职。

1904 年，谢灵顿被邀至美国耶鲁作西里曼演讲，后来以《神经系统的整合作用》(The Integrative Action of the Nervous System)为题，发表于 1906 年，可能从来没有一本著作能像这本书那样对生理心理学发生如此巨大的影响。它发展了反射以及反射在复杂行为中的整合作用的见解，概述了多年来关于触突性质的准则，为约翰内斯·缪勒所谓的特殊兴奋性(specific irritability)提供了适当刺激(adequate stimulation)的概念。

1902 年英国心理学会成立。1904 年，沃德，里弗斯和迈尔斯创办了《英国心理学杂志》(British Journal of Psychology)。沃德和里弗斯编辑它的首三卷(1904—1910)。从此，英国心理学乃渐趋自觉了，虽然晚于德国二十年，迟于美国十五年。

因此，英国心理学乃不断发展，并日趋自觉。1901 年摩尔根

以比较心理学而闻名，被任命为布里斯托尔的心理学和教育教授。1906年，斯皮尔曼在莱比锡、符茨堡和哥廷根游学归来，任伦敦大学学院的讲读，后于1911年升任心理和逻辑的格罗特教授。我们知道，亨利·J. 瓦特(1879—1925)为屈尔佩的符茨堡学派的重要成员之一，他于1908年被任命为格拉斯哥的讲师，立即刊布其《记忆的节约和训练》(The Economy and Training of Memory)，1909年，T. H. 皮尔去曼彻斯特任讲师。

现在我们可再回到剑桥。1908年，迈尔斯筹款兴建一所既不令人沮丧，也不阴暗潮湿的实验室，他自己和亲戚们提供了大部分款项，J. N. 兰利新的生理学实验室的捐款人乐于增建一翼以供心理实验室之用。实验室于1911年兴工，1913年开放。迈尔斯 493
任义务主任，因为英国几乎不知道如何容忍实验心理学，更谈不到支持了。西里尔·L伯特(1883—　)此时和道斯·希克斯(1862—1941)共同参与迈尔斯的工作。沃德辞去《英国心理学杂志》的编辑职位，迈尔斯顶替了他，编了两卷。然后里弗斯于1913年离职，迈尔斯乃独任其劳，共出版九卷(1913—1924)。里弗斯刊布其《美拉尼西亚社会史》(The History of Melanesian Society)，并立即再赴美拉尼西亚。他直至第一次世界大战爆发后才返回英国。1914年，迈尔斯被任命为实验心理学的讲读，但不久他和里弗斯都去参战达四年之久。迈尔斯参加驻在法国的陆军医疗队，里弗斯以心理学家身份在皇家空军工作。瓦特自知已在德国被拘，但他仍在被拘期间发表了两部著作，1917年的《声音心理学》(The Psychology of Sound)，1919年的《音乐的基本原则》(The Foundations of Music)。

大战后1919年，T. H. 皮尔（1886—　）在曼彻斯特任心理学教授。詹姆士·德雷弗（1873—　）继承已死的史密斯在爱丁堡任心理学讲师（1919—1931）。麦独孤赴哈佛，威廉·布朗（1881—　）则继承麦独孤任牛津的王尔德讲读（1921—1946）。里弗斯开始致力于发表著作如：《本能与无意识》（Instinct and the Unconscious），《冲突与梦》（Conflict and Dream），《心理学与政治学》，《社会组织原理》（Principles of Social Organization）。

1922年里弗斯逝世，迈尔斯离剑桥赴伦敦筹办新的国立工业心理学院（National Institute for Industrial Psychology）“使心理学和生理学应用于工业及商业”，且为该院主任。应用心理学于战后时期在英国获得资助，不久即超出其学院本身。战争期间心理学和心理学家，受到了利用，有时还受到了欢迎，迈尔斯却从战争中回到了剑桥。他写道：“我发现精神分析的蓬勃兴起已使皇家物理学教授疏远了，我从生理学教授那里很少受到鼓励；而心理哲学教授（指沃德，他赞同实验心理学，但仍要求心理学适合于哲学）则出我意料之外，公然反对要把即将授予我的称号中的实验的一词除去。”换言之，沃德想把迈尔斯局限于实验心理学，即较次于全部心理学。迈尔斯在与学院的偏执态度抗衡时，突然感到厌倦，索性离开，转到较为友善的领域去了。

494 但是巴特列特准备继承迈尔士的工作。弗雷德里克·巴特列特（1886—　）接受实验心理学讲读的称号（1922—1931），并兼任心理实验室主任。十年后，剑桥终于设置了一个心理学讲席，但仍冠以有争论的实验的一词。1931年巴特列特任实验心理学教授。不过此时伦敦已另设心理学教授的职位，斯皮尔曼于1928年辞退心理及逻辑的格罗特教授，改任为他设立的一个心理学教授讲席，伯特于 1931 年承受了这个讲席——大概也承受了顶楼某处的弗赖堡的一些陈旧的仪器。1945 年，D. W. 哈丁接任伯特，1931 年，德雷弗被任命为心理学教授于爱丁堡，他任此讲席直至 1945 年退休为止。

牛津只在心理哲学中设有王尔德讲读，这是排除实验心理学于外的一个位置。它设立于 1898 年，萨利(1898)，斯托特(1899—1903)，麦独孤(1904—1920)和布朗(1921—1947)相继担任了这个职位。后因设置一个心理学讲座，这个讲读转由哲学家充任。牛津甚至比剑桥更加落后。以迈尔士为主席的第八届国际心理学会议，1923 年在牛津而不在剑桥举行。此事颇出人意外，因为剑桥的心理学已有相当基础，而牛津的心理学仍只囿于王尔德讲读一席，只有一次允许麦独孤从生理学家那里借得了一个小小的实验园地。1923 年的会议，本来希望牛津能因会议中大量学者的访问发现其缺门的学科——正如 1888 年卡特尔的访问唤醒了剑桥那样。牛津在 1923 年也许已稍有感动了，无论如何至 1936 年，它成立了一个实验心理学院，以布朗为主任，创始时规模较小，十年以后获得了真正充分的支持。最后，到 1947 年，终于设置了一个心理学讲席。那忠心耿耿的牛津人铁钦纳已于二十年前去世了，如果他在 1917 年(不赴哈佛)或甚至 1907 年得任此职，当为他所最渴望的生平快事了。牛津邀请乔治·汉弗莱承担这个新讲座，汉弗莱为加拿大人，受教育于牛津、莱比锡和哈佛，曾任希腊拉丁文教师，因此他的任职无异向新同事们显示，科学的心理学并不一定非具有高深的学术成就不可。在此种微妙的形式下，经过大量辛

495 勤的私下努力，牛津终于转变了态度。现在的实验室已有经费，并可从实验室取得心理学及哲学或心理学及生理学的荣誉学位。优秀的牛津人希望哲学始终要比心理学重要，因此之故，一个牛津心理学家是不会和一个剑桥的心理学家相混淆的。

正如在美国一样，英国的心理学家在第二次世界大战期间，以心理学家的身份积极参与战时工作。这种活动在剑桥实验室最为突出。心理学家们发表了无数的报告。但是对于大西洋两岸为自由而战的这方面的工作成绩，其评价尚有待于未来。

英国心理学在科学上开始普遍得到公认，更早的一个标志乃是皇家学会会员的选举。被选为会员的，1908 年有里弗斯，1912 年有麦独孤，1915 年有迈尔斯，1924 年有斯皮尔曼，1932 年有巴特列特。被授予爵位的，1946 年有伯特爵士，1948 年有巴特列特爵士，1949 年则为汤姆生爵士。

附　注

沃　德

詹姆士·沃德（1843—1925）受哲学教育（1872—1875）于剑桥以及柏林和哥廷根，他到柏林在艾宾浩斯之前，他到哥廷根，在洛采的晚年，恰当斯顿夫和缪勒离去之后，在缪勒回任讲师之前。因此，他与“新”心理学的接触，仅等于斯顿夫和缪勒与洛采的接触。但是留学德国对于沃德也不无效果，就以他的在《心灵杂志》第一卷内（1876）论费希纳律的论文来看，也是显然可见的。他在英国继续受聘于剑桥大学的三一学院，先任研究员（1875），次任讲师（1881），终任道德哲学教授（1897）。关于他的生平，有 W. R. 索利所撰的略传,《心灵杂志》,1925 年,第 34 卷,273—279 页。关于对沃德的评价以及叙述沃德如何在剑桥创设实验心理学和创办实验室,见巴特列特:"沃德 1843—1925",《美国心理学杂志》,1925 年,第 36 卷,449—453 页;"英国剑桥 1887—1937"《同杂志》1937 年,第 50 卷,97—110 页,特别见 97—101 页。

沃德的著作有一书目为铁钦纳和福斯特所撰,《美国心理学杂志》,1912 年,第 23 卷,457—460 页。这个书目后又被修改扩充,至沃德去世时为止,发表于《一元杂志》(Monist),1926 年,第 36 卷,170—176 页。由这个目录看来,可见心理学支配沃德的思想至 1880 年左右为止,以后便渐失其重要的地位了。但是他始终没有放弃心理学。他为《大英百科全书》第九版(1886)撰"心理学"一条,后又加以修改,载第十一版(1911)内,为困难的系统心理学的杰作。他在心理学内的一部著作为《心理学原理》(Psychological principlies,1918),据他自称,此书计划已拟定于四十年前(1878)可能是在读了布伦塔诺的 1874 年的著作之后。关于心理学家的沃德的记载,为斯托特所撰,见《一元杂志》,1926 年,第 36 卷,20—55 页。并参看 J. 莱尔德论沃德和自我,《同杂志》,90—110 页。

关于沃德的哲学,见《同杂志》。内有他人所作的文章六篇,1—169 页,并参看希瓦斯,《心灵杂志》1925 年,第 34 卷,280—299 页。

斯　托　特 496

乔治·弗雷德里克·斯托特(1860—1944)从沃德研习哲学和心理学于剑桥大学(1881—1883),后被委为剑桥,圣约翰学院的研究员(1884),升任道德科学讲师(1894—1896)。此后他以两年在阿伯丁,为比较心理学的安得孙讲师。1898 年任牛津大学精神哲学王尔德讲读,后又为伦敦大学的考试员。他乃抽暇著作心理学教科书(1896—1903)。自 1903 年后,移任苏格兰圣安德烈大学逻辑及形而上学教授。见 C. A. 梅斯,"斯托特 1860—1944"《英国心理学杂志》1946 年,第 36 卷,51—54 页。

读了本文,便可知斯托特的重要由于教科书的编著:《分析心理学》,共二卷,1896 年;《心理学手册》1899 年,第 3 版,1913 年,第 10 次重印,1924 年;《心理学基础》(Groundwork of Psychology),1903 年。斯托特为一意动心理学家,见铁钦纳,《系统心理学:绪论》,1929 年,236—238 页,243 页,245 页。

斯托特自1892至1920年任《心灵杂志》编辑。

麦 独 孤

威廉·麦独孤(1871—1938)肄业于曼彻斯特(1886—1890),剑桥(1890—1894),伦敦圣托马斯医院(1894—1898),及哥廷根(1900)。他得有剑桥的医学学位。在哥廷根从缪勒研究。后任剑桥,圣约翰学院研究员(1898—1904),伦敦大学学院讲读(1900—1906年),牛津大学精神哲学王尔德讲读(1904—1920),牛津大学科帕斯·克里斯蒂学院特殊研究员(1912)。第一次世界大战时,从事于心理医学的工作。闵斯德伯格死于1916年,美国哈佛大学心理学教授出缺,1920年乃请麦独孤充任。1927年移职于北卡罗来纳的度克大学。

麦独孤发表了一篇简略自传,见麦奇森的《心理学家自传集》,1930年,卷一,191—223页。关于麦独孤的八种"评价",在鲁宾孙的"麦独孤传"中依次介绍,1943年,203—210条。特别见D. K. 亚当斯,"麦独孤传",《心理学评论》,1939年,第46卷,1—8页;伯特,"麦独孤的评价"《英国教育心理学杂志》,1939年,第9卷,1—7页;弗罗格尔,"麦独孤教授1871—1938",《英国心理学杂志》,1939年,第29卷,320—328页;F. A. 帕蒂,"麦独孤1871—1938",《美国心理学杂志》,1939年,第52卷,303—307页;斯皮尔曼,"麦独孤生平和著作",《性格和人格》,1939年,第7卷,175—183页。

麦独孤是多产作家,鲁宾孙,前引书,列举24种著作,167篇论文及注释的目录。在我们看来,他的主要的书籍有:《生理心理学》,1905年;《社会心理学绪论》,1908年,第14版,1919年;《身体与心灵》,1911年;《心理学,行为的研究》,1912年,第2版,1914年;《集体心灵》(The Group Mind),1920年,第2版,1927年;《心理学大纲》,1923年;《变态心理学大纲》,1926年,还有十七种其他著作:从《美国的民主安全吗?》1921年,到《生命之谜》,1938年,出版于他死的那一年。麦独孤是一个预言家,写作时有一种使命感。

关于麦独孤的系统的地位,见他的《心理学大纲》,1923年,又见"目的心理学还是机械心理学?"《心理学评论》,1923年,第30卷,273—288页;"心理学的基本原则"(Fundamentals of psychology),《心灵杂志》(Psyche),1924年,第5卷,13—32页;"人或自动机?"(Men or robots?),见《1925年心理学》,1926年,273—305页。

麦独孤关于习得性的遗传的著作,见他的"一个检验拉马克假说的实验",《英国心理学杂志》,1927年,第17卷,267—304页;"关于拉马克实验的第二次报告",《同杂志》,1930年,第20卷,210—218页;(与J. B. 莱因合著),"第三次报告",《同杂志》,1933年,第24卷,213—235页;"第四次报告",《同杂志》,1938年,第28卷,321—345页,他坚持这一信念直至逝世。 497

关于麦独孤的实验研究,在本章最后一节中,略有讨论。他以排水解释神经的制止作用的学说先公布于《脑杂志》(Brain),1903年,第26卷,153—191页。关于他的网膜的竞争作用的研究,见"注意过程的心理学因素",《心灵杂志》,1903年,第12卷,473—488页。他和缪勒在哥廷根创设记忆的测量法:见《英国心理学杂志》,1905年,第1卷,435—445页。关于他的"点模型("spot-pattern")"的测验,见《生理心理学》,129—234页。

萨　　利

詹姆士·萨利(1842—1923)基本上学习于伦敦。本书曾提起他访哥廷根及柏林。1892年,他继罗伯逊之后,任大学学院的心灵和逻辑的格罗特教授,他后又为斯皮尔曼所继承。在英国,许多年来,这个讲席和心理学讲座的性质几相近似。关于传记,见萨利《我的生平和朋友》,1918年,不幸这仅是一部回忆录,而非记述其学问进展可借以约略说明英国心理学的书。

萨利的重要的心理学教科书有:《感觉与直觉》,1874年,第2版,1880年;《错觉》,1881年;《心理学大纲》,1884年,第3版,1896年;《教师的心理学用本》(Teacher's Handbook of Psychology),1886年,第5版,1910年;《人类的心灵》,1892年;《儿童期研究》(Studies of Childhood),1896年,第2版,1903年;《儿童的行为》(Children's Ways),1897年;《论笑》(Essays on Laughter),1902年。

进　化　论

关于有机的进化,参考的资料随处可得。布丰,伊拉斯谟·达尔文,拉马克,尤其是查理·达尔文的见解,见S. 巴特勒的《旧进化论与新进化论》(Evolution, Old and New),1879年,第3版,1911年。关于现代的学说,见摩尔根的《进化论评论》(Critique of the Theory of Evolution),1916 年,此书并述及现代观点及其早期历史的关系(边码 27—39 页)。H. 斯米德特的《进化论史》(Geschichte der Entwicklungslehre),1918 年,对于宇宙的进化和有机的进化都讨论甚详。英文的精简叙述,见 E. 诺登斯柯尔德的《生物学史》(History of Biology),1928 年,453—616 页。

关于达尔文的传记,见法兰西斯·达尔文,《查理·达尔文的生平与书信》(Life and Letters of Charles Darwin),1887 年(中译本,孟光裕等译,商务印书馆 1963 年 3 月出版。——译者)。他的三部最重要的书籍的日期如下:《物种起源》,1859 年(中译本,周建人译,商务印书馆 1963 年 3 月出版。——译者);《人类的世系》(Descent of Man),1871 年;《人类和动物的表情》,1872 年(中译本,周邦立译,科学出版社 1968 年版——译者):有一遗著“论本能”(“Essay on Instinct”)刊布于罗曼尼斯的《动物心理的进化》一书内(见下)。

罗曼尼斯

关于罗曼尼斯(1848—1894),见其妻编撰的《乔治·约翰·罗曼尼斯的生平与书信》(Life and Letters of George John Romanes),1896 年。他的三部关于比较心理学的书如下:《动物的智慧》,1882 年;《动物心理的进化》,1883 年;《人的心理进化》,1888 年。

罗曼尼斯在时代上可填补达尔文和摩尔根之间的空隙。他的第一部书,《动物的智慧》,刊布于达尔文去世的一年。摩尔根的第二部书,《比较心理学》,刊布于罗曼尼斯去世的一年。

劳埃德·摩尔根

劳埃德·摩尔根(1852—1936)在南非任讲师(1878—1883),后便改任布里斯托尔大学学院的第一任动物和地质学教授(1884),后乃升任该学院校长(1887—1909)。他的自传见麦奇森《心理学家自传集》,1932 年,卷二,237—264 页。他在我们现在讨论的时期之内,对于比较心理学的贡献有下列各书:《动物生命与智慧》1890—1891 年;《比较心理学引论》,1894 年;《习惯与
498 本能》(Habit and Instinct),1896 年;《动物的行为》,1900 年,第 2 版,1908

年。关于他后来的著作,《层创的进化》(Emergent Evolution),1923 年,最为著名。

关于摩尔根法规,见他的《比较心理学》第三章。节省律有时和奥坎的威廉(William of Occam)的剃刀相比拟。参看皮尔逊,《科学概论》(Grammar of Science),附录,注 iii。关于这句话的确实的起源,见《心灵杂志》的讨论,1915 年,第 24 卷,287 页以下,又 592 页。汉密尔敦爵士称之为"节省律";参看他的关于《哲学的讨论》(Discussions on Philosophy),第 2 版,1853 年,628—631 页。虽说是古已有之,但这柄"剃刀",除用来抵抗解释的偏见之外,几乎很难成为科学中的一个有用的工具。因此,摩尔根的反抗动物拟人说的趋势是正确的,这个趋势还由于对达尔文学说提出论证的愿望而加强。然而比较心理学的情形现已改变了。参看 D. K. 亚当斯对于这个法规的应用的批评,"心灵的推论",《心理学评论》,1928 年,第 35 卷,235—252 页。

一般的动物心理学

雅克·洛布(1859—1924)的向性说,见《动物的向日性》,1890 年。洛布后复刊布《脑之比较生理学与比较心理学引论》(Einleitung in die vergleichende Gehirnphysiologie und vergleichende Psychologie),1899 年,英译本,1900 年。

关于历史上先后的问题,我们要知道 D. K. 斯波尔丁实验小鸡,系在罗曼尼斯开始著作之前,而且在他读达尔文的《表情》之前。参看斯波尔丁,"本能:附有关于小动物的创始性的观察",《麦克米伦杂志》,1873 年,第 27 卷,282—293 页。重印于《通俗科学月刊》(Pop. Sci. Mo.),1902 年,第 61 卷,126—142 页。

伦纳德·特里劳尼·霍布豪斯(1864—1929)刊布《心的进化》,1901 年,第 2 版,1915 年。他的研究多数是有关于形而上学,认识论,国家哲学和社会学的。

关于社会本能的经典论文有亨利·法布尔《昆虫学的纪念》(Souvenirs entomologiques),1879—1904 年;约翰·卢波克爵士,《蚂蚁,黄蜂与蜜蜂》1882 年;奥古斯特·福勒尔,《论昆虫的感觉》(Expériences et remarques critiques sur les sensations des insects),1887 年,英译本,1908 年;奥尔布雷克

特·贝蒂,“蚂蚁,蜜蜂的心理性质”(Dürfen wir den Ameisen und Bienen psychische Qualitäten zuschreiben?)(普夫吕格尔的)《生理学文献》,1898年,第70卷,15—100页;1900年,第79卷,39—52页。

关于原生动物的精神生活,见A. 比纳,《心理实验研究:微小有机体的精神生活》(Étude de psychologie expérimentale: la vie psychique des micro-organismes),1888年,第2版,1891年,英译本,1889年。H. S. 詹宁斯,在美国于1897年及其后,采取这个观点:见《生理学杂志》,1897年,第21卷,258—322页;《美国心理学杂志》,1899年,第10卷,503—515页;《美国的自然科学》(Amer. Natural.),1899年,第23卷,373—390页;《美国生理学杂志》,1899年,第2卷,311—341页;355—393页;1899年,第3卷,229—260页;余略。并见他的专篇:“下等有机体的行为的研究”(Contributions to the Study of the Behavior of the Lower Organisms),1904及1906年。关于詹宁斯,并参看第二十四章。

关于桑代克对于动物的正式实验,见桑代克,《动物的智慧》,《心理学专刊》,1898年,第2卷,第4期;后刊单行本,1919年。

关于比较心理学的书目,见华许本,《动物心灵》,1908年,第3版,1926年。

关于比较心理学的历史,见沃登,《心理学评论》,1917年,第34卷,57—85页,135—168页;尤须看145—164页,是论述本时期的。

心理遗传

见下文关于高尔顿的附注。

统计法

关于统计法发展史的文章写得最好的是H. M. 沃克的《统计方法史的研究》(Studies in the History of Statistical Method),1920年。

499 概率论为一切统计法的基础,关于此理论的历史见托德亨特《数学的概率论的历史》(History of the Mathematical Theory of Probability),1865年,起自巴斯卡尔和弗尔玛(1654),下迄拉普拉斯(1812)。常态的误差率产生钟形的分配曲线,常称高斯律,实更应归功于拉普拉斯(1786),且据近时的研究，1733年已为德·莫甫耳所求得。高斯(1809)讨论此律的应用，且得之于不同的原则，他的姓名之得附于此律之上，与科学史中常将宣传者和发明者混为一谈的道理相同。

阿道夫·刻特雷(1796—1874)将这个法则应用于人类测量及社会的资料，见E. 梅利，《论刻特雷的生平与著作》(Essai sur la vie et les travaux de L.A.J. Quetelet)，1875年；F. H. 韩金斯，《统计学家刻特雷》(Adolphe Quetelet as Statistician)，1908年；刻特雷的统计的研究起始于1825年左右，完成于他的《论社会的物理学》(Essai de physique sociale)，1835年，那里载有他的"中人说"。他的《关于概率论的书信》(Lettres sur la théorie des probabilitiés)，1846年，英译本，1849年，几乎有同等的重要性。关于常态律的应用史，见沃克，"前引书"，4—70页，包括84种较重要的论文的出处。

刻特雷为布鲁塞尔的数学家和天文学家。他是现代统计学的创始者，在他的手里，"统计"一词由国家资料的涵义扩充为现在的意义。他又被视为现代社会学的创造人。关于统计一词的历史和国家资料的关系，见沃克，前引书。

高尔顿在他的《遗传的天才》内，不仅采用刻特雷的常态律，将它改进为更有效的测量工具，而且他还可称为刻特雷的继承者，在英国建设起统计的科学，而半以提倡优生学而创立国家优生学实验室，完成了这个事业。由高尔顿看来，统计学和人类测量是不可分离的，他的人类测量学包括许多关于心理能力的测量，所以他的个体心理学和统计学也不可分离为二。

高尔顿对于回归的讨论，参看他的论文："遗传的身高之回归于中等身材"(Regression towards mediocrity in hereditary stature)，《人类学院杂志》(J. Anthropol. Inst.)，1886年，第15卷，246—263页(是他的1885年主席讲演词的重版)。相关的概念在同家族身材的类似性中就更加明白了，《皇家学会记录》(Proc. Roy. Soc.)，1886年，第40期，42—73页[附有迪克森的数学的附录，63—66页]，关于同族眼色的类似，同上，402—406页。最后，重心由回归而至相关的迁移完成于相关及其测量，《皇家学会记录》，1888年，第45卷，135—146页。高尔顿于此称 r 为相关的符号。关于回归的一般的讨论，见高尔顿，《自然的遗传》(Natural Inheritance)，1889年，95—110页。一般的见皮尔逊的一章；"相关与统计学对遗传问题的应用"，见他的《高尔顿的生平，书信与事业》(Life, Letters and Labours of Francis Galton)，1930年，卷三，1—137页。

F. Y. 埃奇沃思为 r 在一篇数学的论文内创"相关系数"一词，见《哲学杂志》，1892年，第5辑，第34卷，190—204页。

皮尔逊对于相关法的改进和他的乘积法(product-moments)的创立，见他的"对于进化论的数学的贡献"(Mathematical contributions to the theory of evolution: regression, heredity and panmixia)，《哲学会报》(Philos. Trans.)，1896年，187A. 253—318页。皮尔逊于此乃将"空间中的一点的误差律"问题的老原则应用于观察而得的数据之上。皮尔逊所引用的布拉维的定理，见布拉维，法兰西学院皇家科学会会刊(Mém. l'Acad. roy. sci. l'Inst. France. sci. math. et phys.)，1846年，第9卷，255—332页。

关于一般的相关说的历史，见沃克，"前引书"，92—147页，附有一个注释的重要书目共81种。

尤尔的名著为《统计学说引论》(Introduction to the Theory of Statis-
500 tics)，1911年，第6版，1922年。他对于统计法的缺点的批评，尤其是对布朗及汤姆生的著作的评论，见下引，《英国心理学杂志》，1921年，第12卷，105—107页。

布朗刊布其《心理测量要义》(Essentials of Mental Measurement)于1911年，后经汤姆生校订，以二人合著的名义，再版于1921年。此书欲将心理物理学的及心理学的统计法共冶于一炉。

斯皮尔曼的经典论文为："两件事之间的联想的证明和测量"(The proof and measurement of association between two things)，《美国心理学杂志》(此文直到次年才在《英国心理学杂志》刊出)，1904，第15卷，72—101页；"普通智力"，同上，200—292页。关于决定相关系数的等级排列的数学处理，见B. 哈特和斯皮尔曼，"普通能力"(General ability, its existence and nature)，《英国心理学杂志》，1912年，第5卷，51—84页。有一个截至1929年(在因素分析以前)的35种重要的注释书目，见沃克，前引书，142—147页，其中大部分为斯皮尔曼，瑟斯顿和加尼特的论文，斯皮尔曼的《人的才能》(Abilities of Man. Their Nature and Measurement)，1927年，确为这一工作的摘要，附有参考书目及表明如何计算的附录，另一篇好的概要是S.C. 多德的"因素说"

(The theory of factors),《心理学评论》,1928年,第35卷,211—234页,261—279页,提供了39篇重要的参考文献。关于这个一般题目,斯皮尔曼的早期著作有《智力性质和认识原则》(The Nature of Intelligence and the Principles of Cognition),1923年,第2版,1927年;后期著作有《创造性的心理》(Creative Mind),1931年。

1931年后,斯皮尔曼第三次执教于美国。他有一篇自传,见麦奇森,《心理学家自传集》,1930年,卷一,299—333页。有两篇关于斯皮尔曼的评价:桑代克,"斯皮尔曼1863—1945",《美国心理学杂志》,1945年,第58卷,558—560页;弗罗格尔,同题,《英国心理学杂志》,1946年,第37卷,1—6页。

关于因素分析的复杂情况,见汤姆生,《人的能力的因素分析》(The Factorial Analysis of Human Ability),1939年;伯特,《心理因素》(The Factors of the Mind),1941年;瑟斯顿,《群素分析》(Multiple-Factor Analysis),1947年。

费歇尔的两本重要书籍:《研究人员的统计法》(Statistical Methods for Research Workers),1925年,第10版,1946年;《实验设计》(The Design of Experiments),1935年,第4版,1947年;关于现代统计学情况(包括费歇尔的贡献),可参考任何一本好的教科书,如彼特斯和冯·沃勒斯的《统计法及其数学基础》(Statistical Procedures and Their Mathematical Bases),1940年,或奎因·麦克尼马尔的《心理统计》(Psychological Statistics),1949年。

高　尔　顿

关于弗朗西斯·高尔顿(1822—1911)的生平和著作,先有他的《自传》(Memories of My Life)(此书在下文简称M.),1908年,内载一个不完全而常欠精确的书目,计有一百八十三种著作。其次为皮尔逊所撰的《高尔顿均生平,书信与事业》(Life, Letters and Labours of Francis Galton),卷一,1914年;卷二,1924年;卷三,1930年。第一卷述高尔顿的幼年生活及其祖先。第二卷(简称为P)述他的地理学,人类学,心理学的研究,并略及统计学,尤以"心理研究"一章对于本题最有关系(第11章

211—282 页)。第三卷包括相关法发展史及其在遗传问题上的应用,高尔顿对个人的辨认和指印问题的贡献,高尔顿论优生学,以及对分散题材最为重要的三卷索引。

关于智力测验者所估计的高尔顿的优异的智力,见 L. M. 推孟,《美国心理学杂志》,1917 年,第 28 卷,209—215 页,参看柯克斯,《三百个天才的幼
501 年的智力》“智力之发生的研究”,卷二,1926 年,可证高尔顿的智力与最聪明的天才如来布尼兹,歌德和约翰·穆勒不相上下。

高尔顿的重要书籍都有关于遗传问题,因为《研究》一书也应列于此表之内。兹列举如次:遗传的天才,1869 年,第 2 版,1892 年;《英国科学家》(English Men of Science: Their Nature and Nurture),1874 年;《人类才能及其发展的研究》(Inquiries into Human Faculty and Its Development 简称 I.),1883 年,重印时删去两章,1907 年;《自然的遗传》,1889 年。高尔顿关于双生子历史的重要的论文见于《人类学学院杂志》,1876 年,第 5 卷,324—329 页。参看《研究》,216—243 页。

关于高尔顿的宗教的态度,见皮尔逊所发表的记载,P. ,第 2 卷,425 页。高尔顿论“祈祷的客观的效果”,见 I. ,277—294 页 P. 249 页以下。关于高尔顿以进化论为宗教信条的讨论,尤须读《研究》,331—337 页。

容易到手的有关高尔顿著作的三种摘录,见丹尼斯,《心理学史读本》,1948 年,231—247 页(《遗传的天才》的第 3 章,1869);277—289 页。(高尔顿哨笛,影像的问卷,观念联想,摘自《研究》,1883),336—346 页(相关及其测量,1888)。

皮尔逊的几卷供给许多关于高尔顿的材料,本书不可能一一涉及。高尔顿对于心理学的贡献的各方面的参考资料,也不必在附注内一一列举:读者可参阅皮尔逊。但是下列原出三处的参考材料对于读者可能是有帮助的。

作业的心理测验,不兼及意识状况的分析:P. 373 页。

作为观察的内省:P. 243 页。

意识的前房:I,203—207 页,P. 256 页。

自由意志:P. 245—247 页。

关于精神病(妄想狂)及宗教态度的内省实验:M. 246 页以下;P. 247 页。

关于影像。问卷、联觉和数目图形：I. 83—203 页，378—380 页；P. 236—240 页，252—256 页。

高尔顿的哨笛：I. 38—40 页，375—378 页；M. 247 页以下；P. 215—217 页，221 页以下。

视觉距离（高尔顿的横木）及垂直线的辨别：P. 222 页以下。

举重的辨别：I. 34—38 页，370—375 页；P. 217 页以下。

反应时间和计时器：P. 219 页以下，226 页。

一击的速率：P. 220 页以下。

视觉的敏度及色的辨别：P. 222 页以下。

色盲：P. 227 页。

色的量表和标准：P. 223—226 页。

嗅觉的辨别：P. 223 页。

触觉的空间辨别（两脚规测验）：P. 223 页。

记忆广度（理解）：P. 272 页。

心理疲劳：P. 276—278 页。

混合的画像：I. 8—19 页，340—363 页；M. 259—265 页；P. 283—333 页。

指印和个人的辨认：M. 252—258 页。

人类测量实验室：M. 244—251 页；P. 357—362 页，370 页。

女人不及男人：I. 29 页以下（但参看 99 页）；P. 221 页以下。

这些材料也未必都能供给原本的参考。

实验心理学

关于剑桥实验心理学史，见巴特列特，“英国剑桥 1887—1937”，《美国心理学杂志》，1937 年，第 50 卷，97—110 页，关于伦敦大学学院实验室，见希克斯，“伦敦大学学院哲学一百年”（A century of philosophy at University College, London），《哲学研究杂志》，1928 年，第 3 期，468—482 页。

关于沃德，斯托特和麦独孤，各见上注。关于斯皮尔曼，见统计的方法中的附注。

关于里弗斯，见巴特列特，“里弗斯 1864—1922”《美国心理学杂志》， 502

1923 年，第 34 卷，275—277 页；巴特列特，同杂志(1937)，102—107 页。

关于迈尔斯，他的自传见麦奇森，《心理学家自传集》，1936 年，卷三，215—230 页；巴特列特，前引书(1937)，102—104 页，107 页以下；皮尔，“迈尔斯 1873—1946”，《英国心理学杂志》，1947 年，第 38 卷，1—6 页，同著者，《美国心理学杂志》，1947 年，第 60 卷，289—296 页。

关于巴特列特，他的自传见麦奇森，前引书，卷三，1936 年，39—52 页；巴特列特，前引杂志(1937)。

关于德雷弗，及爱丁堡的心理学史，见他的自传，麦奇森，前引书，卷二，1932 年，17—34 页。

心理病理学，灵学研究与哲学心理学

在英国，还有几种重要的势力正位置于实验心理学的边缘，本书已说明实验心理学者在不转入人类学之时，就倾向于从事医学心理学或生理心理学研究。谢林顿与心理学的关系是生理学家的影响的一个实例。但是此外还有“心理病理学”的传统。约翰·休斯-杰克逊(1835—1911)，以其脑和心灵的进化的层次说，使心理学受到影响。亨利·莫兹利(1835—1918)，早就刊行一部很有影响的书，《心灵的生理学与病理学》(The Physiology and Pathology of Mind)，1867 年。此书出第 3 版时，完全重作，分成两部书：《心灵的生理学》，1876 年，《心灵的病理学》，1879 年。莫兹利又著有他种心理学的书籍；参看他的《身体与心灵》，1870 年。近时赫德(1861—1940)曾产生很大的影响，不仅因为他的关于皮肤感觉的学说，且复因为他的关于失语症及感情和情绪中的间脑的机能的研究。见他的《神经学研究》，1920 年；《失语与他种语言的病症》(Aphasia and Kindred Disorders of Speech)，1926 年。关于英国的脑生理学见边码 74—76 页，683 页以下。

“灵学研究”在英国也位置于心理学的边缘。F. W. H. 迈尔斯(1843—1901)，是很有影响的。参看他的《科学与将来生命》(Science and Future Life)，1893 年；《人格及其死后的生命》(Human Personality and Its Survival of Bodily Death)，1903 年。埃德蒙·格尼(1847—1888)，为另一领导者。参看格尼，迈尔士，及 F. 波德莫尔，《活人的幻象》(Phantasms of the Living)，1886 年。格尼对于催眠的实验研究也有贡献。亨利·西基威克(1838—

1900)，也曾研究超常态的现象，他是1882年，在伦敦举行的国际心理学协会的主席。这一次集会太重视灵学研究，所以后几次集会在题材上乃不得不有一显著的改动。

最后，在心理学的边缘，常有心理学的哲学家。像沃德那一辈人是兼跨两方面的。但有些哲学家写述心理学，而以之为纯粹的哲学。除了书内已举的各人之外，我们尚须注意F. H. 布雷德利(1846—1924)及伯纳德·博桑奎(1848—1923)的著作。他们都欲有贡献于新心理学，而在其思想的决定上，都有不小的影响。但自三十年代以来，英国也和美国一样，心理学和哲学的界线已逐渐分明了——当然，只有牛津是例外的。

近代心理学在美国的建立

第二十一章　美国心理学：它的先驱 505

在详述美国心理学之前，可先述其概要。詹姆士承认德国新的实验的生理心理学的重要，于是美国开始有了心理学。他本人虽不是一个实验者，但他信仰实验主义，将实验主义介绍到美国，且因侧重心灵的机能的意义，给新的心理学盖上了美国的印章。荷尔在学术上为詹姆士的弟子，虽然他与詹姆士生活于不同的环境之内；他是心理学实验室，教育心理学及一切新学问的先锋。他像先锋一般去开拓边界，令他人移居其内。赖德是美国的萨利，在詹姆士尚未出版其名著《心理学原理》（Principles of Psychology）之前，他即已编著教科书了。他又在未有机能学派之前，便已为一机能心理学者。设立实验室的潮流约由 1888 至 1895 年间震荡全美，只稍比德国落后。美国学生纷纷前往德国到莱比锡就学于冯特，回国时都很热心使美国心理学采取实验主义。铁钦纳和闵斯特伯格在 1892 年来到美国。从表面上看来，美国在仿效德国；但在骨子里，美国要成立的心理学是兼取高尔顿和冯特的心理学的，不过开始时还不是显而易见的。卡特尔是幼于詹姆士、赖德和荷尔的前辈心理学家，他从莱比锡回到美国，不很看重一般化的常态的成年人的心理，而要研究人性的个别差异。鲍德温赞助卡特尔。

最后，在杜威及实用主义的影响之下，美国心理学的系统的组织始
506 出现于哲学家及心理学家聚合之处的芝加哥。美国的机能主义应运而起，与铁钦纳所代表的冯特的背景大不相同。卡特尔本人从来没有一个系统，但是哥伦比亚大学则同情于机能主义。

美国心理学至1900年乃有明确的性质。它的躯壳承受了德国的实验主义，它的精神则得自达尔文。美国心理学要讨论活动中的心灵。卡特尔本人虽然没有明白的系统，然而他的系统可半见于他的信仰。桑代克将动物引入正式实验室内，于是开始有实验的动物心理学。后来桑代克复从事于学童的研究，从而促进了心理测验。荷尔为教育心理学的先进。至1910年，美国心理学乃包括实验的人类心理学，动物心理学，及心理测验；还开始发现了弗洛伊德。有些保守主义者为冯特派，有些急进主义者为机能派，大多数的心理学家则为中间派。华生在这个混合队伍中放一把火，因此乃有一度爆炸，产生了行为主义。因为各项条件业已齐备，所以华生得以建立行为主义；否则他是无能为力的。他在哲学上是幼稚的，行为主义虽已降生，却没有一种理论基础。但不久就有哲学修养较好的心理学家著书立说，为行为主义奠立了这个基础。霍尔特及其弟子托尔曼在融合弗洛伊德和华生以后，将行为主义引向后来所谓的新的动力心理学。在本世纪三十年代中，心理学与奥地利的新实证主义的关系得到了人们的承认，只要你记得行为或意识的所有心理学资料都可还原为可被观察而可资比较的操作，则心理学已显然不再是一个心体二元论的问题了。因为另一个人即使正在内省，而你在他的身上所直接观察到的乃是行为，所以实证主义心理学就变成了一种行为学或操作主义了。大

多数美国心理学家虽没有采纳这类术语,许多人却相信,四十年代的这些公式,为大多数美国心理学家的实际工作提供了一个可资遵循的理论基础。

格式塔心理学于1912年诞生于德国,且可溯源于1890年的厄棱费尔,它因不容于纳粹分子,已被移植于美国。它在美国继续存在,且复在美国行为主义的对比之下更形突出,其情况与二十年前铁钦纳的内省主义的经过颇多类似之处。要看清这个图形,就必须研究它的背景。

美国心理学为什么走向这个广义的机能说而不遵循德国的传
统呢,这是一个有趣的问题。美国人远涉重洋,到莱比锡从冯特学 507
习新心理学,回国后热心倡导生理心理学和实验心理学;他们各自在大学内开设新课程并建立实验室;他们颂扬其舶来的德国心理学;其后在绝少批评和几无自觉的情况下,使心理学的活动型式,从原先的对于一般化的心理的描述转变为对善于适应环境的个人才能的评价。他们用冯特的装置,发扬高尔顿的精神,究竟是什么原因呢?

答案很简单,一言以蔽之,进化论决定了这个变化。我们曾一度联系进化论和斯宾塞讨论了这个问题(边码240—244页),但现在已到了适当的时刻,尽可能利用我们已有的知识,对这个问题作一明确的陈述了。一般说来,美国热烈地接受了进化论,所以可以说,结果产生了有关适应和生存价值的心理学。依据这个学说,高尔顿和卡特尔是时代精神的代言人,但这是既非必要又非充足的原因。我们已经知道,达尔文和华莱士同时创立了自然选择说,即以达尔文来说,他也不是时代链条中的主要环节,不过是时代的象征而已。此种看法虽然正确，但仍嫌不足。我们可以追问，为什么进化论的影响对美国的心理学如此之大，对德国心理学却如此之小呢？美国和德国之间定然有所不同。英国有一个良好的开端，但与美国相比较，为什么它在心理学上却远较落后而不是遥遥领先呢？美国和英国之间也必然有所不同。

圆满的回答是：美国已有了接受进化论的准备——较易于德国，甚至较易于英国。美国是一个新开拓的国家。在准备去开发它并向大自然夺取生活的强有力的先锋们看来，国土是自由的。适者生存是新世界文化的基调。美国人的成功哲学（success-philosophy），基于个人的机遇和野心，所以是产生大众的民主（“人人皆国王”）、实用主义（“淘金王国的哲学”）和心理学内外一切形形色色的机能主义的背景。我们知道，早在文艺复兴时期就有一些谋求变化的力量在发生作用，反对世袭权力而承认个人的成就，反对神学的教条而拥护科学的研究，而现在这个**时代精神**的

508 力量都不过是这些力量的旧版翻新而已，许多人且以为这些力量已因新大陆的发现和新世界及远东的无穷财富而得到增强。也就是这个趋势在仅仅三百年内，使得进化论的发明成为可能，且复大有实现的希望。这个学说注定产生于英国而不产生于笨拙的美国，因为在英国，富裕的学者，有闲暇从事科学研究，至于美国则仍太忙于适应和谋求生存，不能悠然自得地思考物种的起源。其后美国疆界西移至太平洋，铁路通车，殖民者的自由国土已经消失了，于是团结一致和思索问题的时刻便随之而来了。新的进化论为精力充沛的美国人所接受，其情绪的热烈在某些学者如荷尔身上，就达到了宗教的热诚程度。这就是**时代精神**在起作用。谁也

没有发明机能心理学，不管是詹姆士，杜威，赖德，鲍德温，或卡特尔，他们也没有把它作为礼物一般送给了美国。它发生在那里，不过是由于时间和地点的需要。就时间而言，自十六世纪以来，或自远古的开始，机能主义的必要的虽非充足的条件已正在形成了。就地点而言，新世界是留供开拓的唯一的、人口稀少的大陆，是（从25至50纬度上的）气候中的唯一的土地肥沃的大地区，那里很适宜于从事脑力工作，而取得巨大的成就。

总之，美国心理学是机能的，因为机能主义和进化论都天然投合美国人的气质，这两个概念是互相促成的，因为它们是人性的同一基本态度的不同方面。

现在可回过头来论述美国心理学史的细节，由于詹姆士的创始性，不妨就从詹姆士说起。

威廉·詹姆士

威廉·詹姆士（1842—1910）是实验心理学史上的一个重要人物，虽说他在气质上或事实上都不是一个实验者。他是美国新心理学的先锋，也是美国的前辈心理学家。因为詹姆士对于德国新心理学加以诠释和批判，我们每易忘记了他早就抓住这个新运动了。就年龄说，他只小于冯特十岁，大于斯顿夫及G. E. 缪勒也几乎有十岁。他既任哈佛生理学教授，乃于冯特由苏黎世到莱比 509
锡的那一年（1875）兼授生理心理学，这一年詹姆士向哈佛请得三百元购买“生理学”仪器；他在劳伦斯科学学院讲授生理学与心理学的关系这一研究院课程，在学院内另辟房屋两间让学生进行实验，了解教师演讲的内容。1877 年，詹姆士为了便于他自己的实验，复在哈佛的比较动物学展览馆内增加场地。这一切都发生很早，因为世人皆称冯特于 1879 年在莱比锡建立了世界第一所心理实验室，其实冯特于 1875 年到莱比锡后不久已有了示范实验的设备。总之，詹姆士和冯特自 1875 年起已各自有了非正式的示范实验室（而非供研究之用的实验室）了。

但是，实验室仅为詹姆士的私人的信仰；却从未成为他的私人的习惯。他虽彻底领略其重要，但常忽视其实际的工作。这个矛盾在詹姆士的《心理学原理》内也很明显。此书因作者为病所阻，经过了十二年的劳动才于 1890 年出版，于赖德刊行他的生理心理学教科书之后。它对于新的德国的运动又拥护，又指摘。就拥护的方面说，他细心地将德国的许多实验的结果陈述于美国的读者之前，且以詹姆士的系统的观点加以诠释。就指摘的方面说，他常在这些结果的解释上，抱怨德国派对于心理学的陈述采取了不同的道路。詹姆士在这个观点上与美国心理学的机能主义精神互相符合，至于这个精神是否由他来决定，或他仅不过反映了这个精神，是否他是一种原因，或只是一种表现，我们现在可很难推断。但是他的影响的关键尤在于他的人格，他的见解的敏锐，他的笔调的异常流畅。他的书在事实上都表现出他的人格；我们用不到辨识其人与著作的界线。詹姆士既很肯定而又有容人之量。他的见解既甚明确，而又善于表达；因此他的文章是有说服力的。他才华四溢，富于自信和幽默感，加上知识渊博，通过私人交往和著作，不
510 能不产生深远的影响。总之，詹姆士无疑地是美国的第一流心理学家，虽然他只是一个半热诚的实验者，却助长了主要的实验

趋势。

詹姆士出国略受教育，在美国研究艺术一年，十九岁，乃入哈佛大学的劳伦斯科学学院。他在该院从查尔斯·埃利奥特（后任哈佛大学校长）研究化学及比较解剖学。两年后改入哈佛大学医学院。二十三岁时，得一不常有的机会和路易斯·阿加西斯到亚马孙作博物学家的远征。詹姆士对于这次远征很少贡献，只是在巴西有一重要的发现；他觉得自己是一个哲学家。他虽常赞赏阿加西斯，但不能有几分热情去仅求可以观察的事实、而不思考其原因和意义。这就是说，詹姆士受教育于美国，较之受教育于欧陆的阿加西斯更具有机能主义的思想。远征之后，詹姆士复回马萨诸塞州的剑桥大学再读一年医科，然后赴德留学一年半，依旧研究医学。詹姆士留学时体弱多病，不能完成其医学研究的目的。他渐更倾向于哲学，但如可能，却也想教授生理学。回美之后，至 1869 年在哈佛考取医学学位，但又为疾病困扰三年，只是因广泛的系统的读书，才略有进步。他的健行不息的创造精神，虽为健康所限制，但不因多病而降低其质量。

1872 年詹姆士被委为哈佛学院生理学教员。这个委任，至少由他看来，似足使他立即选取哲学或生理学以为他的终身事业。他似认哲学为较伟大而艰难的工作，因此，乃选取生理学，想在生理学内，兼及生理心理学，借此间接地成为一哲学家；因为詹姆士正像斯顿夫，在十九世纪七十年代看不出哲学和生理心理学之间有何明确的界限。詹姆士在哈佛教书很有成绩，讲授外且设一至少与冯特同样早的非正式的心理学实验室，提供实验的研究。他的健康因受教书及事业顺利的刺激，大有进步。1876 年，他被任

511 命为生理学副教授。1878 年，他和出版家约定刊印他的《心理学原理》，满望于两年内脱稿，但终迟延至十二年之久。1880 年，哲学家的詹姆士已为世所公认；被任命为哲学副教授；1885 年，升任教授。在此十年期中，他不断地著作其《原理》，研读哲学、心理学及生理学，又热心于灵学研究，表示出一种屡为病魔所扰而屡不屈服的生命力。1889 年，改任心理学教授，次年，他的《心理学原理》出版，立即为世所推崇。出版后六十年来，它的力量尚未稍减，它的识见也尚未落伍。

詹姆士由哲学教授改任心理学教授不足以表示其学术进展的情形。他的《心理学原理》的脱稿，标志着他的哲学的生命受心理学统治的时期的结束。他开始写《原理》的时候，以它为新的科学心理学的一部纲要；到了脱稿的时候，他写信给朋友，以为这部书仅足证明："现在还没有一种心理学的科学"，心理学正处于"一种科学前状态"。他相信实验室，但又不喜欢实验室。1890 年，他写信给闵斯特伯格说，"我本厌恶实验的工作，而我所处的情境又(在我的生活史的重要的几年之内)合力使我不能作常规的动作，因此，这个心所欲尽的义务便常被耽误了。"

詹姆士的注意为闵斯特伯格的《贡献》的前几部分所吸引。他觉得闵斯特伯格的著作有一种独创的见解。尽管他宽宏大量，却很不喜欢冯特及缪勒的拘迂；缪勒对于闵斯特伯格的研究的猛烈的攻击尤足使他接近闵斯特伯格。他欲请闵斯特伯格至哈佛，后果遂其所愿。闵斯特伯格到哈佛试教三年(1892—1895)，其后返德两年，考虑他应否再到美国，终于在 1897 年复来哈佛。是年詹姆士改称哲学教授，由闵斯特伯格主持实验室。

詹姆士在他的生命的最后二十年中，虽常为病魔所扰，但终于
发展为一哲学家。他虽永远是一位心理学家，但逐渐疏远了心理
学。他的《心理学原理》重新写成缩本，作为一本教科书，定名为
《简编》（“Briefer Course”），出版于 1892 年。《对教师讲心理学》
（Talks to Teachers）刊行于 1899 年，《宗教经验的种类》（Varie- 512
ties of Religious Experience）刊行于 1901 至 1902 年间。至 1907
年，他乃辞去哈佛教职，他的较重要的哲学著作开始印行：《实用主
义》（Pragmatism）（1907）；《多元的宇宙》（A Pluralistic Universe）
（1909）；《真理的意义》（The Meaning of Truth）（1909）。他于
1910 年去世，终年六十八岁，结束了心与体的矛盾。但他遗留于
后世的一种传统，一种势力，一种人格，文章，及哲学的理想的标准
比任何正式学派都更有影响。他的影响很大，几乎完全是通过他
的《原理》。杜威和麦独孤二人都谈到詹姆士如何影响他们的早期
思想的发展，以及他们如何在从未见到詹姆士以前，都已在学习他
的《原理》了。

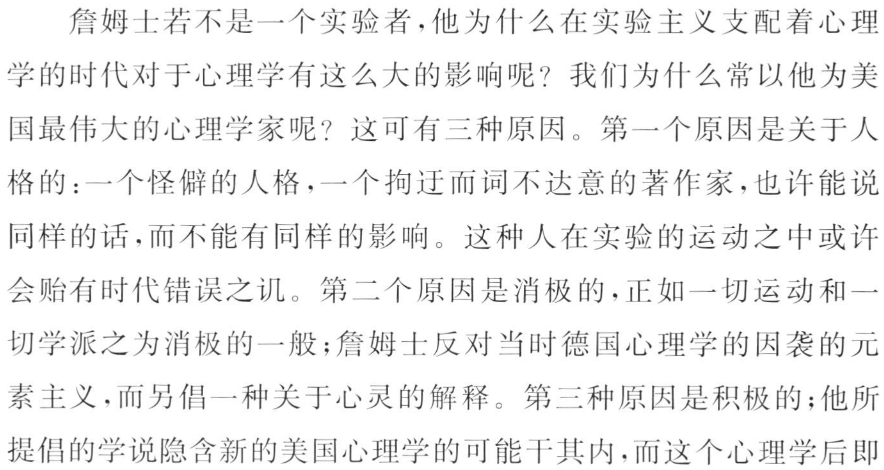

詹姆士若不是一个实验者，他为什么在实验主义支配着心理学的时代对于心理学有这么大的影响呢？我们为什么常以他为美国最伟大的心理学家呢？这可有三种原因。第一个原因是关于人格的：一个怪僻的人格，一个拘迂而词不达意的著作家，也许能说同样的话，而不能有同样的影响。这种人在实验的运动之中或许会贻有时代错误之讥。第二个原因是消极的，正如一切运动和一切学派之为消极的一般；詹姆士反对当时德国心理学的因袭的元素主义，而另倡一种关于心灵的解释。第三种原因是积极的；他所提倡的学说隐含新的美国心理学的可能于其内，而这个心理学后即

成为机能心理学，及其从弟，心理测验，和儿子，行为主义。詹姆士指示别人如何到达的地方，正是别人所欲到达的去处。

关于詹姆士的人格，我们可不必多说。读者只要一读詹姆士的著作，便可发现他的人格跃然纸上。詹姆士的为人甚至不是纸墨所能掩盖的。

詹姆士对于冯特等人的元素主义的抗议，在他讨论“思想流”的时候尤为明白。詹姆士虽承认分析为必要的科学方法；但是，他相信对心灵的分析的描写，并不意味着实在的心灵仅为元素的集合。他以为心理学只看见它的方法所引出来的元素，而遗失了实在的整体。意识的要质在于它的健行不息；它是一条流水。冯特也曾以同样的理由主张心为历程，然而我们已知道元素主义者不
513 常记得这个原则，而且历程到了他们手里都变成了凝结体。所以詹姆士的抗议实有强大的理由。

除了这个主要的资料之外，詹姆士以为意识还有他种重要的特性。(1)第一，意识显然是属于私人的，每一思想都属某甲或某乙所有，这就是意识的一个重要的事实。因此，詹姆士赞同了沃德和斯托特辈的主体客体心理学家，且复为自我心理学奠一基础；另一方面，他仅以另一语句表达了阿芬那留斯的“有些经验依存于个人”的原则。

(2)其次，詹姆士指出意识是常变的。他有一种极端的观点以为“任何状态都是一去不返的，也必不同于以前的状态”；他在这里指出的仅仅是这样一个逻辑论点，就是由于时间不同，所以回来的东西随而不同。他的意思以为每一种意识状态都是整个心物总体的一种机能，更以为心灵是累积的，而非重复的。物可再至，但感

觉或思想则否。詹姆士于此预先说出了格式塔心理学，尤其是它的对惠太海默所称的“不变说”（“constancy hypothesis”）的批驳：刺激物再至时，它便找到了不同的心灵，旧的物体和新的心灵便产生了一种新鲜的意识状态。詹姆士在这方面对于元素主义的抗议确实非常明白而彻底，所以有人说他在格式塔心理学尚未降生的二十五年之前，即已主张格式塔心理学了，例如，他说：“心灵内决没有一个永远存在，按时而复呈现于意识之内的‘观念’。”

（3）詹姆士复以为意识显然是**连续**的，也许有时间的间隔，例如当睡眠时；然而彼得，保罗睡后初醒，彼得仍为彼得，保罗也仍为保罗；他们二人决不混而为一。清醒的时候，意识的变动决不突然而至。相对的差异是存在的；思想流平静或转入漩涡之处，便有相对的固定的实质的意识状态；思想流流动甚速而不易描写之处，便有稍纵即逝的不固定的过渡的意识状态。这些状态和前所详述的易于领会的内容和不易领会的意动可互相比拟。我们还要知道意识流的错综关系是两因次的（bidimensional）；变动不仅见于时间，且也见于横断面之上。意识的状态有互相遮掩的“边缘”，“关系的连锁”，“心理的陪音”（Psychic overtones）。这个额外的意识 514
因次（它和时间的关系正如物理界的空间与时间的关系），有人以为是注意的因次，詹姆士这里所论及的，乃是觉知（awareness）的范围和程度，也许是名异实同的东西。

（4）最后詹姆士以为意识是有选择性的，这也是意识的一个主要特征。这里他所想到的以自由为较少（因为自由要涉及选择的理由），而以选择的性质及注意为较多。可能有效的刺激显然只有一小部分进入意识，詹姆士以为选择的原则为“关联性”。因此，意识选择的结果，每易跑入逻辑的轨道，而思想的连续终止于合理的终点。冯特或许要厌弃这个心灵的见解，但是我们不久便可知詹姆士以为心灵含有“知识”（或“意义”），因此，他得要讨论其逻辑的性质。哲学家而兼心理学家的学者们很少将思想律和逻辑律互相分离的。特别值得注意的是，詹姆士在这个关联性的概念中，预见到了瓦特，阿赫，屈尔佩的意向和决定的趋势等符次堡学派的概念。

这就是詹姆士对于心灵的见解，就其本身说来是积极的，就共对于实验心理学的影响而言，则为消极的，因为它虽立论反对公认的见解，却没有指出我们应如何改变实验的研究以迎合这个抗议。对于这个意识流除了分析，除了使它像照相一样固定在各种不同的状态上以外，还有何种科学的研究方法呢？

这个问题没有问过詹姆士，他也不必对此作答；但是，詹姆士的心理学有一较积极的方面，可用以作一答复。詹姆士的观点从未有人给以一个类名。铁钦纳称詹姆士的心理学为一种“关于知识的理论”，因为詹姆士依靠经验法，铁钦纳或许以为称之为一种“关于知识的科学”较为妥适。詹姆士在他的心理学内要处理意识的知识或觉知的问题，这就使他的理论有一部分和英国的系统学者如沃德及斯托特一样，追从奥国学派的传统。譬如就詹姆士的对于“心理学的不可还原的资料”的公式说吧，这些资料（1）为心理学家，即知道而又使意识成为个人所有的主体；（2）为被研究的思想，即心理学的材料，但只是它的一部分的对象；（3）为思想的对象，它包含于思想之内，正如布伦塔诺相信内容为观念所包含一
515 样；（4）最后为心理学家的实在，这就是心理学的事实，思想及其对

象之间的普遍化的关系，重要的（或人为的）科学的构造物（construct）。这是一种知识的纲要，而不是一种内容的纲要（依据内容一词后来的意义）。它供给我们以属于意识的资料（the data *of* consciousness）而非存在于意识之内的资料（the data *in* consciousness），铁钦纳或屈尔佩都可能这样说。《原理》出版后二十五年以来，大多数实验心理学家对詹姆士不表赞同，其后却发生了一种变化。格式塔心理学家成功地宣称意识中包含的是知识而非感觉的资料，行为主义者主张对于一个人来说，重要的事情是他能做什么，也就是他所知之事。这两个学派都有机能主义的思想，在它们的影响下，心理学又转到詹姆士老早说过的心理学应当走的方向了。

詹姆士的心理学也有明显的机能的见地——但不是跟意动心理学类似于意动的机能，而是生物的机能，取自达尔文，而非取自布伦塔诺。心灵是有一种功用的，我们可在它的功用中加以观察。因此，我们在詹姆士的心理学中，已看出后来美国的机能主义的要义。詹姆士将意识看作一个器官，在心物的“经济”中特具一种机能。他说，“由意识的分配看来，好像神经系统太复杂了，不能约束自己，因此，乃加入意识以为它的指导的一个器官。”“意识和其他一切机能相同，似也因有一种功用而才进化的——若说它没有功用，那就万难令人相信了。”

我们已继续地论及詹姆士心理学的关于心灵的认识的及机能的方面，其实这些方面是互相隶属的。认识是心灵的一种主要的机能。据詹姆士的意见，即属感觉也皆为认识的，有它们的对象，即感觉的性质；感觉的机能是与它的同质的对象或性质的“肤浅的结识"(mere acquaintance);知觉的机能便对于事实而有所知了。心灵对于有机体的主要的功用显然是知识,而关于外界的知识(知觉)是一种最重要的知识。詹姆士是在讨论意识;是在写述内省心理学。但是他不忽略神经系统,也不忽略有机体,更不忽略有机体所赖以生活的世界。因为这个缘故,他虽注意意识,但仍为行为主
516 义的祖先。在观察刺激和反应之间的关系时,在要义上,就是观察认识。虽然只是到了数年之后,行为主义才看见了这个事实。行为主义者最终得到了这个认识,是由于霍尔特接受了詹姆士的见解,托尔曼又承袭了霍尔特的思想。

我们不能在定义的许多细节上反对詹姆士。他与冯特不同,有不求全的勇气。不求全的理由详见其后对于实用主义的说明。他在心理学内是一个实用主义者。他勇往直前,信赖结果以为最后决定的参考。因此,他得以脱离形式的、因袭的束缚,承认心灵所有明显的事实,而力图证明他所获得的新自由的功用。所以他能于某些方面预言格式塔心理学,在某些方面预言行为主义,二者都是对于同样的传统教条的革命。就美国的机能主义而言,詹姆士更直接是它的开路先锋,他的实用主义的伙伴杜威,不久就促成这个学派的诞生了。

詹姆士只有一种特殊的著名心理学理论,引起了扩大的讨论和研究,这就是他的情绪说。詹姆士倡导此说,始于 1884 年,他以为神经系统对于情绪刺激,有一种先天的,或反射的适应,这种适应自动地引起身体的变化,大部分是内脏的及骨骼肌肉的变化,这些变化有些是可被感知的,它们引起的知觉就是情绪。它的图式是一个物体和感觉器发生关系,因适当的皮层中枢引起这个物体

的统觉，而这个统觉则为“单单感知物体的观念”。这个观念引起反射流，反射流通过预定的通路，而变动肌肉，皮肤，及内脏的状态，而这些变化的统觉便为“情绪地觉得的物体的观念”。1885年，哥本哈根的卡尔·朗格（1834—1900）发表一种类似的学说，所不同的，只是（1）它不如此极端，（2）侧重血管的运动神经的变化。詹姆士在他的1890年的《原理》内，重行发表他的学说，略加修改和扩充，并评述朗格的见解。此说引起各方面的批评。詹姆士的文章为求生动活泼以致过度简单化，有些批评就针对了这一点。詹姆士以情绪为身体变化的结果，而不为身体变化的原因，以为“我们因哭故悲，因战栗故惧”——对一般人的信仰提出相反的因果程序，所以是有力的警句。詹姆士于1894年，撰第二篇文章以 517
答复各种批评，并修改其简单的理论而使臻于完满。他以为，第一，身体变化的刺激不是一个简单的对象，而是一“整个的情境”：我们虽见熊而逃，但熊如被铁链锁住，或我们正持来福枪打猎而又精于射击，我们可就不逃了。第二，詹姆士辨别情绪和情调的差异：他在实际上认为情绪是含有这些身体变化的一种发病状态。这些修改虽缩小了他的学说，但使它较有近于真理。

近时W. B. 坎农，亨利·赫德，菲利普·巴尔德和其他等人证明了交感神经系统和下丘脑（hypothalamus）在情绪上的作用，几乎每一新事实的发现都用以强调詹姆士-朗格说的缺点，然而事实表明詹姆士-朗格说仍然是一个有关情绪的行为学说。此说主张觉知有赖于反应，从而预见到了现代的行为学。

斯坦利·荷尔

也许难以找到两个心理学家在性格和工作性质上的差异更有甚于斯坦利·荷尔和威廉·詹姆士的了，但是他们也存在着类似之点。他们同是新心理学的先进人物，对于成形期中的美国心理学同有很伟大的影响。他们虽都没有学派，但都有一大队的追随者。在目前的美国，有许多心理学家在学术上应感谢詹姆士，有许多人则应感谢荷尔。也许没有人能兼承认这两位学者的伟大：荷尔的弟子不容易赞赏詹姆士的狭窄的范围及其哲学的偏向；詹姆士的弟子必将以荷尔为肤浅而不专。然而这二人都很重要。

荷尔常很健康，度过活动的一生。他任大学校长三十年，但从未为行政而离开心理学，不然他也许不能在本书内占一地位了。他是一个对内的校长，教授的校长，几无暇捐募款项，或建设学术的行政的组织。假使心理学内有所谓“创造者”，他就是一个。他
518 的一生分期从事于建立实验室，杂志，及学院。尤其重要的，是他常“创造”观念，换句话说，他常受信念的影响，采集若干本非自己所创的新观念，次便加入自己泛读所得的其他观念以相引证，最后乃发表其结果于著作，演讲，讨论会及其他。他自承其学术的生命可视为一段一段的“狂热”；然而为他作传者在他的散漫的链条中也发现一种连续性，非粗心的读者所可望而得的。詹姆士搞哲学化，荷尔重思辨——因为二者是不同的。他们都很热心，但是詹姆士以深刻的，同情的玄想赢得一个静默的拥护者，荷尔则以暴烈的，热情的劲头博得一个诚恳的弟子。

格兰维尔·斯坦利·荷尔（1844—1924）出生在马萨诸塞州阿什弗尔德地方的一个农场，在家乡度过了青少年时期，上农村小学读书。他的童年生活是孤独的，因为那时他已开始接二连三地产生强烈的兴趣，而他的自然的友伴对于这些兴趣却并不同情。他不愿当农民，终于在母亲的赞助和父亲的反对的情形中，决定进入大学，预备将来当牧师，这大概是阿什弗尔德地方的最有学问的职业了。他先进一高等学校以求深造，在阿什弗尔德教书一学期，其后乃入威廉兹学院（1863—1867）。他在学业上或社交上起初都没有优秀的表现，他只是一个村童，他的乡村内可只有他一人考入大学；但是到了将要毕业的时候，却已博得学问上的种种荣誉。他已深喜哲学，尤其是约翰·穆勒的哲学，且复赞美进化论，这个态度使他的学术生命得到了一个统一的路线。他在纽约进联合神学学院时依旧不离哲学，而且他的哲学家的气味很浓，神学家的气味很淡，以致他试行讲道之后，校内那些惯于批评的教授不仅以批评为足，且复为他的灵魂跪祷上帝。亨利·沃德·比彻尔较同情于荷尔；劝促荷尔到德国专治哲学。

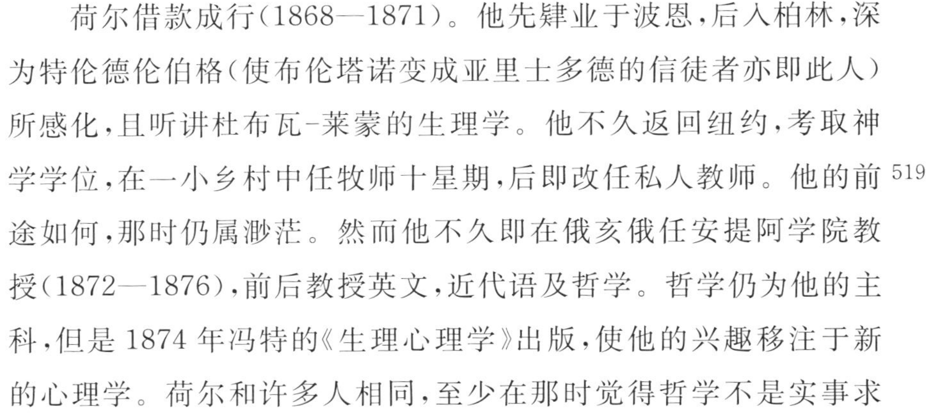

荷尔借款成行（1868—1871）。他先肄业于波恩，后入柏林，深为特伦德伦伯格（使布伦塔诺变成亚里士多德的信徒者亦即此人）所感化，且听讲杜布瓦-莱蒙的生理学。他不久返回纽约，考取神学学位，在一小乡村中任牧师十星期，后即改任私人教师。他的前 519
途如何，那时仍属渺茫。然而他不久即在俄亥俄任安提阿学院教授（1872—1876），前后教授英文，近代语及哲学。哲学仍为他的主科，但是 1874 年冯特的《生理心理学》出版，使他的兴趣移注于新的心理学。荷尔和许多人相同，至少在那时觉得哲学不是实事求

是的；但是他又缺乏科学的技术。由这种人看来，新心理学乃是一条折衷的道路了。

荷尔欲立即赴德从冯特治学。安提阿学院劝他再留任一年。后于赴德途中，埃利奥特校长请他任哈佛大学英文导师，荷尔的经济本不充裕，只得暂时接受。因此，他留哈佛两年，教授英文，研究哲学，又从詹姆士治心理学。此时詹姆士已在科学馆内开办了他那小小的学生实验室，且在博物院内建立了他自己的实验室，二者都早于冯特在莱比锡开放的正式实验室。1878 年，他以讨论肌肉的空间知觉的论文考取博士学位。他的实验的研究系成于生理学家 H. P. 鲍迪奇的实验室内，鲍迪奇与詹姆士交往甚密，二人曾多方进行合作。荷尔乃由詹姆士手中接受美国所给予的新心理学的第一个哲学博士学位。荷尔和詹姆士在年龄上几乎不相上下，但在气质上差别很大。他们都互相敬仰，但已跨上了不同的道路，其后乃愈相背驰。荷尔好像一个彗星，暂时受詹姆士的吸引，不久即远去而不复返了。

荷尔离开哈佛，即遵照从前的计划，赴德留学（1878—1880）。他先入柏林，从冯·克里斯及克洛内格尔共同研究。后乃转入莱比锡，和费希纳为邻，在路德维希的实验室内研究生理学，为冯特在莱比锡实验室成立的那一年的第一个美国学生。他仿效一切，不仅在表面上，且复和冯·克里斯及克洛内格尔共同发表著作。

荷尔返回美国后，依旧没有位置。他寓居于剑桥的附近，哈佛
520 的埃利奥特校长请他于每星期六的上午，演讲教育问题。此种演讲甚为顺利，荷尔便开始为公众所注意了。

1881 年，约翰·霍布金斯大学（创设于 1876 年）请他演讲。

他又很成功,1882 年被委任为该大学的心理学讲师,1884 年升任教授。他在霍布金斯遇见许多青年,后都在心理学界享有盛名:例如杜威,卡特尔,H. H. 唐纳尔森,E. C. 桑福德,W. H. 伯纳姆,约瑟夫·贾斯特罗及其他。他在 1883 年"创立""美国的第一个心理学实验室"。我们已知道实验心理学所到之处,都产生了实验室,詹姆士在哈佛已于数年前有实验教学及实验室。但是詹姆士的实验室是顺其自然而产生的,至于荷尔的实验室则为"创立的"。有实验室和创立实验室的不同,就是詹姆士和荷尔的气质的差异。1887 年,荷尔创办《美国心理学杂志》(American Journal of Psychology),这是美国的第一种心理学杂志,在英文中除了《心灵杂志》外也算第一,美国所有少数的实验心理学家都撰稿送投这个杂志。实验室和杂志是他所创办的东西的头两种。

1888 年,荷尔忽受一意外之召,往任马萨诸塞州,伍司特地方的新的克拉克大学第一任校长。荷尔在克拉克规定其初步工作的性质,使该大学的组织仿照约翰·霍布金斯大学及欧洲大陆的大学,设一研究院,侧重研究而不侧重教授。荷尔出国一年,几乎遍访欧洲各国,考察大学,他回国之后如何失望,本书不必详述了。他原期望创办人给以巨款,不料创办人不仅不增加经费,反而将经费减少,到了他在 1900 年逝世时,将他的捐款大部分移作创办大学部之用。大学设科学五个系,荷尔任校长时,在名义及事实上,兼任心理学教授。但是他将克拉克的实验室转授桑福德,桑福德乃由霍布金斯前来克拉克。教育系成立很早,由霍布金斯的老学生 W. H. 伯纳姆主持,该系在克拉克的环境之下几乎与教育心理学同义。因此,心理学乃兴盛于克拉克。

荷尔于十九世纪八十和九十年代在儿童研究及促进教育心理学方面的作用，下章将再行论述（边码 567—569 页）。

《美国心理学杂志》自然和荷尔一同进入了克拉克。这是他私人的产业。1891 年，荷尔又创办《教育评论》（Pedagogical Seminary 现为《发生心理学杂志》[Journal of Genetic Psychology]），这是美国的第二种心理学杂志，因为荷尔是心理学家，所以这个杂志也成为心理学的。1892 年，美国心理学会召开筹备会于荷尔的书房之内，同年成立，举荷尔为第一任主席。1904 年，他复创办《宗教心理学杂志》（Journal of Religious Psychology），但发行十年之后停刊。他约于 1909 年时要组织一儿童研究院，但因经费不敷，这个学院除为教育的一个博物院外，没有独立的存在，这是荷尔引以为憾的。1915 年，他又创办《应用心理学杂志》（Journal of Applied Psychology），但是心理学杂志那时已不复为新的；美国已经有十五种其他的心理学杂志了。

1924 年，他复被选为美国心理学会主席。从前只有詹姆士享受了再度被选的荣誉。但荷尔即逝世于此年，终年八十岁。

荷尔虽多创造，但不长于行政管理。杂志及他种组织只是他的勤劳的心灵的寄托物。他似乎有了一种新的兴趣，便将它发展至规模粗具的程度，然后为第二种问题所吸引，乃为旧的兴趣造成一种新的专业，一种杂志，或一种学院，使得以持久存在。现在我们可详述他的这种兴趣的起伏。

荷尔的最早的严肃的学术兴趣为哲学，那是我们已经知道的。在哲学内，他乃注意于心理学，最后使心理学反客为主，他说，心理学为哲学提供真正的途径，比如说，关于人们的精神分析可用以了解他们的意见。在哲学内，他又采取了进化的学说，因此，他的心理学常为一种进化心理学或发生心理学。荷尔和新心理学初次直接接触的时候，他的想像大为运动问题所吸引。他以为运动感觉是一切空间知觉的根据，显然是受了联想心理学家及冯特的影响。他认肌肉感觉为意志的器官。反应实验，由他看来和由当时的大多数心理学家看来相同，似乎可为心理测量的一个重要的工具。522 荷尔将这个见解随身带入霍布金斯及其新的实验室，他在该校研究运动感觉，两侧的不对称（bilateral asymmetry），节奏，及皮肤感觉等，都是很枯燥的问题，但在荷尔手里都是为文明原动力的人类心理的生动的说明供给材料。虽然，荷尔觉得新心理学的实验室的研究太为褊狭，显然没有如他所期望所要求的那么广博。新心理学以意识心理学为特征，他对于这种意识心理学又觉得厌倦起来，他远在未对弗洛伊德发生兴趣之前，便已断言内省不够说明许多心理学的现象。因此，他乃由各方面采取心理学的资料，主张他所称的“综合心理学”。这个词只是荷尔的兼容并蓄的折衷说的名称。以上是就其消极方面而言的。在积极方面，荷尔是一个发生的心理学家，或心理学的进化论者，注意动物及人类的发展和一切关于适应及发展的次要问题。他在去世时，嘱将其财产为克拉克设立一发生心理学讲座——现称荷尔讲座。

在克拉克，实验室既被交给了桑福德，荷尔的发生主义促使他专治儿童心理学，教育学及青年心理学。他的最重要的著作为两大卷《青春期》（Adolescence: Its Psychology, and Its Relations to Physiology, Anthropology, Sociology, Sex, Crime, Religion and Education）（1904），那时心理学方自称将打开科学的教育的

锁钥，因而此书风行一时。刊行后，荷尔对于儿童心理学的兴趣更增进不已。生长，想像，及游戏等问题尤足引起他的注意。他大规模地利用问卷法，以搜集统计的资料，因此，这个大可怀疑的心理学的方法，虽为高尔顿所首创，但在美国则和荷尔的名字发生特殊的关系。凡此种种研究原欲在一儿童学院中集一大成，但是，我们已知道，这个计划因缺乏款项而无从实现。

523 荷尔自童年起，便深喜动物，因此，他除从事于儿童研究之外，兼讲述动物的生活、习惯和本能。

当精神分析及弗洛伊德和荣格的著作传入美国的时候，荷尔便采取精神分析者的新学说。事实上，荷尔大有助于精神分析在美国的传播，因为在 1909 年，他曾邀请弗洛伊德和荣格自欧陆来参加克拉克的二十周年庆祝会，并让詹姆士，铁钦纳，卡特尔和其他等人与他们会晤，听取了他们的见解。因为这些学说既符合他的“内省不配为唯一的心理学方法”的信仰而又和他远在美国听到行为主义以前所发表的行为主义的呼声是互相协调的。精神分析复使荷尔研究性的心理学比他的青年心理学所研究的更属深入，因此他乃常有“性的恶名”(odium sexicum)。但是他为学术的好奇心所鼓动时，他是很勇敢的，不怕在他的综合心理学内补入一个新的章目。他忽又注意于消化的心理学及巴甫洛夫的研究。这个题材曾有一次成为他的最重要的题材：心灵便暂时迁移入胃内，荷尔居然关心起“幽门的灵魂”(“pyloric soul”)来了。

荷尔后又专注于宗教心理学，刊布一书，名为《耶稣》(Jesus, the Christ in the Light of Psychology, 1917)。此书复使他蒙“神学的恶名”(odium theologicum)。荷尔年老而益壮，对于克拉克校长辞退后的生活，也加以研究，如他研究其他问题一般：想用心理学研究晚年。1922 年，著有《衰老心理》(Senescence)一书。

综观荷尔的多种兴趣的起伏，可见他对于教育心理学的贡献较多，而对于实验心理学的贡献较少，实验心理学只是代表其学术生命的较早的一期。实验室未尝成为他的专业：因为它和他所注意的人性的活问题相距太远。反过来说，实验心理学也从未为他的综合观所排拒，他任克拉克心理学教授时，也许厌倦于实验心理学，但以校长的资格，对于实验心理学及前后主持实验室的桑福德和贝尔德的研究，则力加支持。在心理学粗具规模的时期内，他在霍布金斯建设实验室及其后的事业都很重要。他组织美国心理学 524
会“以促进心理学的科学”也是正式心理学史中的一个重要的事件。他如《美国心理学杂志》的创办也莫不然。在某一时期内，美国大多数心理学家似都于霍布金斯或克拉克与荷尔发生关系，虽然他们的热诚不是由荷尔的鼓励所致。1890 年，正在实验室的创办达到高潮之前，美国也许只有十所以内的心理学实验室，除了霍布金斯之外，至少尚有四所，创始于荷尔在霍布金斯的学生或同事之手。因此，荷尔的私人的影响虽多寄托于实验心理学之外；但在美国的实验室仍应以他为一个奖进者及开创者。

赖德与斯克里普彻

我们曾称赖德为美国的萨利，因为他对于心理学的贡献在于教科书的编著。他的重要是他著作的时代造成的。十九世纪九十年代，詹姆士，荷尔和赖德是美国所仅有的心理学家。鲍德温，卡特尔，贾斯特罗及桑福德等人还稍在其后。荷尔任美国心理学会第一任主席，赖德第二任，詹姆士第三任。在1890年之前，新心理学可读的普通教科书为数极少。就德文而言，除了福尔克曼之外，还有布伦塔诺及冯特的三种版本。就英文说，培因及斯宾塞已太陈旧了，只有萨利的《大纲》，尚未有他的《人类的心灵》。在美国，赖德未开始编著之前，只有杜威的一部书。詹姆士在哈佛讲学时，已用了斯宾塞(1878—1883)，萨利(1884)，培因(1885—1888)和赖德(1887)等人的教科书了。

乔治·特朗布尔·赖德(1842—1921)和詹姆士同年，比荷尔大两岁。1869年毕业于安多弗神学院，在中央的西部任牧师十年。后来他被任命为波敦学院的心理及道德哲学教授(1879—1881)，那时新派的心理哲学教授都研究“神经系统和心理现象的关系”，因此，他在波敦也开始进行这种研究。赖德复由波敦移任耶鲁大学教授(1881—1905)，称号一如其旧。他说在耶鲁时依旧在实验室中研究生理心理学，但是他在波敦有没有重要的实验室，
525 殊属可疑。他在耶鲁却有一非正式的实验室，有生理学家J. K.撒切尔以为他的研究之助。这就是说，当霍布金斯将欲成立实验室时，耶鲁已开始有实验心理学，但这不是说，赖德创造心理学实验室还在荷尔之前。大概地说，这些日期是无关重要的；实验室的产生由于时势使然，非由于荷尔在冯特和詹姆士后提倡所致。但是赖德的主要的兴趣在欲编著其关于生理心理学的讲义，他的第一部心理学的著作即起源于此。

这本书就是《生理心理学要义》(Elements of Physiological Psychology, 1887)。出版后为读者所欢迎。赖德自称于写作时

只有冯特可供参考，而冯特的书既属德文，当为多数读者所难了解。新心理学的文献日益增多。赖德细心遍读，将散见于各处的材料集为第一部英文的纲要。此书在美、英都产生很深刻的印象。在心理学纲要中而能侧重神经系统的生理学的确仅有此书一部；因此，1911 年，吴伟士将它重加修订，复成一部标准的教科书。

赖德于 1891 年曾为此书刊行一个节本。1894 年他出版一小册子，名为《心理学大要》(Primer of Psychology)，和一部巨著，名为《叙述与说明的心理学》(Psychology, Descriptive and Explanatory)。后一部书四年后再刊行一节本。1894 年的大教科书在销路上不及 1887 年的《生理心理学》，有一个理由，就是那时书已加多了，英文的有詹姆士及鲍德温，德文的有屈尔佩及齐亨，此外还有较欠重要的著作。詹姆士觉得赖德的第二部书枯燥无味。荷尔虽不认它为枯燥无味，但也不见有令人兴奋之处；虽赞许其精确详尽，但深以教科书的增多为憾，全不料后来美国教科书的增多尤甚于往昔。由历史上看来，此书有一特点，在系统上确代表美国所称的机能心理学。这也可见机能心理学孕育于美国的空气之内，不单为芝加哥的发现。赖德身在耶鲁，为讲演著作而提倡新心理学，将心灵写成一个有用的器官，故和冯特不同，后文当即回到这一点。

当赖德在耶鲁的头十年之内，心理学实验室的研究渐臻繁杂，
非一人所能管束。因此，1892 年，斯克里普彻被委为教师，并主持 526
实验室；这就是说，耶鲁实验室在非正式的存在后，至此就正式成立了。赖德依旧著书，但以其受神学的影响，以致从未为新的机械的(唯物的)心理学作一个热心的倡导者。他又返治哲学。赴东方

讲学三次。1905年告退,为“退休教授”。就心理学而言,他的影响实仅在他的心理学著作继续刊布的那八年之间,或至多也仅在他从开始于波敦研究生理心理学而至于前世纪之末的二十年之间,此后他便退出活动的场地了。

称赖德为一机能心理学家的时候,我们先要知道这个名称的意义。(1)赖德与沃德,斯托特及詹姆士相同,似乎也以为心理学应有一个自我,一个活动的主体。因此,他乃将意识视为一种活动,一种自我的活动。但是赖德又欲调和其关于灵魂的信仰和冯特的内容,他将意识叙述而解释为主动的机能及被动的内容两种。这个二元心理学和梅塞尔或屈尔佩的二重心理学又不相类似,因为由梅塞尔或屈尔佩看来,一方面为意动,他方面为内容;至由赖德看来,则无论何种意识的事实(即感觉也复如此),都须兼用此两种说明才可有完满的叙述和解释。

(2)有了主动的自我的概念——即詹姆士所称意识是属于个人的那个事实——使赖德采用生物学的概念,以为意识的机能在解决问题。他以心灵的功用解释心灵。这是他的生理心理学,生物的观点发生于生理的观点也许是不足为怪的。在心理学上,意识是一个自我的活动。在生理学上,有神经系统及有机体以为自我的代表。假使意识是附丽于人的,那么——在达尔文之后——以进化论解释意识,即以其对于其人的功用解释意识,可算是最自然的趋势了。心灵的机能就是适应。

(3)但假使心灵对有机体有适应的价值,那么他必有一种目的了;心理学因此乃成为目的论的。目的论为机能心理学的第三个特征,也便是神学家的赖德所乐于承认的一个原则。

(4) 最后，我们知道生物学的观点，乃是使心理学成为实际 527
的。我们有了一个人（自我或有机体），人有心灵（内容），心灵活动（机能）使他以与心灵协调的方法（目的观）适应其环境（生物观）。一件事情欲求其成为实际的，必先使其有用于人生，而人生的科学便为一个巨大的应用科学。因此，美国的机能心理学很顺利地导致应用心理学。然而赖德仅欲使心理学变为哲学的入门学，因此，那时（与现在一样）就需要一种关于人性的心理学了。

这四点在实际上是不相独立的。有了进化论的背景，这一点自然要引起那一点的。它们在赖德的心理学中都在理论系统化的平面之上。美国心理学史只是如何使四点变成事实的经过。

我们现在可返述斯克里普彻，替赖德掌管耶鲁实验室的就是此人。

爱德华·惠勒·斯克里普彻(1864—)，本书前章已提过，是冯特的一个学生。他在莱比锡从冯特三个学期，在柏林从艾宾浩斯、泽勒及保尔森一个学期，在苏黎世从阿芬那留斯治教育学一个学期。1891 年，以观念的联想一文，自冯特手内考取学位。毕业后任职于克拉克一年(1891—1892)。其后，赖德请他到耶鲁任实验心理学教师(1892—1901)。他自始便掌管实验室，后更任实验室主任(1898—1903)。最后两年(1901—1903)任副教授。

斯克里普彻在耶鲁度过了精力充沛、卓有成效的十年。和神学的哲学的赖德极端相反，他到实验室里，强烈地相信心理学是科学，对于心灵可作量的研究，且复可渐有物理学的测量的精确。那时较年轻的心理学家多致力于实验室，但斯克里普彻的著作对于这个时代的精神有更明白的表示。他著了两部通俗的书：即《思想，感情，动作》(Thinking, Feeling, Doing, 1895)及《新心理学》(The New Psychology, 1897)。这两部书都详载仪器的图画，图表及他种浅近的说明。文章简明，内容切实。不作空论，也不作深
528 远的讨论。它们具有九十年代的热情，以为不久即可有精确如物理学的一种新心理学了。

在斯克里普彻的领导之下，耶鲁实验室逐渐发展，至少就仪器及技术而言。斯克里普彻不久即创始其《耶鲁心理学实验室研究》(Studies from the Yale Psychological Laboratory)，在他的十年期内，年出一卷，共计十卷。其讨论的对象先为反应时间，后为声的感觉问题。但将这些研究一加查察，便可见斯克里普彻是主要的撰稿者，而耶鲁实验室却没有像同时代的荷尔那样地吸引多数后来成名的心理学家。那十年期内所刊布的四十五种研究之中，有十八种为斯克里普彻单独所撰，有五种是他和他人合撰的，其余半数才是实验室内的研究员所作的。C. E. 西肖尔(1866—1949)在此组研究员中最为出色，专致力于声音心理学。他于 1895 年在耶鲁考取他的学位。此外知名的只有 J. E. W. 沃林及 M. 马楚摩托。

在这个十年期之后，斯克里普彻便离开了美国心理学。他对于声学的兴趣已转注于语音学，在本世纪的前二十五年中专治语言及其缺陷的问题。他于 1906 年在慕尼黑考取他的医科学位，1923—1933 任维也纳实验语音学教授。耶鲁教职由 C. H. 贾德(1873—1946)继其后。

詹姆士·马克·鲍德温

心理学家的世代是可用十年计算的。詹姆士，荷尔及赖德系在十九世纪八十年代，是美国新心理学的第一代。九十年代便有其他领袖应运而兴：桑福德，卡特尔，鲍德温，贾斯特罗，闵斯特伯格，斯克里普彻及铁钦纳——依年龄为序。铁钦纳幼于桑福德八岁；1892年，当他们“降临”美国时，桑福德年方三十三岁，铁钦纳二十五岁。除了这些人之外，虽尚有他人，但是他们或转为哲学家，或转入行政及他种活动。此七人在心理学上留有印象，可见此新科学开始时是在很年轻的领导人手里的。这也许是他们导往不同方向的原因。青年是活动的，野心的，自夸的，或且为好辩的。

桑福德最长，在此组中为唯一的和平主义者，其所遗留的印象也最 529
为薄弱，其他各人多随年龄加大而渐趋温和，但是九十年代仍为美国心理学的一个争论激烈的十年期。美国在接受德国的博士学位时，也承袭了它的心理学的成规，美国青年心理学家的雄心也许因德国喜爱争论的精神而加强了。

1944年卡特尔死后，上述十人中生存者仅斯克里普彻一人，从年龄和成就上看，卡特尔是大家公认的一位老前辈，但由赖德说起似乎以先述鲍德温为较便利。

詹姆士·马克·鲍德温（1861—1934）原为一心理学的理论家，他跟荷尔及其他一切美国国籍的心理学家相同，深感进化论对于心理学的影响。他又为半个哲学家，或者更明确地说，是一个九十年代的哲学心理学家，其后的专业生命主要是哲学家。哲学的心理学家若可成为实验者，他便可以作例，他曾创办多伦多实验室及普林斯顿实验室，且复兴荷尔的霍布金斯的已经衰落的实验室。他的交游很广，有与重要人士周旋的能力和意愿——写出他对这些人的回忆。他虽为“新”心理学家之一，但他的技巧是哲学家的思辨式的理论能力。1895 年，他说“某些机构的最恶劣庸俗的企图要使心理学仅仅局限于没出息的观察，而排斥一切科学深入事物秘奥的思辨活动——这种超实证主义的口号在这里和在其他各处都窒息了理论。相反，给我们理论，理论，无例外地是理论吧！因此，无论何人若有一种理论，便请将他的理论提出吧！”这个呼声可不是实验者的呼声，斯克里普彻及铁钦纳辈对于这个呼声如何反应，读者当不难推想而知了。尤有进者，鲍德温是一个著作家兼理论家。他的理论不仅见于印刷，且复出于他自己的手笔。他于科学的写作之时不忘读者，所以理论和文章在鲍德温的心内，是连在一起的。

鲍德温在南北战争开始时，出生于南卡罗来纳。他的家庭很有名望，源出北方，因此特别同情于北方。他在普林斯顿大学肄业
530 之后，在柏林及莱比锡留学一年，研究哲学，但有一特别需要之事得之于冯特，即“新”心理学的入门。回国后，他在普林斯顿教授近代语，兼肄业于神学院二年，后便由伊里诺斯的湖林大学任命为哲学教授。他的博士论文以哲学为题；在论文内，因受普林斯顿校长詹姆士·麦科什(1811—1895，是哲学心理学家的最后的一位，因此本书对于此人不再有所论列)的指导，鲍德温便力斥唯物主义，虽然他的嗜好本不足使他注意这个问题的。1889 年，他改赴多伦多任形而上学及逻辑讲席，但因他对心理学的兴趣日益发展，他便

在多伦多设一小小的实验室。1893 年，他复被母校召回，任心理学教授，在校十年，异常勤勉，复组织一新的美国实验室，著作文章，又赴欧洲考察数次。荷尔既改就克拉克校长职，鲍德温乃于1903 年赴霍布金斯将该校的实验室重加整顿；但他那时已更是哲学家而非心理学家了。他在牛津，度过了 1906 年的冬季，受名誉科学博士学位。这是一个新的学位，最早受此学位者只有二人，他就是此二人之一。他又访问墨西哥两次。对于其国立大学的组织有所献议。至 1908 年，他既在霍布金斯服务五年，乃辞去该校教职，赴墨西哥以顾问的资格，任职五年。此后又以五年在巴黎任社会专科研究学院（L'école des hautes études sociales）教授。1934 年死于巴黎。

鲍德温在霍布金斯以后，似先更迭寄寓于墨西哥及巴黎，然后定居国外，尤其是法国。在此期内，他只有一次重返于心理学。是一本很明白可读的小书，名《心理学史》（History of Psychology）（1913）。他的哲学气味较浓的著作逐渐让位于法、美的国际关系的问题，而这些新兴趣尤因第一次世界大战及美国中立二事而增强。他极力拥护协约国，因此为法国所推重。

他的第一部书为《心理学手册》（Handbook of Psychology），分成两卷：《感觉与理智》（Senses and Intellect，1889）及《感情与意志》（Feeling and Will，1891）。前者刊行于他赴多伦多的时候，次年即出第二版。他仿照赖德及詹姆士的成例，也印行一节本，出版于他将离别多伦多的时候，定名为《心理学要义》（Elements of Psychology）。这几部书使鲍德温成名。它们之为纲要，适如鲍德 531
温之所期望；但理论太多，实验的事实太少，所以鲍德温的文章的流利虽仅次于詹姆士，但不能在“新”心理学的时代留有长久的影响。

他在普林斯顿刊行两部关于心理发展的著作：即《儿童与种族的心理的发展》(Mental Development in the Child and the Race, 1895)和《心理发展的社会的与伦理的诠释》(Social and Ethical Interpretations in Mental Development, 1897)。这几部书把进化的原则引用于心理学之内，甚至以鲍德温所称的“有机选择”说修改达尔文的学说。进化的观点本曾贯穿美国心理学，而使荷尔深受其影响。但荷尔对于此说，没有清晰的说明：他的《青春期》尚属六七年后的著作。詹姆士只是讨论有机体和环境的关系时，才采取这个观点。鲍德温则以它为主题。克拉克的心理学者看不起这几部书，因为它们满载个人的思辨而少有观察的事实，然而我们要知道那时心理学家大多数是彼此相轻的。

1898年，鲍德温刊行一小册子，名《心灵的故事》(The Story of the Mind)，后经多次再版，鲍德温称之为“我的唯一的小说”。

他又从事于两种重要的合作事业，其一为创办《心理学评论》(Psychological Review)于1894年，及其辅助的刊物，《心理学索引》(Psychological Index)和《心理学专刊》(Psychological Monographs)。同根分出的还有《心理学公报》(Psychological Bulletin)，刊行于十年之后。卡特尔和鲍德温共同发起这些刊物，他们都很积极，而都不忍受他人的干涉。他们每人负责一年，互相更迭，但于1903年，彼此同意拆伙，他们二人互相投标，卡特尔出价3400元，鲍德温则出价3405元，卡特尔出价3500元，鲍德温则出价3505元，因为卡特尔已决定3500元为最高价，所以鲍德温将这些杂志购为己有。其后，他赴墨西哥时这些杂志复转为 H.C. 华伦所有，到近来则统为美国心理学会的产业。

第二种合作事业则为鲍德温的《哲学与心理学词典》
(Dictionary of Philosophy and Psychology)。这是一部大著作，532
执笔者为欧美哲学家及心理学家合共六十余人。全书共两大卷，合计一千五百余页，刊行于 1901 至 1902 年间，本杰明·兰德的一千二百页左右的书目出版于 1905 年。

现在还仅有鲍德温的实验工作的问题。就这方面而言，他殊无足称。他及他的助手固曾作过实验，也曾刊布其结果，然而实验究非鲍德温所擅长，他在骨子里实为一哲学家及理论家。前章论述铁钦纳时（边码 413 页以下），我们已研究他和鲍德温对于反应时间的争论。鲍德温所举的论据很是软弱。在这个论战之中，双方所争辩的实为一个原则，而不是一个事实：就是，心理学究竟应研究人之本性及个别的差异呢（鲍德温）或应研究一般化的心灵呢（铁钦纳）？达尔文对于心理学的影响，常赞助个别差异的研究，就高尔顿说如此，就荷尔及鲍德温说也是如此。鲍德温采取了美国的机能的观点，铁钦纳则保留了德国的价值倾向。

詹姆士·麦基恩·卡特尔

卡特尔有一点特别：他对于美国心理学的影响远超过他个人的科学的作品量之上。因此，我们可知他的影响是通过私人的接触的。他在哥伦比亚主持心理学共二十六年，哥伦比亚是美国最大的大学，因此，心理学的学生与他接触的自然比与任何其他美国的心理学家接触的要多得多。他又是一个实行家，是心理学界及科学界中的多方面的人物，因此，美国心理学所有多数有组织的计划都曾有他的献议。他至少编辑过六种心理学或一般科学的重要的杂志。可以说，美国心理学之有今日，自以这个观念明确，不怕斗争的人的劳绩比任何他人要更大一些；然而假使卡特尔也像铁钦纳，不为美国趋势的一个有力的代表，而为荒野中的孤独之音，他的功效也许不会如此之大了。英雄造时势，但是时势也选择英雄。让我们细察卡特尔如何为美国的那一时代的人物吧！

在八十和九十年代内，心理学还是新的科学，需要年富力强的
533 领袖，卡特尔就是这样的一个人物。荷尔，鲍德温，闵斯特伯格，斯克里普彻及铁钦纳也莫不如此。

进化论已支配美国的思想，我们已知道进化论在心理学内意即对于个别差异的侧重。卡特尔甚至在往见冯特之前，即深信个别差异心理学的重要，其后也坚守这个信念。他这个观念不得自高尔顿，也许他和高尔顿共得此意于相同的环境之内。

我们已知道，个别差异心理学因讨论特殊的东西而不讨论一般的东西，故易成为实用的。心理测验变成了它的主要方法。我们已讨论了美国的实用性及其机能主义的偏向（边码 506—508 页），这种有助于热情地接受进化论的气质，与一个新开拓的国家是协调的，而且在文艺复兴后的西方文化中也已可见其端倪。卡特尔创造了**心理测验**一词，且复为促进心理测验运动的第一个美国人，理应在美国发展中成为一个领导的人物。他代表着美国精神，也作好了充当领导的准备。他的刚毅的人格及其和许多人物及事业的接触，给他提供了机会。哥伦比亚实验室是他散布影响

的最重要的唯一因素。他从未写过一部心理学教科书，与其影响相比较，他自己的研究分量不多。他的影响很大乃是因为美国人需要他。这就是对卡特尔的明白诠释。

詹姆士·麦基恩·卡特尔(1860—1944)毕业于拉斐特学院之后，出国留学二年(1880—1882)。他对于人类才能的兴趣那时即已为哥廷根的洛采(前于洛采之死的一年)，及莱比锡的冯特所固定下来。卡特尔回国肄业于霍布金斯一年，那时荷尔到校主讲心理学。因此卡特尔曾为荷尔的学生一学期。1883 年他复返回莱比锡，自荐为冯特的助手，那是我们已经知道的。他在莱比锡三年，成绩很好。在《哲学研究》及《心灵》和《脑》等杂志内，刊布文章六七篇，都有关于反应时间及个别差异。这几篇文章有些已经成为经典的。那时反应实验作为心理测量的工具，其所引起的兴奋 534
达到了高峰。卡特尔以其对于反应时间的因袭的兴趣和他的对于个体的非因袭的兴趣合而为一，所以有几篇文章是双方兼顾的。1886 年，他由冯特手里考取他的博士学位。

卡特尔于 1887 年在宾夕法尼亚大学及布林·马尔学院任心理学讲师。1888 年任剑桥大学讲师(边码 489 页)，认识了高尔顿。他们虽各自独立地注意个别差异的问题，但因见解相同，变成了好友。其后，卡特尔又任宾夕法尼亚心理学教授三年(1888—1891)，在那里创立一实验室。

这个时期的最重要的成绩是他的专篇《微小差异的知觉》(On the Perception of Small Differences，1892)，是与 G. S. 富勒顿合著的。富勒顿本为一哲学家，只是偶然受实验心理学的吸引。次年，卡特尔又发表一篇文章讨论观察的误差(errors of observation)，可见卡特尔已应用统计法于因袭的心理物理学，又可见他反对内省心理学所有精微的区别，而尊重机误。卡特尔和富勒顿又介绍了机能的观点于心理物理学和差别阈限(differential limen)的问题之内。正统的心理物理学家曾经承认并描述过阈限的事实：在那里存在着一种临界的差异——“最小可觉差”(“just noticeable difference”)——在此以下，观察者往往很难作出辨别。他的感受性与这个最小可觉差构成反比例。翻过来说，机能的公式则假设被试者力求辨认每一差别，仅在此差别太小时才辨别不出来，因而它用均差(average error)的大小代替了最小可觉差的大小。甲值可以化为乙值，费希纳则兼用两种值。然而这是一个临界差的决定的问题，还是一个误差的程度的测量问题，二者在方向上是有区别的，刻特雷曾认为人的变异性是对准大自然理想时所发生的自然误差。这些机能主义者则把感觉变异性视为在力求达到完善辨别时所发生的人的误差。

卡特尔自宾夕法尼亚转就哥伦比亚大学，留威特默主持那新成立的实验室。他在哥伦比亚又创立一实验室，主持此实验室共二十六年(1891—1917)，此时他的早期关于反应时间的兴趣已趋
535 消失，在十九世纪九十年代转致力于促进心理测验。1896年，他和利文斯顿·法兰德合著关于哥伦比亚学生的身体及心理的测量的著名研究。这个研究原计划遵循高尔顿的路线，但在比纳的智力测验获得了成功时，它便不能成为典范了。他于1903年对科学的卓越性(eminence)开始发生研究的兴趣，最初只按心理学家的功绩大小进行等级评定，后来随着他所编著的《美国科学家》(American Men of Science)第一版的问世，将所有科学界的名人进

行分等，并将最卓越的科学家加印星号。他在三十年中发表的这个题目的重要论文共有八篇。

我们已经知道，卡特尔和鲍德温于1894年创办了《心理学评论》，他一直担任编辑，直至1903年鲍德温以3505元的拍价将此刊物购去为止。但是卡特尔的编辑工作的中断只是暂时的。1900年，他已创办《通俗科学月刊》(Popular Science Monthly)，1915年他将此刊售出，复以《科学月刊》(Scientific Monthly)的名义续办。自1906年至1938年，他共编辑了六版《美国科学家》。他也是《科学》，《学校与社会》(School and Society)和《美国自然科学家》(American Naturalist)等杂志的编辑。他是一个优秀的编辑工作者。他的工作在广度和质量上，没有其他心理学家堪与匹敌。

1917年，美国参加第一次世界大战，他主张和平，致为哥伦比亚大学所辞退。卡特尔一向不随众附和，虽往往处于少数地位，却不怕明白表示意见。大战引起新的情绪狂热，他之去职是有着情绪的背景的。

卡特尔晚年从事于编辑书报，组织给工业界及一般公众出售心理学专门技术的心理学社(the Psychological Corporation)，并为邀请他为心理学顾问的机构提供多种有组织的设计。由于其他老心理学家有的已经逝世，有的已经改行，所以他成为美国前辈的心理学家，曾被选为第九届国际心理学会主席，国际心理学会在美国举行以这一届为第一次(1929)。他晚年仍积极从事编辑工作，直至1944年逝世。

卡特尔的研究以许多课题散见于许多书刊之中。1914年，他的六个学生将它编辑成书，分为六种题材，并指出它的重要性，如反应时间，联想，知觉和阅读，心理物理学，劳绩分等研究，和个别差异。1947 年，即他死后三年，他的同事们将他所有较重要的心
536 理学研究（29 种），他的演讲及正式论文（41 种）及其文献提要（167 种）编印为两卷。现根据 1914 年他的六个学生对他的工作的评价约述如下：

就反应时间的研究而言，亨蒙以卡特尔与冯特并举。卡特尔在霍布金斯开始这种研究，且将它随身带赴莱比锡。1902 年，他几乎接触到这个研究的整个领域。在仪器方面，他对于计时器及其控制的仪器设法改良，又发明一个唇键（a lip-key）和一个声键（a voice-key）研究声带的反应。为了求得方法的客观化起见，他依照一种统计的规律，将时间的极端偏差置之不理，而不直觉地以为极端偏差依存于注意的松弛。他的对于反应时间和感觉器及触觉刺激的外周位置的依存关系的研究肇始于莱比锡，以 C. S. 多利的合作而完成于哥伦比亚。这是赫尔姆霍茨研究感觉冲动和运动冲动的传导率的旧实验。但卡特尔和多利没有作出一个简单的结论，因为他们的结果受到了那么多的其他因素的影响，那是我们通过卡特尔的他种研究不难了解的。卡特尔又研究了辨别和认识的时间（他没有像道地的冯特派那样地细加区别）及选择“意志”的时间；他的对于光，色，字母，图画，文字的“知觉时间”和“意志时间”的总结的表，常常为学者所征引。但是他对于这些时间所由求得的“减除法”的可靠不无怀疑，这个方法即在莱比锡也因屈尔佩的批评而为学者所废弃。朗格对于感觉反应及肌肉反应的区别，以为二者之间的典型的差异约当十分之一秒，卡特尔也深表怀疑。他以肌肉反应的时间为皮层下的反射，他后来研究的结果支持了

鲍德温对铁钦纳的论战（边码 413 页以下）。鲍德温以为感觉型观察者的感觉反应较速于运动反应；卡特尔在这里看到了个别差异自然是高兴的。卡特尔又先研究控制联想的反应时间，后又研究自由联想的反应时间。这些结果在实验的文献中是经典的。他又研究反应时间和刺激强度，注意及辨别的关系，就他的结果看来，反应时间似乎可用以作这些因素的测量。最后两种研究复引起其他学者的探索，他们用反应实验以测量注意的程度或不同感觉的 537
差异量。后一种测量是心理心理学的一种新方法。

卡特尔对于**联想**的研究刚在上文说过。他的对于控制联想的论文作于 1887 年，对于自由联想的论文作于 1889 年。但这几篇论文和仅有少数的其他论文同为现今所用的联想法的基础。卡特尔以为联想的反应“以常可惊人而不常可令人满足的方法暴露心理的生活”，可见他也隐约领会联想反应的重要。他为少数字撰一正常的联想表，因而又为 G. H. 肯特及 A. J. 罗莎诺夫的正常联想表的先河。他的学生在哥伦比亚进一步地探究了联想法。

就知觉时间及阅读时间而言，卡特尔也是一个倡导者。他曾探究视觉知觉的网膜时间。他复研究看见物体，形状，颜色，字母，字句而说出其名称所需要的时间。他用速示器的方法，知道同时呈示的物体的数目增加而至于五为止，则各项所需要的时间随呈示物的增加而减少。这些资料已经成为**注意范围**的标准数据，虽然卡特尔不着眼于这个系统的观点，而着眼于时间和熟识性（familiarity）的关系。在短时间内所可看见的字母或单词，以已构成单词或句子的为较多，因为它们的集合体是我们所熟识的。同理，卡特尔又发现不同文字的阅读的时间，随对于那种文字的熟识程度而异，阅读者可不自知其时间的差异。卡特尔又以此法研究不同字母及不同字形的阅读率，后人继续这种研究，已经产生重要而实际的效果。

在心理物理学内，卡特尔遵照高尔顿的成例，应用误差律。他对于德国费希纳，缪勒，及冯特的经典研究很少同情，因为它侧重内省。他不相信以内省为唯一的标准，而能为感觉的距离作出可靠的判断。假使铁钦纳已新创刺激错误一词，他便恐以全力反对此词所指的区别了。他以为所判断的是刺激——可不是感觉。感觉是有异于刺激的；而判断的正确性的问题才是问题。误差律是

538 可应用于这个问题之上的，因为它是一个观察的误差律——自高斯以来，学者都无不以此为然。1904 年，他说："凡是我或我实验室之内所作的研究，几乎多数不依赖内省，而与物理学及动物学相同"。我们刚说过的（边码 534 页）卡特尔的著名的专著是与富勒顿于 1892 年所撰的论文。在此文内，他们批判均差法，以为受试者对于相等刺激的适应未受控制，因此，介入了许多可变的成分。他们又批评最小可觉差的方法，以为相等这个范畴应用于刺激的范围时，纯有赖于内省，在实际上产生不小的变异。因此，他们可只留有费希纳的第三种方法，即常定刺激法了。此法应用常态的误差律，因此，卡特尔或许加以赞许。此法也应用相等这个范畴；但卡特尔和富勒顿则将此种"相等"的判断均分于其他两种范畴之间，而杜绝了这个错误的根源。结果，测量相等区域的范围的不是阈限，乃是判断的机误。这个结果与高尔顿的研究相符之处比与费希纳的研究相符之处还要多些。鲍德温曾论及卡特尔对于机误的尊重；他以机误代替觉阈的时候，确曾表示此尊重之意了。

除了创造心理物理学的仪器之外，卡特尔在这方面还有其他两种重要的贡献。他和富勒顿以平方根的法则——因为 $S=k\log R$，$S=k\sqrt{R}$——代替韦伯的法则，虽然他们所描写的不是感觉 S，而为观察的误差。他们似乎半以与误差律有关的学理的根据，半以其经验的结果，故以这个公式代替另一公式。于此可见在卡特尔的前无古人的铁手以内，没有什么传统是太神圣的了。另一贡献我们也曾提过：那就是卡特尔的新的心理物理法，反过来以反应时间测量感觉的差异量。

在心理物理学的范围之外，为卡特尔的**等第法**（method of order of merit）或相对位置法的发明。他发展此法，肇始于1902年对于灰色的次序的排列，这是第一次应用的一个好例，因为其真确的次序可由量光器测定以资参证。但卡特尔后来便以此法研究卓越性，尤其关于美国的科学家。他根据不同的判断者所列的不同的名次，测定每人的位置的集中趋势及其机误，集中趋势定为真 539
确的位置。此法应用甚广，尤其是在卡特尔的学生手里，他自己进行了卓越性的研究，按期公布最突出的科学家的名单。

凡此种种研究都以**个别差异**为主题。卡特尔于1890年刊布一文讨论心理测验及测量，1893年复刊布一文讨论感官及官能测验。但他对于本问题的研究集中于美国的科学家。他说，“这个时期，科学家须应用科学的方法以测定促进或阻遏科学发展的种种情境”。这是他的动机。但是他对于心理测验的支持的影响远较广泛。桑代克是他的学生，他的博士论文既以迷津及迷笼等为动物的心理测验的工具，卡特尔乃劝促他在哥伦比亚新设的教育学院内对于儿童作相同的研究。桑代克成为美国心理测验的领袖；

哥伦比亚则多年来成为领导此种运动的大学。卡特尔和桑代克在哥伦比亚造成一种强有力的空气，卡特尔不愿追随冯特，现在却亲见其势力通过哥伦比亚的学生满布或通过桑代克的后辈而遍及于全美。美国的环境也促成此种势力的传布。美国已预备接受这种心理学，那是我们已经知道的。

但是卡特尔的心理学也不仅为心理测验，反应时间，统计法，及非内省的客观的判断。它乃是一种关于人类能量(capacity)心理学。它的动机是要测定人们在这个或那个情境内的工作的能力。它不欲将此种能量分析而成意识的原因，但仅略及生理的原因。它要像高尔顿一般描写人性的范围和变化。这个能量心理学，当然就是机能心理学，虽然对于这种非哲学的运动予以这种正式的系统的名称是不明智的。可是，我们必须知道这个运动的重
540 要意义，因为它几乎比任何其他学派都更加是美国趋势的典型。关于这个趋势，这个美国的机能心理学，下章将详加叙述。

卡特尔通过学生的关系，对于美国心理学的影响很难说得完满。自 1884 至 1948 的六十五年间，哥伦比亚大学共授予三百四十四个心理学博士学位，比任何大学要更多些(衣阿华次之，为二百六十九人)。但当卡特尔在职的后期，这些博士学位多代表桑代克和吴伟士的影响。我们可由四倍于下列人数而含有许多其他知名学者的一张名单之内，举出下列各位心理学者。这些学者都在卡特尔执教时在哥伦比亚接受博士学位，卡特尔对于等第的判断作统计的研究时，且曾将他们列名于五十名领袖的科学家之内(受学位的时期附列于各人的名姓之旁)。名单如下：E. L. 桑代克(1898)，他创始动物的正式的实验室的研究，是美国心理测验的最

著名的领袖，现任教于哥伦比亚大学的教育学院；R.S. 吴伟士(1899)，他长期以来在哥伦比亚为卡特尔的助手，后继其任，且继承其与美国心理学思想的关系；S.I. 弗朗兹(1899)以研究皮层机能的定位而为世所称；克拉克·威斯勒(1901)是耶鲁心理学院的人类学家及心理学家；W.F. 迪尔伯恩(1905)是哈佛大学的教育心理学家；F. L. 韦尔斯(1906)，是哈佛的心理计量学的拥护者；沃纳·布朗(1908)是加利福尼亚大学的前辈实验家；H. L. 霍林沃思(1909)任教于巴那德学院，著有许多书籍，是讨论心理学的广泛课题的许多书籍的作者；E. K. 斯特朗(1911)以关于工业心理学的研究著称；A. T. 波芬伯格尔(1912)后为吴伟士在哥伦比亚的继承人，正如吴伟士是卡特尔的继承人一样；J. F. 达希尔(1913)是北卡罗来纳的行为主义者；T. L. 凯利(1914)是桑代克的学生，好些年为美国的心理学家兼统计学家领袖；A. I. 盖茨(1917)是教育学院与桑代克并列的心理学教授，是这个名单中的最年轻的人。

其 他 先 驱

我们已细述美国实验心理学的较重要的先驱。现在可将八十年代的其他重要人物列举如下。

约瑟夫·贾斯特罗(1863—1944)生于波兰华沙，当荷尔在霍
布金斯时，是荷尔的学生，由于与荷尔共同研究，于 1886 年获得博 541
士学位。他后来于 1888 年前往威斯康星任心理学教授，在那里设立一实验室，至 1927 年退休。

贾斯特罗的创造性研究在于心理物理学方面，他对于心理学的兴趣得之于C. S.皮尔斯而不得之于荷尔。他在霍布金斯时，和皮尔斯合著一篇重要的论文，讨论差别阈的测定法，送呈国家科学院，稍后，他又发表论文对于心理物理法进行一般的批评。在此文内，他为富勒顿及卡特尔的先驱，提议以机误代替因袭的觉阈，因此，并以为差别感受性的临界次数为百分之七十五，而非百分之五十。就常定刺激法而言，学者过去定觉阈为大于（或小于）的判断的次数相等或百分之五十。但这个规定意即接受了相等的范畴，因为假使那里仅有两个范畴即大于及小于，那么大于若有百分之五十次，小于也必有百分之五十次，这两个觉阈点既相合为一，那末二者之间便没有觉阈概念所需要的间隔了。贾斯特罗跟卡特尔相同，不信任相等判断的主观标准，他须选择机误，或百分之七十五的判断的次数以保存这个基本的心理物理学的概念。

九十年代为“小研究”（“minor studies”）的全盛时期。实验心理学还很新颖。据当时的信仰，凡稍有耐性和知识或稍经他人指导的，几乎都可对于重要的实验数据有所贡献，不需要正式的训练，因为根本很少正式的训练。这个信仰是有理由的。因此，有许多重要的研究都被称为“小研究”。贾斯特罗在三年之间（1890—1892）由威斯康星刊行二十五种小研究以资提倡。克拉克和康乃耳立即响应；稍后，密执安也连刊若干种；更稍后，在华许本领导之下的瓦塞也刊行六十七种小研究（1905—1934）。贾斯特罗没有继续发表，但其前所刊行的几种含有许多关于心理物理学的小研究，是当时应当引人注意的。

贾斯特罗又以使科学心理学通俗化著称于时，他完成了这个

通俗化比斯克里普彻要更严肃些，他的论文及讲演多篇，收集而成 542
他的《心理学中的事实和传说》(Fact and Fable in Psychology, 1900)，讨论神秘心理学、灵学研究、传心术、骗术、召亡术、催眠术、盲人的梦及其他类似的课题。他的冷静的判断，在他的流利的英文散文中随处可见。

埃德蒙·克拉克·桑福德(1859—1924)赴霍布金斯从荷尔研究心理学，1888年考取他的学位。后来，他和荷尔同赴克拉克，主持新实验室，那是我们已经知道的。1909年移任克拉克学院院长。这个学院是克拉克大学研究院的大学扩充部。

他创始克拉克大学的小研究，且能继续维持其优异的标准。他颇精于技术，手创心理学仪器多种。他的游标计时器(vernier pendulum chronoscope)已成为研究反应时间的标准仪器。他的刊物常文胜于质，幻想多于事实。他体弱多病，其所以在研究及论战上很少表现者即由于此。

但是桑福德对于心理学曾有一很重要的贡献。他在铁钦纳之前，为新心理学编著第一部实验室纲要。这部《实验心理学课程》(Course in Experimental Psychology)在1891年先发表于《美国心理学杂志》，这些先发表的论文修改成书，刊行于1898年，在铁钦纳的第一部纲要刊布时的三年之前，桑福德的书仅及感觉和知觉；本定为全书的第一卷，但第二卷从未动笔。在新心理学的最高度发展的领域内，这本书是非常优越的先驱著作。三十年来，虽已有他种纲要继续出版，但心理学者仍翻阅桑福德的《教程》为实验及演讲说明的参考。

铁钦纳也为美国的另一先驱，但不在本章所称的美国心理学的范围之内。铁钦纳虽非德国人，但继承了德国的传统，而不同情于美国的趋势。因此，我们已讨论他和屈佩尔对心理学的贡献。
543 （边码 410—420 页）。他和桑福德交游最密，美国有少数著名的年龄较大于铁钦纳的心理学家于 1892 年欢迎铁钦纳来美，桑福德也为其中的一位。

闵斯特伯格在 1892 年自德至美。他虽为德国人，但不遵守他在弗赖堡所代表的德国的传统。他在美国提倡广义的应用心理学。他的名字本应和心理测验关系尤切，但是他在科学上的影响远较小于卡特尔。他的哲学是明白的，可不是美国的机能主义。他从未属于美国。他欲使应用心理学通俗化，结果可仅为同事们所不喜。这也许是闵斯特伯格的影响随身消灭，而卡特尔的影响保持不衰的原因。第十八章已略及闵斯特伯格（边码 427—429 页），这里可不必再述了。

此外还有几位也应附述于此。E. B. 得拉贝尔（1863—）是闵斯特伯格在弗赖堡时的美国学生，自 1891 年后，即执教于布朗大学。他于闵斯特伯格离开哈佛并考虑是否回来之时（1896—1897）到哈佛为詹姆士主持实验室，他进行了肌肉感觉的早期研究。W. L. 布赖恩毕业于克拉克，在符茨堡从屈尔佩进行抽象作用实验（边码 401 页），他曾任美国心理学会主席；但不久即舍心理学而专任印第安纳大学校长。利文斯顿·法兰德是人类学家，曾和卡特尔共同研究哥伦比亚的学生，后来改任康乃耳校长。当心理学及实验心理学还是哲学的附庸时，有和心理学发生关系的哲学家如下：康乃耳的 J. G. 舒尔曼及 J. E. 克赖顿；G. S. 雷勒顿，他在宾夕法尼亚和卡特尔共同进行实验；哈佛的乔赛亚·罗伊斯，他曾著一心理学；约翰·杜威，他也曾编著一本心理学，且在机能心理学的运动中占一重要地位，次章当再加论列（边码552—554页）。以上这些人都曾于新心理学的初期内，促进心理学的研究；且都是美国心理学会会员。美国心理学会成立于1892年，他们在会务上发挥重要作用。然而，除了杜威之外，由现代的观点看来，他们对于美国心理学的进展，没有重大的影响，而美国心理学继续不变地脱离了哲学。

附　　注 544

科学进步的伟人说（The great-man theory）和时代精神说（the Zeitgeist theory）的讨论见本书边码8页以下，又见745页。英国进化论和美国机能心理学的关系，在第十二章内已预先述及了，边码242页以下。

詹　姆　士

关于威廉·詹姆士的文章很多。最好的资料当推R. B. 佩里的“蒲立泽尔奖金”本，《詹姆士的思想和性格》共二卷，1935年。此书征引了许多信札并加以适当的评注。作为心理学家的詹姆士，见卷二，3—204页。又见亨利·詹姆士，《威廉·詹姆士的书信》（The Letters of William James），1920年。詹姆士写文章，常流露出他的生动活泼的人格，我们要想了解他的为人，他的《书信》很值得一读。评述詹姆士的另一较早期的著作为E. 布特鲁，《威廉·詹姆士》，1911年，英译本，1912年，又见七篇回忆录，撰者为E. L. 桑代克，G. W. 奥尔波特，约翰·杜威，R. B. 佩里，E. B. 德拉贝尔，E. D. 斯塔布克，R. P. 安季尔，“威廉·詹姆士一百年诞辰纪念”，《心理学评论》，1943年，第50卷，87—134页。关于詹姆士的作用有一很好的讨论，见墨菲，《近代心理学历史导引》第2版，1949年，193—209页；又见海德布雷德，《七种心理学》，1933年，152—200页。又见波林，“人性与感觉：威廉·詹姆士和现代心理学”(Human nature vs. sensation: William James and the psychology of the present),《美国心理学杂志》,1942年,第55卷,310—327页,这是另一篇纪念詹姆士百年诞辰的文章。

詹姆士的著作散见各处,原著几常为书评所埋没。R. B. 佩里曾为詹姆士编有三百余种著作的目录,见《詹姆士的著作》(The Writings of William James),1920年。《书信》一书也曾列一书目,卷二,357—361页。佩里的目录根据《心理学评论》1911年第18卷,157—165页上的一个较欠完备,未经注释,但较易得到的书目。

詹姆士的重要的心理学著作有:《心理学原理》,1890年(中译本〔选译〕,唐钺译,商务印书馆1965年版——译者);《心理学教科书:节本》,1892年;《对教师讲心理学》,1899年;《宗教经验的种类》,1901—1902年。哲学的著作有:《实用主义》,1907年(中译本,陈羽纶、孙瑞禾译,商务印书馆1979年新版——译者)《多元的宇宙》,1909年;《真理的意义》,1909年;还有四部遗著,其中三部多载重刊的论文。

1927年,美国心理学家评定詹姆士在整个心理学史上是最重要的心理学家,见M. A. 廷克尔等“对心理学家的等级评定”《美国心理学杂志》,1927年,第38卷,453—455页。

关于詹姆士在哈佛开设实验心理学,以及何人创办了第一所心理实验室——詹姆士于1875年在哈佛,还是荷尔于1883年在霍布金斯——见佩里'前引书(1935),卷二,6—15页;又见R. S. 哈珀,“詹姆士的实验室”,《哈佛校友公报》(Harvard Alumni Bulletin)第52卷,1949年,169—173页。

关于思想流,见《原理》,卷一,224—290页。关于认识和机能的意识,见《原理》,卷一,144页,《教科书》,103页和13页以次。关于詹姆士的机能一词的用法,见C. A. 鲁克米克,机能一词在英国心理学教科书中的用法,《美国心理学杂志》,1911年,第24卷,99—123页,特别是111页。

关于詹姆士的情绪说,他自己的著作,见《心灵杂志》,1884年,第9卷,188—205页。《原理》,1890年,卷二,442—485页;《心理学评论》,1894年,第1卷,516—529页。朗格的《论情绪》(Om Sindsbevoegelser) 1885年;《论情绪》(Ueber Gemütsbewegungen)(德译本),1887 年。詹姆士的 1884 年的论文重载于《论文集》(Collected Essays and Reviews, 1920),和丹尼斯《心理 545
学史读本》,1948 年,290—303 页。此书及由《原理》中取出的一章(不是 1894 年的重要论文)重新发表,附以朗格专著的英译文,称詹姆士和朗格《论情绪》,(心理学经典著作,卷一,)1922 年。

铁钦纳认为詹姆士—朗格说不是新创的,而显然是大部分来源于初期法国哲学的心理学家的著作:见他的"关于詹姆士朗格情绪说的一个历史注释",《美国心理学杂志》1914 年,第 25 卷,427—447 页。

关于詹姆士的情绪说所引起的批判,见格尼,《心灵杂志》,1884 年第 9 卷,421—426 页;W.L. 武司特,《一元杂志》,1893 年,第 3 卷,285—298 页,D. 艾恩斯,《心灵杂志》,1894 年,第 3 卷,77—97 页。

荷　　尔

关于斯坦利·荷尔的生平和著作,虽不乏参考资料,可没有一部很完备的直接的传记。最直接的为 L. N. 威尔逊,《荷尔略传》(Stanley Hall, a Sketch),1914 年,但颇多删略之处。补充的材料可有:《克拉克大学图书馆刊物》,1925 年,第 7 卷,第 6 期,内有威尔逊所撰的略传补充,又有 E. C. 桑福德(转载《美国心理学杂志》,1924 年,第 35 卷,313—321 页),及 W. H. 伯纳姆(转载《心理学评论》,1925 年,第 32 卷,89—102 页),所撰的略传,又有许多心理学家批评荷尔的信札的节录,又有在克拉克荷尔手内考取博士学位八十一人的名单,又另载一书目。荷尔自撰的《一个心理学家的生平与自白》(Life and Confessions of a Psychologist)足供参考,1923 年,此书暴露了荷尔在细节上的不正确的特点,但画出了其人的内心思想,并第一次描述了克拉克在 1890—1900 年间的建设者,校长,与学院发生意见分歧时,所有困难的内幕。其次为 L. 普鲁埃特的《一个心灵的传记》(A Biography of a Mind),1926 年,为许多事略的集辑,可没有索引,读时虽有趣味,但不适于参考。S. C. 费歇尔"斯坦利·荷尔的心理学及教育事业",《美国心理学杂志》,1925 年,第 36 卷,1—52 页,确是论述荷尔的心理学,仅略及其传记。在她的笔下,荷尔埋藏在他的忽起忽伏、变化无定的表面兴趣之下,显露出几点的系统的稳定性的标志。关于荷尔和鲍迪奇的关系,参阅密尔斯二人(W. R. and

C. C. Miles)，“荷尔给鲍迪奇的八封信”，《美国心理学杂志》，1929 年，第 4 卷，326—336 页。

关于 1914 年的书目（计共 339 种著作），见威尔逊，如前引，119—144 页；1922 年的书目，《生平与供状》，597—616 页；完全的（439 种著作），《克拉克大学图书馆刊物》，如前引，109—135 页。荷尔是多产的作家。

荷尔为人的恰当的写照，见柏纳姆，如前引。以荷尔的问卷法为根据而集辑美国心理学家对于心理学家荷尔的估价，见 E. D. 斯塔布克，《心理学评论》，1925 年，第 32 卷，103—120 页。

读者若以为实验心理学史似不宜有长篇的关于荷尔的记载，便请参看《美国心理学杂志》，社论，1895 年，第 7 卷，1—8 页，尤其是第一页以下。我们于此便可见随荷尔在霍布金斯及克拉克的热情的学生们以他为美国新心理学或实验心理学的主要推动者。他们的热情是失了控制的，詹姆士、赖德、鲍德温和卡特尔在美国实验心理学上予以适当的谴责，见《科学杂志》，1895，第 2 卷，626—628 页（虽然在这里也要参考荷尔的答复，同上，734 页以下）。荷尔作为新心理学的宣传员，见新心理学，《安多弗评论》（Andover Rev.）1885，第 3 卷，120—135，239—248 页；实验心理学，见《心灵杂志》第 10 卷，245—249 页。我们要记得克拉克大学只是一所科学学院，而心理学则是它
546 的主要的部门。这种异于普通大学的独特情境，使心理学家以克拉克为一心理学的大学，克拉克和荷尔在思想上是不可分离的。而且在美国心理学界中比较孤立的铁钦纳也在《美国心理学杂志》附和荷尔，克拉克和康乃耳便联合造成一个强有力的派别。

荷尔的 1883 年的论文，“儿童心理的内容”（The content of children's minds)，表明了他在儿童心理学中的先驱作用，此文重刊于丹尼斯，《心理学史读本》，1948 年，255—278 页，但在这个问题上，可参见下章有关教育心理学的讨论（边码 567—570 页，581 页以下）。

荷尔的影响更表现于学生人数之多和他们后来在学术上多产的成绩。他在克拉克授博士学位给八十一人，此八十一人中，作者现将其在 1929 年的知名的心理学家二十五人表列于下。（所可憾的，有些魔力已成陈迹了！）这张名单是依照年龄为序的，自然大部分是年龄较大的。除一人外，余都受学位于 1912 年之前，三分之二受学位于 1900 年之前。H. 尼科尔斯，W. L.

布赖恩,A. H. 丹尼尔斯,J. A. 伯格斯特罗,F. B. 德雷斯勒,T. L. 博尔顿,J. H. 勒巴,C. A. 司各脱,E. H. 林德利,E. D. 斯塔布克,L. W. 克兰,F. E. 博尔顿,H. H. 戈达德,E. B. 休伊,H. D. 谢尔登,W. S. 斯莫尔,N. 特利普利特,A. W. 特雷廷,J. 莫尔斯,L. M. 推孟,D. S. 希尔,G. 奥达尔,H. W. 蔡斯,E. S. 康克林,F. 马蒂尔。荷尔的实行家的人格使他成为一实际的心理学家,教育的心理学家,而且为一个校长。这些弟子是否都类似其师呢?那么,上列名单内计有四位专科大学校长,四位学院院长,一位学校督察员——恰合三分之一。

赖　德

赖德的关于哲学及与其东方兴趣有关的著作,此地不必列举。他是一个写作不倦的作家,荷尔在 1894 年说,他的新著"是作者在前数年内所写作的第八部大著,读者如果想要购齐,需款二十五元五角"。《美国心理学杂志》,1894 年,第 6 卷,477 页以下。荷尔对于他的第一部书较为客气,同杂志,1887 年,第 1 卷,159—164 页。这八部书中,有两部是不重要的耶鲁大学课程纲要;有一部不详其名;后来写成的其他两部列举如下:《生理心理学要义》,1887 年,吴伟士校订,1911 年;《哲学引论》,1890 年;《生理心理学纲要》(是《要义》的节本),1891 年,第 8 版,1908 年;《心理学大要》(Primer of Psychology)1894 年;《叙述与说明的心理学》(Psychology, Descriptive and Explanatory),1894 年;《心灵的哲学》(Philosophy of Mind),1895 年;《叙述心理学纲要》(Outlines of Descriptive Psychology,是 1894 年著作的缩本),1898 年。

赖德为一卓越的人物,但关于他的生平和著作似尚无充分的记载。关于短篇悼忘录,见 A. C. 阿姆斯特朗,《哲学评论》,1921 年,第 30 卷,639 页以下;尤须读铁钦纳,《美国心理学杂志》,1921 年,第 32 卷,600 页以下。

关于赖德的系统的分析及批判,见铁钦纳,《系统心理学:绪论》1929 年,158—194 页。此章论述一般的机能心理学,本书所举的机能心理学的四个特点,即采自铁钦纳。

斯克里普彻

关于爱德华·惠勒·斯克里普彻,本书曾引他两部重要的书及《耶鲁心理学实验室研究》，后者尤为其1892—1902年间的较重要的心理学的研究。1902年，他渐表示出对于发音学的兴趣，见《实验语音学要义》(Elements in Experimental Phonetics)，1902年；《实验语音学研究》(Researches in Experimental Phonetics: the Study of Speech Curves)，1906年；《口吃与发音不清》(Stuttering and Lisping)，1912年，第2版，1923年。此外还有许多关于这方面的著作。

也许我们可于本书的评论之外，加上一句话：就是，斯克里普彻对于"新"
547 心理学的热情含有一点夸大的成分和一点自负的成分(参看第七章关于埃利奥特森的记载，边码119—121页)。因此，他的朋友很少，也许是因此，耶鲁实验室的研究成绩几乎仅以他一人为限。他的初期刊布的书都表示他对于耶鲁实验室的信仰很像美国城市中的一个时髦推销员。守旧者——甚至荷尔在这个关系来说也是一个守旧者——都厌恶这种通俗的宣传。斯克里普彻首创"安乐椅心理学"一词。他的第一部书"宣称为一般人而作"，以期其"可为科学服务人类的证明"，这个声明对美国趋势来说并非完全没有代表性的。斯克里普彻的自信表露于此书的序文内的一句话："冯特为最伟大的心理学家，但仅为专家所了解，此外便未尝有人著作一书说明新心理学的方法和结果。"他还补上一句："这就是我要写作此书的理由"——这是在1895年写的！

要更多地了解斯克里普彻，见他的自传，麦奇森，《心理学家自传集》，1936年，卷三，231—261页。

鲍　德　温

正文恰当地表达了鲍德温在美国心理学史中的作用。要更多了解他的思想的发展，可参见他的自传，麦奇森，"前引书"，卷一，1—30页。

鲍德温的名副其实的心理学的书籍有：《心理学手册：感觉与理知》，1889年，第2版，1890年；《心理学手册：感情与意志》，1891年；《心理学要义》(乃《手册》的缩本)，1893年；《儿童与种族的心理发展》，1895年，第3版，1907年；《心理发展的社会的与伦理的诠释》，1897年，第4版，1907年("伦理的"一词加入于手稿完成之后，以期因此可获得哥本哈根皇家学院的十年期的金质奖章，该会限定伦理学的社会的基础为那年竞选的范围)；《心的故事》，

1898 年；《哲学与心理学杂录》（Fragments of Philosophy and Psychology）（论文辑集），1902 年；《心理学史》，1913 年。鲍德温在霍布金斯的最重要的工作为写作《思想与事物》（Thought and Things or Genetic Logic），共三卷，1906—1911 年。此外还有四部书讨论进化哲学，四部书讨论美国，法国，协约国及第一次世界大战。

关于鲍德温的生平及其关于 1890 和 1905 年间的亲身见闻，见他的《两次战争之间：1861—1921》，（Between Two Wars：1861—1921），1926 年。第一卷为“回忆”，因此较为重要。第二卷为“意见与信札”，回忆虽较散漫，但仍为主要读物，因为鲍德温以公正的，半幽默的笔调描述了自己和其他许多人。他在心理学家中间，掌握了有关皇族中人的记载。

鲍德温在这本书内，为接受培因所寄他的《心理学》两大卷的赠礼时，必须交税而发笑。他抗议交税，以为科学书可以免税。但华盛顿当局回答说：“据我们的专家报告，这些书决不是科学书籍。”人们不禁立即会想到，鲍德温的书是否也会引起同样的判断。

正文中提到鲍德温的理论和文章交织在一起。就这一点来说，他本质上是一位作家。这种说法的根据是，鲍德温喜欢逐字摘引自己的陈述和俏皮话（bons mots），鲍德温关于这一点的讨论，参阅《心的故事》一书的序言。

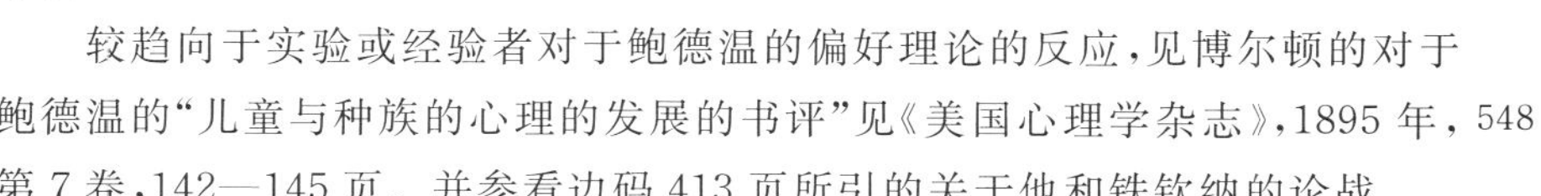

较趋向于实验或经验者对于鲍德温的偏好理论的反应，见博尔顿的对于鲍德温的“儿童与种族的心理的发展的书评”见《美国心理学杂志》，1895 年，548
第 7 卷，142—145 页。并参看边码 413 页所引的关于他和铁钦纳的论战。

关于鲍德温在多伦多的实验室，见《美国心理学杂志》，1890 年，第 3 卷，285 页以下。

卡　特　尔

现在可以看到的书有：《詹姆士·麦基恩·卡特尔——科学家》（James McKeen Cattell-Man of Science），共二卷，卷一为《心理学研究》，重印了 29 篇科学论文，并提供了文献目录，因而本书的 1929 年版本中的目录选已无重印之必要。卷二为《演讲和正式论文》，重印有关心理学进展方面的共 41 种，分述早期的心理实验室，科学组织的成长和科学管理，学院、大学和基金会的教育和行政问题，有关卓越科学家的出生率及其传记的研究，以及应用心理学在国家福利中的作用。本书还重刊了见于他处的两篇写得很好的讣文：吴伟士，“卡特尔 1860—1944”，《心理学评论》，1944 年，第 51 卷，201—209 页，F. L. 韦尔斯，“同题”，《美国心理学杂志》，1944 年，第 57 卷，270—275 页。与卡特尔曾经合作过的十一位著名科学家，写了评价卡特尔的文章：“回忆詹姆士·麦基恩·卡特尔”（James Mckeen Cattell——in memoriam），《科学杂志》，1944 年，155—165 页。这些短文描述卡特尔为科学家，心理学家，教育学家，发起人，人道主义者，领袖，以及他在美国科学促进会，科学服务处，心理学社和某些著名的学术社团中的工作。

卡特尔的学生六人早期所刊行的纪念册：“卡特尔的心理学的研究”，《心理学文献》(Arch. Psychol.)1914 年，第 30 号，这里 V. A. C. 亨蒙论反应时间，W. F. 迪尔邦论阅读与知觉，F. L. 韦尔斯论联想，吴伟士论心理物理学，H. L. 霍林沃斯论等第法，桑代克论个别差异。亨蒙的一章为反应实验全史的好记载。

卡特尔编辑过：《心理学评论》(1894—1903)；《通俗科学月刊》(1900—1915)，后改《科学月刊》(1915—1943)；《科学杂志》(1904—1944)；《美国博物学家》(1907—1944)；《学校与社会》(1915—1939)；《美国科学家》共六版(1906—1938)。

关于科学家分等的文章分印在《美国科学家》的各版中，第 4 版，1111—1117 页，选列五十个心理学家，其中凡为卡特尔的著名学生已在正文中列出其姓名。卡特尔为科学家打了星号，有一本分析选择的专书；S. S. 韦谢尔，《打了星号的科学家，1903—1943 年》见《美国科学家》，1947 年。关于心理学家名单及第一版(1903)中依次排列的打了星号的前五十名心理学家，见 141—143 页。前十名的次序为：詹姆士，卡特尔，闵斯特伯格，斯坦利·荷尔，J. M. 鲍德温，铁钦纳，罗伊斯，G. T. 赖德，杜威和贾斯特罗，次十名依次为：桑福德，卡尔金斯，W. L. 布赖恩，富勒顿，斯特拉顿，桑代克，E. B. 德拉贝尔，斯克里普彻，赖德-富兰克林，H. R. 马歇尔，第三个十名为：贾德，J. R. 安吉尔，威特默，帕特里克，华伦，W. T. 哈里斯，道奇，希斯洛普，西肖尔，C. A. 斯特朗，在最后二十名中最闻名的有：马克斯·迈耶，勒巴，弗朗克·

安吉尔，皮尔斯伯里，华许本，吴伟士，弗朗兹。还有三名女心理学家——卡尔金斯，赖德-富兰克林，华许本。

关于卡特尔的和其他心理学家的学生，见波林夫妇(M. D. Boring 和 E. G. Boring)，“美国心理学家中的师生”，《美国心理学杂志》，1948 年，第 61 卷，527—534 页。关于哥伦比亚及其他大学的哲学博士，见哈珀，“美国心理学博士姓名录”(Tables of American doctorates in psychology)，同杂志 1949 年，第 62 卷，579—587 页，又见本书边码 581 页。

关于卡特尔的第一个实验室，见他的“宾夕法尼亚大学的心理学”，《美 549
国心理学杂志》，1890，第 3 卷，281—283 页。关于其他早期实验室，见他的“早期心理实验室”，《科学杂志》第 7 卷，543—548 页，或 M. L. 雷默特，“感情与情绪”(威丁堡同题论辑)，1928 年，427—433 页(此两文完全相同)。

卡特尔在 1885 年至 1890 年间所写的关于反应，知觉，联想和心理测验等四篇论文，重刊于丹尼斯，前引书，323—335 页，347—354 页，最后一文首创心理测验一词：“心理测验及其测量”(Mental tests and their measurement)，《心灵杂志》，1890 年，第 15 卷，373—380 页。

贾斯特罗

约瑟夫·贾斯特罗的重要的心理学贡献有：皮尔斯与贾斯特罗，“论感觉的小差异”，《国家科学会会报》，1884 年，第 3 卷；贾斯特罗，“心理物理法批判”，《美国心理学杂志》，1888 年，第 1 卷，271—309 页。

威斯康星实验室所作的二十五个小研究，见《美国心理学杂志》，1890—1892 年，第 3—5 卷。

关于早期威斯康星实验室的叙述，见“威斯康星大学的心理学”，同杂志，1890 年，第 3 卷，275 页以下。

关于贾斯特罗的生平，见赫尔，“约瑟夫·贾斯特罗，1863—1949”，《美国心理学杂志》，1944 年，第 57 卷，581—585 页，皮尔斯伯里，“同题”，《心理学评论》，1944 年，第 51 卷，261—265 页。

桑福德

关于埃德蒙·克拉克·桑福德的生平和著作，见 W. H. 柏纳姆，“桑福德"《教育杂志》(Ped. Sem.),1925年,第32卷,2—7页;铁钦纳,《美国心理学杂志》,1925年,第36卷,157—170页;又《克拉克大学图书馆刊物》,1925年,第8卷,第1号,转载上述二文并加载他文。克拉克小册子有一个书目,包括小研究的项目表。铁钦纳举出了同一表,更有一张桑福德及其学生的研究论文表。22项小研究见《美国心理学杂志》,1893—1908年,第5—19卷,桑福德从克拉克学院院长之职退休之后,余年仍从事心理学研究,尚有一篇发表于第35卷。

《实验心理学,第一编:感觉与知觉》1898年曾发表于《美国心理学杂志》,1891—1896年,第4—7卷。这些日期是重要的:桑福德于1891年为实验心理学实验室课程中的先驱,比在1898年时更为显著。心理学在此十年期间进步很快。铁钦纳的《手册》(Manuals)开始于1901年问世。

关于桑福德的游标计时器,见《美国心理学杂志》1890年,第3卷,174—181页;1898年,第9卷,191—197页;1901年,第12卷,590—594页。

实 验 室

C. R. 加维:"美国心理学实验室一览表"(List of American psychological laboratories),《心理学公报》1929年,第26卷,652—660页,列举117所美国心理学实验室,依创建日期的次序排列,并附列首任主任姓名,以及有关美国实验室建立的二十八篇文章的目录。

第二十二章　美国的机能心理学 550

我们现在已经追述了“普通心理学”即实验心理学的模型的发展，一直到达了，有时还进入了二十世纪。我们已经看到普通心理学如何发生于生理学和哲学之内，看到它组成一门独立的科学，在德国、英国和美国建立起来。到此时为止，我们主要讲述伟大人物对这个发展的贡献，似乎历史的伟大人物创造历史的学说是正确无疑的。我们在他们之中研究了八十名左右的一些特别著名的人物如洛克、约翰内斯·缪勒、穆勒父子、洛采、费希纳、赫尔姆霍茨、冯特、屈尔佩、铁钦纳、高尔顿、詹姆士和卡特尔。这些人的思想和行动载在本书前面所有的篇幅。我们知道他们如何影响了历史，也在某种程度上如何受历史的影响。这个历史的个人观是最为自然的，也最为理所当然的。当**时代精神**被分析为个人的交互影响时，这种精神就可以被理解了。当弟子追随其师时，这个影响是正的，当内部集团反对外部集团时，这个影响就成为负的了。但是在二十世纪内，心理学已经太庞大了，不能被理解为个人的交互影响——尤其是像在这样的一本小书内。我们要处理的伟大人物为数太多了，不能把每一个人都看成个别的人格。对新近的伟大人物的影响尤难作正确的评估。我们要让时间给我们作出最早的结论。因此，从这里起，我们不得不更多地注意实验心理学所赖以构

成的运动的背景，而更少地注意发动这些运动的人物。但是我们必须继续尽可能采取个人观，因为个人还是问题的关键，在这个关键上可以看到文化和社会的压力作出选择，以形成其未来。

我们在以后各章的任务是：(1)继续讨论机能心理学，(2)研究
551 格式塔心理学，如何从意动和内容心理学演变出来，造成了何种体系，(3)溯述行为学如何从唯物主义心理学通过行为主义而形成现代的操作主义，(4)检验生理心理学的基本趋势，表明其思想在脑如何活动的问题上的变化，最后(5)将动力心理学的历史简要地纳入实验心理学史的轨道里去，以便研究一个非实验的心理学如何终于影响动机的实验心理学。

我们以机能心理学为起点，主要是美国的机能主义，部分的原因由于美国人的气质助长了机能主义，另一部分的原因由于机能的观点接近于常识。机能的对立面是构造。假使你受了文化的影响，认为你应致力于描写自然，满足于说出什么事已经发生，并怎样发生，而不问为什么，那末你注意了构造，从事于分类学的描写传统，在心理学内，这是冯特、屈尔佩和铁钦纳的传统。假使你问为什么，假使你要了解原因，那末，你的兴趣在于能力和能量，你就是一个机能主义者。一个机能主义者理所当然地要预言，对未来比对过去有更大的兴趣，似乎宁愿坐火车向前速进。你有意于未来，因为你想如有能力，就可能改造它。过去是已往的东西，让你描写，但已不可能改变了。进化论使人们震动，不是因为它描写了现代人的祖先，而是因为它开阔了未来的惊人的可能性，这个可能性，高尔顿就立即看到了。机能的观点是自然的观点。甚至像感觉那样的一个描述的字眼，生理学家冯·哈勒常把它看作一个机

能的名词，因为他使感觉等同于觉知（awareness）。他于1747年写道：“我要吃饭，一方面由于饥饿的感觉，一方面由于得自味觉的快乐。”这是饥饿痛觉和味觉的机能观。这个观点认为感觉告诉了你的要求或需要。

由此可见应用心理学是机能的。因此，基本的应用心理学也是机能的，它研究了生活的成就，机体对环境的适应，以及机体使环境适应自己。人能注意他自己的生存或得到他所要求的东西， 552
却并不需要进化论的启发。把意识或行为能量理解为机体取得成功的工具，乃是机能心理学的部分。但是单纯的描述可不是机能的，除非它是关于能力、机能的可能性和关系的描述。如果应用心理学是机能的，那末，它的分支和工具如儿童心理学，教育心理学和心理测验也都是机能的。

现在可检查我们所已知道的关于机能心理学的东西。关于斯宾塞的进化论心理学，我们已讨论过进化和机能主义的关系（边码240—243页），我们已知道高尔顿如何成为机能心理学家的好例（边码482—488页），英国心理学如何除了沃德等人的系统心理学家之外，主要是机能的。在前一章，我们又看到美国心理学的先驱詹姆士、荷尔、赖德、斯克里普彻、鲍德温和卡特尔如何推动新世界的机能心理学。詹姆士和赖德节述了他们的机能系统的性质（边码508—517页，523—527页）。鲍德温是一位进化论的心理学家（边码528—532页）。荷尔和卡特尔扮演了机能的角色（边码517—524页，532—540页）。机能心理学已万事俱备了。它在杜威及共同伙的影响之下，就于1896年在芝加哥建立起来了。

芝加哥的机能心理学

约翰·杜威(1859—)是芝加哥机能心理学派的组织核心。荷尔于1882年在霍普金斯大学遇到了好几位后来负有盛名的学者,杜威是其中的一位。两年后,杜威在霍普金斯取得他的哲学学位,到密执安接受一系列的任命。他在密执安十年(1884—1894)内仅有一年定居于明尼苏达。1886年,他刊行一本《心理学》课本,这是美国人写作的第一本关于"新"心理学的教科书,除了1884年萨利的《大纲》外,也是第一本英文教科书。此书销路很好,五年中出至第三版。但不久即为赖德(1887),鲍德温(1889—1890),詹姆士(1890)及其后各人的著作所淹没。杜威是作为哲学家编写他的心理学的。他那时的言论和现在哲学家的言论相同,以为心理学的说明随其所含有的哲学假设而定,更以为对这些假
553 设在我们前进时与其硬否认其存在,不如公开承认为尤佳。心理学家却很少接受这种劝告。他们指出心理学和其他科学一样,可以对哲学无知而进行研究。因此,二十七岁的杜威不曾使心理学家对他的富有哲学意味的《心理学》予以很大的注意。其实,他的观点那时还没有说得清楚。过了十年之后,就有人倾听他的话了。

1894年,杜威赴芝加哥大学任哲学教授十年。G. H. 弥德也和他一起由密执安来任哲学副教授。次年,A. W. 穆尔任哲学助教。1894年詹姆士·R. 安吉尔也到芝加哥任心理学副教授,并主持前一年成立的心理学实验室。杜威最长,年三十五岁,安吉尔最年轻,仅二十五岁。杜威是半个心理学家,弥德和穆尔都志在研

究心理学；杜威的聪明才智支配了其他各人的思想系统。他们都方在盛年。也就是这个形势形成了一个有系统观点的学派。杜威所要求的是什么呢？

杜威在美国地位的巨大影响——据他的有力宣传的五十年后的今天看来——是由于他是有关社会变革的一位始终一贯的哲学家。有思想的人们往往要考虑变革，因为一向存在着的**现状**是不需要考虑的。杜威反对放任政策，反对安于现状。他要求通过智慧对现实的斗争而取得的那种进步。他要求试验，效用和革新。他写道："哲学当不再为处理哲学家的问题的手段而成为利用哲学家的方法去讨论人们的问题时就恢复旧观了。"这便是导致机能心理学的实用主义。杜威在年轻时的信仰虽不那么明确，但正是这个对实用价值的信仰，对习俗的否定，使他为心理学定下了合于美国人气质的定义而成功地贬低了德国的模式。

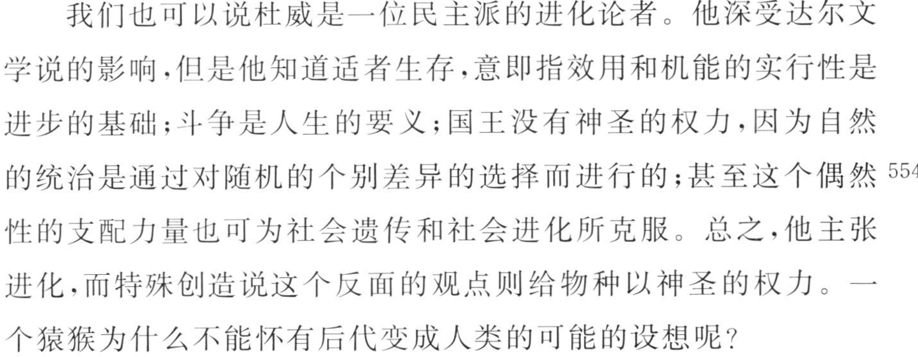

我们也可以说杜威是一位民主派的进化论者。他深受达尔文学说的影响，但是他知道适者生存，意即指效用和机能的实行性是进步的基础；斗争是人生的要义；国王没有神圣的权力，因为自然的统治是通过对随机的个别差异的选择而进行的；甚至这个偶然 554
性的支配力量也可为社会遗传和社会进化所克服。总之，他主张进化，而特殊创造说这个反面的观点则给物种以神圣的权力。一个猿猴为什么不能怀有后代变成人类的可能的设想呢？

这个年轻的芝加哥学派的第一篇重要论文是杜威 1896 年的《心理学中的反射弧概念》(The Reflex Arc Concept in Psychology)。杜威在这篇论文内采取了反对他那时的元素主义的立场，但不反对当时的感觉论而反对它的生理学上的对应物，反射论。

他主张我们要注意整个组合，而这个组合则不宜还原为其组成部分的反射弧的总和。而且反射弧本身也不宜被了解为一个刺激及其后的一个反应，也许二者之间还有一个感觉。反射是一个不可分割的组合，因为反射**针对着**刺激，如何能有一个没有刺激的反应呢，刺激**针对着**反应，除非它引起反应，否则就不能算做刺激了。声音碰到塞住了的或不注意的耳朵就不是一个刺激；必须引起反应，否则就没有刺激了。没有刺激的运动也不是反应；被旋风侵袭时，只有运动，可没有反应。什么是刺激呢？杜威说，反射是“完成有效的组合”的一个工具。刺激和反应是“严格相关的，是同时存在的”。对于反应的刺激正如对于刺激的反应都同是“需要发现的”东西。杜威在强调整个组合时，就走在格式塔心理学的前头了。在主张组合有适应性和目的性，而指向成功时，他在动力心理学的发展史中也占有一个地位。

在此后十年间，机能心理学新的学派出现于芝加哥。安吉尔为杜威的接班人。

詹姆士·罗兰·安吉尔(1869—1949)在詹姆士时代曾在哈佛大学任职(1892)，承认詹姆士为主要导师，当他后来到芝加哥时，已怀有机能主义的思想了。他在哈佛后出国留学，但没有在一个地方留居很久，所以没有打上德国的烙印。后来在明尼苏达一年，于 1894 年到了芝加哥，正是杜威来自密执安的那一年。他在芝加哥任职至 1920 年，看到了美国心理学的许多变化。但是他首先和
555 穆尔打成一片，研究反应时间问题，这个课题后来成为铁钦纳和鲍德温展开激烈争论的焦点(边码 413 页以下)。1896 年，安吉尔和穆尔刊布他们关于反应时间的实验研究，这是实验心理学史上的

一篇重要的论文，因为它完成了铁钦纳论题和鲍德温反论题之间的黑格尔式的综合。它证明了两种反应（感觉的和运动的：铁钦纳）和两种反应器（感觉的和反应的：鲍德温）。就未经练习的被试而言——鲍德温以为人性是没有经过练习的东西，而心理学则应研究人性——感觉型的被试的感觉反应较速，运动型的被试的肌肉反应较为敏捷。但是被试经过练习后，感觉的和肌肉的期望在态度上的差异便成为主要的问题，肌肉的反应就常较迅速了。因此，关于未经练习的被试表示出个别差异，鲍德温是正确的；关于经过练习的被试的反应型，铁钦纳是正确的。安吉尔同穆尔的这篇文章和杜威论反射弧的文章刊布于同一期的《心理学评论》，他们在文章内采用了杜威的术语。但在事实上，机能心理学家和构造心理学家的实际的实验从来没有多大差异；差异来自实验的动机和结果的解释。

提出系统问题的是铁钦纳，说也奇怪，几乎可以说是他“建立了”机能心理学。1898 年，他从詹姆士那里采取了**构造心理学**一词来对抗机能心理学，次年在另一篇声明中重申二者的区别。他实际上在答复杜威，可没有点他的名。他注意到生物学被区分为三部分——分类学相当于构造的，生理学相当于机能的，个体发展相当于发生的。他以为心理科学呈现着一幅类似的图画，构造心理学，机能心理学和发生心理学是众所周知的。他不无几分理由地认为机能心理学是学者从远古以来一向培养的心理学，而构造心理学则是新生的。机能心理学是研究**为什么**的心理学，构造心理学是研究**是什么**的心理学。他在十九世纪八十年代晚些时期以为这是培养**是什么**的时候了，以便得到足够的知识去适当讨论**为**

什么的问题。铁钦纳不反对机能心理学。他在实际上承认它的地位，但是他以为它过去引起了太多的注意，现在得休息一下了。

556 我们曾在其他篇幅中指出一种运动除非有对立面的东西，否则就不能前进。机能心理学需要有对立面，铁钦纳提供给它了。

新运动的第一种结果是对动物心理学和教育心理学的促进。弥德于1890年开动物心理学。华生于1903年以题名《动物教育：白鼠的心理发展》(Animal Education: the Psychical Development of the White Rat)的论文从安吉尔手上得到博士学位，因此，他同时强调了两个新领域即动物和教育。华生建立了一个动物实验室。他于1907年的有关白鼠在学习迷津中的“动觉和机体觉”的专篇就似乎使他倾向于行为主义了。那时机能主义的动物心理学的规律是：当你完成了行为观察时，你得用你的结果推论动物意识的性质，然后说明那些过程在动物行为中的作用。华生在完满描述动物的机能的行为后，对拖进意识进行反抗；但是要探索这个历史发展将导致了行为学，而这则属于较后的一章。这里只要知道动物心理学自然是机能主义的，而机能心理学则可抛弃了意识而前进，虽然安吉尔牌号的机能主义并没有抛弃意识。

1990年，杜威在任美国心理学会主席时致词，题名《心理学与社会实践》(Psychology and Social Practice)，为教育心理学呼吁，并提出计划。1902年芝加哥大学庆祝十年校庆。安吉尔演讲构造心理学和机能心理学的性质，弥德演讲心理的性质。这两篇演说词都刊布于1903年。同时，杜威对教育的科学研究的宣传也产生了效果。1902年，他被任命为芝加哥新成立的教育学院院长。1904年哥伦比亚教育学院请他去，他在那里任职至1930年退休，作为民主政治和社会变革的实践哲学家有日益强大的影响。

1904 年，安吉尔刊行他的教科书初版，此书说明了心理学的机能观点，但未加以解释。它在大学和师范学校内立即受到欢迎，不久即出第二版，至 1908 年，出至第四版。它是美国人所需要的书。注意的一章最充分地说明安吉尔的论点。“我们的目的……是采用生物学的观点……企图……发现心灵如何帮助具有心和体 557
的人类有机体适应环境”。“意识的基本机能是改善适应的活动。”“实际的顺应工作是在我们所谓注意焦点上进行的。注意……代表意识的核心。”

1906 年，安吉尔任美国心理学会主席。他讲了“机能心理学的范围”。这个演讲稿是他的论文中最优越而明了的一篇。它可不是严格的系统的一篇，因为安吉尔陈述了三个正确观点，让心理学家随意接受任何一个观点或全部。这些观点是：

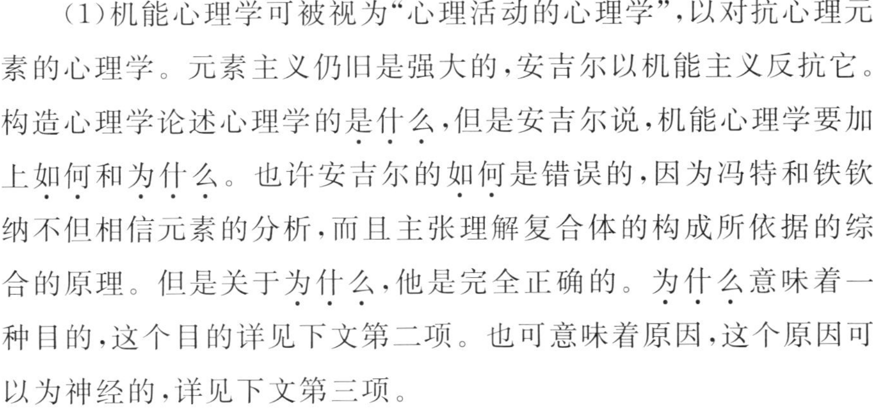

(1)机能心理学可被视为“心理活动的心理学”，以对抗心理元素的心理学。元素主义仍旧是强大的，安吉尔以机能主义反抗它。构造心理学论述心理学的是**什么**，但是安吉尔说，机能心理学要加上**如何**和**为什么**。也许安吉尔的**如何**是错误的，因为冯特和铁钦纳不但相信元素的分析，而且主张理解复合体的构成所依据的综合的原理。但是关于**为什么**，他是完全正确的。**为什么**意味着一种目的，这个目的详见下文第二项。也可意味着原因，这个原因可以为神经的，详见下文第三项。

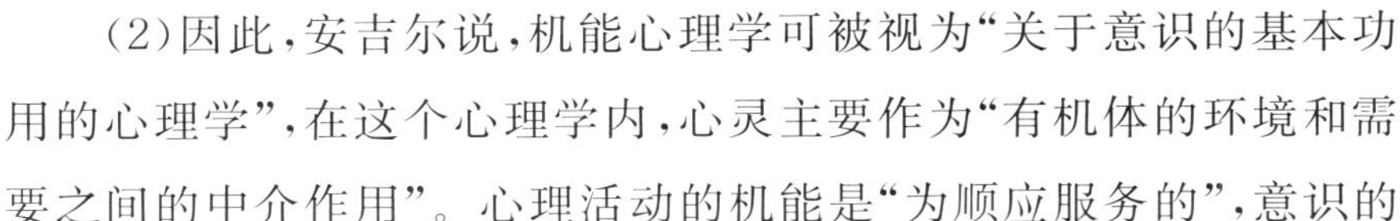

(2)因此，安吉尔说，机能心理学可被视为“关于意识的基本功用的心理学”，在这个心理学内，心灵主要作为“有机体的环境和需要之间的中介作用”。心理活动的机能是“为顺应服务的”，意识的

机能是“对新事物的顺应”，因为意识在面对习惯情境时就消逝了。这在基本上是意识的应急说。习惯适用于熟悉的情境，一旦有新情境来临，“意识就进来”接管了。

(3)最广阔的观点是机能心理学包括一切“心理物理学”，就是说整个心灵和身体的有机体的心理学。这样一个观点超越了意识状态，介入了有益于有机体的所有习惯化的，半无意识的动作。正像厄棱费尔在抵抗元素主义时，不能完全放弃它，而把图形特性当作新的上级的元素一样，安吉尔在抵抗意识的分类时，摆脱了分类
558 法，但摆脱不了意识。他很难设想没有意识的心理学。那种心理学不久就给别人想到了，他的学生华生就是其中之一。

芝加哥学派的力量有些应归功于安吉尔的人格。他和詹姆士及荷尔相同，鼓舞了他的忠实的追随者。在安吉尔执教时，芝加哥培养出五十位心理学博士。(我们如果注意卡特尔主编的《美国科学家传记》中的明星)其中一些更加著名的，依照他们取得学位的日期的先后，有海伦·汤普森·伍利(1900，死于1947)，以儿童心理学著作著名；约翰·华生(1903)，行为主义的创始人；哈维·A. 卡尔(1905)，是安吉尔的继承者，机能主义的火炬的执持者；琼·E. 唐尼(1907，死于1932)，是许多种人格测验的编制者，笔迹测验人格的权威；约瑟夫·彼得森(1907，死于1935)，以声学，测验和学习的研究著名；W. V. 宾厄姆(1908)作为一个应用心理学家和武装部门心理学顾问而著名；沃尔特·S. 亨特(1912)，在克拉克和布朗，是有广泛兴趣的美国著名的实验心理学家之一。第一次世界大战结束了芝加哥这一批杰出人物的培养。1919 安吉尔任全国研究委员会主席，1920 任卡内基基金委员会主任，自 1921

至 1937 年，任耶鲁大学校长。他完成了极有影响的一生，在构造和机能的争论已不再为美国心理学的重要问题的多年之后，死于 1949 年。

哈维·A. 卡尔（1873—　）是安吉尔的继承者，是芝加哥机能主义的代言人，他却缺乏一个论敌，以致不能使他的立场因对比而鲜明；缺乏争论，以致不能使他的论点引起人们的注意。几乎任何人都肯花时间听争论，甚至评定是非，至于和谐一致就没有新闻价值了。卡尔在他的 1925 年的课本内论述了机体的行为和适应的动作。他比安吉尔还更坚决地放弃二元论。他指出反应针对的刺激异常复杂，构成了一整个的情境，而反应则是在一个带有动机性的刺激推动下而发生的。因此，卡尔除刺激和反应的因素以外，更在心理学内介入了动机的因素——老实说，在他写作的时候，必定早就这样做了。所以机能心理学便走向动力心理学，虽然这不因为动力心理学是机能的。到了二十世纪，知觉和动作就日益不易摆脱动机的作用了。

卡尔基本上采取了本书的观点，认为机能心理学是美国的心 559
理学。在他写作的时候，这个观点已被证实了，他也许要兼举法国和英国，还要兼举动物心理学和所有应用心理学，如心理测验、教育心理学、儿童心理学变态心理学和心理病理学。反过来说，机能心理学本身不是动力的，尽管动力心理学常常是机能的。铁钦纳于 1898 年那样明确地在生物学内发现构造和机能，分类学和生理学之间的界线到了我们仅仅注意一个物种（人类）的时候，似乎就不存在了，因为它的构造已颇为大家熟悉了。机能心理学的兴起有一更重要的结果是二元论的消亡。今天心理学的主要兴趣在于

有机体，主要是人类有机体的反应。不错，它研究了种种构造的机能，但是起着作用的构造不是意识的状态而是神经生理学家和神经解剖学家所提供的物质原料。

哥伦比亚的机能心理学

一个心理学家在摆脱了系统束缚后所进行的研究就被称为机能心理学。这里可有两种主要的自由：(1)机能心理学不必为二元论的，(2)它也不必为描述的。当然，这些自由只能是可被允许的，可不能是强制性的。机能心理学家可以相信心灵和身体是两种材料，也可以相信心灵为了身体的利益而起作用。他还可以相信先有是什么的描写，然后了解其机能活动的为什么。这个自由心理学的变式见于哥伦比亚三位有影响的心理学家卡特尔、桑代克和吴伟士的贡献；但是在我们论述哥伦比亚以前，让我们先检验这个机能自由的整个情境。

心理学的机能主义广泛流传。我们前章所讨论过的美国的先进人物如詹姆士、荷尔、赖德、斯克里普彻、鲍德温、卡特尔在某种意义上都是机能主义者。在英国，高尔顿为一机能主义者，其稍后的实验心理学家迈尔斯和巴特列特也都一样，虽然这种思想，他们两人谁也没有想到。法国人如李播、比纳、亨利以及今天的 H. 皮埃隆也都是机能主义者。瑞士的心理学家 E. 克拉帕雷德和他的
560 继承人 J. 皮亚杰也都是机能主义者。比利时的 A. 米绍特摆脱了这些更加严格的系统束缚，一般地说，西欧在近世纪中走向了机能主义。这就是说，我们要注意心理学所有领域都是机能主义的，

经常是为了实用而发展的。动物心理学,生理心理学、变态心理学和社会心理学都不可避免地成为机能的,很少是二元论的,也非主要是描述的。更加特殊的应用心理学,如儿童心理学、教育心理学、临床心理学、职业心理学、工业心理学等也都是机能的。

关于二元论,詹姆士的心理学是“有关个人的”,这个原则流行于二十世纪。心理学研究人,也就是完整的有机体,行动是他们身上最明显的东西。人是一个完整的活生生的有机体,他动作着,常常是有意识的。当意识是有关因素时,你可以介入意识,但是当你认为它并不重要,或当你不明白它的性质,或当你深信在你所检验的东西中没有意识活动时,你就可以不理会它了。机能主义是无意识的温床。机能主义者常利用他的自由不理睬意识,把运动当作心理学的直接资料。于是观念的联合让位给资料的联合,观念和运动的联合,刺激和运动的联合。于是行为主义也是机能心理学的一种。

关于描述,很明显,你所知道的东西越多越好,但是单纯地叙述各种才能也是有用的,不能轻蔑的。知道了某甲比某乙跑得快,或智力测验的成绩更好,也是有用的。知道这两种能力都有赖于有机体的年龄以及练习次数的多寡,就是知道更多了。机能心理学要探究函数的关系,要探究这个对那个的依存性,它是通过相关性而成长起来的。

现在可以让我们考察哥伦比亚的传统了,如果我可以这样称呼它。这是自由的传统,可以用作自由的机能主义的实例。

我们曾研究过詹姆士·麦基恩·卡特尔(边码 532—540 页,548 页以下)。他曾往请教于冯特,冯特要他写一篇关于认识的反应时间的论文，他遵命做好了，但是还想研究反应时间的个别差异。这些实验，有的是在他自己房间里做的，因为冯特不同意他在莱比锡实验室内进行这些实验。他在美国在鲍德温与铁钦纳的争
561 论中站在鲍德温一边，这就是说，他支持反应时间的个别差异的研究，这种差异可以不需要内省控制而进行观察的。他在研究知觉时间中也研究了个体的能力。这又发展为阅读的研究。我们已知道他在心理物理学内，和富勒顿合作，转向于机能主义，反对德国的内省控制，把差别阈大小的问题改变为辨别的误差大小的问题。他是美国十九世纪九十年代的心理测验的主要鼓动者。他没有排除意识于心理学之外，但是他觉得意识没有多大功用。即使对同时知觉范围的决定也与动物实验一样不需要二元论的观点，你的主要资料所要求的就是要知道被试何时是正确的，何时是错误的。

卡特尔在哥伦比亚建立起研究院研究的气氛。桑代克在教师学院内进行研究，吴伟士则在哥伦比亚大学本部进行研究。所有自由的影响是不容易描绘的，因为你所看见的是固定的，可不是自由的；但是由吴伟士于 1924 年授予哥伦比亚哲学博士的海特布雷德完全抓住了这个精神。她写道：

> 哥伦比亚的心理学是不易描绘的。它没有支持任何一派的学说，讲学却有较严密组织的学派所具有的一贯性和宗派性。但是它也表示出一定的特征。一个心理学研究生在哥伦比亚度过了许多星期，就不能不在那个气氛中感觉到分配曲线，个别差异，智力和人类其他能力的测量，实验手续，统计法，生理学思想暗流的无比重要性。他立即会发现心理学不会导致离群索居的生活；它和生物学、统计法、教育、商业、工业以及世界事务都有密切的接触。他接触到许多不同的思潮，常从不同的角度向相同的思潮提出要求。但是教学的各别线索不会为他结

> 成一个稳定模式的结构。谁也不管他如何处理到手的线条；也一定没有什么模式强迫他照样描绘。

心理学的自由邦包括卡特尔、桑代克和吴伟士培养的哥伦比亚。冯特的戒律对他们是不起作用的。

有许多人对心理学的兴趣都先被詹姆士的《原理》所引起，爱德华·李·桑代克(1874—1949)是其中之一。桑代克在威斯列扬大学当学生时，读了这两卷的某些章，后来在哈佛大学做研究工作 562 时，听詹姆士的课。课是1895年讲授的。那时闵斯特伯格回德国去，决定是否永久在哈佛讲学。德拉贝尔掌管实验室。桑代克先对孩子们表现出来的所谓心心相印进行了一种实验，虽然他相信微小的无意识运动的知觉是传达思想的工具。但是这项实验导致了失败，于是桑代克注意小鸡的智力。当他的女房东不许桑代克在他的卧室内孵卵养小鸡时，詹姆士想在实验室或博物馆内给他腾出空间以供孵卵和实验之用，可是没有成功。因此，他让桑代克及其装备搬到他自己家内的地下室，詹姆士的孩子们因此大为高兴。但是桑代克还要当家庭教师过活，因此，当卡特尔在哥伦比亚给他助学金时，他就转赴纽约，用篮子带两只学习得最好的鸡同去，发现卡特尔愿意让他继续搞动物智力的研究——此时的对象是猫和狗，可不必有孵卵器了——1898年赢得了博士学位。

他的论文题名《动物智力》(Animal Intelligence: an Experimental Study of the Associative Processes in Animals)，刊行于1898年，再版于1911年，附载其他研究，包括常被征引的著名的迷笼实验。在这个实验中，学习的效果律，即摩尔根讨论过的一个原则，被稳固地建立起来，以供教育心理学之用。桑代克为猫设置十五只迷笼，猫被禁闭于笼内，可以因抓绳或按钮，或其他多至三种不同的动作逃出笼外（他还为狗设置九只笼子，为小鸡用书站立，造成几个小小的迷路圈）。他画出了学习曲线，表明动物在第一、第二次试验时花了多少时间才走出来，余可类推。这些动物是用“尝试错误”和偶然成功法而进行学习的。从此，这种学习就被称为**试误**学习，但在实际上，桑代克尤其关心成功。很明显，一种正确运动的成功虽然来自运动之后，但使那一运动印入脑内而被学得了。成功是运动的后果，这个后果却将作为成功的原因的运动“印入”脑内。有时这个机制常被说成有“倒摄作用”，因为成功产生的后果影响了原因；但是那样说是没有意义的。桑代克从来
563 没有说未来决定了过去，但仅说过去的痕迹造成烙印，因此，过去可能不难再现。后来，桑代克把**成功**和**快乐**等同起来，更后，又把它和**满足**等同起来。他以为这个新原则，在频因或重复也就是他所称的**练习**之外，在发生作用。从艾宾浩斯（1885 年）以来，频因似为唯一的原则。如今桑代克就有两个原则了，**练习**和**效果**。这两个原则在 1898 年就十分明白了，虽然这些术语只是稍后才通用起来。

当我们知道这个研究和联合（当然不仅是观念的联合）发生关系时，它的机能的性质就明白无疑了。摩尔根（1894 年）刚提出了节省律以反对罗曼尼斯的拟人论（边码 474 页以下）：“要常用最可能简单的心理学术语解释行为”。桑代克虽没有点这个规律的名，却用它来反对摩尔根。摩尔根尽管否定高等动物有理性，但承认它们运用联合的观念和惊人的准确的聪明的推理去解决简单的问题。桑代克以为摩尔根为了解释动物学习太不吝惜这些观念和推

理了。似乎很明白，猫从它们的本性出发，利用本能和已成习惯的动作，偶然间取得成功，然后这个成功就将引致成功效果的运动的学习，印入脑内了。动物对这个因果的关系也许比人转钮开门的习惯动作没有更多的意识的体会。无论如何“假设的增多不应当超出了必要性”。冯特曾认为习惯的运动即使是无意识的，其所有运动在开始时也应当是有意识的。那是精神论者的信仰，但是机能主义很容易摆脱了意识。

桑代克于1899年任哥伦比亚教育学院心理学教师。那时卡特尔问他是否高兴将他研究动物的技术应用于儿童和青少年。桑代克决定试试看，于是他的兴趣转移于人类的被试。1901年，他和吴伟士联合公布其关于学习迁移的著名论文。1903年，他的《教育心理学》(Educational Psychology)初版刊行了，升任了专任教授。1904年是杜威从芝加哥到哥伦比亚的一年，桑代克出版他的《心理和社会测量说引论》(Introduction to the Theory of Mental and Social Measurement)。他的著作非常丰富。他致力于心理测验运动，成为这个运动的领袖。他为教师学院服务了四十年后于1940年退休，但仍继续工作。1942年他返回哈佛任詹
姆士讲座，为了纪念四十四年前给他地下室孵小鸡的大师。 564

罗伯特·塞欣斯·吴伟士(1869—　)在1890年，是阿默斯特大学的高班学生，要读哲学课——这个课程学生们常称之为“心理学”，是一位美国著名的好教师C. E. 加曼讲授的。加曼发现吴伟士未受科学的广泛训练，却要听他的课——或任何哲学的课程，使他大吃一惊；因此，他送吴伟士先用一个夏季的时间研究科学，以便准备学习哲学。布伦塔诺在二十五年前曾给斯顿夫以同样的

忠告。吴伟士补救他的缺陷，比斯顿夫要好些，因为他得到文科学士学位离开阿默斯特后在中学教了两年的科学，然后在一个小规模的学院内再教两年数学。他要最后成为一位好教师，似乎最好先取得经验，然后接受更多的教育。

1895 年，吴伟士和桑代克都前往哈佛，住了两年，取得文学士学位，后又取得硕士学位。闵斯特伯格在德国未返。他们都受了罗伊斯和詹姆士的教导。吴伟士在教学中通过詹姆士和荷尔的著作，知道这两位专家。他爱好詹姆士的心理学和荷尔对大学的看法。当桑代克在哥伦比亚从卡特尔手里接受博士学位的那一年，吴伟士在哈佛医学院讲授生理学。后来，吴伟士到了哥伦比亚，桑代克于 1898 年离开。1899 年吴伟士由卡特尔授予他博士学位。吴伟士取得学位后，在纽约医院讲授生理学，又花一年在利物浦从学于著名生理学家谢灵顿。1903 年，他返回哥伦比亚担任教师，1909 年，升任专任教授，当卡特尔于 1917 年退休时，为卡特尔的接班人，最后他自己也于 1942 年退休。

吴伟士几乎成为普通实验心理学家与任何重要的人物所努力以赴的一样。你可以考虑他的六本重要的著作。1903 年《论运动》(Le mouvement)写于他旅居国外的一年。他于 1911 年修订了赖德的《生理心理学》，改称“赖德和吴伟士合著”，此书直至 1934 年还是这个领域里的标准图书。他于 1917 年发表他的《动力心理学》，也就是我们所称的机能心理学，不过他加上了动机心理学。其次就是非常通俗的教科书，又简单，又明了，1921 年初
565 版，1947 年出第五版。足足二十五年来较其他教科书销路更广。1911 年他又出版《现代心理学派别》一本通用的书，1948 年彻底修

订，以致读过这两本书的读者都会感觉到在心理学内1931和1948不属于同一时期。他还有他自己的实验心理学手册，简单地称为《实验心理学》，出版于1938年，是从前波芬伯格尔曾经合写过的油印版的成果。

你还可以考虑他的论文。1919年，他的同事把其中二十五篇重新印成一本纪念册。有十篇讨论体系的问题。其他十五篇分述变态心理学，差异心理学，运动现象和教育心理学，在这些领域的任何一个方面都没有超过四篇。对这些论文作出选择是困难的。我们曾提过他和桑代克合著的1901年论述学习迁移的文章。这些年间还有若干篇论述运动的有意控制。他在1906年德国纪念册上撰写了一篇这样的论文，在1908年詹姆士的纪念册上写了一篇讨论意识的文章。他对无象思维问题的评论产生了深刻的印象。这是他在1915年美国心理学会的主席致词。他于1925和1930年写了论述动力心理学的论文，作为1917年的著作后的补充。

这最后的两篇论文对吴伟士的体系信仰的解释的明确，满足了任何读者所可能提出的要求。吴伟士自称为动力心理学家，但实际上他首先是机能心理学家，其次才是动力心理学家。他所宣称的冲破约束的自由，利用因果的关系，采取必要的内省，和生理学以及运动的研究都是标准的机能主义。吴伟士深信心理学家彼此同意的论点超出了争论的论点，他要寻找所有的人都能赞同的体系。他当然要反对他所称的“发号施令的大人物”，这些人的统治是他“所最希望摆脱的”。这些人是“宣扬科学心理学，永远不能正视实际生活”的闵斯特伯格，是“极力主张心理学所有正确的结果都是感觉”的铁钦纳，是“声明取消内省，而只要发现运动（和腺体）的活动”的华生。吴伟士不喜欢牵着同事的鼻子走的心理学家。

吴伟士在这个自由化的机能主义内培养一种动力心理学。远
566 在 1897 年，他在哈佛就告诉了桑代克说，要发展一种“动机学”。他的《动力心理学》志在反对铁钦纳，华生和麦独孤，要求理解人的思想和行动的因果的机制（也就是它的机能部分）以及决定驱动力的特殊性的动力刺激或情境。吴伟士注意到这些机制原来由外在的刺激鼓动起来，如何在继续鼓动之后不久可以不需要补充的动力持续进行活动。**机制就变成了驱动力**：这在心理学内常常是吴伟士的主要旋律。

有些人似乎能看到谁是当时美国心理学的“元老”。詹姆士当然是第一位“元老”，被正确地选为在 1913 年筹划在美国举行的第一次国际心理学会的主席。但是詹姆士死于 1910 年，关于继任人选的竞争，使会议不能在 1913 年举行，一年以后第一次世界大战爆发，完全取消了这个会议。1929 年第一次会议终于在美国举行了，卡特尔是理所当然的“元老”，谁也不能反对他任主席。闵斯特伯格、赖德、荷尔和铁钦纳都已去世了。后来桑代克升为“元老”和最高权威，这是《美国科学家》中打了星号所决定的，许多人感觉到桑代克减少活动时，吴伟士会继承他。无论如何，哥伦比亚由于它的哲学博士们而发生广泛的影响。

卡特尔的最著名的弟子可算是桑代克和吴伟士。在这两人之后，我们可接受卡特尔自己的统计，举出较为突出的心理学家，他们承认在研究生时代，在学术上是受了卡特尔、桑代克或吴伟士的

教育，有些人接受其中两位的教育，至于霍林沃思则兼受三个人的教育。我们对于卡特尔亲自培养的主要学生，已列举桑代克、吴伟士、弗朗兹、威斯勒、迪尔邦、韦尔斯、瓦纳尔、布朗、霍林沃思、斯特朗、波芬伯格尔、达希尔、凯利和盖茨。现在要增加吴伟士培养的学生 H.E. 琼斯（1923 年哲学博士），加利福尼亚的儿童发展领域的领导者 H.E. 加勒特（1923 年哲学博士），他继承波芬伯格尔之后，任哥伦比亚的主席。此外还有兼受吴伟士和桑代克教导的 M. A. 梅伊（1917 年哲学博士）是耶鲁大学人的关系研究机构的多年的主持者；弗洛伦斯·L. 古德纳夫（1924 年斯丹福大学哲学博士），是明尼苏达的发展和儿童心理学的专家。

教育心理学 567

在机能心理学所倡导的——或至少可以说培养而发展的各种 699
应用心理学之中，教育心理学是早期最杰出的一门。这个发展起始于十九世纪八十年代，斯坦利·荷尔在这个早期历史中起了巨大的作用。

有关教育过程的理论化的历史当然是很悠久的，即使教育心理学史是它的一部分，并且是不常容易区分出的一部分，但是我们也不能在这里讨论它。伟大的人物很多。读者可以举出 J. A. 夸美纽斯（1592—1670）、J. H. 裴斯塔洛齐（1746—1827）、F. 福禄贝尔（1782—1852）。我们已知道赫尔巴特的心理学（1824—1825），以及它的常被征引的统觉团说，成为十九世纪后期的独特的教育学说（边码 256 页以下）。即至近时，1910 年，你还可能在美国找到赫尔巴特派的教育学教授和坚持不属于赫尔巴特派的教育心理学教授。但是这个历史不在本书讨论的范围。

毫无怀疑**时代精神**在美国和欧洲最有力地支持机能主义。耶拿的生理学家威廉·普累叶在十九世纪七十年代后期注意儿童心理，于 1882 年出版了《儿童心灵》(Die Seele des Kindes)，仅在荷尔在波士顿对教师作了异常成功的演讲后的一年。美国国家教育协会于 1880 年成立了儿童研究组，德国人于 1889 年成立了德国教育改革协会(Allgemeiner deutscher Verein für Schulreform)。法国没有类似的东西。比纳到了 1894 年才表现出对学校儿童的兴趣。

荷尔在德国是冯特的第一个美国学生，几乎亲自看到莱比锡实验室的建立，当他留德两年，于 1880 年回国时，满怀理想，但找不到工作。哈佛大学校长埃利奥特给他工作，因此再一次影响了他的生活。荷尔在波士顿讲演当时的教育问题。他对教师的星期六上午的报告成绩显著，以致次年就被召赴霍布金斯任职。荷尔在波士顿引进问卷法，借以考察儿童心理的内容。在实际上这个方法是从德国取得的，在那里他听到柏林小学于 1869 年检查的结
568 果，这是对儿童有关环境的一般事物和地方的知识的调查。荷尔请求波士顿学校教师查问初级班儿童，他们给他提供许多信息。例如他们发现这些六岁儿童有百分之八十知道牛奶来自母牛。但仅有百分之六知道皮革来自动物。还有百分之九十四知道胃在哪里，百分之五十五知道臀在哪里，但仅有百分之十知道肋骨在哪里。这里的经验教训是：对儿童示以实物，说明关系，可不要认为他们懂得常见字的意义和知识；你一定要教他们。其实，十个波士

顿儿童可有两个从来没有看见过母牛或母鸡；十个儿童有五个没有看见过猫或青蛙；十个儿童有八个没有看见过乌鸦或蜂房。

在十九世纪八十年代以前，对于儿童生活从未做过系统的调查。1879 年，哈佛折衷派生理学家鲍迪奇巧妙地完成波士顿五岁至十八岁校童的体格测量的研究，有若干人类学家，例如弗朗兹•博斯把这个工作推向前进；但是荷尔是儿童心理学的先驱。他的关于儿童说谎的文章出版于 1882 年，儿童心理内容的结果出版于 1883 年。后来还有这种题材的其他论文，但是那时荷尔暂从事于实验心理学，美国第一所正式的心理学实验室和《美国心理学杂志》都发轫于霍布金斯。同时，对儿童研究的兴趣增加了，儿童研究的团体纷纷成立。伍斯特州立师范学校在荷尔示意之下，收集了有关学校儿童的三万五千种观察记录都是在细心规定的条件下进行的。

1889 年，荷尔前往克拉克任心理学家兼校长，1890 年在那里成立教育系，引起了人们的注意。他以他在霍布金斯的学生之一 W. H. 伯纳姆任系主任，这个安排持续到三十六年之久。荷尔又创办了《教育杂志》(Pedagogical Seminary)，说明教育的新的科学研究已经有充分的材料，每年可以载满五百页。荷尔把这个杂志当作一个工厂。他借此与学生、同事及合作者一道工作，从出版的观察和图书中搜集资料。他在《教育杂志》第一卷社论中说：“学校和实验室现在可能是高等教育词汇中最重要的字。”1895 年，耶鲁、哈佛、普林斯顿及宾夕法尼亚大学都开设新教育学课程。1896
年威特默在宾夕法尼亚建立心理诊所是有关儿童辅导的创举。威 569
廉•希利只是到了 1909 年才开办芝加哥青少年心理病理学院，后被称为青少年研究所。

荷尔在克拉克提倡问卷法。这个方法不是新创的。英国布里斯托尔地方曾于1838年用它搜集罢工的资料，后来并使它应用于旧时的他种统计，那时统计意即搜集有关国家的资料。高尔顿在他的已经出名的意象研究(1883)中也用过它，但是，荷尔则用之于儿童研究。荷尔和他的同事从1894至1903年在克拉克印发102种问卷，题目很广泛，如怒、玩偶、哭和笑、早期的自我感。儿童的恐惧，儿童的道德和宗教的经验，儿童的祈祷；其次，供成人之用的，有关于老、病、死的感觉、私有权和损失、怜悯、月经、妇女教育、宗教感化等。102种题目大纲从克拉克寄出和收回几千份，荷尔的热诚的学生或可有机会发表它们，经常地载入《教育杂志》。但是荷尔走得太远了。发现波士顿六岁儿童对于母牛和蜂房究竟知道些什么，这是一个问题，至于从一个不明不白的人口的一个难以确定的标本中抽出完全不熟悉的成员，通过没有控制的评论，就企图估计他们的宗教感化的经验，这乃是另一个问题了。伯纳姆用更保守的技术继续研究，至于荷尔则转而进行他种事业了。

同时，1899年，哥伦比亚大学接管纽约学院，训练教师，后便成为著名的教师学院，由于卡特尔的推荐，雇用了桑代克。此时教育心理学已有别于教育学和儿童研究了。桑代克的第一本《教育心理学》出版于1903年，第二年，他的《心理与社会测量》也出版了，此书是第一部书给实施测验的心理测验提供高尔顿—皮尔逊的生物测量的统计法。测验运动与教育心理学并驾齐驱，给后者以最重要的工具。在测验中，十九世纪八十年代是高尔顿的十年，九十年代是卡特尔的十年，二十世纪头十年是比纳的十年，到了

1910年左右，测验运动有了很大的进展，所以惠普尔能够出版一部标准著作《心理与身体测验手册》(Manual of Mental and Physical Tests)。这本书包括五十四种测验的讨论和实施测验的正确指导。那时，教育心理学已经成为学习、动机、情绪、遗传和环境、人格和个别差异的普通心理学——有些部分来源于测验的应用，其他部分则完全取自实验室的实验研究。智力就是它的特殊的 570
发现。

教育心理学在本世纪赞扬了那些可以促进其特殊兴趣的学派。它接受了巴甫洛夫的反射论，因为条件作用是学习的相应部分。它接受了华生的行为主义，是为了相同的理由，也是为了内省主义的无用。它对精神分析感到兴趣和关怀，因为这门新学问对动机和人格都有所论述，也因为它重视幼年，以为幼年决定了后期的精神生活。它也严肃对待格式塔心理学，因为格式塔心理学家有意用他们自己的术语诠释学习过程。它也采取了桑代克的较简单的连接主义，这不但由于桑代克的权威，而且由于连接主义的效用，而桑代克则不断修改他的学习说以迎合新的发现。当然，谁也没有把这些观点全都摄取过来，因为有些观点是有矛盾的，还有待于最后的综合。问题是教育心理学家所感兴趣的是事实：他们要把儿童教得好一点——把较大的学生也教得好一点。应用科学家是实用主义者；他们要采取有用的东西，接受这样一些体系，这些体系可为新的一般原则提供便利的术语。

这就是为什么机能心理学成为教育心理学的适宜的背景。它让心理学家研究一些既有利于社会，又有利于个体的东西。詹姆士和杜威给教育心理学以哲学的支持，但是荷尔的富有鼓动作用的动力学却推动了它。后来桑代克和其他许多人接上去，他们仰仗卡特尔和高尔顿作为他们的先辈尤较胜于荷尔。至于达尔文则比任何其他的人都更能处理高尔顿和荷尔的主要动机。在实际上，我们应假定这些人没有一个是重要的。有了**时代精神**的这个趋势，心理学的方法和事实就不可避免地立即用以改善教育了。这些人的成就是借以达到目的的工具。

心 理 测 验

测验就是实验吗？心理测验的历史隶属于实验心理学的历史吗？在实际上不是的，虽然二者没有严格的逻辑分界线。测验经常是简单的，速成的，不用精致的仪器，但是反应时间测验却需要
571 精密的仪器，色盲测验要用比日常的光学仪器更加优越的用以研究独色光线的仪器。一个良好的实验经常要确定一个因变量的变化对一个自变量的变化究竟有何种函数的关系。在测验领域内的主要变量是人的差异，这种差异是随机的，不是一种自变量，因为这些人们不能被称为任何事物的数量，也不能被列入预先决定的系列。如果测验要产生函数的依存关系，那就需要两个因变量，这两个因变量都依存于个别差异，因而成为个别差异的量数。在这种因变量之间的相关是可被测定的。它们的相关一般较低于一个良好实验所测定的相关，因为测验同实验相比起来，几乎常有较欠特殊的变化，一个单独实例的预测就较欠精确了。

测验者和实验者之间究竟如何终至于产生分裂呢？那是不容易看到的，但在十九世纪八十年代中是没有分裂的。那时存在着

争论，例如在鲍德温和铁钦纳之间，但没有系统性的分裂。现在让我们审察这十年的情况吧。

高尔顿在十九世纪八十年代已经作出了贡献。他于 1882 年在南肯辛顿博物院开设一个测验的实验室借以调查英国人的能力。他于 1883 年出版了《人的能力研究》(Inquiries into Human Faculty)（见边码 482—488 页）。卡特尔在从冯特为师时，即已抱有机能主义的思想，不久又受了高尔顿的感化。他在宾夕法尼亚大学他的新实验室内从事编制一组心理测验。他有测验五十个，所有他的学生都受了这些测验，他还选出了十个测验，以供社会上要求鉴定他们的能力者的应用。他于 1890 年的一篇论文《心理测验与测量》内描写了这些测验。这篇论文创立了心理测验这个术语，还由高尔顿加上了一个附录表示支持。卡特尔取得了这个美国新运动的领导地位，但是这个运动并不需要他来推动。时代精神在这里也是显而易见的：新的实验室既已建立起来，人的能力的个别差异的测验就不可避免地应运而兴了。

1889 年克勒佩林的学生厄恩在海德尔堡编成了一组测验，将能力分成四种：知觉、记忆、联想和运动机能。贾斯特罗于 1890 年在威斯康星编制了一组十五个测验，在 1893 年芝加哥的哥伦比亚展览会中展出。闵斯特伯格 1891 年为小学儿童编成十四个测验，
同年，人类学家博斯那时在克拉克出来为小学儿童设计进行人类 572
学的测量。J. A. 吉尔伯特在耶鲁于 1893 和 1896 年报告了他对一千二百名在校儿童的测验。在美国建立起两个全国委员会，有一个是由美国心理学会于 1895 年设立的，用以促进各个实验室在测验中的合作，另一个是由美国科学促进会于 1896 年设立的，用

以赞助美国白人的能力的调查。卡特尔和法兰德完成了有关哥伦比亚新生的鉴定，于1896年发表其结果。同时比纳在法国和维克多·亨利(1872—1940)协作，注意个别差异。他们从1894至1898年联合发表了七篇论文，重要的一篇是有关测验的。他们建议测验记忆、意象、想象、注意、理解、暗示、美术欣赏、道德情操、意志力和运动技能。也就在这个时候(1897)，艾宾浩斯在布雷斯劳创造了填空测验以供学校当局之用。当然，谁也不能说，测验是任何一个有优异才能的人创造出来的。它是时代的自然发展的产物。

每一个人在所有这个测验的活动中都达到了几乎相同的目的。他们与高尔顿一样都想估价人的能力。有些人希望他们也许知道什么东西使天才在某些家族中遗传下去，有些人想知道什么东西使新生在哥伦比亚得到成功，有些人要知道什么东西使小学儿童成为优秀的学者。发现测验的手续可有两种方法。由于实验室已成为积极的事业。你便可以求助于实验室，经常在那里测量人的能力。这正是卡特尔和美国所要做的工作。卡特尔1890年的一组五十个测验实际上都是感觉能力、辨别正确性、知觉时间(反应时间)的测验。高尔顿，甚至比纳都曾经认为感觉的辨别，作为辨别，也就是判断机能的一种——似乎一个善于辨别的人有着较低的差别感觉阈。相反，我们知道比纳和亨利创造了一些有时被称为高级的心理能力的测验——它们的问题所涉及的是前一节中所列举的机能。这些测验更密切地接触到每个人都要知道的能力，也就是人生成功的能力。因为教育心理学给测验的发展提供某些动力，所以在学校内的成功就暂时构成了预测的最好的对象。

早在1898年，S. E. 夏普在康乃耳就说比纳赢得了卡特尔的好 573
感——如果我们可以把复杂的事情说得这样简单的话。夏普的结论就是对铁钦纳的实验室的判断，以为实验心理学的冯特的各个变量在描写那些促进人的成功的能力时，不及比纳设计的切实，但比纳安排这种设计，却并不直接来自实验室。也许铁钦纳那时就已经感觉到——如他后来所感觉到的一样——应用心理学在科学上是没有价值的，“纯粹的”实验心理学不能应付机能应用的要求，不能用以贬低冯特学派。也许他还很高兴发现了卡特尔的错误。

从这里起，心理测验史就需要另卷编写了，也正如感觉和知觉及任何心理研究的其他大领域一样。我们应迅速地掠过本世纪的前五十年，要记得机能心理学使这个运动和某些其他运动摆脱了可能阻止它们前进的障碍，而测验的主流则是与实验心理学的发展平行的。

我们说过十九世纪八十年代是高尔顿在这个领域内的十年，九十年代是卡特尔的十年，二十世纪头十年则是比纳的十年。阿尔弗雷德·比纳(1857—1911)是那个世代法国最伟大的心理学家，他是按照法国方式的实验家，强调个别差异尤甚于研究一般能力的仪器和技术。比纳同亨利·博尼(1830—1921)一起，1889年在索邦建立第一所法国心理实验室，第一种法国心理学杂志《心理学年报》(L'année psychologique)于1895年。比纳的第一部著作《推理心理学》(La psychologie du raisonnement, 1886)使他准备对“较高级的心理过程”发生终身的兴趣。他的《个性的变化》(Les altérations de la personalité)出版于1891年，再版于1894年，这是他和亨利开始研究的一年，他发表了有关著名计算者，棋手和盲棋手的研究。他还写了有关传统实验的书和论文,但是不受实验室的限制。高尔顿和卡特尔也是这样的。但只是比纳才把这种对人的理智能量的兴趣引入利用测验来评价人的能力的规划,至于高尔顿或卡特尔则不然。比纳死于 1911 年,终年五十四岁。如果让他活得久一点,也许更有贡献。

比纳刊印他的《智力的实验研究》(L'étude expérimentale de l'intelligence)于 1903 年。他于 1905 年和 T. 西蒙共同编成学校儿童第一次智力量表,1908 和 1911 年修订。比纳早已知道儿童
574 的智能随成熟而增加,因此,他以为必须为不同年龄规定常模。结果造成了年龄常模量表,后来这个年龄常模被称为**心理年龄**。但是比纳不是孤立的。德国斯特恩于 1900 年发表他的《个别差异心理学》(Ueber Psychologie der individuellen Differenzen),后来对智商作出重要的贡献。在美国,桑代克接了卡特尔的班。桑代克 1900 年关于疲劳的研究,1901 年他和吴伟士有关训练迁移的研究都利用许多测验,这些测验从那时以来一直是有用的。海伦·B. 汤姆生(后来是海伦·汤姆生·伍利)1903 年的有关性别差异的芝加哥研究也是一样。克拉克·威斯勒 1901 年对于较早期的哥伦比亚测验的评论不吹毛求疵,只说它们的相关很低。依据那个研究,班级名次和反应时间的相关只有 −0.02,和逻辑记忆测验的相关只有 +0.16,而班级名次和体育分数的相关则达 +0.53,拉丁成绩和希腊成绩的相关高达 +0.75。正如我们已经指出的,桑代克在他的 1903 年的《教育心理学》内说明最有助于预测学业成就的测验究竟是哪几种。在这十年的最后几年,戈达德修订了比纳-西蒙量表,惠普尔刊行了他的《心理与身体测验手册》第一版,

描述了五十四种测验及其实施方法。1910 年左右,心理测验已显然停滞不前了。

二十世纪一十年代是智力测验的十年。比纳的量表原理是有成就的。斯皮尔曼 1904 年关于一般能力的主张已为人所接受了,虽然关于重叠的群素(group factors)的主张因汤姆生和 J. C. 加尼特的提倡而立即开始流传于英国(边码 480 页以下)。斯特恩于 1911 年以为儿童的心理年龄除以实足年龄便可得“心理商数”,它比发展的心理年龄更具有常住性。推孟和他的合作者在发表比纳量表的斯丹福修订时,把这个比例改称为智商(IQ),这个公式二十多年来成为标准公式。叶克斯 1915 年的“点量表”(Point Scale)也有一段时间被采用着。推孟和他的合作者认为 IQ 相对稳定,这似乎说一个成人的智力可由儿童早期,也许甚至在初生时就可以预测出来。这个见解与关于低能心理的研究几相符合,从此低能被规定为极低的 IQ。戈达德于 1913 年,发表《卡利卡克族》(The Kallikak Family),似乎说明低能是遗传的,它如果一经 575
介入素质之内就可传许多代。坚持民主政治的人,甚至深惧头脑的贵族,反对智力的不可变性;但是那时相当普遍的观点,以为除了青少年期成熟时所有自然的变化之外,智力水平上的巨大变化是不会发生的。

这十年期间的大事是智力测验在第一次世界大战中的应用。测验被采用的目的在于防止低能不合格的人混入部队之内。测验就这个目的来说是成功的,也证明是一种快速的方法可用以从较迟钝的人当中选拔出较聪明的新兵,以期有更合格的人承担更重要的任务。团体测验从前虽已有人提议过,A. S. 奥蒂斯也曾在他的某些测验中采用过它，但是军队测验为这个方法提供大量应用的机会。征募来的人聚居在大房间内，一时可有二、三百人。每人有一支笔和测验格式。他们在回答后，将卷合起来。没有别的方法可能得到二百多万人的陆军甲种测验的结果。1918 年很快停战了，以至未能充分利用这些结果，但是这个测验给美国心理学所起的宣传作用，却使实验室的最遥远的角落都受到了影响，从而加大了大学的班级，大大增加了对哲学博士学位的指导教师的需要。

本世纪二十年代是智力不变的信仰降低的十年。陆军测验和斯丹福-比纳量表都证明了文化的限制。你不能以标准的陆军甲种测验应用于不能读写英语或不懂英语的人。因为从南欧血统入境的移民，在测验中，甚至在包括为不懂英语及文盲团体编制的无文字的乙种测验在内的测验中，成绩也很不好，所以大家想要编出一种不受文化影响的测验，可借以比较不同国籍、种族、文化的样本。现在还没有出现这种测验。经常的智力测验已被看成是“书本式的”，或至少是“文字型的”，是为在正常的教育环境中长大的学校儿童而编制的，正如任何人在十九世纪九十年代对比纳和卡特尔之间进行选择时所可能预期的一样。一般人一致认为普通能力是在文化内起作用的东西。也很明显，高尔顿的天性和教养的对立在特殊能力的评估中也几难建立起来，因为这两个因素是常起作用的。一个儿童学习走路（这是教养），因为他有两条腿（这是
576 天性）。大多数结构是遗传的，人的许多机能是学得的；但是有些机能，例如蜘蛛结网却确是遗传的。所有这个观点的变化得到了汤姆生、伯特、甚至斯皮尔曼的支持，他们指明尽管“普通能力”有

任何普遍性，但是还有其他基本的能力或因素在不同的情形中以不同的程度助成人们许多重要的技能和活动（边码 481 页）。

同时，测验的种类扩大了。心理测验和智力测验不再为同义词了。在第一次世界大战的美国陆军内，智力测验曾经用人员选择测验，职业测验和比较法予以补充。这便导致了应用心理学内的测验的发展，新的测验被编制出来，选取某些能力以为评定的样本，至于共同因素和特殊因素，则都被忽视了。

二十世纪三十年代是因素分析的十年。汤姆生和伯特在英国领先（边码 481 页），瑟斯顿在芝加哥领先。凯利曾经作过桑代克的学生，于 1928 年卓有成效地摆脱了斯皮尔曼的学说。瑟斯顿于 1931 年开始多因素的分析，他发表了《心理向量》（Vectors of the Mind），1938 年发表《主要的心理能力》（Primary Mental Abilities）。汤姆生的《人的能力的因素分析》（Factorial Analysis of Human Ability）紧跟着出版于 1939 年，后来就是 1941 年伯特的《心理的因素》（Factors of the Mind）。第二次世界大战以后，瑟斯顿再编集他的研究成为《多因素分析》（Multiple - Factor Analysis, 1947）。这就是三十年代末有关人的能力的图景，有许许多多的因素加入各种特殊能力的组织之内，但在这些因素里面有少数比其余因素更加普遍地与成功的人类活动有关，这些因素就被看成主要的心理能力。

同时，测验应用于各种实用事业中去，而智力则逐渐过时了，虽然推孟和 M. A. 梅里尔于 1937 年对斯丹福-比纳量表进行了最新的修订。也似乎没有任何一个因素这样地普遍可被称为普通能力，智力开始被看作若干种重要的，通盘有用的，但单独变化的

能力的总和。心理学家谈得较多的是语文的，书本的和教育的智力，谈得较少的是智力的遗传。他们不认为遗传的心理能量是没有的，但是怀疑我们的能力可作天性和教养的分析。高尔顿和桑
577 代克的双生子控制法被用以证明天性仍有其重要性，低能儿的监护人发现自己不能教育被监护者，使他们在社会和经济的能力上超过一定的水平。

四十年代是前十年所达到的顶峰。美国心理学在第二次世界大战中已恢复它的正常了，它至少在开始时，主要是通过测验的。智力已不再被提及了。现在已经用一般分类测验（General classification Test，简写 GCT）代替了 1917—1918 年的甲种检验，这个 GCT 采用瑟斯顿的四种首要能力，似乎是借以测量军事上的成就，先是分别测验，然后加成总分。后来，陆军和海军各有一种 GCT，陆军的叫做 AGCT，海军的叫做 NGCT。到了更晚些时候，就有一种企图要分别考虑不同的项目，不把它们加起来，然后为八种不同的基本能力构成测验的一套。所有服务行业都需要能力和能力倾向的测量——快速的测量。（一种能力倾向是学得他种能力的能力。）战后的工业需要测验，从心理学家那里取得测验，或训练他们自己的测验者。临床心理学家由于需要老练的工作者成倍地大量增加，也应用测验。工程师设计机器以便适合它们的操作者，也不能不测验那些操作者，看有哪些方面适合他们的能力。雇用工人的资本家也必须测验操作者，看要用多少时间来训练他们操作机器。高尔顿可能永远想不到他的梦想是会有这种实现的。他希望在一记录卡上为每一英国人登记有用的一套能力。但是结果却形成了测验的一种惊人的活动。如果今天的行政当局要为一

定的技艺选拔人员，他们也许可以找到一组合用的主要能力或有关一种比较的技能的某些测验。但是如果他们在研究中失败了（这是他们常有的事），他们就可能创制一种新的测验，也许似乎是可被包括在需要的技艺之内的一组动作，最后通过增进效度和修订的工作，他们就可能得到某些比从前曾被采用过的任何东西还更加优越而特殊的东西。历史所给予高尔顿的不是一个被测验的民族，而是被持久测验的民族。

实验心理学和心理测验之间的分裂在四十年代确已消除了一部分。测验盛行了，也取得了成绩。此外，战争产生了一种实验的应用心理学，实验者对应用心理学不能再嗤之以鼻了。所有各色各样的心理学家都要采用更新的统计法和 R. A. 费歇尔的技术去估价测验结果的意义。但是这两种研究是始终不同的。实验心 578
理学的技术性较强，实验者可以说不能不知道一些电子学，测验者则无此需要。测验者和临床学家经常喜欢同别人打交道。实验者可不常如此，他们宁可以老鼠为被试者，因为它们较少社会上的麻烦，或者无论如何，它们总比人类被试者更加服从，便利和合用。心理学——可不是实验心理学——在它的专业人员中比其他任何科学都有更多的妇女。妇女从事于测验比从事于电子学要容易得多。如果我们作出结论以为测验和实验的分裂由于制度的不同和人员的不同而得以保持下来，这当然是要冒犯错误的风险的，但这也是不无可能的。

附　　注

心灵有用的概念十分广泛，而且人们对心灵的用处普遍感到兴趣，以致我们能够在过去的心理学史中到处发现机能心理学。从某种意义上说，英国的经验主义是机能的，因为他说明经验是怎样提供现实的知识的（边码168—203页）。苏格兰学派的官能心理学是机能的（边码205—208页），颅相学家的心理学也是如此（边码54—56页）。法国的心理学本质地也是这个观点（边码211—216页）。另一方面，冯特和布伦塔诺及其追随者不是机能主义者，而当它的对立面即内容和意动的二元论心理学兴盛时，机能心理学又得到极明显的推动了。

关于function（机能）一词在心理学中的应用，见达伦巴哈"'机能'作为心理学中系统的历史和由来"，《美国心理学杂志》，1915年，第26卷，473—484页。

芝加哥的机能主义

一般的，关于美国的机能主义，见海德布雷德，《七种心理学》，1933年，201—233页；吴伟士，《现代心理学派别》，第2版，1948年，11—36页。吴伟士的第2版相当清楚地渗透了机能主义，但在1931年的第1版中，他甚至没有列出机能主义的一章。美国在那十七年中变化很大，一是因为铁钦纳（死于1921年）的影响日趋衰落，因为他已死去，不能再保持机能主义心理学的对立面的活力了；二是因为美国正在形成它本身的特点。见C. R. 格里菲思的《系统心理学原理》（Principles of Systematic Psychology），1934年，265—319页。

关于杜威的早年的见解，见他的《心理学》，1886年，第3版，1891年。那时他也写过"心理学的观点"，见《心灵杂志》，1886年，第11卷，1—19页，"心理学是哲学的方法"，同杂志，153—173页。

杜威的名文为"心理学中反射弧的概念"《心理学评论》，1896年，第3卷，357—370页。由丹尼斯重刊于《心理学史读本》，1948年，355—365页。

他的教育心理学的重要论文是“心理学与社会实践”，同杂志，1900 年，第 7 卷，105—124 页。关于他的近时的某些见解，见他的《人性与行为》（Human Nature and Conduct），1922 年，“行为与经验”见麦奇森的《1930 年的心理学》，1930 年，409—422 页。还可参阅海德布雷德，前引书，209—214 页。

在支持机能心理学方面，杜威写了许多他在这方面的作用，似乎是他的整个影响中的一个很小部分。例如见 J. 拉特纳，《杜威哲学》（The Philosophy of John Dewey），1928 年；《近代世界的智慧：杜威哲学》（Intelligence in 579
the Modern world: John Dewey's Philosophy），1939 年。

R. 安吉尔从未获得哲学博士学位，这个事实似乎对他毫无关系。他是一位思想的领导者，一个大学教授，一个大学校长，而且终于获得二十一个法学博士学位、一个文学博士学位和一个荣誉哲学博士学位。经过正式课程而获得的哲学博士，不见得要比他后来所获得的荣誉，更影响他的能力。事实是，安吉尔于 1893 年，在哈雷从本诺·埃德曼那儿已几乎得到了他的哲学博士学位。他的论文已被接受，只须以德国文体加以修饰就行了。但是，如果他留在哈雷，就会连生活津贴都拿不到，因此，他只得返回美国的明尼苏达，那儿有一个职位等着他，薪水虽低，却够他结婚之用了。

安吉尔和 A. W. 穆尔合著的关于反应时间的论文，是他第一次刊布的实验研究：“反应时间：注意和习惯的研究”，《心理学评论》，1896 年，第 3 卷，245—258 页。安吉尔和弥德在芝加哥大学十周年纪念会上的论文为安吉尔的“构造心理学和机能心理学与哲学的关系”，见《芝加哥大学十年刊》（Univ. Chicago Decennial Publ.），1903 年，第 1 辑，第 3 卷，第 2 部分 55—73 页，并有单行本，又转载于《哲学评论》，1903 年，第 12 卷，243—271 页；弥德，“心理的定义”（The definition of the psychical）同上，77—112 页，也有单行本。安吉尔在美国心理学会的主席致词为“机能心理学的范围”，《心理学评论》，1907 年，第 14 卷，61—91 页，这是一篇明晰流畅的说明，读者若要深入了解行为主义诞生前有关机能主义的情况，应该参阅。见丹尼斯，《心理学史读本》1948 年，439—456 页。

安吉尔的《心理学》，1904 年，第 4 版，1908 年，表明在写作一部教科书时，机能的观点所起的作用，他的《心理学引论》，1918 年，后来代替了前书。他的《现代心理学》（Chapters from Modern Psychology，1912）不表示他的机能主义观点，但表示他的宽洪大量。见他的自传，麦奇森，《心理学家自传集》，1936 年，卷三，1—38 页，还可参阅海德布雷德，前引书，214—218 页；W.R. 密尔斯，“安吉尔(1869—1949)心理学家—教育家”，《科学杂志》，1949 年第 110 卷，1—4 页，W. S. 亭特，“安吉尔传(1869—1949)”《美国心理学杂志》，1949 年，第 62 卷，439—450 页。

促使机能心理学成为一个自觉的学派的推动力来自校外铁钦纳对它的批评。见他的“构造心理学的假定”，《哲学评论》1898 年，第 7 卷，449—465 页，由丹尼斯收入前引书，366—376 页；“构造心理学和机能心理学”，《哲学评论》，1899 年，第 8 卷 290—299 页。

铁钦纳为什么不列身于机能主义者的阵营之中呢？他生长在英国，当时进化论是几乎统治了一切的进步思想。他满怀着英国哲学和英国科学。他讲生物学意即指进化，适应和顺应，而不是指生理学。他的早期出版物是生物学的——从这个意义来说。假如他欣赏达尔文，他也就会欣赏高尔顿，并可能追随他而不追随冯特。他也可能由于早期的训练而成为机能心理学的领导者，可是他的唯一贡献却以反对它来强调它，不是相得益彰而是相反益彰。假如他从冯特那儿回来，牛津大学接受了他，又假使顽固的牛津人认识到新实验心理学的重要性，他也许会转为不列颠和美国的典型。相反，他自以为是“侨民”被迫地处于孤立状态。他对冯特的忠诚不渝，似乎其中含有对英国和牛津的一些不满的因素，而这种不满的更趋强烈，则由于他对不列颠的忠心。然而他对英国也是胸有矛盾的，第一次世界大战时，他是一个忠诚的英国国民，主动向英国大使建议，为祖国服务，同时他却对一个美国人说：“我只希望你们同盟国有一个比我们的共同敌人更优越的心理学。”他以为英国和法国的机能主义比不上德国的内容心理学。

关于哈维·卡尔(1873—)的机能心理学，见他的《心理学》，1925 年；
580 他的机能主义，见麦奇森的《1930 年的心理学》，1930，59—78 页。这篇文章只是由于将机能主义与那时已经衰落的铁钦纳心理学进行对比，所以成功地宣传了机能心理学；他的自传收在麦奇森的《心理学家自传集》，1936 年，卷三，69—82 页。还可参阅海德布雷德，前引书，219—226 页。

卡尔于 1905 年，接受安吉尔授予的哲学博士，自 1908 年到 1938 年退休为止，在芝加哥经历了三个等级的教授职务。他算是安吉儿的继承人，因为瑟斯顿自 1924 年以来在芝加哥即以因素分析闻名，代表一种完全不同的传统。

关于安吉尔和卡尔的重要学生，见 M. D. 波林和 E. G. 波林的“美国心理学家中的师生关系”《美国心理学杂志》，1948 年，第 61 卷，527—534 页。

哥伦比亚的机能主义

哥伦比亚如果算是一个学派，那么有关这个学派，见海德布雷德，《七种心理学》，1933 年，287—327 页。吴伟士在他的《现代心理学派别》一书中没有明显地提起自己的集体，但是当他提出他的动力心理学观点时，也就为这个集体服务了。

关于卡特尔，见 532—540 页，584 页以下。不少人曾请他写自传，但他坚决地拒绝了。他也追忆起心理学，但不把自己事情牵涉在内，他拒邀为麦奇森的三卷心理学家自传集中的任一卷写稿。他也许觉得应由别人来记述他的成就——事实上却确是这样做了，部分在他生前，而大部分在他死后。

桑代克写了简略的自传，见麦奇森，前引书，1936 年，卷三，263—270 页。他的重要著作是：《动物智力》（哥伦比亚最初的论文），《心理学专刊》，1898 年，第 8 期；《教育学专刊》，1898 年，第 8 期；《教育心理学》（是论述这个题目的第一本 173 页的小书），1903 年；《心理和社会测量说引论》，1904 年，第 2 版，1913 年；《动物智力》（重刊上述第一项三篇分别论小鸡，鱼和猿猴的其他论文并再补充了一般评论的新的三章），1911 年；《教育心理学》，共三卷，卷一：《人的本性》（The Original Nature of Man, 1913）；卷二是：《学习心理学》（The Psychology of Learning, 1913）；卷三：《个别差异及其原因》（Individual Differences and Their Causes, 1914）；《学习基本原则》（Fundamentals of Learning, 1932）（除“满足”外，介绍“所属性”（belongingness）的概念作为学习的一个原则）；《你的城市》（Your City, 1939）（社会问题价值的测量）；《人性与社会秩序》（Human Nature and the Social Order, 1940）；《人及其工作》（Man and His Works, 1943）（詹姆士讲座的演讲稿）。

桑代克的书目是大量的。到 1931 年为止，就有 250 项以上刊印在麦奇森的《心理学家题名录》上。1932 年，卷三，484—490 页。他和吴伟士合著的关于学习迁移的重要论文，“一种心理机能的改善对于他种心理机能的效率的影响”，见《心理学评论》，1901 年，第 8 卷，247—261 页。丹尼斯，《心理学史读本》1948 年，重印了这篇论文的部分内容，388—398 页；还部分重印了桑代克的 1898 年的《动物智力》377—387 页；以及 1905 年关于双生子的测量一文，399—406 页。参阅桑代克的《一个连接主义者心理学著作选》(Selected Writings from a Connectionist's Psychology，1949)，在这本书内重刊的，有他的自传和 22 篇由他自己选择的不大易见的重要论文。

吴伟士也写了他的自传，见麦奇森的《心理学家自传集》，1930 年，卷二，359—380 页。这篇自传的文体最为动人。他的同事收集了他的二十五篇论文，加以重印，定名为《心理学问题》(Psychological Issues)，1939 年，本书末页有一个包括 200 篇的书目，并重印了他的自传。

正文中提到的吴伟士的更为重要的著作是《论运动》，1903 年，与赖德合
581 写的《生理心理学纲要》，第 2 版，1911 年；《动力心理学》，1917 年；《心理学》(通俗的教科书)，1921 年，第 5 版，与 D. G. 马奎斯合著的修订本，1947 年；《现代心理学派别》1931 年，第 2 版(有大的修订)，1948 年；《实验心理学》，1938 年，原为油印本，由哥伦比亚毕业生珍藏传下，有关于修订的种种谣传。

关于吴伟士论动力心理学的系统观点以及正文中所称的机能心理学，见他的两篇很容易读的都以动力心理学为标题的论文，收在麦奇森的《1925 年的心理学》1926 年，111—126 页(是克拉克大学鲍威尔讲座的演讲)；《1930 年的心理学》，1930 年，327—336 页。

关于卡特尔、桑代克和吴伟士培养的心理学家一览表，见波林夫妇，前引文。

关于哥伦比亚心理学方面的大量的哲学博士见 R. S. 哈珀的“美国心理学博士一览表”，《美国心理学杂志》1949 年，第 62 卷，579—587 页。自 1884 年—1948 年的六十五年中，哥伦比亚授予了 344 个这样的学位。衣阿华授予 269 个，芝加哥授予 196 个，俄亥俄邦授予 169 个，哈佛 155 个，克拉克 149 个，明尼苏达 133 个，耶鲁 128 个，康乃耳 112 个，等等，此外，还有其他五十九个院校，每个单位在六十五年中授予的学位不到一百人。哥伦比亚在后六个十年中只有两个十年名列首位。

教育心理学

正文和这些附注仅接触到教育心理学的来源。这门学科的明确的历史

似乎有待撰述。

荷尔的一个亲密同事写了有关美国儿童研究的早期历史。见萨拉·E.威尔茨"美国儿童研究史概略",《教育杂志》(《发生心理学杂志》)1895年,第3卷,189—212页。关于德国早期历史的讨论,见伯纳姆,"新德同学派",同杂志,1891年,第1期,13—18页。关于大不列颠,见凯特·斯蒂文斯,"大不列颠的儿童研究",同杂志,1906年,第13卷,245—249页。她注意到了荷尔为1893年芝加哥国际博览会所安排的那次会议的重要。这显然是最初引起英国人兴趣的东西。

关于荷尔本人在克拉克的早期研究的总结以及他的102个问卷表,见荷尔,"克拉克大学的儿童研究",《美国心理学杂志》1903年,第14卷,96—106页。

《教育杂志》的头几卷读来很有兴趣。许多期开始就是荷尔写的社论,说明关于反对这种无知的战况,或本期的特殊目的。《教育杂志》创办于1891年,当荷尔转向其他问题时,它也就逐渐失去对儿童研究的兴趣。荷尔死后,它也改称《发生心理学杂志》了。威特默的《心理临床》(Psychological Clinic)杂志从1907年办到1925年;有助于说明这些年间的情况。《教育心理学杂志》创办于1910年,这个日期也许表明了这个学科的时代的来临。1903年鲍德温的《哲学与心理学词典》中的兰德条,卷三,964—914页,在儿童心理学题目下列有400个项目。还没有教育心理这个题目。

在德国,冯特的学生墨伊曼,亦即《心理学文献》(Archiv für die gesamte Psychologie)的编者,成了实验教育和教育心理学的领导人。他于1905年创办了《实验教育学杂志》(Zeitschrift für experimentelle Pädagogik),后改称《教育心理学与青年学科杂志》(Zeitschrift für pädagogische Psychologie und Jugend kunde)墨伊曼又是以下两本名著的作者:《学习的经济和方法》(Ueber Oekonomie und Technik des Lernens),1903年,和《论实验教育学及其心理基础引论》(Vorlesungen zur Einführung in die experimentelle Pädagogik und ihre psychologischen Grundlagen),1907年,二卷。

心理测验

关于心理测验的早期历史(在第一次世界大战以前),见彼得森一部很好

582 的叙述,《智力测验与早期概念》(Early Conceptions and Tests of Intelligence, 1926)。关于后期的历史与测验最后决定的范围,见 F. N. 弗里曼,《心理测验:历史、原理和应用》(Mental Tests: Their History, Principles and Applications),1939 年,第 2 版,并附有加勒特,施内克,和斯托达德的讨论。读者必须记住本章正文仅提供一个广阔范围的鸟瞰,且只集中于美国。它表明了心理测验同机能心理学的关系。仅仅介绍了心理测验的历史。

现根据正文的讨论,按年代次序列举参考书目如下:

A. 厄恩,《个别心理学的实验研究》(Experimentelle Studien zur Individualpsychologie),1889 年,重刊于《心理学论丛》(Psychol. Arbeiten),1895 年,第 1 卷 92—152 页。

H. 闵斯特伯格,"个性心理学",见《神经学与精神病学杂志》(Centrbl Nervenheilk. Psychiat.),1891 年,第 14 卷,196—198 页。

F. 博斯"校内人类学研究",见《教育杂志》1891 年,第 1 卷,225—228 页。

T. L. 博尔顿,"学校儿童记忆的成长",见《美国心理学杂志》,1892 年,第 4 卷,362—380 页。

J. 贾斯特罗,"大学生的某些人体测量与心理测验",同杂志,420—427 页。

J. A. 吉尔伯特,《论学童的心体发展的研究》,《耶鲁大学心理实验室研究》(Studies from Yale Psychol. Lab.),1894 年,第 2 卷,40—100 页。

E. 克勒佩林,《精神病的心理实验》,《心理学论丛》,1895 年,第 1 卷,1—91 页。

J. 卡特尔与 L. 法兰德,"哥伦比亚大学生的身体和心理测量"《心理学评论》,1896 年,第 3 卷,618—648 页。

A. 比纳和 V. 亨利,"个性心理学",《心理学年报》(L'année psychol.),1896 年,第 2 卷,411—465 页。这是一篇非常重要的论文。比纳和亨利,约在此时著有论文七篇,比纳自 1886 至 1911 年间著有论文五十余篇。见彼得森所撰的书目,前引书。

吉尔伯特,"关于学龄儿童与大学生的研究"。《衣阿华大学心理学研究》(Univ. Iowa Studies Psychol.),1892 年,第 1 卷,1—39 页。

H. 艾宾浩斯,“检验智力的一种新方法及其对学校儿童的应用”,《心理学杂志》1897 年,第 13 卷,401—459 页。

S. E. 夏普,“个人心理学:心理方法的研究”,《美国心理学杂志》,1899 年,第 10 卷,329—391 页。

W. 斯特恩《个别差异心理学》(Ueber Psychologie der individuellen Differenzen)1900 年。

E. L. 桑代克,“心理疲劳”,《心理学评论》第 7 卷,466—482 页。

E. L. 桑代克和 R. S. 吴伟士,“一种心理机能的改进对其他心理机能效率的影响”,同杂志,1901 年,第 8 卷,249—261 页,384—395 页,553—564 页;摘录重印于丹尼斯,《心理学史读本》,1948 年,388—398 页。

C. 威斯勒,“心理测验与身体测验的相关”,《心理学专刊》,1901 年,第 16 期。

H. B. 汤普森(H. T. 伍利)《性的心理特点》,1903 年。

桑代克,《教育心理学》,1903 年,第 2 版,共三卷,1913—1914 年。

C. E. 斯皮尔曼,“一般智力:客观决定的和测量的”,《美国心理学杂志》,1904 年,第 15 卷,201—292 页。

比纳和 Th. 西蒙,“关于异常智力水平诊断的新方法”,《心理学年报》,1905 年,第 11 卷,191—336 页;英文摘录重印在丹尼斯的前引书,412—419 页中。

比纳和西蒙,“儿童智力的发展”,同杂志,1908 年,第 14 卷,1—94 页;节录重印于丹尼斯的英译本,前引书,419—424 页。

G. M. 惠普尔,《心理测验和身体测验手册》(Manual of Mental and Physical Tests)1910 年;第 2 版,共二卷 1914—1915。

H. H. 戈达德,智力测量量表,《训练学校》(Training School),1910 年,第 6 卷,146—154 页。

比纳,“关于学龄儿童智力测量的新研究”,见《心理学年报》,1911 年,第 17 卷,145—201 页。

W. 斯特恩,《差异心理学》(Die differentielle Psychologic),1911 年。

W. 斯特恩,《智力测验的心理学方法》(Die psychologischen Methoden 583
der Intelligenzprüfung)1912 年,英译本,1914 年。

戈达德,《卡利卡克家族:低能遗传的研究》,1913 年,德译本,1914 年。

R. M. 叶克斯,J. W. 布里奇斯和 R. S. 哈德威克,《测量能力的点量表》(A Point Scale for Measuring Ability),1915 年。

L. M. 推孟,《智力测量》(The Measurement of Intelligence,1916);简单的摘录重印于丹尼斯的前引书,485—496 页。

R. M. 叶克斯编,"美国军队中的心理检查",《自然科学院科学记录》(Mem. Nat. Acad. Sci.),1921 年,第 15 卷,简单的摘录重印于丹尼斯的前引书,528—540 页。

斯皮尔曼,《智力的性质与认知的原理》(The Nature of Intelligence and the Principles of Cognition) 1923 年。第 2 版,1927 年。

斯皮尔曼,《人的能力》(The Abilities of Man),1927 年。

T. L. 凯利,《人的心理的十字路口:差别的心理能力的研究》(Crossroads in the Mind of Man: a Study of Differentiable Mental Abilities),1928 年。

L. L. 瑟斯顿,《心理向量》(Vectors of the Mind),1935 年。

推孟和 M. A. 梅里尔,《测量智力》(Measuring Intelligence),1937 年。

瑟斯顿,《主要的心理能力》(Primary Mental Abilities),1938 年。

G. H. 汤姆生,《人的能力的因素分析》,1939 年。

D. 沃尔弗利,"1940 年前的因素分析",《心理学专刊》,1940 年,第 3 期。

C. L. 伯特,《心理因素》,(Factors of the Mind),1941 年。

瑟斯顿,《群素分析》(Multiple-Factor Analysis),1947 年。

以下各书告诉读者心理测验的领域已变得如何的宽广和复杂。一般的见弗里曼的前引书。论个性与智力测验,见加勒特和施内克的《心理测验:方法与结果》(Psychological Tests, Methods and Results, 1933)。论智力与智力测验,稍微强调被测验的智力的教养作用,见斯托达德:《智力的意义》(The Meaning of Intelligence,1943)。罗夏,"墨迹的人格诊断",见 H. 罗夏的《心理诊断法》(Psychodiagnostics,1942)。"论职业兴趣测验",见斯特朗的《男子与女子的职业兴趣》(Vocational Interests of Men and Women,1943)。"论机械能力的测验",见 G. K. 贝内特与 R. M. 克鲁克香克的《手工和机械能力测验摘要》(Summary of Manual and Mechanical Ability Tests,

1942）。“论人格的总评价”（测验，问题情境，接谈等），见战略情报局，《人的评价》（Assessment of Men，1948），《第三种心理测量年鉴》（The Third Mental Measurement Yearbook，1949），O. K. 布罗斯编，是一本百科全书，列有大量测验和论测验及测量的书和评论。1938 年和 1940 年也各有一本年鉴。

论男女心理学家对于有关测验，或实验各种能力是否有不同的爱好或倾向的问题，见布赖恩（A. I. Bryan）和波林的《美国心理学中的妇女：OPP 问卷的统计》，《美国心理学家》，1946 年，第 1 卷，71—79 页，尤须见 73—76 页。

近代心理学的晚近趋势

第二十三章　格式塔心理学 587

上章的主题是机能主义，也是美国的基本趋势，它直接导致了行为主义和美国整个行为主义的发展。在下一章，我们将看到行为学最终如何吸收了机能主义，但首先我们必须审察格式塔心理学的性质和起源。这两个运动——格式塔心理学和行为主义——往往被说成是同时的。那是因为现代格式塔心理学的出发点，是

惠太海默的一篇论视见运动的论文，刊布于 1912 年 6 月，而标志行为主义诞生的，是华生的一篇论“行为主义者眼光中的心理学”
(“psychology as the behaviorist views it”)的论文，出版于 1913 727
年 3 月。但是这两个运动各有其古老的根源。每一运动都是一种**时代精神**的象征，但它们又是不同的**时代精神代表者**的不同象征。每一运动都是对过去十九世纪‘新’的德国心理学的抗议，即对冯特，G. E. 缪勒和铁钦纳的心理学的抗议，但二者的抗议复各异其趣。格式塔心理学主要反对将意识分析为元素及将价值排除于意识的资料之外，行为主义则主要抗议将意识的资料包括于心理学之中。

就抗议而言，1913 年的行为主义可说比 1912 年的格式塔心理学走得更远，因为美国对冯特传统的抗议，行为主义已属第二阶段。第一阶段则为机能主义。无论如何，格式塔心理学尚属德国

人首次抗议冯特的传统。所以当格式塔心理学家们在本世纪二十年代向美国提出抗议时，许多美国心理学家是不了解的，因为他们所反对的东西在美国已不复重要了。美国较之欧洲离开意识的元素主义已经更远。其理由即为上章讨论中为美国机能主义所列举的理由（边码 551 页以下，579 页）。

588 本章似应首先考虑格式塔心理学的性质，再追溯某些系统思想的趋势，如何导致格式塔心理学的产生，并成为历史连续性中的一个环节。然后我们才能考察这一学派的成就并略述其现状。

格式塔心理学的性质

格式塔心理学受了它的名称的连累，因为这个名称不像意动心理学、机能心理学、或行为主义一样，能够明白说出它的性质。Gestalt（格式塔）意即指形式（form）或形状（shape），或更泛指方式（manner）或甚至于实质（essence）。英文的同义词也应用得很广泛：如 in top form（最高的形式），in good shape（完美的形状）。形式往往与内容相对立，就此点说来，格式塔心理学也许可以与冯特的内容心理学相对立。斯皮尔曼曾称它为形的心理学（shape psychology，1925），铁钦纳则称它为完形主义（configurationism，1925），但前一名词过于指向空间的结构，后一名词则意味着各部分的排列。Structural psychology（Strukturpsychologie）一词似乎也很适用，因为构造就是整体，其中整个组织随任何一部分的变化而变化，但此词已为詹姆士先行占用，借以指铁钦纳反对机能心理学的术语了。铁钦纳的 structural psychology（构造心理学）乃是对意识的各种元素的描述性的剖析，恰恰构成了格式塔心理学的对立面。假使英文 whole 一词有一个全称的定语，这个词也许已被采用了，但 whole psychology（全心理学）则不免奇怪而滑稽了。简·斯马次的 holism（整体说，1926）一词虽有正确的意义，但源出希腊文，绝难流行。因此，Gestalt 一词现在可被永久纳入英文之中，有时甚至连它的第一个字母都不大写了。

为了表达格式塔心理学的特征，最扼要的方式，莫如说它研究**整体**（wholes），它的资料就是人们所称的**现象**（phenomena）。格式塔心理学家们认为 Gestalt 一词兼有这两个含义，一部分的原因是由于他们深信，对有意识的人说来，经验中的东西确常为整体，你听见一个曲调，总是旋律的形式而非一系列音符，总是统一的整体，而不仅为其各部分排列的总和，或甚至不仅为各部分的一连串模型。经验即以此方式授之于人，表现为有意义的结构形式，即格式塔。

（1）**整体**　整体的许多特性，如常语所说，是突现的新生物（emergent）。这些特性不附丽于单一部分，而是在各部分构成整体时新生或突现出来的。格式塔心理学家们一再申述，整体多于其 589
各部分的总和。我们以化学为例，试看各元素化合而为整体时的情况如何。

化学家有元素和原子。今天他已知原子是可分的，而且每种元素可有好几种原子（同位素），它们除重量和原子稳定性外，其他各种特性大抵相同。你可将各元素的原子结合而为化合物的分子，化合物所具有的可以观察的特性，是不能从结合的各元素的可以观察的特性中预测出来的。在许多复杂的分子中，相同原子的结合方式（联络模型）不止一种，而且据学者的发现，化合物的特性有赖于结合中所形成的关系，就是说，化合物的特性多半有赖于结构化学公式中所表现出的关系，这个公式可以发生变化，而经验的公式却可保持不变。因为元素之间的关系仅存在于化合物中，所以很明显，关系至少出现于整体或化合物之中，又因为各部分互相有关，所以整体多于各部分之和。有些科学家可能说，如果你已经知道了各部分的一切及共关系，你必然会知道整体的一切。这也许是似乎合理的形而上学，但不是实事求是的认识论。几乎没有例外，有关整体的适当知识，必须得自对化合物本身的观察，可不能从各部分及其关系中推论而来。已知氢氧化合而成水，可你仍猜测不出冰在融化时的潜热。

这条法则可能有部分的例外。厄棱费尔有几个关于形质的例子，似乎很好地决定于对各元素及其关系的认识（边码 442—444
730 页）。一个四方形不止四条线，但四条线相继衔接，构成直角，并形成一个闭合的图形，那就是一个四方形了。一幅镶嵌的图画——假定是一个细石子组成的模型或一幅彩色复制品中的细点缀成的模型——同样由各元素及其关系所构成。我们称一笔款为一个整体，它与它的基础元素的关系几乎无关，譬如你有价值一百元的财富，它可以是分散的一百元钱，或零碎的一万分钱，也可以是一沓数值相当的支票或存款，此即真正的“相加而成的关系”（Und - Verbindung）的一例，惠太海默认为格式塔则不如此，且钱的总额似乎确实稍少于其各部分之和。

590 因此，格式塔心理学家们着手研究整体——见于经验中的整体。他们宣布的计划起初引起了混乱，因为其他实验学家们宣称他们研究的也是整体。他们很想知道，格式塔心理学家的愿望有些什么是新的呢？不管怎样，格式塔心理学家们凭着一股新的热情，寻求一些可以应用新的有效参数于旧的决定因素之内，——而且在许多情况中终于找到了它们。更进一层，他们最为关心的是排除传统的分析，即将直接经验分析而为感觉和其他感觉元素。为了弄清这个问题，我们姑且举出两个例子说明如下，一个是屈尔佩对格式塔说的预见，一个是惠太海默对格式塔说的建立。

冯特认为一种感觉乃是具有一定强度的某种性质。他以为各种感觉是在空间和时间中组织起来的，但空间本身和时间本身是不能被观察到的。因此，在冯特看来，不同地点的感觉乃是不同的感觉，我们看见的一条线必须被视为一连串的感觉。但屈尔佩(1893年)认识到空间和时间同性质和强度一样，是可以被直接观察到的，所以他在可被观察的感觉属性表上，加上了广度(extent)和久暂(duration)。他在这方面是追随马赫的，马赫应为格式塔心理学的另一位当之无愧的前辈，因为他相信空间感觉和时间感觉的存在。在屈尔佩眼光中，一个广度——例如一条线——就是你所看到的一个整体，可以与另一广度互相比较。它并非一连串的感觉。又如一个面积是可被观察而描写为一个整体，而不被看成点或斑点镶嵌而成的区域。同样，一段可被感知的持续的时间，其本身就被感知为久暂，并非许多片段时间的连续。屈尔佩在系统上的改变就是一个重大的进步，虽然当时人们没有充分认识它的重要性。

大约二十年以后(1912年)，惠太海默描述了刺激物在不连续的位移情况下的视见的运动，如在动景器(stroboscope)或电影中

所发生的现象。冯特学派的元素主义可能要求惠太海默说，这是某种具有一定性质的感觉及时地变动了它的位置。但视见的运动无任何性质可言，既不属于任何有色的立体，也不与灰、黑、自、红、黄、绿、蓝任何颜色有关。运动看来与静止不同。你能看见运动本身，你能认出它来，你能辨别出它与固定不动性的差别，但你不能
591 给予它以任何进一步分析的定义。这种运动不是冯特和屈尔佩所称的感觉。它也许可被称为现象学者所称的现象。所以惠太海默称这种运动为现象的运动（phenomenal movement），或简称之为似动现象（phi-phenomenon）。

假使你使一个刺激物不连续地从位置 A 移动到位置 B，然后从 B 回到 A，再由 A 到 B，交叠而为 ABABAB……，如果在两个位置上显露的时距过大，你便仅看见不连续的位移，看不见运动。如果时距缩短，你就开始在 A 处或在 B 处，或者在 AB 两处看见某种运动。如果时距继续缩短，你就能达到最适宜的速度，此时可以看见在 A 和 B 之间往返的完全运动，这种运动显然就是似动现象。如果时距继续缩短下去，现象运动便发生退化，由于刺激物迅速地不连续位移，你立即不断地看到两个同时呈现的物体。这种交替呈现是一种视知觉，位于空间之内，占有一定广度，但可以没有颜色，也可带有移动着的物体的颜色。如果一定要将似动分析而为因袭的感觉属性，实验的特点和价值就将会消失无遗了。再者，似动是一种突现的现象。它附丽于整个的心理物理的情境而不附丽于构成这个情境的任何分离的因素。它在这一点上，与形状，曲调或任何其他格式塔一样，也是一个“被创造的”（founded）特征。

由于格式塔心理学倾向于研究整体，因而，它本身经常关心场(fields)和场论(field theory)。一个场乃是一个动力的整体，也便是一个系统，其中任何一部分影响着所有其他各部分。一个接通一伏电压的电网就是一个场。在一些视觉场内，你能看到任何一部分的显著变化引起波及全场的变化。某些视错觉即可用心理场的动力学予以解释。这种动力学对待视觉场就仿佛后者是相互作用着的力的场所。因为知觉似常遵循着物理动力学的法则，于是苛勒乃假设存在着一些脑的神经场，它们构成知觉现象中所表现的动力学的基础，并能说明共原因。考夫卡曾经设想，你必须根据一种行为场来理解人的行动，这种行为场所包括的不是刺激物和物理环境，而是行动者所感知和料想到的外部世界及其对象。勒温已建立了一个有如动力场的生活空间，人即在此空间中生活着和奋斗着。

但应当指出，格式塔心理学的整体也有其实际的限制。此说 592
反对形式上的分析，即将经验分析而为一系列预定的元素成分，但它也认识到，经验仍然是分离的，特别是分离为各个物体。我们必须认为宇宙划分成许多系统，每一系统实际上是关闭的——至少每一系统在被容许予以特殊考虑的范围内是关闭的。格式塔心理学从未排斥一切分析。它只要求在每个特殊问题有所需要时，才有应用分析的自由。

(2) **现象**　格式塔心理学家们把他们的基本观察的材料即资料(givens)称之为现象。在他们看来，经验中的资料就是**现象的经验**(phenomenal experience)。这样做虽不免武断，但对**现象**一词作了有用的和历史上有效的正确说明。格式塔心理学家们从现象学家那里借用此词，借以指中立的经验，也就是不偏不倚，毫无约束的经验本身（per se）。他们宁愿不与固定的元素如感觉、意象和感情、或其各种属性——如性质、强度、广度和久暂发生关系。他们认为，受了上述项目的限制，就是使实验心理学失效的一种约束。另一方面，格式塔心理学家们又申辩说，你能看见整个的物体——譬如，看见一张桌子而无须知道构成此桌子的有意识的元素。你可看见运动——似动——却不能详述其性质，充其量只能给予一种表明似动的性质，就是“这个”（“this”）。你能看出人或类人猿的愤怒，一个类人猿也能感到人在发怒，可是每个人都知道，人和类人猿都不能精确地说出感知的愤怒行为模型是什么。在心理学的描述中识别经验，而不与心理学中过时的“门得列耶夫元素”发生关系的，正是这种自由，这就是格式塔心理学家们孜孜以求且复赢得的胜利——其结果证明对心理学有很大的好处。

关于格式塔心理学家的现象，有一最重要之点也许就是它们包括着物体和意义。不管怎样，冯特和铁钦纳的笔直而褊狭的正统道路只能导致没有解释的纯粹描述，他们的资料限于他们所设想的最直接的经验资料，并立即归结为感觉。意象被认为是中枢兴奋的感觉。感情在其基本性质上也是属于感觉的。他们所观察到的关系只有感觉之间的关系，作为物体的物体是观察不到的：它
593 们乃是对资料的解释。你可以看见一个指定的空间模型。如果你说它是一个人，那你就是正在作出推论并超出了你的资料的范围了。如果你说它是你的兄弟，那你就离开你的直接观察更远了。因为你确实不能描述一个看见的人所由构成的感觉模型，你在莱比锡或康乃耳进行内省时，就不能不被迫采取一种累赘的说法：

“我体验到这样一种感觉模型，它与我看见一个人时所发生的情形相同。”格式塔心理学家们却以为“我看见一个人”的说法简单得多，但他们这样说时，他们正是在接受物体作为心理学的资料了。

这里的区别并不新奇，但往往难以划分。其根本的差异在于“听说”(knowledge of)和“知及”(knowledge about)，对事物本质的直觉的知识，(cognitio rei)和对事物的明显的外在关系的知识(cognitio circa rem)(如洛采在1852年所说的)。铁钦纳在批评符茨堡学派时(1912)，称前者为描述(description)，称后者为说明(information)。在德文，此二词为Beschreibung和Kundgabe。如果你报导什么东西呈现时，你是在描述。如果你报导从呈现的内容而作出什么推论时，那你是在给予有关的经验提供说明，或不在报导它是什么，而是报导它意味着什么。格式塔心理学家们则坚决认为这一界限无从划分，一切意义，一切物体，一切说明既然都是直接的，不必有待于推论过程的，就应当归属于现象。他们就这样地快刀斩乱麻，几乎没有选择的余地。经验之分析为感觉元素在1912年时就日益有牵强造作之弊，那时也许会有人主张甚至感觉分析本身也是推论，也是一种说明。我们不久就会看到，布伦塔诺，厄棱费尔，斯顿夫和屈尔佩在惠太海默作出上述论断之前，都如何正在作出相同的论断。我们如果说，格式塔心理学与其他运动一样地乘着时代精神前进，也并不是在故意贬低它。

关于格式塔心理学，除了它研究整体和现象以外，还有更多的内容需要我们去了解。我们已经说过它通常是依据场的学说进行研究的。重要的格式塔心理学家在经验现象与根本的脑历程之间，已采取了一种特殊的关系说，叫做同型论(isomorphism)，这个学说，我们以后还要谈到。不管怎样，我们必须首先注意哪些人是主要的格式塔心理学家，然后考察这个运动究竟如何由与之有关的一切前辈学说发展而来。

594 格式塔心理学家

惠太海默，苛勒和考夫卡都是主要的格式塔心理学家。很少有一个运动是如此特别地与几个人的姓名联系在一起的。很多运动只与一个人的领导联系着，许多传播很广的学派，包括不同的观点和内部的争论。但是格式塔心理学有三个领袖，他们无疑地私下各不相同，但对基本原则却完全一致，因而能够避免公开的争论。在德国和美国先后还有一些人加入这个运动，他们为它或为它的说明而奋战，但他们是辅助的力量，不是主要的人物。

年龄最长的惠太海默兼创始人和领袖于一身，其他二人则助长他的优越的地位。他在三人中，著作最少，付印的页数不多，但影响很大。他之所以在心理学界闻名，是因为苛勒和考夫卡不断地引证他。苛勒年纪最轻，后最有名，他在公众面前可说是这个运动的负责人。他出版的著作少于考夫卡而多于惠太海默，但措词慎重，表达精确，文体优美。因此苛勒的书在论及有关题目时成为格式塔心理学的权威的论断，但他的机智，却使他对某些争论的问题不下结论。考夫卡是最多产的作家，他确曾企图撰述一明确的格式塔心理学体系，写了一本渊博而难读的书，但在此书内考夫卡的个人论断过多，以致不能成为格式塔心理学的一部“圣经”。耐人寻味的是我们看到这三个人的创造性与他们的多产力构成了反比例。

马克斯·惠太海默(1880—1943)生于布拉格,本世纪初年入大学学法律,其后对心理学渐感兴趣,于柏林在斯顿夫和舒曼手下工作了一个时期(1901—1903),1904 年在符茨堡从屈尔佩以最优异的成绩获得博士学位。虽然惠太海默在符茨堡学派中没有成为最重要的成员之一,但他在符茨堡正值无象思想的主张达到最高潮的时候。他的学位论文与瓦特及阿赫发表的几篇论文是一致的(边码 403—406 页)。惠太海默背离感觉主义而走向现象学,也许是由于受了屈尔佩的影响。惠太海默在获得学位后的五年,是在 595
布拉格,维也纳和柏林三处度过的。在这些年月中有哪些著名学者影响他的思想的发展是不很清楚的。格式塔心理学家所尊崇的海林已不在布拉格了。马赫在维也纳,但布伦塔诺却已经离去。斯顿夫正在柏林,那时他刚被胡塞尔和布伦塔诺争取过来,转向现象学,但格式塔心理学家们可从未承认斯顿夫影响了他们的思想。惠太海默较早在柏林闻知舒曼,但舒曼已于 1905 年离开柏林到苏黎世去了。

据说惠太海默于 1910 年夏从维也纳赴来因兰度假的途中,在火车上想出了一个解决视见运动的新方法。他在法兰克福下了车,在一个商店中购得了一个玩具动景器,于是在旅馆中着手设计各种不同图形,用这些图形为刺激物,然后通过不连续的位移产生运动,观察什么条件是产生最适宜的运动的必要条件。那年夏季,舒曼恰巧到法兰克福担任教授,惠太海默乃和他相结识。他给惠太海默提供了地方,并允许他使用其新设计的速示器(tachistoscope)。惠太海默乃着手工作。此时苛勒已在法兰克福,不久考夫卡也来到了，他们二人都成为惠太海默的被试者。实验完毕时，惠太海默先后召请苛勒和考夫卡，向他们阐明他所认为的这个实验的重要性。新的格式塔心理学的真正诞生，究竟就是这个可能发生在1912年早期的事件，或者是惠太海默在到法兰克福以前的1910年在火车上的顿悟呢？不管怎样，从此以后，这三个人都觉得他们已结合在一起，为拯救心理学避免元素主义，感觉主义和联想主义，并避免无意义的“相加而成的关系”（sinnlose Und-Verbindungen 惠太海默语）而引向现象和整体的自由研究，为这个共同的神圣事业而奋斗了。

沃尔夫冈·苛勒（1887—　）生于波罗的海地方的雷维尔（Reval）。他先后求学于杜平根、波恩、柏林，1909年在斯顿夫指导下以一篇心理声学论文获得博士学位。自1909年至1915年，他终于分五次发表了《声学研究》（Akustische Untersuchungen），不过此文在方向上属于前格式塔心理学。当时苛勒的论声音属性的性质和数目以及论元音性质的著作为多数人所征引。苛勒获得学位后即去法兰克福，到达时恰巧在惠太海默准备以他的新的顿悟进行实验之前。1913年，苛勒离开法兰克福和惠太海默，赴西
596 班牙特纳里夫岛上的猩猩站，在那里研究类人猿心理学。他因为是德国人，第一次世界大战中在特纳里夫被执，后却证明此事给心理学带来很多好处。苛勒用黑猩猩和小鸡进行视觉辨别的实验，不久后于1917年刊布其《人猿的智力》（Intelligenzprüfungen an Menschenaffen），此书成为一本经典著作，1924年发行第二版，1925，年译成英文，1928年译成法文。这些研究的特色，是苛勒在实验中应用了得自惠太海默的新智慧。苛勒逐渐了解到在格式塔

中突现出来的乃是关系。类人猿和小鸡看出的是刺激物之间的关系，而非孤立的刺激物，它们可以学会选择两个刺激物中的较大者和较亮者，而不管其实际的大小和明度如何。这一事实后来在格式塔心理学中被称为**变位**律（law of transposition），亦即厄棱费尔所指出的曲调。苛勒且复注意到关系知觉是智慧的一种标志。他把对有用或适当的关系的突然知觉称为**顿悟**。猩猩看出箱子对香蕉的关系，懂得把箱子重叠起来能站在上面取得香蕉，就是有了顿悟。猩猩看出把两根竹竿套在一起连成一根长竹竿够得着远在栅栏外的香蕉，他清楚地懂得这种关系，并充分利用它，就是有了顿悟。猩猩懂得为了取得香蕉，不紧挤笼子的栅栏障碍物，而离开目标，走出远处的门外，然后绕笼而行达到奖品，就是有了顿悟。顿悟导致迅速的学习。它最初仿佛是尝试错误学习的一种代替物，但格式塔心理学家们从他们经验的新观点出发，提出了它，作为另一种原则。

739

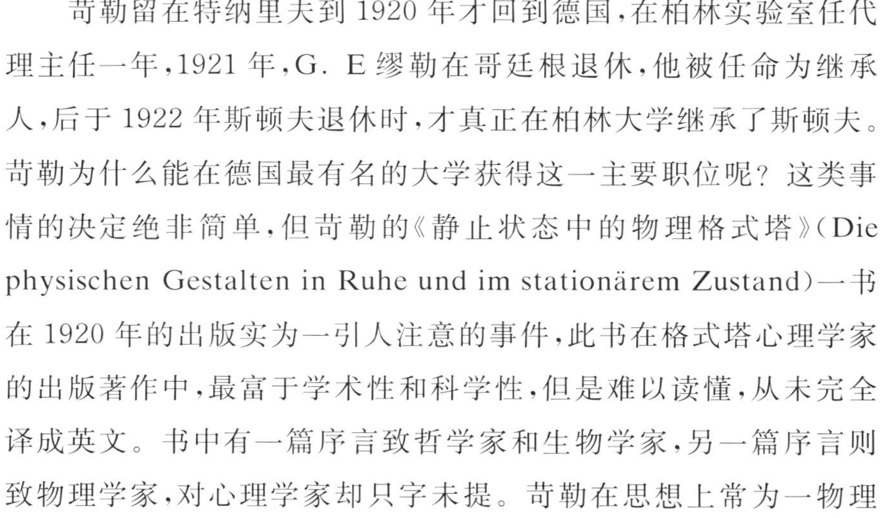

苛勒留在特纳里夫到1920年才回到德国，在柏林实验室任代理主任一年，1921年，G. E缪勒在哥廷根退休，他被任命为继承人，后于1922年斯顿夫退休时，才真正在柏林大学继承了斯顿夫。苛勒为什么能在德国最有名的大学获得这一主要职位呢？这类事情的决定绝非简单，但苛勒的《静止状态中的物理格式塔》（Die physischen Gestalten in Ruhe und im stationärem Zustand）一书在1920年的出版实为一引人注意的事件，此书在格式塔心理学家的出版著作中，最富于学术性和科学性，但是难以读懂，从未完全译成英文。书中有一篇序言致哲学家和生物学家，另一篇序言则致物理学家，对心理学家却只字未提。苛勒在思想上常为一物理学家，他对他在柏林学生时代的马克斯·普朗克致谢，却没有对斯顿夫致谢。在向生物学家和物理学家致意的序言中是否与心理学无关呢？是的，有关的。但苛勒认为物理学是理解生物学的关键，而这个关键最后便有助于理解心理学。他在书内讨论了场的体系和这样一个可能性，就是这些体系在脑内的活动建立了知觉和其他格式塔借以形成的根本法则。这样的一本学术论著受到学术界的重视，是理所当然的。

库特·考夫卡（1886—1941）生于柏林，1903—1908 年间，除有一年在爱丁堡外，其余时间都在柏林大学学习。他拜斯顿夫为师，于 1909 年以一篇论韵律的论文而获得学位。1910 年，他到法兰克福，开始与惠太海默及苛勒长期交往，这是我们已经知道的。1911 年，他被任命为吉森的讲师，吉森距法兰克福仅四十英里，因而仍易于和惠太海默交往。他在吉森开始了一系列实验研究，题为《对于格式塔心理学的贡献》（Beiträge zur Psychologie der Gestalt）。自 1913 至 1921 年共辑为五期发表。此后考夫卡乃常为三人中宣传最力的宣传员。

1921 年，惠太海默、苛勒和考夫卡. 联合精神病理学家库特·戈尔茨坦和汉斯·格鲁尔，创刊了《心理研究》（Psychologische Forschung），这个刊物虽宣称为广大科学服务，不久即被认为是格式塔派的喉舌。它一共发行了二十二卷，于 1938 年，即希特勒统治德国心理学的前四年，也就是第二次世界大战刚爆发前暂行停刊。《心理研究》代表德国心理学中最强大的趋势，当其主编们——先为考夫卡，次为惠太海默，又次为苛勒——为了逃避纳粹分子对学术的摧残先后移居美国后，仍继续出版。在希特勒对德国知识分子的统治下，变质的是《心理学杂志》（Zeitschrift für Psychologie），而非《心理研究》。最后由苛勒在美国的斯瓦斯摩尔独任编辑。

惠太海默在法兰克福居留至1916年，转赴柏林。因此当苛勒离开特纳里夫回到柏林时，他们又相聚了。考夫卡留在吉森直至1927年，当第一次世界大战后，有谣言在美国流传，据说有一群精力充沛的年青的德国心理学家正在形成一个新的学派，又说这些人觉得自己已最终掌握了心理学未来的钥匙，又说他们甚至准备创刊一种新的杂志以发表其研究和思想。在美国，战争大大提高 598
了心理学的声望，以致不久美国从德国取得了心理学的领导权，不过当时美国人尚未察觉罢了。美国人确曾渴望从德国获得有关新运动的最新消息，正如十九世纪七十年代间詹姆士和九十年代所有“新”的美国心理学家所企求的相同。1922年，考夫卡被邀为《心理学公报》（psychological Bulletin）撰写了一篇有关新运动的意义明确的论文，这篇论文的标题是《知觉：格式塔说引论》（Perception：An Introduction to Gestalt－Theorie），表明了三位领导人的观点，并讨论了许多实验的结果和含义。这篇文章遭到了强烈的反对。考夫卡用英文撰写，文字流畅，思路清晰，于是美国对此新学派众说纷纭。苛勒抱怨说批评家们的思想是混乱的，有些人说格式塔心理学是新的，但是不正确的，另一些人却说它是正确的，明显的，因为它不是新颖的。

1921年考夫卡刊布其发展的儿童心理学，后译为英文，书名为《心之生长》（The Growth of the Mind）。此书在德国和美国都是成功的著作。德文修订版于1925年问世，英文于1924年和

1928 年先后出了两版。惠太海默曾先后于 1921 年和 1923 年在《心理研究》上发表文章，论述格式塔心理学的重要特点，及其对元素主义和联想主义的批驳。他的论点也许并不公平，因为他所谴责的那种粗糙的原子主义，自 1829 年詹姆士·穆勒以来，已经不是任何重要的心理学家的真诚的信仰了。虽说他的批评者讥讽他是在歼灭稻草人，可他总算证明了他的论点。1923 年，苛勒又刊布了他的关于时间误差(time error)的著名实验，从而在德国和美国推动了进一步的大量研究。1920 年，惠太海默曾发表一篇论创造性思维的文章，后于 1925 年将此篇和另外的两篇论文合印成一本书，题名《格式塔说三论集》(Drei Abhandlungen zur Gestalttheorie)。1924 年，考夫卡来到美国，访问康乃耳和威斯康星，后于 1927 年在斯密士学院任一讲席，直至 1941 年逝世。苛勒于 1925 至 1926 年访问克拉克和哈佛大学。1929 年他用英文撰写并出版了《格式塔心理学》(Gestalt Psychology)一书，对新观点立论之透彻，实前所未见。此年适值詹姆士·穆勒的《人类心灵的分析》一书的一百周年纪念，当为进行"消毒"的大好时机，但我们怀疑苛勒是否曾把这一伟大联想主义者放在心上。

1933 年，惠太海默逃脱希特勒的威胁，并于 1934 年在纽约的社会研究新学院内找到了政治避难所。1934 年苛勒来到哈佛任
599 威廉·詹姆士讲座。1935 年，他接受了斯瓦斯摩尔的任命。同年考夫卡刊布其《格式塔心理学原理》(Principles of Gestalt Psychology)，上面已经提到，这是一本渊博而难读的书，心理学家们加以研读，并用以参考，可不必接受其系统的观点。1938 年，苛勒刊布其威廉·詹姆士讲座的演讲稿:《价值在事实世界中的地位》

(The Place of Value in a World of Facts),此书以为意义应包括于心理学中的论证,多少要比考夫卡的论文更为有力。苛勒在其1940年的《心理学中的动力学》(Dynamics in Psychology)一书中侧重叙述心理学家研究动力场的重要性。其后考夫卡死于1941年,惠太海默死于1943年。惠太海默早已答应发表的论创造性思维的书在他死后1945年出版。苛勒和汉斯·瓦拉赫合著的《图形后效》(Figural After-Effects)刊行于1944年,此书为一实验研究,对于苛勒的关于知觉场和伴生的脑场之间的关系的论点,给予有力的支持。

当然,除上述主要的三人之外,还有其他一些格式塔心理学家。在德国有弗里希·冯·霍恩博斯特尔(1877—1936),他于1900年在柏林取得博士学位。他在第一次世界大战期间曾与惠太海默共同研究潜水艇的音响侦察,1920年联合发表论声音定位的著作。他是感官统一说的主要倡导者(1925),认为容量和明度之类的某些属性可同样应用于所有感官。他的特殊兴趣在于音乐心理学,并负责管理斯顿夫的音标文字档案,搜集原始音乐的录音记录。他于1936年死于英国。还有沃尔夫冈·梅茨格(1899—　),于1926年在柏林取得哲学博士,他与惠太海默同在法兰克福,并于1933年继任他的职位。他以撰写论视知觉(1936)的小册子而闻名。卡尔·邓克尔(1903—1940)在美国克拉克大学一年后,为考取哲学博士,于1929年返回柏林,留住至1938年,转赴斯瓦斯摩尔学院,1940年就在那里去世。他曾于1935年著《创造性思维心理学》(Zur Psychologie des produktiven Denkens)一书,1945年译为英文。此外还有一些人,但只列举其姓名而不加详述,在历

史书内是有害的。勒温常被视为一格式塔心理学家，但他主要是一动力心理学家，虽然他的体系建立在格式塔心理学的原则之上(边码 723—728 页)。

美国 R. M. 奥格登从屈尔佩为师，于 1903 年在符茨堡获得
600 哲学博士，任教于康乃耳多年，是最早表示欢迎格式塔心理学的人们之一。邀请考夫卡于 1922 年撰写知觉一文的就是他。R. H. 惠勒长期在堪萨斯，以有力的论据追随格式塔路线，并向他自己的追随者力陈心理学的有机体的观点。他也许以其 1929 年的《心理科学》(The Science of Psychology)一书而闻名。J. F. 布朗也在堪萨斯多年，为一耶鲁的哲学博士，但在他的历史中曾在柏林二年，以有关速度和运动的知觉的研究，在实验心理学家中最为知名。

学派是可能衰落的，但也可能因成功而消亡，有时成功导致后来的失败。十九世纪九十年代的“新”心理学曾取得非凡的成就，但在二十世纪一十年代，因为它不能继续前进，又因为有更好的学说取而代之，而终至于消亡了。机能心理学曾在美国盛极一时，由于被行为主义所吸收，以致因成功而告终。格式塔心理学也曾获得了成就。它的宿敌冯特—铁钦纳路线已经过时，而分析意识而为元素的内省也已不再行世了。这个运动产生了非常新颖而重要研究，但再贴上格式塔心理学的标签却已属无益了。假使格式塔心理学曾拒绝将行为的资料包括于心理学之中，则关于心理学是否主要在于研究直接经验这一问题上，也许早已引起长期的论战了。事实上，苛勒的黑猩猩一开始就被承认为心理学的资料。结果格式塔心理学已从其顶峰下降，现在被溶化于心理学本身之中，

从而功成身亡了。如果它与当年在柏林和法兰克福时的情况相比，似乎已经有一点被美国化，那也只是与法国大革命时逃亡的保王党一样，不能不使他的基本的价值观同化干一种新颖的文化。

格式塔心理学的前身

科学的进步是有它的一般规律，格式塔心理学不能例外。它有前因，也将产生一定的后果。因而它在科学发展过程中有它一定的地位。从广阔的前景来看，科学的发展几乎总是连续不断的，所以惠太海默在1910年的发现，不过代表时代的要求而已。假使惠太海默于1901年在布拉格执业当律师，却也可能出现另一个人来代替他，把有关整体，突现和意义等结论推向前进，因为这些结论已早为其他一些人——詹姆士，厄棱费尔，屈尔佩——各自宣传的对象了。

科学活动必须被认为发生于动力场之中。用惠太海默的话来说，科学不是一种**相加而成的关系**。分析固然歪曲了整体，然而有 601
些分析对于叙述仍然是必要的。为方便计，我们可以把心理学范围内直至格式塔心理学为止的发展思想，区分为三个阶段，因为在这三种趋势中，每一种一经被公认为其对立面的代替物，其发展便至为迅速，我们需要将双方的术语找出并加以排列。下面是一个成对的反义词表。左边是导致格式塔心理学产生的东西，右边为其对立词。右边是格式塔心理学所反对的活动和概念。

1. 现象学的描述　　对　元素的分析
2. 整体中形式的突现　对　联想的集合

3. 意义和物体　　　　对　感觉的内容

1. 现象学（Phenomenology）　苛勒在其威廉·詹姆士讲座演讲集的序言中写道："我相信，在我们回到我们概念的根源之前——换言之，在我们应用现象学的方法之前，即在对经验进行质的分析之前，我们绝不能解决有关根本原则的任何问题"。他继续指出这个方法从未获得普遍的接受，并谈到其反对者们"宁愿采用在科学思想史上多少已臻完善的一些概念……而很少想到这些概念不能直接应用到的题目"。这就是他的一种答辩，要求把现象学当作对直接经验的自由描述，而不分析为正式的元素。

在科学中，首先出现的必定是描述，然后才是沿着特定假设的方向进行的研究。自由也必定先于约束而存在，所以解剖学先于生理学，而科学始于观察。任何一门科学在其发展过程中，完善的观察都是必不可缺的，有效的推测只能有待于时机的成熟。且看，亚里士多德是一个敏锐的观察者，阿基米德亦复如是，经院哲学家们却不然，他们只竞逞思辨而不积累事实。达芬奇是一个出色的观察者。伽利略却兼为优秀的观察者和推论者，刻卜勒和牛顿亦复如此。林耐主要是一个好的观察者兼分类学家，可不是一个推论者。他可说是一个优秀的现象学家。现象学在科学中出现很早，那是我们已经说过的（边码 18—21 页）。

歌德肯定是一个现象学家，他在某方面还站在心理学传统的最前列（边码 20 页，99 页）。他对颜色现象的许多观察在当时已
602 被认为有效，但对颜色所作的一个假设却是夸大而不可信的，主要是因他志在反对牛顿。每一个人都认为普金耶是十九世纪二十年代的生理学中的敏锐观察者的范例（边码 20 页以下，98 页）。事

实上，在赫尔姆霍茨之前，感觉心理学家们的整个活动主要都是现象学的。约翰内斯·缪勒的1826年的第一本书，即使包括其神经特殊能的最初陈述，也研究了视觉的现象学（边码98页）。费希纳的《心理物理学》（1860）一书大部分是现象学（边码281页）。他的关于记忆颜色（格式塔心理学现称之为颜色常性）是现象学的，因为他观察到后退的物体在大小上的缩小不如其网膜影象的缩小之快（现称之为大小常性）。海林继承了歌德和普金耶的传统。他是1870至1900年间的最有影响的现象学家（边码352—356页）。格式塔心理学家们感觉到他的影响，并承认他的影响的重要性。海林和费希纳一样，也描述了"颜色常性"和"大小常性"的现象。当时在描述事实方面，与那些只记得冯特的约束的人们相比较，体现出更多的自由。

总之，现象学家们是在寻求一种决定性的试验（experimentum crucis），即某些概括性的有说服力的单一论证。普金耶在黎明时注视景色的变化即为一例。因为现象学研究直接经验，所以它的结论是瞬息可得的。那些结论突然来临，不必等待测量计算的结果。现象学家们也不采用统计学，因为频率不能出现于一瞬间，而且也无从直接观察。因此之故，海林的许多件研究颜色的精密仪器，用之于论证较用之于实验更为合适。海林已经知道了这些事实，所以他制造仪器是为了使别人信服。同样，人们在现代格式塔心理学中发现许多印制的工整的论证性图解也是"决定性的试验"，目的在使读者变成一个现象学家，让他立即获得论证的直接经验。

有人提出一个有趣的问题，认为现象学在奥国和德国南部比起在德国北部和普鲁士来，较为自在些。脱离科学严格性的自由，适合于现象学和意动心理学，我们把维也纳，布拉格，格拉茨，甚至慕尼黑与这种自由联系在一起，而在柏林则找到了实验主义的严
603 密性，遗憾的是，这种简单的地理认识论(geo-epistemology)的例外实不胜枚举。依照这种说法，冯特应当去柏林和赫尔姆霍茨在一起，斯顿夫应当留在慕尼黑，或去布拉格而不去柏林，苛勒则应当被送到维也纳去继承马赫的传统——虽然他的1920年的《物理格式塔》(Physische Gestalten)是绝非平易近人的。

还有一个问题就是现象学和先天论的关系。十九世纪最后四十年间，关于空间知觉掀起了一场旷日持久的争论。先天论者认为感知的空间关系直接在经验内呈现，经验论者以为空间模型必须由学习而来。康德以其权威支持先天论者。洛采的部位记号说及其经验的空间组织的信仰，则为经验论提供了基础。赫尔姆霍茨和冯特是经验论者，海林和斯顿夫则为先天论者。似乎很清楚，现象学属于先天论，它正在寻觅资料，对于知觉如何产生并不去苦苦思索，现代格式塔心理学家肯定是反对赫尔姆霍茨的空间知觉的经验论的，例如，他们主张一条线乃是一个直接感知的广度，而非一系列看见的点。所以说先天论是格式塔心理学的部分准备，似属公允之论；但如果记起洛采的评论，认为先天论不是一种学说，什么也解释不了。似乎也是公允的。总之，洛采的说法符合于这种见解：就是心理学仍为一门年青的科学，尚未准备好许多学说。就某种意义上说，上面所引的苛勒的评论，就是此种含义。

因为胡塞尔于1901年注意到了现象学一词，此词才进入心理学，这是我们已经知道的(边码367页以下，408页)。当斯顿夫于

1907 年断定心理学是心理机能的科学而非内容的科学时，已把内容心理学的主要部分摊派给现象学了（边码 368 页），同样正确的是，马赫于 1886 年视空间为感觉（边码 395 页），屈尔佩于 1893 年将广度增列为感觉属性，都是站在现象学的立场来接受经验的资料的——虽然是有背于正统的。那种立场被称为实证主义，但是马赫和屈尔佩的早期实证主义与现象学及格式塔心理学是符合的，而施利克，卡尔纳普和逻辑实证论者的后期实证主义则是不符合的。有人听到格式塔心理学家们在抱怨现代实证主义，其实马赫正是他们的前辈，是应当引以为荣的。如果直接经验是实证的 604
终极原理，那么就连惠太海默，也应和马赫一样，是一个实证主义者了。

从 G. E. 缪勒的哥廷根实验室出版的，扬施，卡茨和鲁宾在 1909—1915 年间的某些专题著作中，可以看出现象学已在心理学中出现了，并日益规定了描述经验的模式。扬施和卡茨二人在这些著作中已经预言了惠太海默 1912 年的格式塔心理学的"创立"（"founding"）。

埃里希・R. 扬施（1883—1940）于 1908 年从缪勒手里获得博士学位，他的论文刊布于次年，题为《视觉知觉的分析》（Analyse der Gesichteswahrnehmungen），讨论了大部分有关视觉敏度随远近视觉而变化的复杂问题，因而它既是现象学的，又复与整个动力的视觉系统有关。赫尔姆霍茨曾假设视觉敏度仅有赖于网膜上感受器的分离，但是当时的海林和现在的扬施都表明必须把较大的相互作用的系统考虑在内。扬施于 1911 年刊布了另一篇专题论文，研究视觉的深度知觉。他在文中讨论了空虚空间（empty space)及其心理表象性质的现象学——他采用了这个词,并描述了一些其中所见的大小不随网膜映象的大小而变的情境。扬施为格式塔心理学家即将谈到的这些内容打下了基础。当然,扬施最著名的研究是遗觉像(eidetic imagery),这又是一个题目,较之他的老师 G. E. 缪勒的较为正统的观点,更适合于现象学的研究。

大卫·卡茨(1884—　)于 1906 年从缪勒手里获得学位。他于 1907 年发表了一篇论记忆颜色(Gedächtnisfarben)的论文,但他的论颜色的重要的专题论文则是于 1911 年刊布的《颜色的现象》(Die Erscheinungsweisen der Farben)。这是他前所未有的现象学的研究。卡茨表明颜色问题和空间问题是互为关联,不能分割的。正统心理学曾假设单眼知觉的特性受了视网膜的特性的限制,你用单眼看见的是一个两度的视野,能在网膜锥体所可允许的分离范围内很好地形成分化,其所见的形状和大小保持着网膜兴奋模型的常性机能。但是一个现象学家却因根据经验本身而描述经验,可置网膜于不顾,卡茨就是这样做的。他发现了三种颜色:(a)表面色(surface colors)是二度的,位于一定距离,即为平时所
605 见物体的颜色;(b)容量色(volumic colors)是透明媒介物的三度色,如有色液体,有色空气或无光空间的表现;(c)膜状色(film colors)是原始色,缺乏位置或精确的空间特征,如分光镜中的颜色。表面色是物体的颜色,在变化着的照明下倾向于保持不变。如果透过一个有小孔的减光屏(reduction screen)看去,表面色即变为膜状色了。光屏消灭了第三因次的线索,颜色失去了客观性和距离及其在变化照明下保持不变的倾向。我们在此当可懂得,颜色知觉是极端复杂的,但如果将决定着整个知觉的某些因素予

以排除，就能使各种发生作用的力量的复杂的场化为较简单的膜状色的情境。

卡茨留在杜平根同缪勒相处到1919年，他先去罗斯托克，后到斯德哥尔摩。他于1925年刊布了一个有关触觉的现象学的研究，以致常被视为格式塔心理学的同盟者和大量事实的重要的提供者了；如果心理学家们执着于感觉元素及其属性的学说，这些事实就不会被发现了。缪勒本人对格式塔心理学并无好感，他曾在1923年对它进行严厉的批评。但他对自己实验室内年轻人的观点似又颇为宽容。这也许是因为在1891年，他曾"特别可怕地"和"粗暴地"（詹姆士的话）斥责了年轻的闵斯特伯格，自此以后，他便较为缓和了。

埃德加·鲁宾（1886—　）是哥廷根的第三个现象学家，他早在1913年即开始其视觉的形基现象（figure - ground phenomena）的研究，比惠太海默发表其视见运动的论文还要早几个月。鲁宾发现，一个视知觉通常可以分为两个部分，即图形（figure）和背景（ground），图形通常处于注意的中心，为一个物体，看来被一个轮廓包围着，具有物体的特性。也就是说，它看起来像一个东西或物体，并被看成一个整体。视野的其余部分则为背景，它缺乏细节，往往处于注意的边缘，通常看起来比图

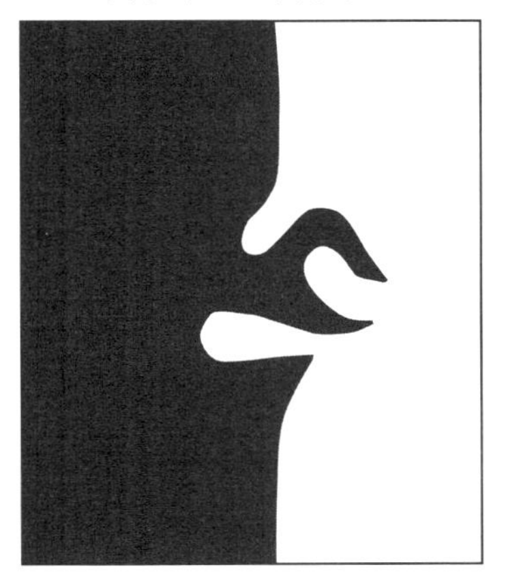

第四图：形基现象：鲁宾的爪指图形基知觉的两可刺激物表明，不是黑爪图形在白色背景之上，就是三个白色手指图形在黑色背景之上。采自鲁宾，1915.

形离得远些。背景不表现为一个物体。

两可的形基图,如著名的高脚杯一侧像图或图 4 中的黑爪和三个白色手指,所有这种现象学上的差别引起了人们的特殊兴趣。在图 4 中,你不是看见黑爪位于白色的背景之上,就是看见白色手
606 指位于黑色的背景之上。从一个物体转移到另一个物体的知觉中,你能看见物体的性质忽隐忽现,从而知道是什么图形。如果一旦向你呈示这个两可图形,你看出的是黑爪,以后你再看到这幅图画时,看出的大抵仍是黑爪并会认出它,但如果在下一次呈现时,你碰巧看出了白色手指,那你将不会认出它们,因为图形不是一个爪子,即使刺激物相同,看出的物体却不一样了。的确,我们在此获得一个现象,它迫使我们考虑动力的整体性,考虑一种现象的变化,这种变化不以网膜上的变化为转移,而是由中枢因素所引起的。鲁宾的工作是格式塔心理学的好材料,格式塔心理学家理所当然地立即引用了它。

鲁宾是丹麦人,从哥廷根回到哥本哈根,仍然为丹麦最杰出的心理学家。他于 1915 年在丹麦,复于 1921 年在德国,刊布他在哥
607 廷根的研究结果。但此时新的格式塔心理学已经建立起来了,任何人都不再能成为它的预言家了。

2. **突现**(Emergence)　惠太海默在 1923 年写道:“我站在窗口,我看见了房屋,树木,天空。我现在能在理论基础上试着算出它们的数目,并可能说:有……327 个明度(或色调)。(我有‘327’吗?没有:只有天空,房屋,树木,具有‘327’的本身是无人能认出的)。如果在这一古怪的计算中,碰巧房屋为 120,树木为 90,天空为 117,我仍然会得出**这个**组合,这个分配,而不说 127 加 100 再

加 100,或说 150 加 177”。惠太海默把这样一种元素的人为计数称之为**毫无意义的相加而成的关系**。他把一个组合内仅由元素累积而得的一个知觉结构称之为**一束说**(bundle hypothesis)。当然,格式塔心理学的抗议就是针对着这种部分和部分的相加。整体几乎必定多于其部分之和。它不是一束,一束的整合要多于一个“加”(Und)。

新特性在整体中的突现,是一个相当明显的事实。我们也许发问,为什么要费那么多口舌来强调和支持这个事实呢?这可能有两个理由:(a)首先,心理学的化学类比确有说服力,宇宙间一切物质显然已还原为不亚于百来个元素的多种多样的组合。冯特和其他一些人可以问,如果物质能够如此,心理世界为什么就不能呢?这种想法似乎至少值得一试。然而,化学类比的本身就不恰当,因为化学家从未排除突现的事实,他们的知识没有进展到这样一个阶段,以为根据各种元素的特性就可能预测出化合物的特性。

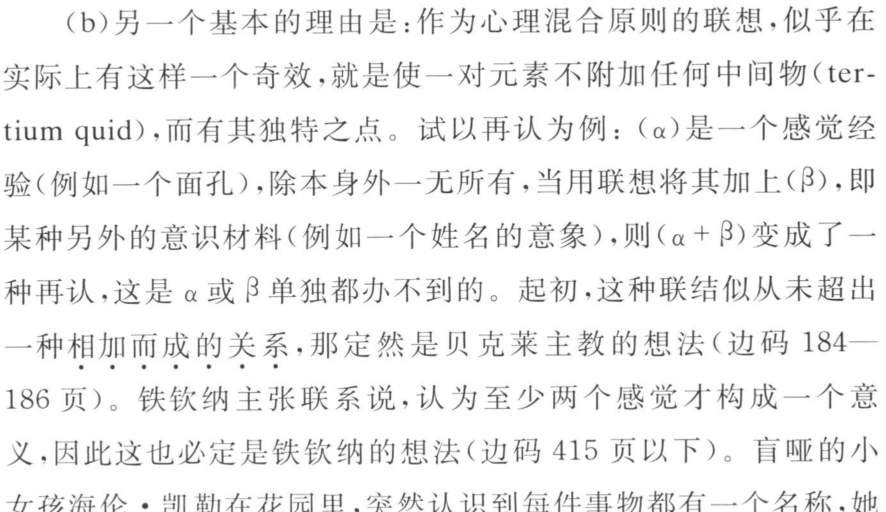

(b)另一个基本的理由是:作为心理混合原则的联想,似乎在实际上有这样一个奇效,就是使一对元素不附加任何中间物(tertium quid),而有其独特之点。试以再认为例:(α)是一个感觉经验(例如一个面孔),除本身外一无所有,当用联想将其加上(β),即某种另外的意识材料(例如一个姓名的意象),则(α+β)变成了一种再认,这是 α 或 β 单独都办不到的。起初,这种联结似从未超出一种**相加而成的关系**,那定然是贝克莱主教的想法(边码 184—186 页)。铁钦纳主张联系说,认为至少两个感觉才构成一个意义,因此这也必定是铁钦纳的想法(边码 415 页以下)。盲哑的小 608
女孩海伦·凯勒在花园里,突然认识到每件事物都有一个名称,她

跑遍花园，每触及一物就伸出她的一只手，将有联系的词意拼入其中。意义凭借联想就可被了解了。雅克·洛布以为联想的记忆(associative memory)可能作为动物有意识的证据，且也可以构成意义。要点在于关系中的两项已是一个整体，其两项既处于关系之中，所以这个整体多于二项之和。所以正如杜威在1896年谈到反射时所说的，一个条件反应不仅是冲击性的能力变化之后发生运动，因为它是针对一个刺激的一个反应。换言之，甚至铁钦纳的两个感觉在构成一个意义时也证明了突现，证明了意义在两个感觉的关系中的突现。不过这种突现是不易察觉的。联想看起来只是相加而没有整合，心理学家是喜欢这种简单性的。然而自詹姆士·穆勒以后(见边码225页以下)是否有任何伟大的心理学家曾经说过，罗列327个感觉似乎就能了解一个知觉，那是值得怀疑的。约翰·穆勒看到的是名副其实的"心理化合说"，是新特性在化合物中突现的科学，化合物中的各部分确已消逝不见(边码229页以下)。冯特的讨论是自相矛盾的。他谈到元素及其组合，仿佛在陈述一种正确的心理化合说，然后又为创造性综合进行辩护，又似乎认为使心理混合(psychische Verbindungen)获得其特性的乃是由于突现(边码333—336页)。有些作者主张詹姆士是格式塔心理学的一个主要的预言者。诚然，詹姆士曾大力反对心理元素并描述了意识流的性质，似乎欢迎格式塔运动，而以它为一股清风去吹散莱比锡的陈旧的气氛(边码512—515页)。当然，詹姆士可从未知道惠太海默其人，他于1910年死于新罕布什尔的恰科鲁阿，距惠太海默抵达法兰克福搜购玩具动景器后没有多少天。

十九世纪后期，占德国心理学统治地位的联想主义尚未充分认识创造性综合的重要性，此点尚可以形质派的形成作为进一步的证明（边码441—447页）。格式塔心理学家们最初并未认识厄棱费尔是他们的如何合法的可敬前辈，但他们不久发现了他，当他 609
死于1933年时，《心理研究》刊布了一文，简要而中肯地承认了他的作用。我们需要说明突现时，当可追溯到厄棱费尔——追溯到他的几何图形和曲调。麦农为一较重要的哲学家，他大力支持厄棱费尔的学说，指出关系一经加于“创造的内容”（“founding contents”）之上，如何在“被创造的内容”（“founded contents”）中变为一种新东西。关于这个学派的贡献，此处无须赘述：它主张突现并为之辩护，要早于格式塔心理学二十年。

3. 意义和物体（meanings and Objects） 格式塔心理学为自身规定的方向，正与当时仅仅承认感觉内容为经验的适当的心理学资料的趋势相反。这在一定程度上似乎是复返于洛克的主张。洛克以为能够投入联想的观念是“白色，运动，人，象，军队”等词所表示的一类事物。甚至贝克莱也不更加局限于他的心理单元的概念。但英国的经验主义却已经有了感觉主义的萌芽。其理由是：只要构成心灵的经验得之于感觉，心灵亦必为感觉——或联合的感觉所组成。

经验论的感觉主义的进一步发生过程，是一目了然的，如休谟的印象和观念（边码188页），哈特莱的联合的感觉和观念，是分别符合于联合的震动和微震的（边码196页以下）。孔狄亚克的塑像例子，只从单一的感觉开始它的经验（边码210页），黎德及其直接获得的感觉虽非物体，但如何能意味着物体的问题（边码206页）。布朗及其运动感觉加上了其他感觉就产生了空间知觉（边码208

页)。詹姆士·穆勒的著述正值感觉生理学迅速发展的时候,是他首先列举了所有各种感觉,借以建立了他的联想的机构(边码 222 页),联想主义复加强了基本元素都是感觉的这一见解(边码 223 页以下)。冯特接过了此一观点,列举了心理元素,并讨论了它们的组合(边码 329 页)。冯特对感觉是深信不疑的。他对感情则多年来摇摆不定:究竟它们是属性还是元素呢?他最终提出了三度说,提出的许许多种很不明确的感情,以致引起了这样一种怀疑,就是它们的作用类似于意义。铁钦纳怀疑着是否有三种元素——即
610 感觉,意象和感情,或所有元素都是感觉的,最后他得出结论说,内省只发现感觉的内容,意识中所呈现的其他任何东西都是由推论而来的,例如意义(边码 417 页以下)。铁钦纳的观点主要在于:感觉是直接获得的,物体的性质乃由感觉推论出来的。因此,报导刺激本身就是在报导一个推论,也就是正在作出**说明**,而不是坚持坦率的科学**描述**,报导刺激的本身就是造成他所谓的**刺激错误**,但是格式塔心理学家们却主张物体如实地呈现于经验之中,它们是可直接观察的资料,对它们的感觉分析才是推论的(参见边码 601 页苛勒的引语)。

简言之,在感觉分析这条直截而狭窄的道路上,正统心理学已被引入了迷途。只有现象学才是引向生活的康庄大道,但最早作出这个发现的,可不是格式塔心理学家。在某种意义上,每一个格式塔心理学家都知道,你要描述经验就得描述被经验的物体,反之,把描述局限于感觉的报导,那便是对经验的不公平的处理。意动心理学自布伦塔诺(边码 360 页以下)以至沃德(边码 463 页以下)都反对感觉主义,沃德特别要将客体的呈现包括于心理学之

中，我们已经知道，詹姆士嫌恶冯特心理学定义的范围太窄，认为你在意识中发现的乃是对客体的觉知（边码 512—516 页）。据说铁钦纳甚至要把詹姆士逐出心理学，其理由为，詹姆士讨论的是物体的知识，其所涉及的乃是认识论。无论如何，铁钦纳在评论机能心理学时，可能就由于这个根据而否认了詹姆士。

格式塔心理学将被经验的物体和意义包括于心理学的资料之中的最突出的预见，当首推屈尔佩的符茨堡学派或无象思想，无感觉内容的学派的著作（边码 402—407 页）。阿赫的**识态**是一些难以捉摸的觉知，其所以难以捉摸乃是因为它们不是感觉的。它们是够直接的了，虽然后来屈尔佩确曾强调它们必须在反省中加以描述，至于感觉的内容则是经得起直接检验的。惠太海默于 1904 年在符茨堡从屈尔佩获得博士学位，正是瓦特发表其论文的那一年，也是阿赫发表其论文的前一年，所以他对于自由描述的力量的 611
信仰，可能形成于符茨堡，或者至少是在那里加强的，也就是说，格式塔心理学多少受了屈尔佩的影响。1909 年，铁钦纳发展了他的意义的联系说，作为对符茨堡的一个答复，并企图强使难以捉摸的内容回复到明显可知的内容，因为联系说企图将意义归结为感觉之间的关系（边码 415 页以下）。联系说诚然是没有错误的，而且还产生了一定的重要后果，而这些后果却与思维的无意识性质及其对态度的依赖性发生了联系，但铁钦纳并没有劝导或引诱屈尔佩及其同事重返于感觉主义。相反地，惠太海默和格式塔心理学家们反而接受了屈尔佩的思想而继续前进了。

基 本 原 则

要在本书范围内，将格式塔心理学四十年来的大量文献作一概述，是既不明智，又难办到的。这种文章属于心理学专题的手册或历史；另一方面，此处若把格式塔心理学的内容仅限于提倡整体，意义和客观化现象，似亦非公允之论，因为它的内容要丰富得多。因此，我们准备提出格式塔心理学已经提倡或论证过的一些基本原则，特别是属于实验心理学方面的一些原则。这样做时，我们将会立即发现，为什么一部实验心理学史不能避而不谈心理学的各个体系的历史。十九世纪八十年代莱比锡实验室和二十世纪二十年代柏林实验室的研究内容，各因其研究者的动机的不同而异，这些动机之中的每一种都是为争取真理新观点得到承认而奋斗的热情的一部分。

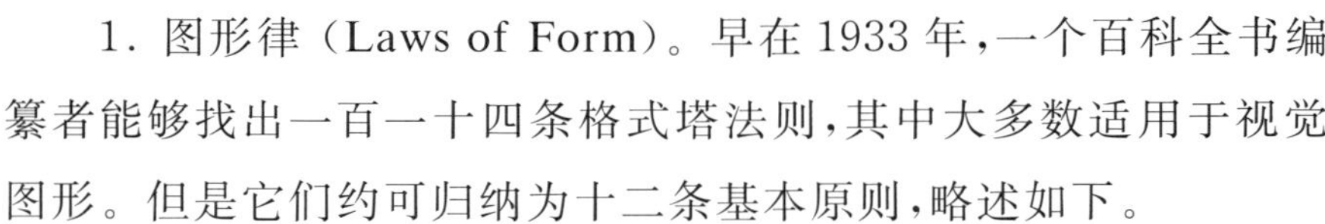

1. 图形律（Laws of Form）。早在1933年，一个百科全书编纂者能够找出一百一十四条格式塔法则，其中大多数适用于视觉图形。但是它们约可归纳为十二条基本原则，略述如下。

(a) 一个知觉野有组织起来的趋势，呈现为图形。各部分造成了联结而部分的组合又形成结构（structures）。凡是一个有机体，都自然而然、不可避免地存在着组织。有机体之有组织在心理学内是不言而喻的。(b)这种组织的基本原则之一就是一个知觉
612 场构成了图形和背景。图形位于背景之上，在视知觉中且复有一个轮廓（contour）。(c)一个结构既可为简单的，也可为复杂的，复杂性的程度就是接合（articulation）的程度。(d)一个好图形就是

接合得好的图形，它本身有给观察者留下印象，持续不灭和再三复现的趋势。一个圆周就是一个好图形。(e)一个强固的图形(strong form)在有意加以分析或使之与其他图形混合时，它黏合难分，拒绝解体。在发生冲突时，较强固的图形就吸收了较微弱的图形。(f)一个关闭的图形(closed form)是强固而美好的，一个开放的图形(open form)则有自求完成为一个天然的好图形从而获得稳定性，造成关闭的趋势。(g)组织都是天然地稳定的。组织一旦形成后，就会当原来的情境再现时，有持续或再现的趋势，而一部分的再现又有恢复整体的趋势。(h)图形在自求完善化时，就会趋向于对称，平衡或造成适当的比例。(i)邻接的单元和大小、形状及颜色相似的单元有造成接合得更好的整体的趋势。(j)组织趋向于形成有结构的整体即物体。因而有组织的图形是有意义的。(k)接合成为一个物体的图形就会不管刺激—情境的变化而仍旧保持其适当的形状、大小和颜色。这种稳定性被称为物体常性(object constancy)。(l)组织、图形，从而物体的性质通常有赖于各部分之间的关系，而不有恃于各部分的特殊性质。因此，如果各部分发生变化而关系保持不变，则图形或物体也保持不变，例如变位的曲调。图形变位的持续性这个事实是相对性(relativity)的一个基本原则，是一切知觉和辨别的基础。

总的说来，这就是心理学中的新篇章。其中并非所有项目都是崭新的，有些原则已属常识，人所共知。有些原则以旧实验所建立的事实为基础，或本身就已为旧实验的基础。但这一整个篇章却是一种全新的结构，不仅为其各部分之和。这一新章，把各项经验的组织描述为可感知的物体，再把这些物体的结构描述为较大的系统，而不与“感觉”或其“属性”发生任何关系。

2. 相对性和变位。冯特主义者可以谈到观察感觉，但是只要他们一进行精确的观察，只要他们一测量感觉，他们就会发现他们所观察的是各种关系，而不是发生一定关系的感觉。心理物理学的实验乃是应用辨别作为其观察的基础。你比较了一个变量和一

613 个标准。甚至在测定一个绝对阈限时，你也是正在把某种赤裸裸的东西和某种不存在的东西（certain nothing）加以辨别。光觉的绝对阈限乃是一个点的照度，这个点与背景的黑暗，我们往往能够辨别，恰恰象对光已能适应的眼睛所能看见的一样。因而心理物理学所观察的只是关系；而冯特在认识到这一事实之后，认为韦伯律的原理可能位于感觉本身及其判断之间，感觉在数量上与其刺激成比例，但对于判断则遵循着相对律。所以每个人都似乎认识相对性的事实，但却没有认识这一结果，即各种关系正被观察时，变位是可能的。他们对格式塔心理学家所表明的下述情况大感惊异：一个动物已学会选择两个物体中之较大者或较亮者，甚至当物体已变化到它现在回避以前所选择的物体时，它却仍然继续选取其较大者或较亮者。如果你已真正学会了选择较大的圆形，那么学会选择 6 英寸的圆形而回避 4 英寸的圆形，也就学会了选择 9 英寸的圆形而回避 6 英寸的圆形。学习在一种关系中选取一个物体，也就是学习在另一种关系中回避它，因为选择和回避都非有赖于物体而有赖于关系。

要从曲调的移位（transposability）的特例作出最一般的结论，也曾遇到同样的困难。每个人都懂得曲调，且复不难承认其移位

的事实，但却很少有人知道同类的相对性也适用于明度。白－灰－黑的照片在亮处和暗处看起来是一样的，虽然照明的变化已实现了明度的变位。事实上，物体常性的较简单的情况，都只是这种相对原理的例子。物体之所以保持原样，乃是因为规定物体的关系保持不变的缘故。

可见这个原则是古老的，但这并不等于说，格式塔心理学既未发现新的重要性，也未使它在新的结构中占一关键的位置。

3. **物体常性**。当观察者与物体的距离以及它们的网膜影像的大小发生变化时，感知的物体的大小可趋向于保持不变。当观察者观看物体的角度以及它们的网膜影像的形状发生变化时，物体的形状也趋向于保持不变，当照明的强度发生变化时，物体在明度上也趋向于保持不变，当照明的颜色成分发生变化时，其色调也同样趋向于保持不变。如果观察者对于变化的情境有所理解，则情境虽变，常性仍能很好地得以保持，但是当他判断整个情境的能 614
力有所减退时（通过一个减光屏或其他仪器），常性也就减退了。我们在此不欲叙述这些事实的细节及其有关理论或这方面的史实，这在别处已有论述。真实的情况是移位之类的常性现象，虽早已为人所知，但对其重要性的充分认识则是新近的事。海林曾经认为颜色常性就是记忆颜色，而卡茨也曾进行过有关明度常性的实验，这是我们刚刚提到过的。

当所见物体的距离发生变化时，其感知大小的变化不若网膜影像大小的变化之速，这种现象久已为人所知了：自然科学家博格在他逝世的1758年以前，化学家普利斯特列于1772年，物理学家兼生理学家H. 迈耶于1842年，生理学家路德维希于1852年，P. L. 潘

乌姆于1859年，费希纳本人于1860年，海林本人于1861年，埃默特于1881年表明一个后像的可见大小的变化直接以其投射其上的背景的距离为转移，冯特的学生马修斯于1889年测量了这种现象。海林的学生希尔布兰德于1902年也曾测量了它，玻普尔路透1911年于柏林，布卢门菲尔德1913年于柏林，然后是苛勒于1913年用猩猩证实了它。此后，则为戈策于1926年实验小鸡，贝里尔于1926年实验儿童。索利斯于1929年在英国，霍拉德及布伦斯威克1933年在维也纳，此外还有许多人。在从事这些研究时，你看见了科学的连续性；然而当你远立眺望时，你当可看到格式塔心理学的新体系赋予这些事实以前所未有的意义。

4. **场的动力学**。我们已经看到，格式塔心理学对于整体的重视导致其弟子们应用了场论（边码591页）。如果场内的材料由于互相作用的场力或由于它的作用类似于磁场或电场的作用而造成形状，那么经验的项目构成结合的图形就可以有时被理解了。苛勒和瓦拉赫的图形后效的研究（1944），详述了这些事例。

苛勒及其同事们经常应用**动力学**一词，因此需要特别予以评论。在苛勒眼光中，任何场显然都是动力的；甚至活动在于保持平衡的一个静力场也是动力的。他没有想到力学是分成静力学和动
615 力学的，也没有想到水力学是分成流体静力学和流体动力学的。相反，他是用自由程度很大的场的自由动力学来反对自由程度很小的机械的约束运动学的。苛勒的1920年的“物理格式塔”（“physische Gestalten”）是动力学的，尽管它们“**处于静止状态中**”（“in Ruhe und im stationären Zustand”）。动力学一词确实

大有好处，它听起来不像心灵主义的（mentalistic），又可使知觉的组织原则摆脱了诸如推论，无意识推理，联想，联系，目的，态度这一类概念。它还为同型论提供证据，后者主张知觉的动力学和脑的动力学是互相配合的。

5. 同型论（Isomorphism）。在格式塔心理学中，从来无须任何特殊的心体说，但三个主要的格式塔心理学家都支持同型论——此说主张知觉场在其次序关系上与作为基础的兴奋的脑场相符合，虽然不必有完全符合的形式。这种符合是拓扑学的而非地形学的，一个系统的邻接点与另一个系统中的邻接点相符合，但一个系统中的形状与另一个系统中的形状却可以大不相同。

惠太海默于 1912 年提出了一个观点，认为刺激的不连续移位而产生的视见运动，可能由于脑内两个兴奋位置之间的短径巡回（short-circuit）所致。考夫卡在其系统的论述中（1935）支持此一观点，苛勒则组织了这方面的研究。从而此说逐渐变得与格式塔心理学明确地联系起来。在某种程度上，它又似乎与格式塔的论点和宗旨不尽相符，因为至少在表面的认识论水平上，它包括了一种经验和神经兴奋的二元论，包括了可以彼此相关而且是一对一关系的两个系统，然而它们又是两个不同的动力整体，即两个格式塔，其间没有心理力或物理力使二者整合为一个统一体。但是，若把苛勒归之为一个二元论者，亦不公允。或许有其他的心体关系的观点可以更好地适合于他的场动力学。

因为我们在考察脑机能的历史时，必须再次讨论同型论（边码 678—680 页），我们在此可将同型论和格式塔心理学暂时搁下，转而叙述同时产生的美国的行为主义运动。

616 附　　注

格式塔心理学家

与正文的次序相反，我们可先列举主要的格式塔心理学家们的某些著作，再转向有关格式塔心理学的论述。以下为正文中直接引证的或涉及其内容的参考书目。

马克斯·惠太海默

“原始民族的思维”(Ueber das Denken des Naturvölker)《心理学杂志》(Zsch. Psychol.)，1912年，第60卷，321—378页，表明作者早年对于思想问题的兴趣，英译摘录，见W. D. 埃利斯，《格式塔心理学原始资料集》(A Source Book of Gestalt Psychology)，1938年，265—273页。

“运动知觉之实验的研究”(Experimentelle Studien über das Sehen von Bewegungen)，同杂志，1912年，第61卷，161—265页，是创始运动的著名论文。

《创造性思维的终结历程》(Ueber Schlussprozesse im produktiven Denken)，1920，是一本小册子，埃利斯，前引书，英译摘录，274—282页。

“格式塔说研究”(Untersuchungen zur Lehre von der Gestalt)，《心理研究》(Psychol. Forsch.)，1921年，第1卷，47—58页，1923年，第4卷，301—350页，是创立格式塔心理学的最早蓝图。1923年，考夫卡根据他的1921年的论文，撰文向美国人讲解同一问题。埃利斯，前引书，12—16页，71—88页，刊有上述两期文章的英译摘录。

《格式塔说三论集》，1925年是上列前三单篇论文的复印本。

《创造性思维》(Productive Thinking)，1945年，是一本遗著，回复到作者的早年兴趣，但有新的独创性见解。

沃尔夫冈·苛勒

“听觉研究”，《心理学杂志》，1909年，第54卷，244—289；1910年，第58卷，59—140；1913年，第64卷，92—105；1915年，第72卷，1—192；是关于音

及其特性的前格式塔心理物理学的研究。

“未注意的感觉和判断错误”（Ueber unbemerkte Empfindungen und Urteilstäuschungen），同杂志，1913 年，第 66 卷，51—80 页，是对知觉经验的生理基础的基本原则的探讨，是反对刺激完形和知觉完形密切符合的假设的争论，是同型论的前奏。

“类人猿和家禽的颜色知觉”（Die Farbe der Sehdinge beim Schimpansen und beim Haushuhn），同杂志，1917 年，第 77 卷，248—253 页，动物的颜色知觉的变位律，有关本题目的一篇类似论文的英译摘录，见埃利斯，前引书，217—227 页。

《人猿的智力测验》，1917 年，第 2 版，1921 年；英译本，1925 年；是有关猩猩的智力和领悟概念的建立的经典研究。第 2 版的英译摘录，见丹尼斯，《心理学史读本》，1948 年，497—505 页。

《静止状态中的物理格式塔》，1920 年，应用物理学系统于神经场从而应用于心理学事件。这本书使人感到作者知识渊博，但提到它的人多，读的人少。埃利斯，前引书，17—35 页，刊有这本书的英译摘录，还有埃利斯的摘录的节要，见丹尼斯，前引书，513—527 页。

“连续比较和时间差误说”（Zur Theorie des Sukzessivvergleichs und der Zeitfehler），《心理研究》，1923 年，第 4 卷，115—175 页，本文为有关时间差误的研究工作的开端。

《格式塔心理学》，1929 年，第 2 版，1947 年；是这个运动的最重要的一般说明。

《价值在事实世界中的地位》，1938 年，为 1934 年詹姆士讲座的演讲，论证将意义包括于经验的资料之中。

《心理学中的动力学》1940 年，有关知觉和记忆中的场论。

图形后效与瓦拉赫合著，《美国哲学会刊》（Proc. Amer. Philos. Soc.），
1944 年，第 88 卷，269—357 页，本研究进一步发展了物理场概念能应用于知 617
觉，从而发展了同型论的概念。

库特·考夫卡

“节奏理论的实验研究”（Experimental-Untersuchungen zur Lehre vom Rhythmus），《心理学杂志》，1909 年，第 52 卷，1—109，是他从斯顿夫为师时

的博士论文。

《观念及其法则的分析》(Zur Analyse der Vorstellungen und ihrer Gesetze),1912 年,一长篇的实验报告,讨论观念历程有赖于心向和联想。此书献给屈尔佩。

"对于格式塔心理学的贡献",《心理学杂志》1913 年,第 67 卷,353—449 页,1915 年,第 73 卷,11—90;1919 年,第 82 卷,257—292 页。这些都是考夫卡对新格式塔心理学最初的实验贡献。他继续这一系列实验,有时用他本人的姓名发表,有时用他的一个学生的姓名发表,通常在《心理研究》上刊布,最晚到 1932 年的第 25 期。

《心之发展》(Die Grundlagen der psychischen Entwicklung: eine Einführung der Kinderpsychologie),1921 年,第 2 版,1925 年;英译本为 The Growth of the Mind, 1924 年;第 2 版,1928 年(中译本作《儿童心理学新论》,高觉敷译,商务印书馆出版——译者);本书在格式塔心理学范围内论述教育心理学和学习过程。

"知觉:格式塔学说引论",《心理学公报》,1922 年,第 19 卷,531—585 页。本文向美国介绍格式塔心理学。

766 《格式塔心理学原理》,1935 年,对格式塔作全面系统的叙述的唯一尝试。

未曾发现有关苛勒的传记概述。但关于惠太海默和考夫卡则有记述。苛勒,"马克斯·惠太海默 1880—1943",《心理学评论》,1944,第 51 卷,143—146 页;E. B. 纽曼,同上题,《美国心理学杂志》,1944 年,第 47 卷,428—435 页;苛勒,"库特·考夫卡 1886—1941",《心理学评论》报,1942 年,第 49 卷,97—101 页;M. R. 哈罗威尔-埃里克森,同上题,《美国心理学杂志》,1942 年,第 55 卷,278—281 页;关于这三个人截至 1932 年的参考书目,见麦奇森,《心理学家题名录》(Psychological Register),卷三,1932 年,在考夫卡的原理(前引书)中,参考书目很齐备。

格式塔心理学

现在来参照本书 1929 年版有关格式塔心理学的附注(边码 591—593 页),表明在它存在的第二个二十年间,运动的进展已何等深远(自惠太海默于 1910 年在法兰克福下火车以来已达四十年之久)。在 1929 年,关于这一运动的性质,目的,名称,新颖性以至正确性,都众说纷纭。现在结果已逐渐分明,二十年代的最初一些企图,如对运动的解释,或为美国人将德文译成英文,统统让位于许多清晰而明确的说明性文章了。

如果学生想要了解什么是格式塔心理学,可阅读以上列举的著作,特别是苛勒的三本书,他如果有耐性,还可读考夫卡的《原理》。阅读埃利斯编的《格式塔心理学原始资料集》(1938)中十八个作者的三十四段英文摘录,可增加对这个运动的广泛了解。第二手资料最充分的一本好书是哈特曼的《格式塔心理学》,1935 年。仅有法文本的一本好书是 P. 吉约米的《完形心理学》(La psychologie de la forme),1937 年。内容较旧范围也较狭的书是 B. 彼特曼,《格式塔说和完形问题》(The Gestalt Theory and the Problem of Configuration),1932 年。叙述精简的是海德布雷德的《七种心理学》1933 年,328—375 页。最近的简要论述为吴伟士,《现代心理学派别》第 2 版,1948 年,120—155 页。墨菲,《近代心理学历史导引》,第 2 版,1949 年。讨论格式塔心理学,见 284—296 页;讨论场论,见 297—306 页。我们已提到的有丹尼
斯,前引书,部分里印了苛勒的两篇论文。还有 A. J. 莱文,《当代心理学家》 618
(Current psychologies),1940 年,77—105 页,C. R. 格里菲斯,《系统心理学原理》(Principles of Systematic Psychology),1943 年,206—246 页。

前　　身

本节大部分是将正文中已叙述的各项事件组成一个单一的前后关系。本章正文包括着必要的交互的参考资料。

有关哥廷根现象学家们所引的著作如下:

E. R. 扬施,“视觉知觉的分析”(Zur Analyse der Gesichtswahrnehmung: experimentell-psychologische Untersuchungen nebst Anwendung auf die Pathologie des Sehens)1909 年;(心理学杂志,第 4 期);“空间知觉”(Ueber die Wahrnehmung des Raumes: eine experimentell-psychologische Untersuchung nebst Anwendung auf Aesthetik und Erkenntnislehre),1911 年(同杂志,第 6 期);《遗觉》(Die Eidetik),1925 年;第 2 版,1927 年;英译本,1930 年,又见他的《视觉世界的构成》(Ueber den Aufbau der Wahrnehmungswelt),1923 年,第 2 版,1927 年。扬施有大量的文献目录,其中包括许多长篇有关知觉的论文。他是一个认真的作者,他的著作难以理解。H. 克吕弗尔引证了扬施的有关遗觉型和遗觉像的研究论文三十一篇,《心理学公报》,1928 年,第 25 卷,69—104 页。

大卫·卡茨,"颜色的现象及其由个别经验的影响"(Die Erscheinungsweisen der Farben und ihre Beeinflussung durch die individuelle Erfahrung)1911 年,(同杂志,第 7 期);第 2 版为《颜色世界的构成》(Der Aufbau der Farbwelt),1930 年,英译本,1935 年;《触觉世界的构成》(Der Aufbau der Tastwelt),1925 年(同杂志,第 11 期)。

埃德加·鲁宾《视觉的图形》(Synsoplevede Figurer),1915 年,德文译为 Visuell Wahrgenommene Figuren,1921 年。

关于詹姆士对于 G. E. 缪勒对闵斯特伯格的"可怕的"("hideous")对待的评论,见佩里,《詹姆士的思想和性格》,卷二,1935 年,117 页以下。

本世纪一十年代,冯特是格式塔心理学家们在德国的主要绊脚石。二十年代,冯特已死,格式塔心理学家们的注意转到了美国,铁钦纳又成了主要的绊脚石。因此在这里具体证明铁钦纳在物体的知觉以及意义的报导上的立场,最为合适。铁钦纳于 1905 年首先应用刺激错误一词,并引证了冯·克里斯于 1882 年所写的一篇论文,这篇文章认为,处于客观化的态度(objectifying attitude)是观察中产生错误的一个根源。所有参考和讨论,见波林,"刺激错误"(The stimulus-error),《美国心理学杂志》,1921 年,第 32 卷,440—471 页。铁钦纳关于为什么他认为你不能直接观察物体的明白陈述,见他的《心理学教科书》,1910 年,202 页以下。关于意义的联系说,见他的《关于思想过程的实验心理学演讲集》(Lectures on the Experimental Psychology of the Thought-processes),1909 年,174—184 页,《教科书》(前引书),364—373 页。关于他的心理学本身必须限于(感觉内容的)描述而不报导意义的主张,见他的《意义的描述与说明》(Description vs. statement of meaning),《美国心理学杂志》,1912 年,第 23 卷,165—182 页;"内省研究绪论"(prolegomena to a study of introspection),同杂志,427—448 页。"内省纲要"(the schema of introspection),同杂志,485—508 页。在这一点上,有趣的是审察了雅各布森企图记下内省的原始记录,其中把所有报导意义的词语放在括弧之内,而把一切有关内容的描述放在括弧之外。“论意义和理解”，同杂志，1911 年，第 22 卷，553—577 页。括弧外的材料既不适当，思想也很贫乏；没有意义和客观化的应用，意识的描述成为可能，是完全搞不清楚的。铁钦纳的最后供认，似乎总结他的一生经验，认为感觉一词归根结底提供了表示心理现象的最好的材料特性。见他的遗著《系统心理学：绪言》1929 年，259—266 页，特别见 264—266 页，读者在那里必须注意，表中标题发生了一个印刷上的错误，“Material”（“有形的”）误为“Formal”（“形式的”）。

基本原则 619

关于基本原则和法则，见第一节中已援引的苛勒的《格式塔心理学》和《价值的地位》及考夫卡的《格式塔心理学原理》（边码 616 页以下），以及第二节中已援引的一切有关格式塔心理学的第二手材料（边码 617 页）。

赫尔森的 114 条格式塔法则表是“格式塔心理学的基本命题”《心理学评论》，1933 年第 40 卷，13—32 页，该文援引了十八个作者的二十四种基本参考书目。关于图形律，还可参见波林，《实验心理学史中的感觉和知觉》，1942 年，252—256 页，261 页以下。关于格式塔的场动力学，同上书，246—252 页，261 页，299—303 页，311 页，关于可见大小随可见距离的变化（大小常性）史，以及正文中提到的研究的参考书目，同上书，288—299 页，308—311 页。关于同型论，见同书，83—90 页，95 页以下，关于场论，又见吴伟士，《当代心理学派别》，2 版，1948 年，131—135 页。还可参看勒温的观点，726 页。

620

第二十四章　行为学

心理学的对象，用最简单的话来说究竟是研究意识，还是行为，或研究意识和行为呢？

从洛克和贝克莱至冯特和铁钦纳或布伦塔诺和屈尔佩，心理学的主要传统是研究意识的，虽然你或可决定称之为“生理心理学”，并企图规定其每种意识现象各有何种神经过程为基础。但是活着的有机体还有另一种资料，几乎常使研究意识的学者感到兴趣，这就是行为的资料。笛卡尔以为动物的动作是无意识的，从笛卡尔以后，有许多人坚持这个观点。然而，动物行为继续引起心理学家的兴趣，因为这种行为似乎是聪明的，有目的的，因此，即使是无意识的，至少也具有意识的特点。这些心理学家也有少数人否定动物的意识，像笛卡尔，还有少数人同拉·美特利一样，认为人的行为的自动化和动物的行为相同。还有更多的人认为直接研究意识是徒劳无功的，关于这些相同的问题的较为可靠的资料可得自专门致力于行为的研究。这最后的观点是俄国谢切诺夫，别赫切列夫和巴甫洛夫的学派，以及美国华生、魏斯、霍尔特和其后的行为主义者所主张的。但也有更多的人主张心理学必须兼用这两种资料——当行为不足时可利用意识，意识不足时可利用行为，当两者都可用时，就可以兼容并蓄。至于单有一种技术，如以意识内省为根据的语言报告，或非语言的行为的观察是不完全妥适的。你用不患色盲的人为被试，就容易得到色觉的法则，因为他运用你自己的语言，是容易了解，诚实可靠的。他对你“描述他的意识”， 621
告诉你，他看见了什么。一个动物也能够告诉你它看见了什么，但是你得用它构成一种特殊的条件反应的语言，它才能向你作报告。你可以对人类应用相同的技术，你常用它研究儿童，精神病者，未受教育的原始人以及可能的骗子；但在许多情况之下，这个方法会带来不必要的麻烦。反之，谁都知道动机构成了这样一个领域，在那里即就正常的、有文化的、聪明诚实的人而言，内省也常是完全失败的。你的被试或仅不能正确汇报他自己的动机，致令你无法知道，或可如精神分析者和临床心理学家的办法，从他的受了控制的行为推测他的动机。其实，在这个机能心理学的世纪，大多数心理学家都利用一切可能的技术如内省的，语言的，行为的，而不理睬认识论。但是心理学只是到了近时才到达这个阶段。

这个问题不像听起来那么简单，原因是意识和行为的关系使我们有可能在信息足够时，任意把意识的资料转化为行为的资料。内省需要语言的报告，而语言的报告却**就是**行为。被试描述他自己“有了”意识，而描述也是行为。任何一个实验者只要充分知道他的内省实验的经过情况，他就能够将意识的资料转化为行为的资料，这种实践曾被称为操作的还原，因为它以观察的操作本身代替了观察的对象。假使一个世纪以前，这种逻辑已为心理学家所知，就可能免除许多不必要的讨论了。

意识在目前的心理学中已经无疑地过时了，为这些操作的代用品所取代。但由于它不是不可避免的，所以变化不快。如果你高兴，你也可以作相反的转化，将行为化成意识或类似等值的东西，叫做无意识，这是心灵中有类似于意识的作用的部分，只是它不是内省所能直接掌握的。一个动物在学得逃避电击时，他在利用一种新的条件反应的语言，告诉你他不喜欢电击，他知道电击要发生了，并知道如何逃避——当然，这不是有目的地利用这种语言，然而他利用它了。他的运动是他的单向的语言。他的辨别就是他的文字。

622 这就是我们的引论。现在我们要注意心理学家如何力求应付二元论的问题的历史。我们可用动物心理学为起点，因为它是心理学史的一个重要部分，还因为心理学家实际上对动物行为进行观察和描述时，也影响了人类心理学的发展。行为的观察本身就有它的重要性，不仅因为它可为意识的指标。在论述动物心理学以后，我们将讨论客观心理学，以及那些较古老的学派，这些学派认为即属人的意识也都是无关的，不能掌握的，不重要的或不存在的。其后就研究华生的朴素的行为主义，以及霍尔特和托尔曼等人的复杂的行为主义。更在其后，就要讲操作主义者和逻辑实证论者的动作还原论(reductio ad actionem)，这些人创造了**行为学**一词用以指物理一元论的心理学。

动 物 心 理 学

我们已经知道(边码 472—476 页)动物心理学自罗曼尼斯创造了比较心理学一词以后，尤常称比较心理学。这个学科创始于英国。达尔文是一位伟大的创始者，他的兴趣在于探讨人类心灵的起源;罗曼尼斯是他的弟子,摩尔根建立了这个科学运动。可是自觉的运动则应归功于美国,动物心理学成为心理学的一个专门的领域,动物心理学开始有实验室,终于创办了专门的杂志。动物心理学在美国的迅速发展,一个原因是美国机能心理学比内省心理学尤较容易结合动物心理学,因为机能心理学注意研究有机体赖以取胜的能力,就不必面临内省的问题了。假使动物动作成功的能力可被观察和测量,我们就可以不必问动物有无意识或能否内省了。

这里可不必复述上文所说过的英国动物心理学的创始。达尔文用他于 1872 年《人类和动物的表情》一书对于人和动物的心理连续性作出了贡献,虽然人有灵魂的问题仍难解决。罗曼尼斯力主连续性的论点,提出一些精心选择的故事材料,借以表示动物的智力和有目的的动作(1882)。摩尔根建议在行为的基础上发现意 623
识必须慎重,他提出了节省律,规定了研究人员在由行为推测意识时,必须经常选择一种最简单的心灵作用,只要它足够解释被观察的事实就行了(1894)。那时德国的洛布提倡向性的概念,是不用意识的对行为的机械的解释,最有效地应用这个新概念于较低等的有机体的行为(1890,1899)。后人把洛布看作机械学派的创始人,而把摩尔根看作实验的动物心理学的心理学派的创始人。不久以后,詹宁斯支持了摩尔根(1904)。

关于动物的内省引起了许多争论。论者往往以为通过类比推理揭露了动物意识,就可以避免人类意识的唯我论。内省说以为每一个人都是他自己的观察者,又以为实验者收集许多观察者的观察,从而作出了概括。在一般情况之下,谁也不会对观察者如何与实验者互相通话的问题发生疑问，因为大家认为语言是够用的。但如果这个问题不得不引起讨论，那便可以说文字通过类比得到了意义的传递。假使一个被试处在一个比较简单的情境之内，例如面对某一颜色，他运用实验者所运用的相同的文字，实验者就可以断定被试的经验与他自己的经验一致。从这个起点出发——虽然可以有许多错误，例如色盲者对于颜色的名称——意义的交通却可以建立起来了，于是被试可以立即叙述实验者所没有或不能享有的经验。例如一个生而盲目的心理学家能够探究色觉。相同的原理适用于非语言的行为。实验者通过类比以他自己的心理深入了被试的心理。如果有人像铁钦纳一样，在讨论内省时，不喜欢这样地强调行为，他可以用体验（empathy）的概念代替类比。于是他可以指出实验者在观察被试的全部的或语言的行为时，通过自己的体验，了解被试的心理。这就是说，直觉代替了推论。这两个观点的终点是一致的，都导致了动物内省的可能。

因此，就有了这样一个规定：如果你要体会动物的意识，你就
624 得把自己放在相同的情境之内，看它究竟是什么样子。这个办法有时是有效的。人类心理学家如果自己学好迷津，就可以更好地理解老鼠在迷津内的活动，但是一个人要有效地设身处地模拟那并无特殊感觉器而自由自在地游来游去的原生动物，那便远较困难了。生物体构造的差异较小时，体验就可有最好的效果。

因此，动物究竟发展到哪一阶段才假定它有意识，那是有一定程度的困难的。没有许多人会否认人有意识。反之，承认原生动物也有意识，那似乎是徒劳无功的，特别是在洛布已使向性的机械观似属可信以后。因此，生物学家和心理学家有为意识树立指标

的倾向，他们要在有机的复杂性的上升的阶段上规定意识出现的一个点。类比的推论曾经用以确立这个关键：以为，一个动物在表现出人类所有意识特点的一种行为时，就肯定有意识了。

这个结论不能作为最后的定论，因为两派都有话可说。机械论者的研究自下而上，决不进展到猿类和人。心理学家的研究自上而下，描述动物的意识时，对脊椎动物以下就很少信心了。洛布建议以联想的记忆为意识的标准。一个动物如能因经验而有所进步，他以为它是有意识的。（普夫吕格尔也正是这样地，在1853年认为脊髓是有意识的，因为它的动作是有目的的。）当有人表明提琴的木头，也能养成习惯，草履虫也能学习，联想的记忆就成为不妥适的标准了。（实际上，精神病理学和符茨堡学派中，已发现人越来越成为无意识的，几乎任何人不会假定他可能是这样的，除了像拉·美特利那样的少数的怪人之外。这个信息却没有立即影响动物心理学。）

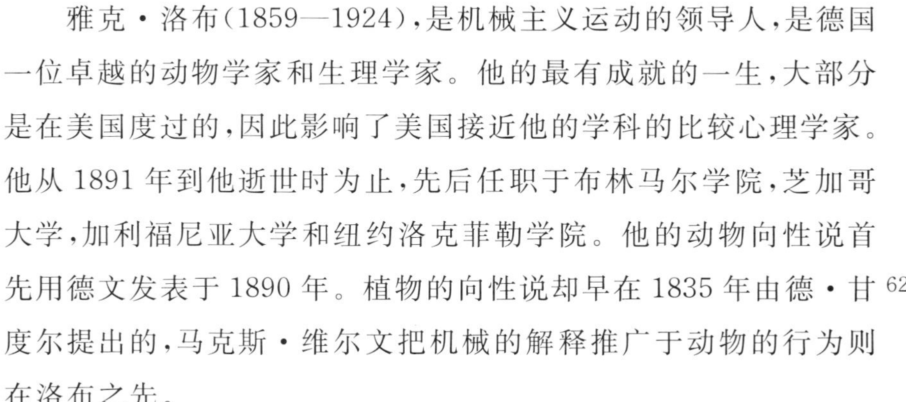

雅克·洛布（1859—1924），是机械主义运动的领导人，是德国一位卓越的动物学家和生理学家。他的最有成就的一生，大部分是在美国度过的，因此影响了美国接近他的学科的比较心理学家。他从1891年到他逝世时为止，先后任职于布林马尔学院，芝加哥大学，加利福尼亚大学和纽约洛克菲勒学院。他的动物向性说首先用德文发表于1890年。植物的向性说却早在1835年由德·甘 625
度尔提出的，马克斯·维尔文把机械的解释推广于动物的行为则在洛布之先。

《比较的脑生理学与比较心理学》（Vergleichende Gehirnphysiologie und vergleichende Psychologie, 1899）几乎立即译成

了英文。此书对科学界叙述了洛布的学说，向研究者提出他的甚至无意识行为也隶属于心理学的论点。他发表较后的著作如《生命的机械观》(The Mechanistic Conception of Life，1912)《强迫运动，向性与动物的行为》(Forced Movements，Tropisms and Animal Conduct，1918)提供了机械论的累积的影响。1918年，行为主义已经是十分活跃的了，动物在心理学内似乎只有最低限度的意识表现了。

德国的其他学者早就拥护洛布了，其中有Th. 比尔，A. 贝蒂及J. 冯·尤克斯屈尔。此三人于1899年合刊一文，建议放弃一切心理学名词，如感觉、记忆及学习，而代以客观的名词，如以受纳代替感觉，反射代替固定的运动，本能("antiklise")代替可变的运动，重鸣代替记忆及一切有赖于过去刺激的行为。不仅原生动物似乎可以不需要意识。社会性的昆虫如蚂蚁。蜜蜂的刻板式行为也似可说明它们也许就是机器。贝蒂于1898年曾论及这个题材。他的论文的标题问道：我们应否以精神品质归属于蚂蚁和蜜蜂呢？他以为不然，我们不应该如此。笛卡尔的两百年前关于动物的观点正得到了支持。

另一方面，也不是所有生物学家都接受了机械论。赫伯特·斯潘塞·詹宁斯(1868—1947)从1906至1938年在霍布金斯任职，早在1899年就对原生动物作心理的研究。他的主张以为即属极简单的有机体的行为，也不能释为洛布所假定的作为向性基础的简单的物理化学的反应。原生动物的反应也已经太多样化而易于变化了。反应的易变性立即使人怀疑其有意识，这不是因为变化的行为是自由的或不受约束的，而是因为它的多样化可能有许多种适应的反应。机能心理学家以为意识是人的适应的工具，而詹宁斯则写作于机能心理学达到最高潮的时期。他的《低级有机体的行为》(Behavior of the Lower Organisms)刊印于 1904 年，这是总结 1897 年以来的报刊上的十二篇论文的一部著作。这部著作立即受到了重视，有助于加强那些承认动物生命和意识共同 626
存在的学者的势力。

实验的动物心理学属于二十世纪的头十年。一般以为它始于桑代克刊布他的关于动物智力的报告，他对于猫狗的研究的著作刊印于 1898 年。那时以前有 D. A. 斯波尔丁关于鸟和动物的很早时期的实验，这些实验是他在读到达尔文的《人类和动物的表情》以前完成的。达尔文的书刊行于 1872 年，由于符合于从十九世纪到二十世纪之间的新兴趣以致重新印行于 1902 年。我们前已指出(边码 475 页以下)那时有了大量的关于社会性的昆虫行为的观察。那时这个领域上的突出人物有法布尔，他的研究始于 1879 年，持续四分之一的世纪之久，有观察蚂蚁，蜜蜂和胡蜂的约翰·卢波克爵士(1883—1888)，有研究蜘蛛和胡蜂(1887—1905)的两位佩克姆，有研究蚂蚁(1888—1906)的福勒尔。关于较下等的有机体，有 G. H. 帕克的最早的研究刊布于 1896 年，詹宁斯的研究刊布于 1897 年。

桑代克的迷笼研究有一个特点，就是实事求是的常识的创造性，这个特点标志着他四十多年来的一切探索(边码 561—564 页)。同时也可见这里又有一个例证，说明其人适合于时代的要求，成为**时代精神**的代言人。实验法在心理学问题上的应用在 1898 年引起了人们的重大注意。关于动物智力的讨论普遍开展

(边码 473—476 页),但没有得到满意的结论。社会昆虫的自然史研究广泛进行,较简单的有机体对于刺激的反应的实验正在开始。桑代克没有推动 1898 年以后的所有实验的动物心理学,但是他在关键时刻指引了历史前进的道路。

桑代克于 1897 年刚从哈佛离开,就职于哥伦比亚大学时,叶克斯就来了。叶克斯在乌西纳刚得到了文学士学位。他对生物学的兴趣非常浓厚,他究竟在费城研究医学或在哈佛研究哲学和心理学呢,他作出了选择,决定后一条路,使哲学尽可能成为生物学的。1899 年,罗伊斯遣送他往见闵斯特伯格,考虑他能否研究动物心理——也就是比较心理。叶克斯的第一种研究成于比较动物学的实验室,发表于 1899 年,这是他的一系列的著名研究的先驱。
627 他于 1902 年被邀在哈佛负责比较心理学。

L. W. 克兰于 1899 年沿着克拉克大学那时讲授的路线,刊行一本比较心理学实验纲要。次年,斯莫尔在克拉克出版他对"白鼠的心理过程"的研究,这个研究是在 1898 年开始的实验的报告。这篇论文的第二部分(1901 年)是值得注意的,因为它将迷津法引入了动物智力的研究。谁也不能说桑代克用以研究小鸡学习的书所构成的障碍物创始了这个方法。斯莫尔用一种模拟汉普登宫的迷津试验老鼠,从而给动物心理学提供迷津的技术。这种迷津自然适合于老鼠的习惯。白鼠从而成为实验室的好动物。老鼠走迷津迟早构成了研究学习的标准方法。那时发表的关于猴子的辨别力和智力共有两种研究——1901 年桑代克在哥伦比亚的研究和 1902 年 A. J. 金纳曼在克拉克的研究。金纳曼报告一种模仿的学习,但后来的研究不能充分证明他的观察。

约翰·B. 华生在芝加哥在唐纳尔森和安吉尔的指导下进行研究，于 1903 年完成一篇论文论述白鼠的神经和心理的成熟。他对于白鼠在迷津内的体觉的研究发表于 1907 年，也许这是华生同意从动物行为作出动物意识的推论的最后一篇论文了。

比较心理学实验室在 1899—1903 年间建立于克拉克，哈佛和芝加哥。在 1910 年左右至少有八所这样的实验室在美国成立了，近二十所大学开出比较心理学课程。1911 年创办了《动物行为杂志》，由心理学家和生物学家组成编辑部。这个刊物经历了十年和《心理生物学》合流，构成《比较心理学杂志》。这个变化有一部分原因是行为主义的出现使人和动物行为之间的区别日益失去其重要性，因为不管它的名称如何，这个新刊物接受任何生理心理学的论文，无论是比较的或否。

罗曼尼斯曾创造**比较心理学**一词用以鼓励心灵进化的研究——对不同等级的动物的观察和比较。摩尔根肯定了这个术 628
语。但是否有任何一个心理学家像罗伯特·M. 叶克斯（1876— ）那样完全接受它的涵义，那是很可怀疑的。他肯定地可被视为美国比较心理学运动的领导者，这不仅因为他信仰比较的研究，还因为他的工作范围，他的坚韧性，他的对研究组织的影响。他的研究几乎可说是沿着进化等级而上升，因为从 1900 年以来，他继续研究各种较低等的动物，然后上升至蟹、鳖、蛙、跳鼠、鼠、爬虫、鸦、鸠、猫、猴和人（在第一次世界大战之前和其间）。最后，如他所常愿望的那样，他先在耶鲁后在弗罗里达，使实验室对类人猿作广泛的系统研究。当他在 1941 年从这个活动退休时，他的弗罗里达橘园实验室即被称为叶克斯的灵长类生物学实验室，借以纪念他的

功绩。1911 年，叶克斯支持华生在仪器上的发展，利用单色光研究动物的色觉。到那时为止，研究家一向应用颜色纸，以为适用于人类网膜的纸也将适用于被研究的动物网膜——虽然这个假定要看颜色混合的法则如何结合颜料所反映出的不同的光谱成分而定。同时，叶克斯先是赞同，后又发展 G. V. 汉密尔顿的多重选择法用以测验动物的抽象作用。后来他又注意精神病理学，这是比较心理学中的又一比较，1915 年同他人一起发展测量人类才能的分点量表(the Point Scale)。在第一次世界大战时，他是测验大量征兵的智力的心理学服务团团长(边码 575 页)，不久以后，他便从事于猿类研究，主要对象是黑猩猩。耶鲁大学灵长类生物学实验室从 1919 至 1941 都在他领导之下进行研究。

动物心理学对动物智力的兴趣在实验期开始后持续不减。大部分的探究针对感觉的辨别和学习。迷津和迷笼使动物适宜于作多数学习问题的被试。但是心理学家至少有多数人怀疑对动物的
629 辨别和学习的测验不可能接触到它们的最高级的心理能力。比较心理学的这个情境与比纳的人类智力量表的复杂项目取代了高尔顿的简单测验的情境可以相比(边码 572 页以下)。桑代克迷笼中的猫不很灵巧。它们在企图出笼时，通过抓、搔、咬的尝试错误——这是摩尔根的用语——直至偶然结合得好逃出了笼子。当它们学好时，却仍旧保留着许多这些无用的动作在它们成功的行为之内。它们也似乎不能彼此模仿。用这只猫教导另一只猫是不可能的；每一只猫都须靠自己的经验来教育自己。似乎动物——至少像猫、狗和较低等的动物都缺乏自由的意象，这个话是与摩尔根的节省律相符合的。狗“记得”它的主人，在他离开时不会“想到

他”，但感觉到不舒服，他重新出现时就乐于看见他。这样说，似乎是不错的，但在1900年宠爱狗的人接受这个观点比现在要困难些，因为在弗洛伊德的年代，据观察的结果，人感觉到不愉快，可不知道他需要些什么，在获得目的物而狂喜时，可不明白这就是他从前要得到的东西。可是，在1900年，人的心理和狗的心理似乎缺少了一个环节。

这里只可能指出动物有没有不在面前的事物或情境的“观念”问题的解答法。下面要注意五种实验的情境。

(1) **模仿**：桑代克(1898)用他的猫和狗没有得到社会模仿的证据，斯莫尔(1899)用他的老鼠也没有得到。桑代克的猴子(1901)只是稍微好一点，但是L. W. 科尔(1907)在浣熊身上得到了模仿的一些证据，同时也有预见的影像的证明，因为浣熊得到一个预备的信号时，就会走向喂食的地方，然后停步等待最后的信号。后来，当心理学研究人猿时，苛勒(1917)明确地证明黑猩猩在它们理解和注意的那些情境中，对别的黑猩猩和人进行模仿。叶克斯肯定了这些发现，并作进一步的研究。结论是在动物和人之间不无连续，但有很大的陡峭的梯度，人猿很接近于人，猫鼠离开人很远。

(2) **延宕反应**：1913年亨特设计了一种装置，利用一个信号，
让动物被试看到食物藏在哪一个盒子里面，可不允许它立即走向 630
盒子，取得食物。它是否“记得”食物放在那里，以便过了一下后去取呢？初期实验的结果证明许多动物只是保持身体朝向盒子的姿态，然后才能记得正确的盒子，但是后来的实验证明从老鼠到人的许多种动物都可能作长时期的延宕反应——对老鼠的一个实验可

迟延至四小时。苛勒(1917)报道黑猩猩看到了食物放在笼外沙土里面，然后用细沙掩盖其上，它们如何在第二天早晨释放时，立即跑到正确的地点。

(3) 多重选择：汉密尔顿(1911)采用多重选择法，把四个盒子在被试面前排列成行。叶克斯(1915年及其后)发展了这个方法，利用任何数目的盒子，一直达到了九个。有些盒子是关着的，有些是开着的，数目随时变换。被试要学习这些开着的盒子有哪一个置有食物，而开着的盒子的数序是随时更换的。置食的盒子可以是"右面的一个"，"左面的第二个"或"中央的一个"。为人的被试设计则有更加复杂的规则，特别是用笔和纸的人，但是这些规则对人以下的动物来说则是非常困难的。在数序变换的一系列盒子中，"右面的一个"比"右面的第二个"远较容易，"中央的一个"即就猿类来说也极为困难。

(4) 二次交替和三次交替：亨特创制他所称的时间迷津(1920)，这个迷津的隔板可被随意移动，使老鼠围绕着长方形隔板两次跑向一边，然后又围绕着类似的长方形隔板两次跑向另一条边，这样地两次右转，两次左转，又两次右转。这是看老鼠能否计数到二，或者利用三次交替，看它能否计数到三。老鼠二次交替的成绩不好。浣熊完成了二次交替，但失败于三次交替。猴子完成了三次交替。但是老鼠能够学会迅速地将杠杆两次推向左边，然后又迅速地推向右边。这就是说，老鼠学会慢慢地数到二是困难的，但能学会迅速地数到四。这是一个"记忆"的问题，或者不用心理的术语，称之为时间的整合(temporal integration)——类似于人的注意和记忆广度的问题。

(5) **顿悟**：我们已经知道(边码596页)苛勒在特纳里夫研究猿类时(1917),如何把顿悟的概念引入知觉和学习的心理学之内。顿悟是对关系的知觉,如果关系是简单的,不是复杂问题的部分或阶段的许多关系,顿悟就来得很快,而不是逐渐产生的。因此顿悟 631
的学习往往是立刻实现的,如果是正确的领会,就会立即成功。这种学习也往往永远有效。一个动物在深入理解一种知觉的情境时,这种顿悟所提供的“较高级的”心理过程的证据,没有比狗认识其面前的主人和他离开后就忘记了他,或老牛亲切地舐去了小牛犊的满身稻草,直至伸出来的稻草引起它吃草时所提供的证据为更多。但是苛勒的猩猩表现的顿悟似能包括不在面前的实物于其内。一个黑猩猩用两条短竿合成一条长竿,然后忽然“记得”笼子的栅栏外有一只香蕉,可以用长竿去取,它就用长竿去取得了香蕉,它是在适应一种过去知觉所有现仍存在的遗迹。黑猩猩在直接的道路有了障碍物时就绕道达到了目的物,也表现同样的心理。苛勒对黑猩猩的许多实验,霍布豪斯在1901年已有预见,他在讨论心灵进化时,写过一章描述动物的实验。当尝试错误的概念刚刚提出后,他不认为这个概念能解释一切学习。他论述过问题的迂回的解决和有关初步动作明确而成功的迅速的学习。顿悟也不限于较高级的动物。老鼠也表现出知觉水平的顿悟,但不是意象水平的顿悟,它们看到了迷津中的陡坡,不必通过尝试错误,就选取了到达目的物的一条较远而没有障碍的通路。当然,尝试错误的学习并不排除顿悟,有时顿悟也是错误的。

我们可以把这些段落总结起来说,心灵的连续性终究在进化等级上确立起来了,但这只是在付出比达尔文和罗曼尼斯时代所

预料的劳动量更大得多的劳动之后。心灵上没有缺失了的环节。同儿童一同养育的黑猩猩开始时比儿童优越，因为它的成熟较儿童为更速。不久就可见发展有赖于物种，而非单单有赖于教育。黑猩猩在学业追求上落后于儿童，但在某些运动技能，勇敢和灵活性上却仍超过了儿童。

客观心理学

比较心理学直接导致了行为主义，行为主义当然是一种客观
心理学。关于行为主义的发展，我们不久就要论述。本节的目的
在评论行为主义即1913年以前的心理客观主义的历史。凡是旨
632 在讨论心灵而又排除意识的任何种心理学都是客观的。因此，我
们如果将**主观的**和**意识的**等同起来，这个基本的说明是不会错
误的。

这个历史只是在笛卡尔的二元论后才真正地开始。希腊人是十分彻底地客观的。人先同外在世界打交道，然后终于发现了他自己。他能承认他的自我为真，但不能承认客观的世界为真——即使他继续生存，他也不会承认的。亚里士多德的物质和形式的二元论是客观的二元论，因为他以为物质和形式是客体所固有的。那时亚里士多德的素朴的对立面是唯灵论，是对客体的拟人论。人们知道身体为一实体，以为灵魂是气体，也就从这个气产生了动物精神的概念，借以解释神经和脑的活动。有些新柏拉图主义者企图把客体定义为神的观念，他们实即为主观主义者，因此，他们为笛卡尔的二元论铺平了道路。

1. **笛卡尔**:我们已经讨论过笛卡尔(边码 162—165 页),这里只须回忆一下。笛卡尔是第一位有力的身体和心灵的二元论者,他的影响仍旧能使现代的常识感觉得到。在他追求无法驳倒的真理的努力中,他断定只有知是确实的(“我思故我在”),然后通过神学的迂回道路认为物质界的客体也是存在的。因此他把宇宙区分为**思维体**(substantia cogitans)和**展延体**(res extensa),前者是不占空间的理性灵魂,后者是人体和其他自然。动物没有理性的灵魂,因此是一种自动机。人体除了同灵魂发生作用外,也同样是受机械控制的。由于这些观点,笛卡尔可算是创始了一种客观的动物心理学,这种心理学受到了他后来所称的**反射动作**概念的支持。像拉·美特利那样的唯物论哲学家就自然而然地扩充笛卡尔的动物学说包括人类于其内。假使笛卡尔不那么虔敬的话,他自己也可能作出这样的推理了。他的二元论是他用以解决宗教和科学的矛盾的方法。因此,他便兼为现代心理学的客观主义和主观主义的祖师爷了。

2. **笛卡尔派的唯物论者**:拉·美特利的影响,上文已经讲过(见边码 211—214 页),他在他的《人是机器》(1748)里,否认灵魂的不朽和精神的自由,坚持人是机器的信仰,而这个信仰则是在病
中忽然想到的。他把笛卡尔的动物学说扩充到人。他的影响不 633
小,但比起后来的更有科学性的卡巴尼斯则远不相及。

卡巴尼斯对我们也不陌生(边码 214—216 页),他有时还被称为生理心理学的创造者,对拉·美特利的心灵和灵魂的这个问题的观点输入更有科学的实质。脑子是意识的器官。它“分泌”出思想。智慧和意志的活动在起源上同所有其他生命运动正相类似。

他宣称精神科学和自然科学同属于物理学。它们都不外为人的自然史的一个分支。所有证实观察，计划实验和抽绎结果的方法同日常的实用科学的行之有效的方法并无差别。当然，在1802年即使卡巴尼斯怀有最好的意愿，也决不能描述脑如何产生思想的方法而比一个半世纪后的描述更加明确无疑的。

当时的其他哲学家对心灵采取这个相同的态度。在法国有德斯蒂德·特拉西（1754—1836）。在德国有J. G. 赫德（1744—1803），他要扩充生理学家哈勒的研究，包括心灵的现象。

3. **实证主义**：**实证主义**一词起源于奥古斯特·孔德1798—1857），他论述了**实证哲学**，**实证政治**、**实证主义精神**及类似的问题。孔德的**实证**的意义是非思辨或推论的，是直接可以观察的，是不能不同意的不变的事实，因为它是作出推论以前的预定的东西。因此，**实证**意即**根本的**，**可以观察的**，**前于推论的和无可争论的**。但哲学家不同意什么是这个意义的实证的资料。（a）孔德相信根本的资料是社会的，单独的私人意识的内省是不可能的，个体心理学是不存在的，但仅有社会科学，我们不可能研究**我**，而能研究**我们**，因为人只有在与同伴的关系中才能被了解的。孔德批驳了内省的效度。（b）相反，马赫认为直接经验提供了一切根本的资料，他也被称为实证主义者，因为我们已知道他主张归根到底的观察资料，据他说，就是经验。屈尔佩和铁钦纳拥护他的观点，因此也被归属于马赫的，而非孔德的实证主义者。（c）今天还有第三种实证主义，即施里克和卡尔纳普的**逻辑实证主义**，以为在推论前，所
634 有根本的资料是科学观察的操作。这个观点就导致了有时被称为的**操作主义**。这个操作主义在心理学内得到了一些人的赞许，因

为屈尔佩和铁钦纳的内省法确实不能产生推论前的无可争辩的结果，也因为内省容易产生观察的错误，而且经验之所予是科学之所取，可能包括拾取的偏向。第一种和第三种的实证主义都易于导入客观心理学，但在这里只需要论述第一种，因为我们不久就要回头讲操作主义了。

我们知道孔德是反对内省的。他说，"为了观察，你的心智就得停止活动了，可是你要观察的正是这个活动。如果你无法停止活动，你就不能观察；如果你做到了停止，你就没有东西给你观察了"——除了这个停止之外。孔德以为经验虽无法观察，但是脑内的变化是可以观察的。因此，他的实证主义，就心理学而言，是接近于卡巴尼斯的立场的。

孔德的一个英国的追随者名为 G. H. 刘易斯(1817—1878)，他的实证逻辑把心理学还原为生物学和社会学。他不相信内省的不可能，但确认科学不能单靠内省。孔德还有一个年轻的英国的追随者名叫亨利·莫兹利(1835—1918)，今天似应称他为精神病医生。他力主意识较心理为稍窄，心理学必须研究无意识现象。但是我们将不久在论述无意识概念时再讲那种客观心理学。

4. **机能主义**：机能心理学本身不是客观心理学。我们知道詹姆士、杜威和安吉尔都在心理学内保留意识，以为它增进了机体的福利(边码 552—558 页)，但机能心理学可以为客观的，使客观心理学易为人所接受。我们已说过卡特尔如何不耐烦于内省，和富勒顿一同发展一种心理物理学去测量一个行为有机体辨别刺激物的能力而不测量个体的感觉经验(边码 534 页)。行为主义本身是一种机能心理学，虽然机能心理学的范围远较大干行为主义。

心理测验、心理病理学、儿童心理学，所有各种应用心理学都被看成很少或全不注意意识和内省的客观的机能心理学。

635 5. 俄国学派：最重要的自觉的客观主义是俄国学派，它以谢切诺夫的研究为始，由别赫切列夫和巴甫洛夫的探究持续下去。别赫切列夫先用客观心理学标志他的研究，后便称之为反射学。巴甫洛夫则为条件反射的著名的发现者。

I. M. 谢切诺夫（1829—1905）于1851年在圣彼得堡取得生理学学位。他继续留在那里，进行研究，访问西欧的科学中枢和伟大的生理学家。他1856和1863年间访问柏林，遇到了约翰内斯•缪勒和马格纳斯，在维也纳遇到了路德维希；在海德尔堡认识了赫尔姆霍茨，R. W. 宾生，D. I. 门得列耶夫；在巴黎，从学于克劳德·贝尔纳；他还访问了慕尼黑和格拉茨。他和路德维希及门得列耶夫结成了亲密的友谊，路德维希给他许多信件，有些已被刊印了。从1860至1870年，他任教于圣彼得堡军事医学院，为了I. I. 米切尼柯夫的任命发生了争论，因而辞职（谢切诺夫认为米切尼柯夫应被任命而未能实现）改赴敖得萨，任教六年后，于1876年回到圣彼得堡任生理学教授十二年，辞职转赴莫斯科愿仅任讲师，但在三年后（1891）升任莫斯科生理学讲座，任职至1901年退休。1905年去世。

谢切诺夫的早年兴趣在于液体对气体的吸收，尤其是血液对二氧化碳的吸收。他的另一种兴趣在于神经动作。他不久就相信脊髓反射受大脑皮层动作的抑制，1863年在他刊行的《脑的反射》(Reflexes of the Brain)一书内发展了这个观点。他把这个抑制中枢定位在脑内，后被称为“谢切诺夫的中枢”。他在“谢切诺夫的实验”中证明食盐被置在脊髓切去的一端就会抑制脊髓的反射。他在他的专论内认为一切思想和智慧的活动都有赖于刺激，“一切意识的动作或无意识的生活都是反射。”这个学说流行于圣彼得堡的知识界，但是圣彼得堡的审查委员会于1866年贬斥这本书宣扬唯物论，禁止发行，法庭还控告谢切诺夫败坏公众道德。次年这个控诉宣告无效，因为谢切诺夫是一位热心公益、公正、负责的知名人士。他约于1870年出版一篇论文题名《谁去研究和如何研究心理学问题?》(Who Must Investigate the Problems of Psychology 636
and How?)他的答案是生理学家，至于如何研究呢？则是通过反射的研究。

所以谢切诺夫成为反射学的俄国先驱。我们还必须记得他在这个问题上远比西欧思想先进。他在1863年的论文和冯特《论人和动物心理》同时，而1870年又在冯特《生理心理学》之前的四年。其他国家还似乎没有通过反射去研究认识。后来，巴甫洛夫读了谢切诺夫的著作，作为一个年轻人，深受他的言论的影响。巴甫洛夫从来没有在圣彼得堡接受谢切诺夫的教育，他一直到了九十年代才对反射发生了兴趣。

I. P. 巴甫洛夫(1849—1936)比谢切诺夫年轻二十岁。他出生于俄罗斯中部的一个乡镇里，在那里进入一个教会学校，预备充当牧师。1870年，他改变了计划，到圣彼得堡接受大学教育。他听了许多重要人物的演讲，包括门得列耶夫在内，1874年，生理学家埃利·切翁邀请他合作。但不久切翁前往巴黎，离开了巴甫洛夫。巴甫洛夫似有若干年无一定目的地进行工作。1979年，他接受了助学金，1880年结了婚，1883年获得了医学学位，1884至

1886 年间因以助学金在路德维希指导下进行工作，那时路德维希已经到了莱比锡，他又在布雷斯劳和海登海因共同工作，于 1888 年发现胰脏的分泌神经。（这是他在 1904 年获得诺贝尔奖金的研究的起点），1890 年被举为圣彼得堡军事医学院药理学教授，1895 年升任生理学教授，虽然这个任命由于校长的阻挠而推迟了两年。巴甫洛夫从 1895 至 1924 年任生理学教授，这是他的研究最有成绩的一个时期。也就是由于他的第二项最有影响的工作即消化液分泌的研究为他赢得了诺贝尔奖金。

巴甫洛夫在药物学方面的任命使他开始用手术将消化分泌管移植身体的表面，以便使分泌易于观察和测量。他于那时发现动物被试在预知食物时，它的消化液如何开始流出，通过这种观察产生了条件反射的技术，观察胃液肠液或唾液的流出，对预知进行测
637 量。巴甫洛夫立即知道他已经有了测量一向认为是精神分泌的数量。他先称之为精神的分泌，后来写成“所谓心理过程”；最后他便称之为“条件反射”。他在开始时，由于知道了谢切诺夫 1863 年的论文和桑代克 1898 年的实验，鼓励他持续这种研究。

每一心理学家都知道经典的条件反射的性质，在这种反射中和无条件反射刺激同时或稍前发生的第二个刺激，经过重复就能单独引起这个反射运动。条件作用是内省的客观代替物，是一种使实验者知道动物能够辨别什么东西，知道或不知道什么东西的语言。在实际上，条件反射是实验者提供一种语言使动物能够和他通话，但是这个互通的现象完全在刺激、神经动作和分泌的客观水平上进行，不必要假定一个实体的意识。但是由于我们这样地习惯于采用意识的词汇，所以旧心理学的名词不可避免地在这些

问题上侵入了一般的思想，如在巴甫洛夫的说明内也不例外。

巴甫洛夫研究的故事，他自己从 1903 至 1928 年在出版的四十次演讲中讲得很好。他发现的事实很多，但条件反射的资料构成了这样巨大的研究，以至它的历史，也就是学习实验心理学史，都容纳在这部专著里面了。我们只须考查巴甫洛夫贡献的性质在支持客观心理学上的作用以及他的工作为什么给华生的行为主义以如此有用的援助。

我们还要讲述 V. M. 别赫切列夫（1857—1927），他比巴甫洛夫年轻八岁，但比巴甫洛夫去世早了九年。他和谢切诺夫及巴甫洛夫一样也工作于圣彼得堡军事医学院，于 1881 年接受博士学位，比巴甫洛夫早二年。后来他就出国在莱比锡同 P. E. 弗莱奇塞西及冯特一起工作，在柏林从学于杜布瓦-莱蒙，在巴黎就学于沙可。他与其说是生理学家，不如说是精神病学家，他重新在喀山大学担任精神病讲席。他于 1893 年复返圣彼得堡军事医学院担任精神神经病讲席。他组织了一所精神病医院。他刊布了许多论文，以社会上许多身份参加活动。他于 1907 年实现了他的长期愿望，因为那时他建立了精神神经学院，设有精神病例，酒毒病，癫痫
病，神经外科特殊的一个系。他从 1913 年起，用全部时间致力于 638
这个学院，因为残暴的沙皇政府使他在军事学院的任职太不舒适了。别赫切列夫在学院内负责大量的神经学研究和大量的著作。

别赫切列夫的神经学和精神病学的活动为他赢得了威望，他对于一般问题的论断便有人留心听了。他约于 1910 年开始发表了《客观心理学》（Objective Psychology），然后在 1917 年刊布了一系列演讲，这些演讲在第三版增加至五十四篇。他将这些文章

总称为《人类反射学原理》(General Principles of Human Reflexology)。他在此书内主张心理学问题的客观法,反对用精神的术语。反射学就是他的术语。当然,别赫切列夫来得迟一点。如果反射学这个学名早已存在,那么杜威于1896年对它的批驳已久成过去的事了。可是别赫切列夫支持行为主义和援助客观心理学对内省主义的斗争却并非过迟了。

从十月革命以后,苏维埃心理学仍旧大部分为"资产阶级"的西方所不知,因为西方人不读俄文,俄国人又拒斥了西方的意识形态。在那里,有最早的一种坚决努力去创立真正的马克思主义的心理学。例如在本世纪二十年代中叶,K. N. 柯尔尼洛夫企图发展一种与辩证唯物主义协调的心理学体系。同时,俄国人对格式塔心理学发生了一些兴趣,对行为主义也发生了一些兴趣,虽然他们拒绝了美国牌的行为主义。1931年以后,他们甚至公开指摘行为主义没有完全摆脱二元论哲学,而辩证心理学的发展开始努力造成一种道地的苏维埃心理学。俄国心理学与西方"资产阶级"心理学之间不会有多少交互的影响,除非将来比写作本书时有更自由的交往。

6. 向性学派:我们在前一节中已知道向性概念在洛布领导之下如何在动物心理学中发展起来(边码624页以下),洛布以为向性是物理化学的动作,似乎积极向光性的植物或简单动物在它的背光面上扩张,在它的向光面上收缩,因此,就转而向光了。后来,这个概念更加一般化而与生理的动作更少联系:一种向性就是一个有机体在力的领域内的朝向。洛布以为有机体通过适应的运动作出的朝向,使在两边的神经支配力相等——如果采用现代化

的术语，这就是“控制论”的动作。当然，向性动作也许是意识的，639
如詹宁斯对原生动物所设想的那样，但也许是无意识的，如铁锉在磁力场中的朝向那样。重要的一点是向性心理学是客观的，因为向性的法则是不依照意识来规定的，意识是可有可无的。

7. **无意识**：很明显心理学在兼行处理无意识和意识时，它便走向客观心理学了。由于态度和动机的最显著的特点是无意识的，虽然是心理的，所以无意识概念的应用和发展的历史乃是动的心理学的历史，对于这个历史应在适当时间加以论述（边码 706—714 页）。但在这里应略述无意识心灵这个似非而又是的概念的应用的历史。

莱布尼兹（1714）提出了统觉阈的概念。**小觉**是无意识的。滴水落入海滨，你可以知觉到，但不能统觉到，虽然你明白听到波浪拍岸的声音（边码 167 页）。赫尔巴特（1824）在意识阈中采取了这个概念。观念是活动的，经常挤过阈限之上升入意识，但由于意识范围有限，致被降入“一种趋势的状态”（边码 255—260 页）。费希纳（1860）采取了赫尔巴特的觉阈概念。你听不到一条毛虫在菩提树下蚕食叶子的声音，但是你可以清楚听到几千条毛虫一同吃叶子的声音。在阈限以下有负的感觉（negative sensations），韦伯的函数用两值相关法（extrapolation）测量这些感觉（边码 290 页）。沿着这些路线的思想由哲学家 E. V. 哈特曼（1842—1906）在他的一本多数人读过的书《无意识哲学》内收集在一起，予以一般的地位，而这本书则出过很多版和译本。

同时无意识概念通过催眠现象的研究迅速地纳入了精神病理学（边码 128—130 页）。布雷德，李厄保，沙可，伯恩海姆和海登海

因等人形成了自神秘至医学和自催眠至歇斯底里的过渡。在英国莫兹利于1868年在他的《心灵的心理学与病理学》内已经说过："'意识'和心理的范围不同，这个事实的重要是不可能估计过高的。"他费劲地指出好多人的心灵和一个人心灵的许多部分都不是内省所能接触到的。但是这个发展的中心在十九世纪内却因沙可
640 的关系而位在巴黎。让内和弗洛伊德都同他合作过，不久歇斯底里的概念就成为神经病，或据现代的名词，精神神经病的概念。沙可的工作大约以1862年为始，那时他就职于萨尔拍屈里哀医院，他的重要出版物约以1873年为始。他确可被视为精神神经病的发现者。让内的影响起始于他在1892年发表的《歇斯底里病的精神状态》。弗洛伊德在十九世纪八十年代刊布他的关于神经学的论文。他和J. 布洛伊尔合著的有关潜意识的歇斯底里机制的著名论文发表于1893年，《梦的解释》发表于1899年，这些论文的这一篇或那一篇都应当作为精神分析运动的开端。我们不必在这里论述这个运动的进一步的发展和潜意识概念的流行。荷尔于1909年邀请弗洛伊德、荣格、费伦齐和琼斯参加克拉克二十周年纪念，才使美国人充分意识到潜意识。换句话说，正当华生对内省感到厌倦时，采用潜意识的整个心理学，尽管也承认意识的存在，却引起了科学的注意。就这样，行为主义通过精神病理学，赞同心理学对那些行为失常而不知其原因的人进行了一些工作。

8. **难以捉摸的现象**：屈尔佩的符茨堡无象思维的学派是如此有力地拥护"系统的实验内省"，并发展内省控制的新技术，这样一个学派竟会在客观心理学史中发挥作用，似不免令人惊异了。但事实确是这样（边码451页以下）。屈尔佩对这个学派的工作的

最后判断以为思想内容是意识的，但是难以捉摸的，它们经不住内省，却只能用反省加以描述。但对我们说来，更其重要的是瓦特和阿赫的发现：思想和动作的关键在于事先的决定因素（意向〔set〕任务〔Aufgabe〕或态度），它带动了思想或动作，没有经过意识而决定了它的进程。在实际上，符茨堡学派的最大贡献是这样一些决定趋势的发现，这种趋势控制了思想和动作，但没有在意识中如实地表现出来，要知道它们就必须借助于内省以外的方法。甚至铁钦纳也只得在他的意义联系（content）说内承认熟悉的知觉或观念附带着的意义没有任何意识的内容（边码 415 页以下）。

当关于无象思维的这一点弄清楚的时候，我们立即明白无意
识资料还见于实验心理学的哪些其他地方。知觉的组织是无意识
的，这个事实使赫尔姆霍茨支持无意识推理说（边码 308—311 641
页）。同时路德维希·朗格 1888 年在冯特实验室内发现反应时间
依存于开始时的态度（边码 342 页）。这个发现较先于瓦特和阿
赫。实验心理学以描述意识为它的任务，但即在实验心理学内也
不难找到大量事例，在那里，心理学的对象心灵看来也必然地包括
意识以外的许多现象。

行为主义

客观心理学于 1913 年变成了行为主义，那时华生发动了大力反对内省，而拥护客观心理学的宣传。这个事件为所有运动发轫的情况提供了一个好例子，因为行为主义之得被提出和取得支持实兼有积极和消极的意识的理由，同时还有时代精神的无意识的

积极影响发生了作用。这三个因素都似为行为主义的必要的原因，虽然是任何一个是不够生效的。

(a)在意识的积极方面，华生坚决地相信行为本身是值得注意和重要的。华生是一个机能主义者，但是长期以来不能容忍芝加哥学派的这样一个要求，就是甚至动物心理学家也必须费心将实际看到的行为，译成想当然的意识的模糊难定的术语。为行为而研究行为，描写它，注意它对正在动作的有机体的机能上的功用，应当是更加直接的、积极的(参考实证主义)，有兴趣的了。这当然不是新鲜的；但他完全剥夺动物心理学的意识，就超过摩尔根了，因为摩尔根曾在动物行为的解释中反对过罗曼尼斯的拟人说。华生采取了极端的"节省律"，完全否定了任何意识，好像挥舞起奥坎的威廉的剃刀把笛卡尔的"非展延的实体"最后割去了。因此，他在动物方面几乎与笛卡尔走在一起，在人类方面采取了拉·美特利对笛卡尔学说的引申，只是他还没有否认意识的存在。他仅仅是请求心理学家别理会它，而讨论行为的更加可靠的资料。我们除非考虑它的消极的东西，否则积极的东西就不容易说明了，但是行为主义确不单单是华生的抗议。他深信研究动物和人的行为是
642 有效能的。特别是因为他能保持机能主义的优点而使它放弃意识和克服障碍。

(b)在意识的消极方面，行为主义驳斥了内省。华生曾经看到了符茨堡内省的失败——1910 年，大多数美国人认为那里确曾发生了这种情况。在"新"心理学的头五十年内，意识的描述没有产生大量值得注意的系统知识。"新"心理学的事实大致是客观的：例如正确再现学习材料的能力，反应时间，情绪中的身体变化

和对刺激差异的辨别力。在感情方面，内省没有取得一致。究竟感情是一种感觉吗？是感觉的一种属性吗？或是一种新的元素吗？究竟感情确实存在吗？感情是经不起内省的，甚至铁钦纳也只得承认感情缺乏清晰的属性，只能间接接受内省的观察。心理学杂志感染到德国人争论的精神，充满着原始的记录，长篇的辩论，意见的分歧和不可避免的谩骂。心理学自称为一种科学，但听起来像哲学，甚至像一种聚讼不息的哲学。无怪华生要挥舞奥坎的剃刀了。

(c)无意识的积极影响自然符合着**时代精神**。心理学准备接受行为主义。美国由于上文讲过的理由（边码，505—508页），早已反对它的德国传统而转向机能主义了。行为主义只是从机能主义那里，承袭了一部分先代的传统，可不是全部。同时，正如我们刚刚知道的，客观主义不仅容纳机能心理学的许多内容，而且，包括精神病理学的大部分和心理测验及应用心理学的全部。行为主义可能简单地占领了这些领域，它确实或多或少是这样做的，——否则就是它们采取了行为主义。总之，心理学要求更加客观的时代已经成熟了，华生就是时代的代言人。

对作为造反者的行为主义和作为造反者的格式塔心理学进行比较是有意义的。这两个运动是同时发生的，都反对同样的正统。可是它们是彼此不同的，可见这些新运动不仅限于抗议。因此，这里似乎有两种略有不同的**时代精神**——德国对意识的哲学兴趣的传统和美国实用主义的机能主义的精神。1910年的正统心理学(i)为实验的，(ii)内省的，(iii)元素的，(iv)联想主义的。行为主 643
义和格式塔心理学只是在第一点上是一致的：它们都承认心理学

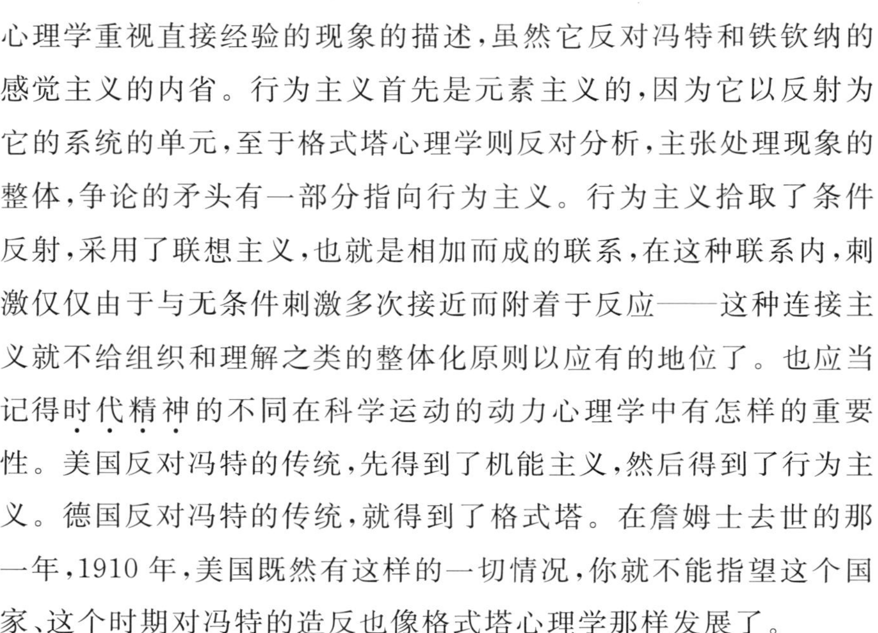

应当是实验的，也能够是实验的。行为主义全盘否定内省，格式塔心理学重视直接经验的现象的描述，虽然它反对冯特和铁钦纳的感觉主义的内省。行为主义首先是元素主义的，因为它以反射为它的系统的单元，至于格式塔心理学则反对分析，主张处理现象的整体，争论的矛头有一部分指向行为主义。行为主义拾取了条件反射，采用了联想主义，也就是相加而成的联系，在这种联系内，刺激仅仅由于与无条件刺激多次接近而附着于反应——这种连接主义就不给组织和理解之类的整体化原则以应有的地位了。也应当记得**时代精神**的不同在科学运动的动力心理学中有怎样的重要性。美国反对冯特的传统，先得到了机能主义，然后得到了行为主义。德国反对冯特的传统，就得到了格式塔。在詹姆士去世的那一年，1910 年，美国既然有这样的一切情况，你就不能指望这个国家、这个时期对冯特的造反也像格式塔心理学那样发展了。

1. 约翰·B. 华生(1878—　)以他的论文《行为主义者眼光中的心理学》于 1913 年春“建立了”行为主义。他曾在芝加哥大学，受安吉尔和唐纳尔森的指导，写出论文，于 1903 年获取哲学博士学位。我们已指出，他在 1907 年的专著是研究白鼠解决迷津问题所利用的一些感觉[确实的!]。那是华生暂时接受保留意识的正统的机能心理学。1908 年，鲍德温那时正在霍布金斯，授予华生以教授职位，华生勉强离开了芝加哥和安吉尔，前往霍布金斯。他那时已开始研究鸟之回归的问题，他继续研究这些问题，测量动物对颜色的视觉。

行为主义孕育而产生于霍布金斯。他在第一篇论文后发表了有关意象，感情和联想的专题讨论——就是说，把这些心理的术语译成行为主义的术语。他的行为主义保留语言的反应,有声或无声的思维,因此,他将意象和思维译成声动的行为——他以为它们可能含有微弱的,但可能被观察得到的喉头运动。他揣想感情可 644
能是腺体的活动或腺体组织的涨大或缩小。后来他采取了巴甫洛夫的条件反射,在行为上取代了联想。在他的那篇关键性的论文后,他立即发表一本比较心理学,题名:《行为:比较心理学引论》(Behavior: an Introduction to Comparative Psychology. 1914)。第一次世界大战阻止了这些活动,但在战后,他再承担起一种有类于冯特在十九世纪七十年代承担的任务——就是写出一本完整的课本说明他的心理学观点和定义适用于当时公认的心理事实的范围。结果就是《行为主义心理学》(1919)。同时他积极说明行为主义确能研究人类心理学:他把研究动物的技术应用于婴儿,包括条件反射的实验。他的工作由于1920年离婚,辞离霍布金斯而中断了。他转而从事于广告的业务,保持他的心理学的兴趣和写作,发表了不止一本有关行为主义的书籍,并应用他的方法解释和控制儿童和成人在生活迷津中的行为。

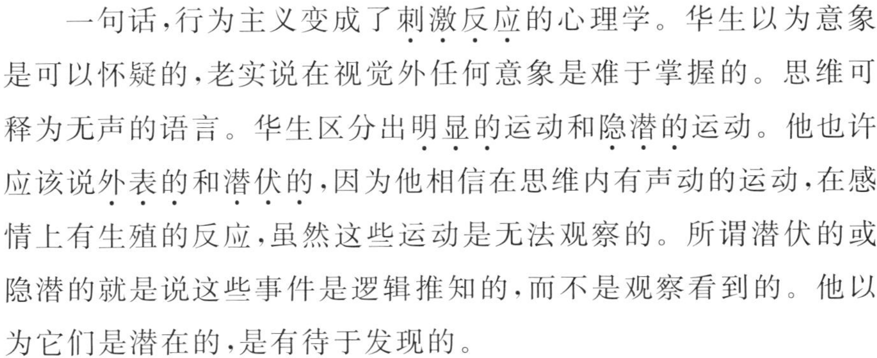

一句话,行为主义变成了**刺激反应**的心理学。华生以为意象是可以怀疑的,老实说在视觉外任何意象是难于掌握的。思维可释为无声的语言。华生区分出**明显**的运动和**隐潜**的运动。他也许应该说**外表**的和**潜伏**的,因为他相信在思维内有声动的运动,在感情上有生殖的反应,虽然这些运动是无法观察的。所谓潜伏的或隐潜的就是说这些事件是逻辑推知的,而不是观察看到的。他以为它们是潜在的,是有待于发现的。

当然,华生是把感觉作为辨别来处理的。富勒顿和卡特尔于

1872 年在心理物理学中曾经这样处理过的(边码 539 页以下)。据十九世纪八十年代的研究的结果,为了测验色盲,这样的处理比内省要可靠得多。两色病者是这样一个人,他能够使每一个光谱色与两个光谱色的某种混合互相配合,谁也不明确两色患者在实际上看见了什么,一直到了这样一个时候,一个被试有一只眼变成了色盲,另一只眼保持正常,通过进一步的辨别,能够比较两只眼的视觉,因而报告他的所见。巴甫洛夫也能借助于条件反应解决——或至少明确了——任何感觉的问题,因为这个方法测量了辨别。记得这一点是重要的,因为这是操作主义的起点:辨别是用
645 以观察感觉事实的操作。由此可知一切感觉事实都可归结为观察这些事实的操作,而这个操作就是辨别。

但是华生不感觉到他能够把准备利用内省的心理物理学排除于心理学之外。因此,他就人类的被试而言,承认**语言报告**是行为的一种形式。于是一切内省都被归结为观察的操作:也就是语言报告,在它被排除以后,又重新回到了心理学内。这当然完全不是华生所喜欢的。他要容纳的是正确的,可以证实的辨别性的语言报告,例如对不同声音的观察,而将无法证实的报告除外,例如有关感情性质或有关无象思维的不易捉摸的内容的报告。然而承认语言报告却是致命伤的让步,因为这样看来,行为主义似仅要求语言的变化而不要求科学手续的改革。困难的发生是由于华生知道他在具体事例中所需要的东西(他常要有最有实证性的、客观的有效方法),但不能为他的事例提供严格的认识论。他作为一个戏剧性的辩论家和热诚的领导人的本领胜过他作为一个逻辑学家的本领。华生的信念后被称为“天真的行为主义”,但是它是一种积极

的信念，恰当地适合美国人的气质。

在本世纪的二十年代，似乎整个美国变成行为主义者了。每一个人（除了少数与铁钦纳合作者外）都是行为主义者，没有一个行为主义者是与任何他人的意见一致。三十年代仍旧有行为主义者，但由于铁钦纳去世，内省过时了，他们也就不那样显出自己的牌子了。我们如果依照他们准备这个牌子的前后来定名次，那么重要的人物是霍尔特、托尔曼、拉施里、魏斯、亨特、斯金纳或许要加上赫尔，他们的有关行为主义的著作展延到二十五年以上（从1915至1940）。霍尔特年龄最大，斯金纳最小（比霍尔特小三十一岁）。赫尔的时间最近。

2. 埃德温·B. 霍尔特（1873—1946），如果他的才智有几分深不可测，他便是一位杰出的多才多艺的人物，是对詹姆士的一个著名的爱慕者，1901年在哈佛取得哲学博士学位，在哈佛任教至1918年，退职著书，又自1926年起，任教于普林斯顿十年，然后又
退职著书。深知他的人不多，但是那些深知他的人都为他所感动，646
欣赏他的博学。他一半是哲学家，是实在论者，但不是实用主义者，又一半是优越的实验家。他于1908年写成了《意识概念》（The Concept of Consciousness，1914年出版），于1915年写成《弗洛伊德的欲望及其在伦理学中的地位》（The Freudian Wish and Its Place in Ethics）。后一部书使他在动的心理学史中赢得他的地位（边码718页以下）。这部书重印为霍尔特的重要论文《反应与认识》（Response and Cognition）的附录。许多年来传说霍尔特要修订詹姆士的《原理》。其实，他没有进行这个工作，相反，他于1931年发表《动物的驱力与学习的过程》（Animal Drive

and the Learning Process)。他的斗争性不强,不能正式地被看成一个行为主义者,但是他深信心理学应当研究行为,研究“特殊的反应关系”,只有这样,才能说是找到了解释心灵的钥匙。霍尔特用一种老练的哲学代替了华生的素朴的理论,这个哲学当时几难为心理学家所认识,但是通过它对托尔曼的影响,而终见成效了。

霍尔特要求心理学家研究特殊的反应关系,但是他自己并没有滑入格式塔心理学所指摘的巴甫洛夫和华生的原子的反射论。霍尔特以为反应是一整体,相当于托尔曼后来所称的“大件”(molar)行为。譬如说,这个人走过窗前,他在干什么呢?他在向前走吗?不是的,他到杂货店去。到杂货店去的那种动作是统一的。它也有一个目的,这就是霍尔特为什么赞许弗洛伊德,并用他的行为主义去赞助动的心理学。

看到反应的关系就是知,或是他所说的意义的人就是霍尔特。知识和客观参照的问题难住了几乎每一个人,如贝克莱,黎德,穆勒父子,冯特,屈尔佩和铁钦纳。铁钦纳创立了意义的上下文决定说借以否认上下文的联系在熟悉的知觉内必定是有意识的。在旧的熟悉的知觉内(像单词),意义是无意识的。铁钦纳说,“是由脑的习惯传送的”。当上下文的联系没有加进去,只是心照不宣时,你如何知道你所知道的东西呢?你知道了——就是说,你了解其意义了——因为你作出了合式的反应。这就是霍尔特的贡献,反应如果是特殊的,就是明确了某些东西或者是意有所指。在霍尔特看来,行为主义实即意义的心理学,在此点上,我们可要想到铁钦纳的这个想法:詹姆士不是名副其实的心理学家,因为他写的是知识心理学。知识是机能的,因为它是适当应付世界特殊性的能力。

3. 爱德华·C. 托尔曼（1886—　）在哈佛受了霍尔特的影 647
响，1915 年在那里考取了博士学位。他在西北大学任教三年后，就职于伯克利地方的加州大学，直至于今。他的第一项实验是研究意义和意象的时间关系，这个工作是受了屈尔佩实验室的某些研究的鼓舞，结果认为某些意义可能发生于某些意象之前。在加州，早在 1922 年时，他就已经提倡他所称的**目的行为主义**，这个体系后来似乎显示出霍尔特的影响。他花了十年的时间指导老鼠实验——老鼠是有目的的，因为它们在迷津内寻求食物——写出论文论述迷津学习、目的、认识、观念的行为主义说、意识的行为主义的定义、老鼠的顿悟和饥饿的程度他的重要而难读的书《动物和人的目的行为》（Purposive Behavior in Animals and Men）刊行于 1932 年。在此书内，他为了正确的说明，创造了一种精心杜撰的特殊术语，这里就不引用了。詹宁斯根据他的理解，为原生动物保存意识。托尔曼根据相似的理解，为老鼠保存目的，但是他忠于行为主义，不再给它们意识。也许老鼠是有意识的；那可没有关系。它们能够动作，动作本身是有目的的，但仍旧是客观的。

托尔曼欢迎客观的资料，把它们纳入他的行为主义。有人批评他使行为主义包罗万象，但在行为主义和客观心理学之间所要保持的任何区别都是不明确的。“原始感”（“raw feels”，意识的资料）是难以言传的，不公之于众的，而不公开的东西是不合于科学的。托尔曼坚决以为用科学眼光所看得见的是行为，你如果看它的全面，那么行为是有目的的。行为被分析为元素，那便成为反射学和托尔曼所称的**分子行为**。相反，全面的是**大件行为**，其中就出现了目的。人和动物是为目的而动作的。

托尔曼的公式是 B = f(S,A),行为是情境和其他先行原因的函数。心理学的任务在于观察某一个 A 变化而 S 不变或某一个 S 变化而 A 不变时的行为 B,用以决定这些函数的关系。A 也许是饥饿,你可在公式内用动物未进食的时间测量它。

S 和 A 都是先行因素,B 是后果,在 S 和 A 与 B 之间,可以有
648 **中介变量**。中介变量是现在美国每一心理学家都知道的,乃是托尔曼的创制品(constructs),用以补填情境和其他先行因素之间的相关的缺乏。从前心理学家利用假设的中介的生理学资料充实刺激—反应的关系——这个办法托尔曼相信其无济于事,弃而不用。这些中介变量作为创制品完全与原子、万有引力以及科学上只是通过它们的影响而为人所知的他种事物同为现实的东西。这些中介变量有些是属于**认识的**,用作决定行动的知识或智慧。他种中介变量则为**要求**变量,有动机的作用,类似于决定行动的驱动力。

由此搞出整个用客观术语的心理学是十分可能的。托尔曼以更加老练的手法进行华生创始的工作。他借助于操作的逻辑把主观的事件译成客观的事件。在实际上,他在三十年代早期曾谈及**操作的行为主义**。如果主观的资料公之于众,你便常能化主观为客观了,因为你可以诉之于客观化的操作,也就是观察的操作。但关于这个问题,当在本章下节再述。

4. 卡尔·S. 拉施里(1890—　)主要由于脑机能定位的研究以及他发现定位既不精确,又不持久而著名。因此,他主要属于本书的下一章。他是华生在霍布金斯的学生,并于 1915 年在那里获取哲学博士学位。此后,他就职于明尼苏达大学(1917—1926),行

为基金研究会(1926—1929),芝加哥大学(1929—1935),哈佛基金会(1935—　),叶克斯灵长类生物学实验室(仍兼在哈佛任职1942—　)。他专致力于研究,常避开学派的争论,因为他认为这种辩论不能促进科学的发现。但是他常跨越自己划定的界限,像他 1923 年发表论文讨论《意识之行为的解释》(Behavioristic Interpretation of Consciousness)可以为例。所有他的研究都说明一个生理心理学家如何可以不借助于意识的概念而进行研究。拉施里主要利用学习和辨别的机能,并为这些能力力求发现生理的基础,而这些能力则都可借助于行为的技术作适当的测量。

5. 艾伯特·P. 魏斯(1879—1931)出生于德国,童年时移居
美国。他于 1909 年成为马克斯·迈耶在密苏里大学的助手,1910 649
年考取学士学位,1916 年考取哲学博士学位。他于 1912 年被任命为俄亥俄大学教师,但他继续在密苏里当迈耶的学生直至得了他的学位而止。迈耶自称十九世纪八十年代在柏林受惠于物理学家马克斯·普朗克与受惠于心理学家斯顿夫者相等,他鼓动魏斯倾向于严格的行为主义。魏斯从 1912 年起任职于俄亥俄州大学,至 1931 年过早地去世了。

魏斯是一位精力充沛的论辩家,他于 1925 年编集许多篇有关心理学的正确性质的论文成为一本巨著:《人类行为的理论基础》(A Theoretical Basis of Human Behavior),于 1929 年扩充为第二版。它的作为主张心理现象可被还原为物理化学的术语或社会的关系,如果你高兴,就可以称它为拉·美特利(或洛布)和孔德的混合物。魏斯自信他是正确的。“行为主义自称**不用**意识的概念比传统心理学**利用**这个概念作出**更加**完全和**更加**科学的说明。传

统心理学所划分为意识或心理成分的各种因素都毫无遗留地化成行为主义所分析出的生物的和社会的成分”。威斯的这个声明明确地表示新的行为主义。华生不理睬意识，但没有否定它，老练的行为主义者，则不是不理它，也不是否定它。他们保留着意识，却使它成为客观的。他们排除了心理的术语，研究有关社会或物理的实体的客观资料，或者(像托尔曼一样)介入了这样一些中介变量，这些变量当考虑观察的操作时可以还原为客观的资料。一个人可以吃了他的饼还可以有了它。吃导致了吸收。

6. 沃尔特·S. 亨特(1889—　)来自芝加哥机能主义学派，1912 年在安吉尔和卡尔指导之下，取得学位。他前后任职于得克萨斯、堪萨斯、克拉克和布朗等大学，在布朗大学是从 1936 年开始的。我们已经有机会注意到他对延宕反应和时间迷津中的符号过程的研究的贡献(边码 629 页以下)。亨特同其他行为主义者一样，力求避免应用精神的术语，甚至表示**心理学**一词也太富于精神的意味，认为“**人类行为学**”(anthroponomy)一词或许较为妥适，这个名词就是他的**行为主义**的同义词。亨特虽然同拉施里一样，关心学派的争论不及关心研究的那么积极，但是他也写文章反对
650 内省而支持行为；并且同别人一样，将意识的叙述译成刺激和反应的术语。

7. B. F. 斯金纳(1904—　)是本书提名的最年轻的行为主义者，1931 年在哈佛得哲学博士学位，但是他对哈佛心理学家却没有什么可以感谢的，虽然他也有一些受了哈佛普通生理学家 W. J. 克罗泽的教益，因为他在克罗泽的实验室内工作了三年。他从哈佛到明尼苏达，在印第安纳工作三年，于 1948 年回到哈佛，

在那里促进了行为及其控制的研究。他于1938年出版了《有机体的行为》(The Behavior of Organisms),这是总结他到那时为止的探究和信仰的一本书,后来他转向语言的问题,语言就是行为,1947年,他在哈佛以“语言的行为”为题作了威廉·詹姆士讲座的报告。

斯金纳的博士论文是一篇名副其实的博士论文。他主张心理学家应当把反射看成刺激和反应的相关。他不理会中介的生理链条的可能,因为由生理学家看来,这种链条是奇怪的伪造的生理学,是冒牌的生理学,在事实缺乏时权且充当了真理。斯金纳二十年来卓有成效地坚持这个观点,发展了一种刺激反应心理学,这个心理学在任何意义上说都不是一种生理心理学,他却在他的旗帜之下吸引了许多较年轻的人。他观察了刺激 S 和反应 R 的共同变化,建立了 $R=\mathrm{f}(S)$ 的函数关系,可没有大多数科学家所喜爱的两项之间的物理连续性。斯金纳的函数仅仅是分离变量的休谟式的相关,不是因果的连续性,因此,他的朋友有时诙谐地说他在研究空洞的有机体。他自己设想他的观点类似于托尔曼的观点,但是他不企图在他的相关中补入中介变量,使接近于连续性,他也不把行为看成主要是有目的的。但斯金纳和托尔曼在这方面仅微有差异。斯金纳研究这样一些驱力,这些驱力终至于推动一个有机体走向它的目的物。托尔曼直接注意目的物。斯金纳需要数学的函数,托尔曼需要生物学的达尔文函数,因为总而言之,谁也知道原因必有结果,托尔曼却不要放弃描述性的观察。

斯金纳箱是所有实验心理学家都知道的,它是一只简单的箱子,本来用以放置一只老鼠,一条杠杆,一个在老鼠压杆时放出食

651 丸的设备，此外就别无他物了。箱外另有一些装置，在转动的纸张上长期记录老鼠的吃的行为。你可以晚上回家，早晨看到老鼠被试整夜做了些什么动作。今天证明鸽子比老鼠有更多的某些优点，但原则是一致的，斯金纳有为鸽子制造的箱子。不论老鼠或鸽子的有机体在这种箱子内都学习迅速，因为它们没有其他的事情可做。学成以后，停止食的强化而导致的反应的消退则是缓慢的。主试可以研究消退曲线作为某些外加参数的一种函数，而这种参数则作为独立变量而加以变化的。

斯金纳在这个情境之下认为有两种反射：即与刺激联系的反应和没有看得见的外在刺激的反应。他称第一种为**应答**行为，而称第二种为**操作**的行为。操作的行为或许诱使斯金纳设想某些假设的内部变量，这种变量如果不是想象的生理学，也可能是类似于托尔曼的中介变量的心理学的结构。但是斯金纳成功地抵制了他的初步的设想。在没有刺激时，就很容易变化其他条件而记录行为变化的情况。例如你可以观察一只老鼠的操作性的吃，作为前次吃东西后所经历的时间的函数。如果你高兴，你可以称这个独立变量为饥饿，但对斯金纳说来，饥饿要用客观的事件予以规定，而不能把它当作一种物理的状态或意识的欲望。如果你知道吃东西和食的剥夺有什么函数的关系，你就会知道这个函数如何随其他参数而变化，例如有机体的年龄。斯金纳就这样地操纵着一种比俄国人的反射学远较满意的反射学。谢切诺夫和别赫切列夫主张所有意识过程都还原为刺激反应的反射，但是他们的论辩似乎是不切实的，因为纵使你用反应规定意识的意义，而刺激是什么还是不明显的。操作性的行为避免了这个困难。

8．克拉克·L.赫尔（1884—　）是八个人名单中最年老的第四位，安排在最后叙述，因为他只是在三十年代后才被心理学界推选为行为主义者——略后于斯金纳。他从来不想加入这个团体而为它的成员，他的热情的弟子们——赫尔是懂得如何引起他们的热情和辛勤工作的——许多年来在耶鲁大学确实是赫尔的信徒，但如果被称为行为主义者，就不免微感惶惑了。而且许多年来也是赫尔给新受训练的心理学家以耶鲁的特殊的标志。

赫尔于 1918 年在威斯康星考取哲学博士学位，留校至 1929 652
年离开，那时他前往耶鲁，作一长期的重要而有成效的研究工作。他早期所注意的题材有下列各种，如统计法，烟叶对心理效能的影响，和能力倾向测验。他在耶鲁对催眠和暗示首先感有研究的兴趣，于 1933 年在这个课题上刊印经典的实验册。他也关心机器人的问题：能否造出一些机器来复制人的意识有机体的才能呢？赫尔以为这是可能办到的，他的这种兴趣是随着他的行为主义思想而一同发展的。

他对条件反射和学习的主要研究工作是在耶鲁开始的。他以为巴甫洛夫的工作可以被规定得更加严格些，而艾宾浩斯的记忆问题也可以用更精确的术语重新加以说明。不久我们就可以看见他在三十年代后期利用他的勤劳的学生们经常的支持，把他所研究的学习的事实组成逻辑的谨严的科学体系。他劝告学生在科学研究工作中坚持“假设的演绎的方法”（hypothetico-deductive method）。这个方法的要点在于树立假设，从这些假设演绎出实验的试验的结论，然后完成测验，测验如果失败，就修订假设，测验成功，至少暂时可以把假设加入科学总体之内。这个研究的程序终至于使他导致数理逻辑的抽象概念，他于1940年同五位其他同事一起刊布了《机械学习的数理逻辑学说：科学方法论的研究》(Mathematico-Deductive Theory of Rote Learning：a Study in Scientific Methodology)。对多数心理学家来说，这是一本难读的书，但是它使我们知道在科学的范围内，有了严格的逻辑究竟能够做好什么工作，并且它还有助于使多数不太确定的科学假设似乎比以前更不可靠了。赫尔于1943年刊行一本为一般心理学家所能阅读的较为扼要的书：《行为原理》(Principles of Behavior)。这本书表示赫尔明确地信守客观的术语，为将他归类为行为主义者或至少为客观心理学家提供理由。

不幸，赫尔的体系太笨重了，我们不能在这里检验它的一个实
例。我们可仅指出在严密上若有所得，在范围上必有所失。他的
研究的价值与其说增加心理学事实，不如说为方法提供例示。赫
尔受了桑代克的影响，倾向于分析的思维，被视为现代联想主义者
653 中的一员。这便使他立即与托尔曼形成对立，因为托尔曼接受了
格式塔心理学的影响，经常不理睬分子的东西，以便看到大件的
东西。

我们对美国心理学中八位行为主义者的概述实在太肤浅了，以致对任何一位都没作出恰如其分的评价，但是总起来说(这自然要超出了各部分之和)，却可表明整个经过的情况，表明那已经采取了机能观点的美国究竟如何走向客观。任何考虑过这些段落的读者都可能怀疑创立人华生是否为整个行为主义运动的充足原因。但他们也不可能想象一个邪恶的巫婆，能够把华生从童床内夺走，换上一个有心灵论倾向的孩子，而这个孩子就会在三十年后

领导美国心理学家去作这样的一种描述的心灵主义，同我们现在所有的机能的客观主义一样。

操作主义

心理学内有操作主义，但很难有任何操作主义者。操作主义与其说是一个学派，不如说是一个原则。它是一种方法，可借以估价已经发生过的科学活动，提高科学概念的精确性，区分正确的科学问题和虚假问题以及形而上学和科学的界限。这个运动在本世纪三十年代后期的心理学家中已经显得重要了，因为它代表三条思想路线汇合的总结：一条来源于物理学，一条来源于哲学，一条来源于心理学本身。

(1)物理学的压力产生于哈佛物理学家P. W. 布里奇曼。他于1927年写成了《现代物理学的逻辑》(The Logic of Modern Physics)，这部书受到了心理学家的欣赏和注意。布里奇曼企图在相对论引起的纷乱中澄清物理学的思维。他写道："我们所说的任何概念都仅指一系列的操作；**概念是相应的一系列操作的同义词**。如果概念是物理的，例如长度、操作就是实际的物理操作，即测量长度的操作。"力布里奇曼又说，(桌子的)长度和(太阳的)距离是不同的概念，因为它们是用不同的操作测量的，但是一般承认有些操作确立了不同操作的等值性，还承认当容积小而又在地面时，用卷尺测量的长度和用三角法测量的长度是同一种类的长度，只是你要记得**同类**操作的性质。所不易确定的是相距极遥远处所 654
发生的事件的同时性，以致任何信号例如光线都要经过相当长的

时间才能从这一地方传到另一地方，但是那些问题可不是心理学家的问题。

布里奇曼以他的关于假问题或科学家经常发生的无意义的问题的讨论启发了心理学家。这些问题是任何已知的观察测验所不能解答的，例如“时间可以有起点或终点吗？”（康德的一种二律背反的问题），“空间有没有不能直接查明的第四度呢？”“有没有一个世界，在那里 $2+2\neq4$ 呢？”布里奇曼在这些事例之中又加上这样一个无意义的问题：“我所称为蓝色的感觉是否真同于邻居所称的蓝色呢？一个蓝色的物体能否在他心内产生一种感觉就像一个红色物体在我心内所产生的感觉一样呢？或反过来说也一样呢？这就是布里奇曼所说的感觉性质是不能用辨别力绝对地确定下来，而只能相对地确定下来的。你是不能比较甲和乙的感觉的。你可以比较甲的感觉，知道蓝色对他说来不是红色，反之亦然，对乙来说也是这样。但是甲的蓝色之非乙的红色则是无法知道的，除非有可能做一个手术将这两个人的神经系统造成交叉的连接。只是在那个时候才能有一个统一的甲乙体将他的甲感觉和他的乙感觉相比，好像在1880年时发现的那个人，他有一只眼患色盲，另一只眼正常。心理学家没有直接的比较，不可能知道色盲的人只能看见四种原色中的两种。因此，操作主义的条规是无法用观察检验的命题都是没有意义的。

从布里奇曼的这个观点只须前进一步就可以说私有的意识对科学说来是没有意义的。假使你有一种操作例如内省，使意识公之于众，那当然是很好的，但是那时这个意识便成为公开的，而不再是私有的了。无法表达或无法公开的东西在科学内是没有意义的。但是这个观点是马克斯·迈耶在 1921 年所曾经说过的，也是托尔曼在布里奇曼的书出版以前和以后所日益公开地拥护的。它不是心理学的新观点，但是当长期作为科学心理学模范的物理学公开主张时，它便得到支持了。

(2)哲学的影响来自维也纳集体。这个集体的较为著名的成
员是莫里茨·施利克，奥托·纽拉思，卡尔纳普和 P. 弗兰克，这 655
个集体在维也纳的成立，正与布里奇曼出版他的书同时，它的目的
在以科学逻辑的系统研究代替哲学。这样就开始了 H. 费格尔后
来所称的**逻辑实证论**运动，这个实证论在科学内(包括心理学)形
成了**物理主义**，因为它要将所有科学的语言还原于物理学公用的
语言，而在心理学内则成为**行为学**，因为心理学的操作都是行为的
观察。甚至心灵的实体当被还原于观察心灵的物理操作时，也便
还原于行为。这就是行为学的**动作还原论**(reductio ad actio-
nem)。

维也纳集体在讨论科学的语言讨论这样的一些**正式命题**，这些命题涉及文字和符号的相互关系，因而成为符号关系学(syntactics)的题材，并讨论这样一些**经验论的命题**，这些命题是有关可以观察到的世界的主张，是对它们的真伪的有目共见的检验。这两种系统或客体和文字符号的关系就构成了语义学(semantics)的对象。凡是不能参与这些有意义的关系的概念就被投入边远的黑暗之处——就是他们以为能够表达其他学科所不能表达的东西的形而上学之内。

这个运动是实证论的运动。我们已知实证论计共分三种：(a)孔德的**社会实证论**；(b)马赫和皮尔逊的**经验实证论**(就这一点

说，皮尔逊是马赫的弟子）；（c）这个**操作实证论**，费格尔称之为**逻辑实证主义**（边码 633 页以下）。这个运动是追溯根本资料的企图，从而促进一致而减少由意义的意外分歧而引起的误解。经验作为最终原理是不成功的。心理学家对于内省揭露的东西存在着过多的争论。心理学以行为主义取代内省主义的理由恰恰就是在科学逻辑上以操作实证论代替经验论的理由。马赫的用意是好的，但是他不知道内省的**所与**（the given）在**被取用**（being taken）时就会变样了。内省是一种观察法，作为观察法是易于造成错误的。哲学家却认为它是不能错误的主要的方法。

（3）动物心理学和行为主义中的操作主义的背景是本书前几
656 部分的题材，现在不必重复，只作一番概述就够了。达尔文说明人与动物之间可能有连续性。摩尔根在解释上力主节省律，介入了奥坎的剃刀。洛布以为动物界在联合学习的水平以下是没有意识的，但是詹宁斯指出这个水平毕竟要放在最低层。心理学家主张动物意识可利用那些发现他人意识的类似的操作——即研究他人的心理学的操作去发现它。华生不耐烦无用的繁琐的分析，以极端节省的措施抛弃了意识。其他许多人虽集结在他的旗帜的周围，但不是大家都遵从他的教条。如以霍尔特和托尔曼为首的若干人确信行为主义不排除意识，但吸收了它，将它还原于用以观察意识的行为的操作。谁也不能说操作主义创始于任何一个时期。它已经早在那里了，不因冲动而盲目的聪明人都能够理解它和应用它。

它已经早在那里了；但是美国心理学家究竟如何意识到操作的定义是一种进步呢？他们又如何认识这个新思想是一种运动并

称之为操作主义呢？适合于一种时代潮流的事件又变成了造成这个潮流的事件。

赫伯特·费格尔(1902—　)是维也纳人,1927 年在维也纳大学获得哲学博士学位,这就是维也纳集体形成的一年,他在维也纳任教至 1930 年。他知道新实证论进展的情况,他也知道布里奇曼 1927 年出版的书。1930 年,他以奖学金来到了哈佛,想获知布里奇曼的思想,并研究一般科学的哲学。也就是他,对哈佛心理学家介绍他们自己的同事布里奇曼的哲学,维也纳集体的研究,逻辑实证主义和一般的操作方法。斯金纳在他的 1931 年哈佛的反射学论文内对布里奇曼和马赫相提并论,老实说,他似乎准备把他的概念纳入这个思潮之内,因为这些概念完全与托尔曼的一样,确很融洽协调。总之,哈佛心理学家在讨论会和实验室午餐会中都谈及了这个新的学说,开始运用操作主义的术语。S. S. 史蒂文斯取得了哈佛的领导地位。他于 1935 年 4 月和 11 月,又于 1936 年发
表有关操作法的一般论文。同时 J. A. 麦乔奇在威斯勒扬,托尔 657
曼在加利福尼亚都被卷入了。麦乔奇于 1935 年 9 月先宣读一篇有关操作法的论文,1937 年宣读了另一篇,虽然他从未付印这两篇文章。托尔曼一直考虑这个问题,1936 年发表了操作的行为主义和对要求的操作主义的分析。1938 年 R. H. 沃特斯和 L. A. 彭宁顿刊布一篇论文,史蒂文斯于 1930 年 4 月出版了几乎是“心理逻辑学”的手册《心理学与科学学》(Psychology and the Science of Science),这篇论文评述了物理学家和哲学家的贡献(虽然不是动物和客观的心理学家及行为主义者的贡献),注释和列举到那时为止的论文书目。由于第五届科学统一国际会议于 1939 年在那

里举行，许多重要的欧洲逻辑实证论者，除施利克已经去世外，其余都出席会议，因此，增加了哈佛的兴趣。值得注意的是受操作主义吸引的实验心理学家不是行为主义者或动物心理学家，而是在从前受过内省统治的实验室情境内追求严格定义的人们。这同样的一句话适用于麦乔奇，然而不适用于托尔曼，因为托尔曼是手持白鼠，走向操作的行为主义的。斯金纳在哈佛直至 1936 年，他在毕业进修生学会内，在克罗泽的普通生理学实验室内研究动物。他纵使不是一般业务的参加者，却历来是一位实干的操作主义者。

硬心肠者对操作主义的这种支持的热潮立即引起了软心肠者的反对，这在一定程度上应归咎于硬心肠者。他们是以要求严格开始的，对某些全部或部分似无意义的术语要给以操作性的定义。软心肠者指摘操作主义是否定研究自由和言论自由的警察措施。硬心肠者的答复是不久当可明白的，操作主义不是一种道德的戒律，它也没有对任何人提出任何要求的权威。它不过是科学家的一种工具，可用以澄清他自己的和他人的概念。一个事实如果是公之于众的，谁都常可以问它如何会公之于众的，因为他知道用以化私为公的操作，必然存在着一定的限制。

史蒂文斯列举了操作主义的七个特点。现在可将这些特点节
658 述如下：(a)操作主义将所有关于现象的陈述(经验的命题)归结于要求大家同意的那些简单的术语。这个标准是属于社会的。(b)操作主义只研究公开的或可以公之于众的事件。私有的经验是被排除的。(c)它仅研究“另一个人”，是实验者以外的人或有机体。(d)一个实验者可以考虑他自己本身以内所发生的事件，但那时他要将本身当作“另一个人”。(e)操作主义只讨论这样一些命题，

这些命题的真伪要能用具体的操作予以测验。(f)基本的操作是识别。它所起的作用也就是马赫的感觉(经验)所起的作用。所有观察归根结底就是识别。(g)最后,操作主义者要在他自己的思想内明确形式命题和经验命题的区别。

史蒂文斯又要求大家知道非操作主义的九项事实,列举如下:(a)它不是新的心理学派。它是技术性的。(b)它不是施行实验的一组规则。(c)它反对理论化和思辨。(d)它的目的虽在于促进一致,但不是一致性的保证。(e)它不是马赫的经验的实证论。(f)它不是那种排除意象或任何其他资料于意识之外的行为主义。一切精神的实体如果被还原为用以观察它们的操作都是可以容许的。(g)它不是一元论,(h)也不是二元论,(i)却也不是多元论。它用观察容纳一切进来的东西,它所促进的科学的统一也就是应用于共同手续的共同语言的统一。

作为本章的结论,不应当说所有心理学都在1950年左右采取了操作主义,而使各个学派都消灭于无形。把概念还原于它们的操作,那是不明智的做法。没有特殊的需要,谁也不会这样做的,这种还原需要考虑和研究,也需要时间,还可能得不到什么好处。符号逻辑提供了更加严格的语言,但谁也不要按照赫尔的最精密的方式,将詹姆士的《心理学原理》还原为一组假设和结论。用操作技术的人如果有了它,就可以有所收获,那么它就似乎有用了。同时,这整个论点在历史上的地位是科学的逻辑证明意识存在或不存在的问题是一个虚假的问题。完全出乎我们的意外,行为主义吃了意识这个饼,还能够保留它。他可不常知道它,但是他能够 659
知道它。

附　注

动物心理学

比较心理学方面的好的手册并不缺乏。N. R. F. 梅尔和 T. C. 施尼尔拉的《动物心理学原理》(Principles of Animal Psychology, 1935),也许是最好的一般性著作了,它载有 600 多个标题的书目。经典的文章是华许本的《动物心灵》(The Animal Mind)第 4 版,1936 年,附有大约 1700 个标题的书目;它于 1908 年首次出版,并作为它的作者的一个主要影响被保留至今。知识最为广博的文章是 C. J. 沃登,T. W. 詹金斯和 L. H. 沃纳的三卷,《比较心理学》,卷一,《原理与方法》(Principles and Methods, 1935);卷二,《植物与无脊椎动物》(Plants and Invertebrates, 1936);卷三,《脊椎动物》(Vertebrates, 1940);刊有 8450 余篇的参考目录。由十一位权威作者分章撰写的一本新近的好书是 F. A. 莫斯的《比较心理学》,第 2 版,1943 年,书目在 500 项以上。

论述得比较明确的比较心理学史,见沃登等的前引书,卷一,3—54 页;沃特斯的论述收在莫斯的前引书,7—31 页。华许本的前引书,用历史的形式加以讲述。

有了这些很好的可用的书目,参考书目在此就失去它们的重要性了。我只把在正文中特别提到的那些参考文献再提一下:

关于向性行为,见洛布的《动物和植物的向日性》(Der Heliotropismus der Tiere und seine Ueberstimmung mit den Heliotropismus der Pflanzen) 1890 年;《比较的脑生理学与比较心理学引论》1899 年,英译本,1900 年;《生命的机械观》,1912 年;《强迫运动,向性与动物的行为》,1918 年;S. O. 马斯特,《光与有机体的行为》(Ligbt and the Behavior of Organisms) 1911 年(向性史,1—58 页)。

关于极端的机械主义观点,见 A. 贝蒂,"我们应当将精神性质归属于蚂蚁和蜜蜂吗?"《生理学文献》,1898 年,第 70 卷,15—100 页;比尔,贝蒂和 J.

冯·尤克斯屈尔"神经系统生理学中一个最客观术语的建议"，见《生物学杂志》(Biol. Centbl.)，1899年，第19卷，517—521页，或《生理学杂志》(Centbl. Physiol.)，1899年，第13卷，137—141页(这两篇论文相同)；J. P. 纽尔，"比较心理学是合法的吗?"，《心理学文献》，1906年，第5卷，326—343页。

论低等有机体行为的心理学方法，见詹宁斯的《对低等有机体行为研究的贡献》(Contributions to the Study of the Behavior of the Lower Organisms)，1904年和1906年；S. J. 霍姆斯，《动物智力的进化》(The Evolution of Animal Intelligence)，1911年；《动物行为研究》(Studies in Animal Behavior)，1916年。

关于社会昆虫的行为，见有关法布尔，卢波克和福勒尔的参考书目，边码475页以下；W. M. 惠勒，《蚂蚁，它们的构造，发展与行为》(Ants, Their Structure, Development and Behavior)1910年；《昆虫的社会生活》(Social Life among the Insects)，1923年。

关于动物内省的争论，见华许本，前引书，1—32页。

关于本书讨论的动物心理学的早期实验，见斯波尔丁，"本能：对幼小动物的新观察(Instinct: with original observations on young animals)"，《麦克米伦杂志》(Macmillan's Mag.)，1873年，第27卷，282—293页；重印在《通俗科学月报》(Pop. Sci. Mo.)，1902年，第61卷，126—142页；桑代克的《动物智力》，1898年，(《心理学专刊》，第8期)，重印于1911年，又部分重印于丹尼斯，《心理学史读本》，1948年，377—387页；《猿猴的心理生活》(The Mental Life of the Monkeys)，1910年，(《心理学专刊》，第15期)；斯莫尔，"鼠的心理过程的实验研究"，《美国心理学杂志》，1899年，第11卷，133—165页；1901年，第十二卷，206—239页，(迷津法的创始)；克兰，"有关比较心理学实验室课程的建议"，同杂志，1899年，第10卷，399—430页；1901 660
年，金纳曼，"两只囚禁中的恒河猴的心理生活"，(Mental life of two Macacus rhesus monkeys in captivity)，同杂志，1902年，第13卷，98—148页；华生的《动物教育：白鼠的心理发展》(Animal Education: the Psychical Development of the White Rat)，1903年(《芝加哥大学哲学杂志》，第4卷，第2期)；《动觉和机体觉：它们对迷津中白鼠的反应的作用》(Kinœsthetic and Organic Sensations: Their Rôle in the Reactions of the White Rat to

the Maze)1907 年,《心理学专刊》,第 33 期。

关于叶克斯,见上引一般课本中他的长书目,还可参阅他的自传,麦奇森的《心理学家自传集》,1932 年,卷二,381—407 页。关于他自己所撰的猩猩研究的可信摘录,见他的《黑猩猩:实验室的殖民地》(Chimpanzees: a Laboratory Colony, 1943)。当本书的校样退给印刷商时,据说有一个包括他各种活动的自传正准备出版。

关于较高级的动物心理过程,一般的见华许本,前引书,328—381 页;梅尔和施尼尔控,前引书,444—480 页;W. T. 赫伦在莫斯的前引书中,248—279 页;霍布豪斯,《演化中的心灵》(Mind in Evolution),1901 年,第 2 版,1915 年,尤须见第十章他先于苛勒所作的实验;L. W. 科尔,"关于浣熊的智力",《比较神经心理学杂志》(J. comp. Neurol. Psychol.),1907 年,第 17 卷,211—261 页;汉密尔顿,"哺乳动物的尝试错误反应的研究",《动物行为杂志》(J. animal Behav.),1911 年,第 1 卷,33—66 页(多重选择法);亨特,《动物和儿童的延宕反应》(The Delayed Reaction in Animals and Children),1913 年《行为专刊》,第 6 期;部分重印于丹尼斯,前引书,472—481 页;"时间迷津和白鼠的动觉过程",见《心理生物学》,1920 年,第 2 卷,1—18 页;"浣熊在双重更替时间迷津中的行为",《发生心理学杂志》(J. genet, Psychol.),1927 年,第 35 卷,374—388 页;苛勒,《人猿的智力测验》(Intelligen-zprüfung an Menschenaffen),1917 年,第 2 版,1921 年,英译本,1925 年;H. 施洛斯贝格和 A. 卡茨,"白鼠的双重交替压杆",《美国心理学杂志》,1943 年,第 56 卷,274—282 页(快速连续运动的整合)。

关于黑猩猩与儿童一同抚养,以及各自的相对优越性,见 W. N. 凯洛格和 L. A. 凯洛格的《人猿和儿童》(The Ape and the Child),1933 年。

客观心理学

本书感谢 C. M. 迪塞伦斯所写的一篇很好的简述,"心理学的客观主义",《心理学评论》,1925 年,第 32 卷,121—152 页。三个俄国人(谢切诺夫,巴甫洛夫和别赫切列夫)为客观心理学作了宣传(参见下文),行为主义者(见下节),和向性心理学家(见上节)也做了同样的工作。客观心理学蔓延得太广,以致没有专门的文献。

正文所提的大多数问题反映在本书其他讨论之中，无须再加附注。本节下面都是新近提到的一些人的参考书目：

安托万·路易·克洛德·德斯蒂德·特雷西与卡巴尼斯同时代，发表了《观念元素》(Éléments d'idéologie)，1818 年，共四卷，但是与我们讨论的目的有更直接关系的是他的《论意志及其作用》(Traité de la volonté et ses effets，1815)。

约翰·戈特弗里德·赫德的重要论文是《关于人类心灵的认识与感觉》(Vom Erkennen und Empfinden der menschlichen Seele，1778)。

奥古斯特·孔德写了《实证哲学教程》(Cours de philosophie positive)，1830—1842 年，共六卷，有许多版本和译本。他另有许多著作，都坚持实证原理，孔德的每一书目中都列有这些著作。孔德的英国弟子乔治·亨利·刘易斯写了一些讨论心理学和实证主义的书籍。与本题目最直接有关的一篇论文是《心理学研究》(The Study of Psychology)，1879 年。

关于亨利·莫兹利论心理学的实证主义和无意识，见他的《心理学与心灵病理学》(Psychology and Pathology of Mind)，1868 年。

关于谢切诺夫的著作有他的《选集》，1935 年，由俄国政府在莫斯科出版，以庆祝在莫斯科召开的第十五届国际生理学会议。遗憾的是，这本书虽然意欲向讲英语的国家进行科学宣传，但一般不易到手。这本书包括一篇由
M. N. 沙特尼柯夫写的谢切诺夫传记，几篇德文的论血液化学的论文和三 661
篇译成英文的长论文，都是讨论反射在心理学上重要性的。这些论文：(1)编成一本专著，标题是："脑的反射"(The Reflexes of the Brain，1863)，它因为有唯物主义倾向，致被认为不道德而被禁止，(后来解了禁)它便影响了巴甫洛夫；(2)"谁去研究和如何研究心理学问题?"；(3)"思想元素"(The Elements of Thought)，这是一篇解释的论著，长达八章，阐明谢切诺夫关于智力的心理性质的成熟的机械主义的观点。

巴甫洛夫的著作绝大部分是俄文，有些论文是用法文和德文写成的。现在容易获得的英文版有《条件反射：一种关于大脑皮质的生理活动的研究》(Conditioned Reflexes: an Investigation of the Physiological Activity of the Cerebral Cortex，1927)和《条件反射演讲集》(Lectures on Conditioned Reflexes，1928)。后一部书包括一篇根特写的略传以及自 1903 年至 1928 年按

年代排列的四十一篇演讲。关于巴甫洛夫对心理学方法与生理学方法的比较的批评，见 75 页，113 页，121 页，169 页，192 页，219 页，和 329 页以下。还可参阅重印的 1906 年的演讲(1928 年，前引书，第四章)标题是高级动物的所谓心理过程的科学研究，重刊于丹尼斯，《心理学史读本》，1948 年，425—438 页。还可参阅 Y. P. 弗罗洛夫的《巴甫洛夫及其学派》(Pavlov and His School)，1937 年由俄文译成英文(写于 1936 年巴甫洛夫逝世以后)；还可见巴甫洛夫"在世的老学生"，B. P. 巴布金所写的传记，《巴甫洛夫传》(Pavlov：a Biography)1949 年。

西方人可得到的别赫切列夫的著作是《客观心理学或心理反射学：关于联合反射的学说》(Objektive Psychologie oder Psychoreflexologie：die Lehre von den Assoziationsreflexen)俄文版，1910 年，1913 年译成德文和法文；《人类反射学原理：人格客观研究引论》(General Principles of Human Reflexology：an Introduction to the Objective Study of Personality)，俄文版，1917 年，1925 年；英文第 3 版，1932 年。最后一书的英译本有 A. 杰弗写的一篇简传。

最近有一篇很好的概要，叙述自 1917 年至 1936 年俄国心理学的发展，对于俄语和西方语言的鸿沟起了一定桥梁作用。I. D. 伦敦，"苏联心理学简史"，《心理学公报》，1949 年，241—277 页(有 137 个标题的书目)。

行为主义

关于行为主义，一般的见吴伟士，《现代心理学派别》，1948 年，第 2 版，68—69 页；墨菲，《近代心理学历史导引》，1949 年，第 2 版，251—268 页；A. A. 罗伯克，《行为主义与心理学》(Behaviorism and Psychology)1923 年；《行为主义第二十五年》(Behaviorism at Twenty-Five)，1937 年；海德布雷德，《七种心理学》，1933 年，234—286 页；格里菲思，《系统心理学原理》(Principles of Systematic Psychology)，247—265 页，320—356 页。

上述大多数的第二手资料，讨论华生的行为主义较多于讨论其他的行为主义者，所以要参阅华生，仍可看这些资料。行为主义的诞生始于华生，"行为主义者眼光中的心理学"(Psychology as the behaviorist views it)《心理学评论》，1913 年，第 20 卷，158—177 页，重印于丹尼斯《心理学史读本》，1948

年,457—471 页中。这篇论文之后立即有华生的“行为中的意象与情感”,《哲学杂志》,1913 年,第 10 卷,421—428 页。后来又有《行为:比较心理学引论》,1914 年,此书第一章重印了上述两篇论文,很少修改和删节,却作了大量的补充。其次在重要的论文中还有“条件反射在心理学中的地位”,《心理学评论》,1916 年,第 23 卷,89—116 页;这篇文章是他在美国心理学会的主席演讲词。接着出现了系统的课本,《行为主义心理学》,1919 年,第 2 版,1924 年。关于他后来的著作,可阅他的《行为主义》,1924 年,以及他的三篇讲稿,见麦奇森,《一九二五年的心理学》,1926 年,1—81 页。华生的自传收在麦奇森的《心理学家自传集》,1936 年,卷三,271—281 页。

霍尔特的重要书籍是《弗洛伊德的欲望及其在伦理学中的地位》,1915
年,它重印了《反应与认识》,作为补编,《哲学杂志》,1915 年,第 12 卷,365—
373 页,393—409 页。他的其它重要书籍是《动物的驱力与学习过程》,1931 662
年,较早的有《意识概念》,于 1914 年出版,而成书于 1908 年;“错觉的经验在现实世界中的地位”,收在《新实在论》中,1912 年,303—373 页。有两篇简传:朗菲尔德,“霍尔特(1873—1946)”,《心理学评论》,1946 年,第 53 卷,251—258 页;卡米启尔,同标题,《美国心理学杂志》,1946 年,第 59 卷,478—480 页。

托尔曼的早期关于意义和意象的论文,较多注意于意义与表象的时间关系,《心理学评论》,1917 年,第 24 卷,114—138 页。托尔曼自 1920 年至 1932 年发表的重要理论性论文很多,很难在这里选择少数几篇以为引证。但是我们可以指出:“行为主义的一个新公式”,同杂志,1922 年,第 29 卷,44—53 页;“情绪的行为主义的解释”,同杂志,1923 年,第 30 卷,217—227 页;“目的和认识:动物学习的决定因素”,同杂志,1925 年,第 32 卷,285—297 页;“观念的行为主义的学说”,同杂志,1926 年,第 33 卷,352—369 页;“行为主义者关于意识的定义”,同杂志,1927 年,第 34 卷,433—439 页。这些论文编集成托尔曼的巨著,《动物和人的目的行为》。他后来又发表“心理学与直接经验”,《哲学科学杂志》,1935 年,第 2 卷,356—380 页,以及托尔曼在美国心理学会的主席演讲词,“重要时机的行为的决定因素”,《心理学评论》,1938 年,第 45 卷,1—41 页。关于托尔曼和操作行为主义,见下一节有关注释。对于托尔曼心理学的研究与评论,见 A. 蒂尔奎因,“目的行为主义・托尔曼的心理学”,《心理学杂志》,法国《正常的与病理的心理学杂志》(J. psychol. norm. pathol.),1935 年,第 32 卷,731—775 页;吴伟士,前引书,103—108 页;关于学习的符号格式塔说,见 E. R. 希尔加德,《学习心理学说》(Theorios of Learning), 1948 年,261—293 页。

关于拉施里保卫行为主义的主要著作,见他的“意识的行为主义的解释”,《心理学评论》,1923 年,第 30 卷,237—272 页,329—353 页。

关于魏斯的重要书籍是《人类行为的理论基础》,1925 年,第 2 版,1929 年。还可参阅他的“心理学中的生物社会观点”,收入麦奇森的《一九三〇年的心理学》,1930 年,301—306 页。有两篇略传:一是 R. M. 埃利奥特的“魏斯(1879—1931)”,《美国心理学杂志》,1931 年,第 43 卷,707—709 页;一是 S. 伦肖,同标题,《普通心理学杂志》,1932 年,第 6 卷,3—7 页。

亨特,他的符号历程的研究已在本章的上节加以讨论,此地可为他的行为主义论点的引证:“意识问题”,《心理学评论》,1924 年,第 31 卷,1—31 页;“符号过程”,见同杂志,478—497 页;“受试者的报告”,同杂志,1925 年,第 32 卷,153—170 页;“普通人类行为学及其系统的问题”,《美国心理学杂志》,1925 年,第 36 卷,286—302 页;“心理学和人类行为学”,收入麦奇森的《一九二五年心理学》1926 年,83—107 页中;同标题和主编者,《一九三〇年心理学》,1930 年,281—300 页;他在美国心理学会的主席演讲词,“行为的心理学研究”,见《心理学评论》,1932 年,第 39 卷,1—24 页。

斯金纳的较为重要的著作,按照本章的目的而选择的有:“行为描述中的反射概念”,《普通心理学杂志》,1931 年,第 5 卷,427—458 页(原来的论文);“驱力和反射的力量”,同杂志,1932 年,第 6 卷,22—48 页;“自发活动的测量”,同杂志,1933 年,第 9 卷,3—24 页;“刺激与反应概念的一般性质”,同杂志,1935 年,第 12 卷,40—65 页;最后一本书是他的弟子的随身读物,《有机体行为:一个实验的分析》(The Behavior of Organisms: an Experimental Analysis, 1938)。关于斯金纳的心理学,见吴伟士,前引书,112—116 页;关于他的“描述的行为主义”,见希尔加德,前引书,116—145 页。

赫尔在美国心理学会的主席演讲词中,提出了他的基本原理和他的方法的实例:“心理,机制和适应行为”,《心理学评论》,1937 年,第 44 卷,1—32 页。赫尔,和 C. I. 霍夫兰,H. T. 罗斯,M. 荷尔,D. T. 珀金斯,P. B. 菲奇等合著的《机械学习的数理逻辑学说：科学方法论的研究》，1940 年，有精 663 密的逻辑运用。赫尔单独写成的一般课本有《行为原理：行为学说引论》（Principles of Behavior：an Introduction to Behavior Theory，1943）。关于赫尔的心理学，见吴伟士，前引书，108—112 页；希尔加德，前引书，76—115 页。

本书对马克斯·迈耶（1873—　）略而未提，他有时被认为是华生前的行为主义者。关于他的观点，见他的《人类行为的基本法则》（The Fundamental Laws of Human Behavior，1911 年）。他是一个具有客观倾向的心理学家，在柏林受过斯顿夫和物理学家普朗克的训练，他于 1896 年在柏林获得哲学博士学位。他还写了一本《别人的心理学》（The Psychology of the Other One，1921），这是一本教科书，它提出了这种观点，认为心理学必须研究公开的资料而不是私人的意识。除非这种私人意识可以公开，否则就不是科学的材料。这种观点是一种好的行为学和操作实证主义，见下节。

操 作 主 义

为了研究这个趋势的最好参考书是 S. S. 斯蒂文斯的《心理学和科学学》，《心理学公报》，1936 年，第 36 卷，221—263 页。他的附有注释的 66 个标题的书目提供了那时所有的重要参考文献。新近菲利普·弗兰克对实证主义运动的历史和意义作了清晰和引人注意的解释，见《近代科学及其哲学》（Modern Science and its Philosophy），1949 年。

操作主义的正式文告是布里奇曼的《近代物理学的逻辑》（The Logic of Modern Physics，1927）。关于布里奇曼的其他著作以及关于哲学家和物理学家的许多贡献和批评，见斯蒂文斯，前引书。我们可以在这里引证一些心理学家写的早期出版物：

S. S. 斯蒂文斯，“心理学的操作基础”，《美国心理学杂志》，1935 年，第 47 卷，323—330 页；“心理学概念的操作定义”，《心理学评论》，1935 年，第 42 卷，517—527 页；“心理学：预备科学”，《哲学科学》，1936 年，第 3 卷，90—103 页。

J. A. 麦乔奇，“学习作为一种操作定义的概念”，见《心理学公报》，1935 年，第 32 卷，第 688 页；“操作定义的评论”，同杂志，1937 年，第 34 卷，第 703

页以下。这两篇文章都是单页的摘要，它们的意义仅仅作为确定麦乔奇对操作主义的研究的日期。

E. C. 托尔曼，“对需要的操作分析”，《知识杂志》(Erkenntnis)，1936年，第6卷，383—390页；“操作行为主义和在心理学中的当前趋势”，见《庆祝加利福尼亚大学学会25周年会刊》(Proc. 25th Anniv. Celebr. Univ. So. Calif.)，1936年，89—103页。

E. G. 波林，“时间知觉和操作主义”，《美国心理学杂志》，1936年，第48卷，519—522页；“G. E. 缪勒的心理物理学公理的操作说”，《心理学评论》，1941年，第48卷，457—464页。

R. H. 西肖尔和B. 卡茨，“心理机制的操作定义和分类”，《心理学评论》，1937年，第1卷，3—24页。

R. H. 沃特斯和A. 彭宁顿，“心理学中的操作主义”，《心理学评论》，1938年，第45卷，414—423页，是一篇缺乏热情和批评性的论文。

同时出版的一本书，同情了操作主义。但自称“批判的实证主义”，是普拉特的《近代心理学的逻辑》(The Logic of Modern Psychology)，1939年。

1944年，H. E. 伊斯雷尔和B. 戈尔茨坦发表了“心理学中的操作主义”，《心理学评论》，1944年，第51卷，177—188页，这篇论文对操作主义的批评很尖锐，致使本书作者建议《心理学评论》编一本有关操作主义的专集，以期澄清某些争论的论点。第二年这个计划实现了：“操作主义同题论文集”，同杂志，1945年，第52卷，241—294页。各分篇的论文和回答有：E. G. 波林，“操作定义在科学中的应用”，见243—245页，278—281页；布里奇曼，“操作分析的一些普遍原则”，见246—249页，281—284页；费格尔，“操作主义和科学方法”，见250—259页，284—288页；伊斯雷尔，“操作思维中的两个困难，”见第260页以下；普拉特，“心理学中的操作主义”，见262—269页，288—291页；斯金纳，“心理学术语的操作分析”，见270—277页，291—294页。心理学家们感到荣幸的是有物理学家布里奇曼和哲学家费格尔的参加，感到惋惜的是，战争活动阻碍了斯蒂文斯和托尔曼的参加。

第二十五章　脑的机能 664

关于神经系统的心理机能定位所引起的某些问题，我们在本书最初几章中已详述其历史：如十九世纪一十年代加尔的颅相学和心体问题；二十年代弗卢龙的有关脑机能的特殊动作（action propre），共同动作（action commune）和定位；贝尔，约翰内斯·缪勒和赫尔姆霍茨的论神经特殊能和神经纤维特殊能，神经和纤维内的机能定位；布洛卡，弗里奇和希齐格及其他等人关于脑内各中枢的发现。以上只叙述到十九世纪七十年代为止。现在再检起这些线索，继续谈论共后发生的情况，用以表明这条历史线路如何受文化落后及**时代精神**的惰性的影响。

近八十年来关于生理心理学及其有关的脑和神经生理学的历史，我们不能在此一一回顾。这段史实与知觉史或学习史一样，需要专著加以论述。我们只能广泛地略述其一般进展，而特别注意有关知觉和脑机能的心理生理学的思想的发展情况不仅反映出研究的进程，且复反映出社会动力学的某些其他因素，如何继续影响科学的舆论。

心 与 脑

脑的主要机能是思想或意识。卡巴尼斯说脑分泌思想，于是有人问他，斩首后的身体抽搐有无意识存在，他回答说：没有，因为脑在头内。脑是心灵的位置一说由来已久。毕达哥拉斯和柏拉图都持此说，虽然亚里士多德不以为然。盖伦在医学界也力主此说（这些早期学说见边码 50 页以下）。笛卡尔不仅以其极大权威加强这一观点，而且因为他把意识实体化了，视之为无展延的实体，能在身体内存在而又不占空间，故而说成心灵似乎是实在的并与物质相分离（边码 162 页以下）。笛卡尔的实在论的二元论，及其
665 详述灵魂（心灵）如何与脑内的动物精神相交感，灵魂如何指导动物精神从而又为后者所改变：这个学说确定了一个观念和一个信仰，前者以为有着有意识的心灵这类东西的存在；后者以为脑是心灵的特殊器官。心灵有赖于脑，是十七世纪以来所有哲学家——自然的，心理的，伦理的——这个形式或那个形式的共同想法，读者可回忆一下：哈特莱（边码 193—199 页），加尔（边码 53—56 页），弗卢龙（边码 63—67 页），以及十九世纪所有生理学家和心理学家。甚至像拉·美特利这样的极端唯物论者，也难免相信思想作为脑所创造的东西而存在着（边码 212—214 页）。

可是灵魂、心灵、无展延的实体（十七世纪笛卡尔语），难以捉摸的意识（二十世纪屈尔佩语），从科学的控制和处理的角度看来是稍纵即逝的材料。意识既然是无法捉摸的，它将不停下来让人观察；脑也是无法捉摸的，你不能直接观察脑的思想分泌；因而心

脑关系的各种学说——“心体”学说——都是思辨性的，没有看得见的相关，便不足惊怪了。这些学说有以下四种：

（1）心体交感论（Interactionism）是笛卡尔的二元论的形式（边码 162—165 页）。脑和心是两种性质截然不同的实体，一具展延性，一无展延性，二者在一特殊地点互相交感。自笛卡尔以来尚有其他一些心体交感论者。威廉·詹姆士即其中之一。只要世间有心理现象存在，而它们的神经相关物，如果有的话，却也是未知的，我们就不能驳倒这个学说了。

（2）心体平行论（Psychophysical parallelism）假定脑是物质世界的部分，又假定物质世界是一个封闭系统。心理现象在一种二元论中构成一个第二宇宙，并与脑的现象互相吻合或平行。这是哈特莱在 1794 年的看法（边码 195—197 页）。至于预先建立起来的非交感的相关，无疑是莱布尼兹的观点（边码 168 页）。十九世纪所有生理心理学家几乎都主张此说——例如冯特。没有无神经病的精神病是十九世纪七十年代的用语，那时这句话常被应用于正常的心理状态和神经状态。1806 年 G. E. 缪勒在其著名的心理物理学公理的第一条中说道：“每一意识状态的基础是一种物质历程，即一种心理物理历程，可以说物质历程一经发生，就会伴有意识状态的呈现。”当然，这条原理是不可逆的。尽管生理学家普夫吕格尔于 1853 年曾猜想意识伴随脊髓的适应性活动，但是脑 666
的活动多数却被认为是缺乏意识伴随的现象的。

在上述一切心体关系的讨论中，我们可得记住，自笛卡尔以来的思想家对心灵（意识）的存在都深信不疑，以致他们接受这个概念而不需要严格的定义。在他们眼光中，意识的事实是谁都明白

的，所以对意识的否定或怀疑似乎是荒谬的，不可能的。只是等到后来当无意识形成了一个概念时，无意识和意识之间的界线才变得难以划分了。如果你对刺激适当地作出反应，然后隔十分钟再忘掉它，你是有意识的吗？大概是有的，因为你可能在十分钟内写出你的内省。倘若你在一秒钟或半秒钟以后就忘掉了它，又会怎样呢？你对无法报道的内容能否意识到呢？为什么不能报道呢？因为报道需要时间，而你的记忆是不能持久的。假使转瞬即逝的痛，半秒钟以后即被淡忘了，这种痛能伤人吗？这些都是二十世纪的问题，这类问题为操作主义者所提出，那时他们怀疑意识和无意识之间的区别也许是一个假问题。但在十九世纪，提出了这些问题而又无法回答的事实，表明在普夫吕格尔和洛采之间的争论不能作出明确的决断，前者以为脊髓的反射应当是有意识的，后者则予以否定。与此同时，也无法判断洛布和詹宁斯对于意识在进化阶梯上出现的标准。心体平行论者虽相信无意识的神经活动的存在，但对意识的标准却把握不定。只有像费希纳那样的少数泛灵论者（panpsychists），才会说出没有无精神病的神经病的话，当然，也包括精神病（psychoses）当中负的感觉（negative sensations）在内（边码 278 页以下，290 页）。

我们已经指出，十九世纪四十年代，能量守恒原则的确立有利于心体平行论的原则（边码 236 页以下，245 页）。1849 年焦耳发现热功当量现象（the mechanical equivalent of heat）认识到作用于身体的功可以储存为“势能”用身体作功而释出，这个发现和认识使人们注意到因果的序列性质及其能量的等值。很有才能的思想家开始相信因果“链”了，以为因果系列中的任一事件乃是前事

的结果和后事的原因，而且其中一切事件的能量都相等。这当然
是没有意义的。因为多元的因果关系是自然界的规律：手指轻按 667
电钮引起成吨炸药的爆炸，说明**释放机制**(release mechanisms)的存在；一根细草压垮了骆驼的脊梁，表明**累积作用**的存在。但在十九世纪七十年代培因反对心体交感论而为平行论辩护时，还没有看到这一点。他不懂得神经活动不传递能量于精神活动如何能引起精神活动，也不理解精神活动不释出物理能量又如何能引起神经活动。他作为一个二元论者，相信在物理世界封闭系统内物理能量的守恒，因而不相信物理能量可以消耗于精神世界之内，却又可以在精神世界内产生出来。这正是使心体平行论在十九世纪后期获得了胜利的论点。假如当时能量守恒的新学说不那么显得突出，也许会产生更严密的思维了。

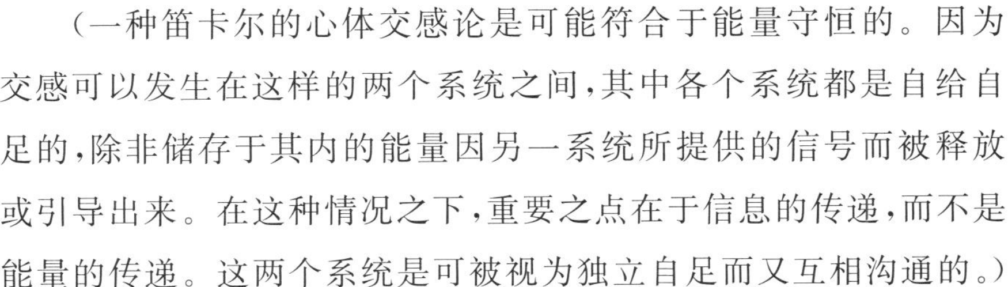

（一种笛卡尔的心体交感论是可能符合于能量守恒的。因为交感可以发生在这样的两个系统之间，其中各个系统都是自给自足的，除非储存于其内的能量因另一系统所提供的信号而被释放或引导出来。在这种情况之下，重要之点在于信息的传递，而不是能量的传递。这两个系统是可被视为独立自足而又互相沟通的。）

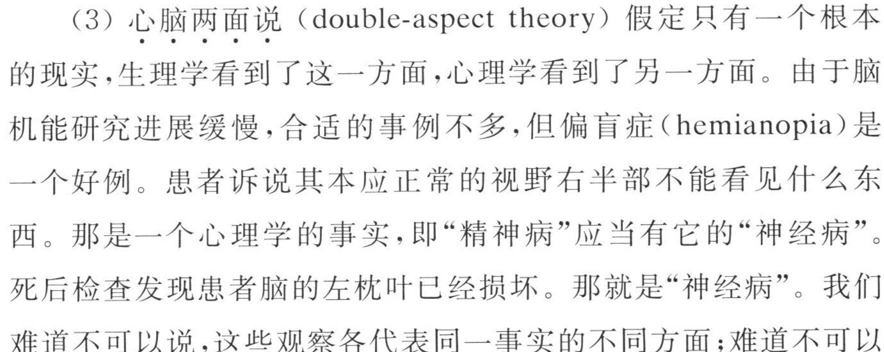

(3) **心脑两面说**（double-aspect theory）假定只有一个根本的现实，生理学看到了这一方面，心理学看到了另一方面。由于脑机能研究进展缓慢，合适的事例不多，但偏盲症（hemianopia）是一个好例。患者诉说其本应正常的视野右半部不能看见什么东西。那是一个心理学的事实，即“精神病”应当有它的“神经病”。死后检查发现患者脑的左枕叶已经损坏。那就是“神经病”。我们难道不可以说，这些观察各代表同一事实的不同方面；难道不可以

说，患者就某种意义而言能‘看见’自己的左枕叶不能工作吗？这种学说代表操作主义的趋势。它是一种**形而上学的一元论**和一种**认识论的二元论**。

（4）朝向一元论再跨进一步就是**同一说**（identity theory）了。它与两面说相似，所不同之处，在于它忽视观察方法的不同，而集中于观察到的根本现实（构成物）。它使内省成为一种观察脑的机能作用的方法。

668 上述学说随着操作主义思维的发展已日益显得不重要了。现在承认许多彼此补充和互相证实的不同的观察方法，可以发现相同的通则。甚至二十世纪的心理学家们，虽否认了物理主义（physicalism），但仍较他的老师和老师的老师更感觉到二元论的较欠重要了。

脑 的 机 能

脑机能的项目随见解、时间和分类的不同而异。官能心理学家和颅相学家为脑划定许多机能。这里可提出下列六种：

（1）**知觉**：经验论者以为知觉是脑的首要机能。信息来自外界，心灵（灵魂，感觉中枢［sensorium］）则“注意到”传入的讯息。实验心理学的传统？自洛克、约翰内斯·缪勒以至早期实验心理学家，一向把知觉看作心理学的首要问题。生理心理学更是如此，在生理心理学内，各种感觉的研究成为新科学建立的主要契机。本章下节即将回顾这段历史。

（2）**反应**：如上所述（边码 147—149 页），反应问题出现于心理学，起源于天文学家及其观察星体中天时的人差方程式的发现。人差方程式本身初以知觉时间问题而开始，后因微时计（chronoscope）（1842 年）和计时器（chronograph）（1869 年）的发明，使利用反应法以研究绝对人差方程式成为可能。1868 年，唐德斯发明复合反应法，冯特接受此法以为莱比锡新实验室中一项主要的方法。这个实验室发表的首篇论文，即为弗里德里希的关于各种简单和复合心理历程的统觉时间的研究。这些实验开始于 1879 年，亦即实验室建立的那一年。九年之后在同一实验室（1888），朗格发表了关于态度对反应时间的影响的发现，就某方面说来，这篇论文是态度实验心理学的最早的一篇论文。减除法（subtractive procedure）在复合反应中的广泛使用，因屈尔佩于 1893 年对它的批判而终止，此一批判即根据朗格的实验；但反应实验本身的历史可未因此而中断。阿赫于 1905 年在符茨堡屈尔佩手下工作，由于他的研究，反应实验乃成为指导语或态度影响意识内容过程的范 669
例。十九世纪八十年代，冯特派学者已认为他们在测量神经机能的时间，已认为知觉，统觉和意志的时间，实际上乃是简单反射时间加上大脑活动时间之和（见边码 148 页以下）。

反射可说是在 1736 年由阿斯特律克发现和命名的。惠特及其他等人于十八世纪，荷尔及其他等人于十九世纪，都予以深切的注意（边码 35—38 页）。1896 年杜威在反对一种分析过甚的反射学的基础上建立其机能心理学但机能心理学仍难免有反射学的倾向（边码 554 页）。与此同时，兼括动物心理学（边码 622—631 页）和俄国反射学（边码 635—638 页）在内的客观心理学正向前发展，并为转变为行为主义作好准备。（边码 641—653 页）。刺激—反应的反应方式是否为脑的一种机能呢？

是的，但是关于反应和脑要讲的话并不太多。当然，还存在着运动区；把突触(synapses)视为学习部位的简单的连接主义以为反应通过**联想**或**条件作用**而附着于刺激。应用的名词有赖于年代和语义上的偏爱。但连接主义却没有完善的神经学、联想或条件作用。俄国人称条件作用的事实为生理的事实，但没有详细说明脑内发生的情况。额叶的“沉默区”(“silent areas”)一度被称为“联想区”，大都因为未发现这些区域有其他已知的机能。毫无科学证明的通俗颅相学以为额高表明未来的天才。我们在再下一节中，将考察究有多少联想无须这些区域而发生作用或可能发生作用。然而实验心理学研究反应，大部分是在一种“无脑的机体”(“empty organism”)中进行的，因为关于脑如何从一个特殊刺激引致一个特殊反应，还缺乏明确的知识。

(3) **学习**：如上所述，有关新的联结，联想或条件反应的形成，目前是不能用脑生理学予以解释的。虽说提出了一些学会了什么之类的专门问题，但这些研究表明脑具有哪些能力，尤较多于说明脑如何工作。例如大家知道，动物可以学会对一种**关系**的辨别反应，而不管有关项目的绝对值如何(动物在其选择的一对光亮中，不管其明度如何，只选择较亮的光)。脑是如何察觉这种关系
670 而最后决定取舍呢？新关系的知觉是**顿悟**，迅速产生许多正确顿悟的能力必然是天赋的一部分。脑如何运用顿悟呢？为什么有了顿悟性的关系就学习得如此容易呢？我们在谈到拉施里的研究时就会立即触及这些问题了。

(4) **记忆**：脑在哪里或怎样储存它的记忆呢？那是一个大秘

密。学习没有再演，怎样能继续留存，等待他种学习来触发它呢？习得的内容遇到适当的时机，便以稍有变动的形式，再现出来。同时这种习得的内容又存在哪里呢？格式塔心理学家们谈到了再生以前的稍有变化的痕迹。精神分析学者们则谈到了无意识或潜意识，那里有各种观念在赫尔巴特称之为"倾向状态"中等候召唤。记忆的生理学已成为一个令人困惑的问题，以致大多数心理学家在面临这个问题时走向了实证论，满足于假设的中间变量或空洞的相关。

(5) 符号历程：现在似乎已很清楚，思维的进行可以不伴有明显的肌肉反应。例如，你对一盘棋的布局，可以先沉思默想，再决定举棋，那就是说，只有在一段明显的时间以后，实际上只有当你作出了外表反应之后，别人才能看出你的思维，而你的这个外表反应才构成了你有思想的科学证据。但脑的活动也存在着事先有所表现的脑的事件，这些事件叫作符号历程，因为它们代表着思维所关心的现实对象和事件。一个想到的或说出来的词，或一个意象，就是一种符号历程，因为它是具体有所指的。现在的问题，乃是关于符号历程的精确的神经性质的问题。

大家知道，神经历程是需要时间的。神经传导不是转眼即达的，神经历程虽然是不能"停止"的，它停留时还是"绕过障碍物"前进的——因为神经交通不能停止不动，于是乃产生回响现象(reverberatory phenomena)。老鼠能迅速地向右揿压杠杆两次，然后再向左揿压两次(边码 630 页)，大概就是这种时间的整合(temporal integration)的表现。狗能记住面向一只鸟或一个食物箱的位置，在它的姿势中就带有某种记忆。狗是否还需要某些其他痕迹以便知道它自己所面临的或获得的东西呢？换言之，符号历程的神经学问题与记忆痕迹问题是难以区分的。

随着意识的定义变得愈益模糊并在科学上显得日益无用时，671 意识思维和无意识思维之间的区别逐渐消失，但也没有留给我们任何完美的思维神经学。

(6) 态度：神经活动的方向性原则，例如定势，心向（Einstellung），决定趋势，任务（Aufgabe），和态度这类动力学实体的神经基础，也遇到了类似的困难。替态度下定义是困难的。联想论者认为它是一种定势或指导语，使正常弱的联合变得超过正常强的联合，而且无须进一步学习，能强化弱的联合以对抗强的联合。Black（黑色）的正常联想是 white（白色），但你如果只许讲韵脚，你就会说 tack（平头钉），假如你在被要求找出韵脚以前正在谈论铁路，你就会说 track（铁轨）。脑内的这些转换机制是什么呢？行为事实已为我们所知了，对思想进行的方式也大致有所了解了，但对于生理心理学家们来说，有关决定趋势的神经学，仍然是一个谜。

知　　觉

知觉问题在历史上成为实验心理学的基本问题的理由，仅仅是因为直接产生于经验论的实验主义，确实是一种有控制的经验论，因而知觉从来是经验心理学中的基本问题。心灵如何认知外在的世界呢？自从笛卡尔把心灵——或至少把心灵的出入口——固定在头颅的内部以来，这个问题就有浓厚的经验意义了。这是经验论如何进行研究的问题，是十九世纪的一个特别重要的问题，但是这个问题还可以远溯到古代。后来又出现了第二个问题，即关于知觉的性质问题：知觉是由什么构成的呢？本节即将讨论这两个问题。第一个问题特别引人瞩目，因为它阐述了科学思维动力学的某些事实，说明思想的惰性，并说明对一种错误学说的驳斥如何不推翻这个学说，反而随着时间的进展，让它一再取得同样的胜利。有人说，只有新的学说才能毁灭错误的旧学说。本节所述的这一小段历史在一定程度上阐明了此一说法（边码 23 页）。

自从笛卡尔以来，对第一个问题的回答，通常包括一个“侏儒”（homunculus 可意译为幽灵——译者）的假说在内，以为在头颅内有一个“小孩”，它具有“大人”（整个有机体）被假定为拥有的各种知觉能力。这种学说还不是最后的。它还说，身体不能直接感知 672
外界，因为知觉的本原——感觉中枢，灵魂，侏儒——既被囚禁于脑内，便需要某些与外界交通的手段。一个学说，如果仅说明有关外物的信息如何被输入头脑之内，就会仍然留下一个悬而未决的问题，就是当信息到达时，这个侏儒本身是如何完成它的感知呢？这个小孩难道在它的小脑袋内还有一个更小的小孩吗？唯灵论者回答这个问题时说，感知就是灵魂的本性。唯物论者终于变成了反射论者，他们在二十世纪中认为知觉就是辨别的反应。平行论者大抵摇摆于二者之间，持有某种联想论的见解。他们企图把知觉描述为感觉（Empfindungen）的综合，这个综合造成了这样一种观念（Vorstellung），它可因组成部分而具有意义。但无论如何，信息如何进入脑内依归存在着问题。

现在让我们用约翰内斯·缪勒观点考察这个信息的问题（边

码 81—88 页）。他深信感觉中枢能感知它所能接触的任何事物。这里有三种可能性。

（a）可以设想，外物可以**直接呈现**于感觉中枢。这是一种常识的信仰，但它显然是错误的，客体本身不能被直接引入感觉中枢之内，感觉中枢也不能被外移于客体。神经是必要的中介物，信息必须通过神经的途径。感觉中枢所能接触的，只是那些沿着神经而到达的客体的代表物。

（b）也可能存在着**模拟表象**，其中到达感觉中枢的客体的每一个代表物，都同它的客体相类似，因而能够传送有意义的信息。在原始的象形语言中，各种符号由于同它的所代表的物体相类似，就立即表明了这些物体。这种关系构成了希腊人的学说，也就是恩培多克勒，德谟克利特和伊壁鸠鲁的学说，他们主张外物发出它们本身的微弱意象，也就是影子（simulacra）或图像（eidola），当这些影子或图像传入心灵，心灵便得知其所模拟的客体的性质。事实上，这就是约翰内斯·缪勒与之斗争的过于简陋的观点。此类模拟的表象往往为人所驳斥，后又流传，却又被驳倒了。这种学说在常人眼光中没有发现矛盾的事实时，似曾为一种当然的假说。

673 （c）剩下最后的一种可能性是**符号表象**（symbolic representation），即客体的表象传送有关的信息给懂得语意密码的人们。在复杂的语言中，语词是符号而非影子。它们并不同所指物相类似，但对了解其意义的人来说，却代表了所指物。例如，red（红色）这个词没有印成红色，但能表明颜色的意义。约翰内斯·缪勒认为感觉中枢仅直接知道神经的状态，但是这些神经具有特殊的兴奋性，从而为感觉中枢对刺激的外界估价提供了必要的信息。当然，这意味着感觉中枢生来就能注意这些特殊兴奋性（先天论），否则感觉中枢必须学会如何应用这些兴奋性以估价外部世界（经验论）。但他并不考虑感觉中枢如何知道或学会这个密码，而考虑感觉中枢有赖于密码因而可能受骗的事实。你在黑暗中用力紧压自己的眼球便可在没有光线时感到光亮，因为感觉中枢接到了光的信号。

让我们现在追溯模拟表象或符号表象的选择取舍的历史，并研究其经过的情况。一般说来，人们先入为主，有偏爱模拟表象的趋势，以为它较为简单明了，又容许灵魂与现实有更多的接触。（人们所承认的灵魂特点，如自由或自发动作的能力，甚至迟至二十世纪也未被心理学家们所完全否定，1923 年麦独孤力倡自由意志便是一例。）然而一般地说，研究表明，代表性的模拟并不精确（如形状知觉）或全不出现（如性质知觉）。当研究缺乏时，以复杂事实代替简单意见的斗争，总是有利于表象的符号论。其后，研究工作终于获得了胜利。以下列举性质，方向，属性和形状四种知觉为例：

1. **性质知觉**　感觉中枢，或就脑那块物质而言，如何感知一个客体是绿色的，尖声的，冷的，芬香的或苦味的呢？据猜想，客体的图像（eidolon）会模拟客体的全部性质并使之沿着神经传人脑部。但是并无图像的存在。

1690 年，洛克已经知道，不是一切内部表象都是模拟性的。观念所能模拟的，是强度、形状和大小等本性（primary qualities）；而绿色，尖声等副性（secondary qualities）则仅具有符号表象。绿色和尖声，在外在客体中是震动，在心灵中则是感觉性质（边码 674

174 页以下)。人们或可以为洛克已解决了约翰内斯·缪勒的问题,但是,图像说对相信动物精神或神经活力(vis viva)的那个时期来说,未免过于粗陋,而知觉因与客体相符合所以是正确的这个观念仍留存未灭。

哈特莱于 1749 年已完全了解脑的客体不能因模拟作用而成为表象,因为他主张神经内的神经活动是震动,更以为脑内观念的基础是微震(边码 195 页以下)。自哈特莱以后,人们应当不复怀疑神经介于心物之间,并从而将神经本身的性质赋予心灵。然而,怀疑依然存在。

1801 年托马斯·扬指出,颜色视觉和颜色混合可用视神经内存在着不同种类的神经纤维加以解释——因而不仅预见到缪勒的神经特殊能说,且复预见到赫姆霍尔茨的神经纤维特殊能说(边码 91 页以下)。1811 年,贝尔在其演讲和私人印发给友人的一百本小册子中,预言到缪勒学说的每一重要论点(边码 81—88 页)。假若贝尔要为更多的人所知,他也许在这方面推动了时代精神稍稍前进,可是不会大大前进。因为时代精神是有惰性的。

如上所述,缪勒于 1826 年以其神经特殊能说而初露头角,于 1838 年构成他的周密的学说。他深感有必要坚持感觉中枢所感知的仅仅是神经状态而非外物的性质,可见中枢的模拟表象的见解并未泯灭。在缪勒看来,势能(energy)就是性质。他用特殊能代替了动物精神,活力和神经力。五官的神经各有其特殊的神经性质。正如经常发生过的事情那样,缪勒在修整思想时,也未能完全克服他本人思维中的公共的惰性。当他坚决主张神经的性质不同于各别刺激神经的客体的性质时,他仍未能摆脱这种想法,即感

觉中枢直接感知各种性质，直接感知其所接触的兴奋着的神经的
各种神经性质（“势能”）。这种想法本身就是古老的图像说的残
余，是对**人造的侏儒**（homunculus ex machina）的信仰，只要你能
使它与知觉的适当客体相接触——也就是与神经特殊能相接触，
每种神经能因它的特殊兴奋性而各有其意义——它就能完成了感
知作用。但缪勒毕竟有先进的思想，他在当时还提出了一微不足
道的新观点，今日看来却极端重要。他认为特殊性可不位置于神 675
经本身之内而位置于神经中枢的末端。你已可从这种说法看出了
感觉中枢说的开端。

赫姆霍尔茨和其他等人将神经特殊能扩展而为神经纤维特殊能（边码 91 页以下），这个扩展显然是前进一步，但感觉中枢说的确立则有远较复杂的来源。它创始于心理机能各有其身体位置的概念。1810 年加尔已“发现”一切心理机能在脑内的定位（边码 53—56 页）。甚至反对他的弗卢龙，也承认脑的特殊区域的**特殊作用**（边码 64—67 页）。1861 年布洛卡描述了语言中枢（边码 70—72 页），1870 年弗里奇和希齐格发现了皮层的运动区（边码 73—75 页），接着便为费里尔，孟克和戈尔茨等人的研究而来的有关感觉中枢的论点（边码 683 页以下）。甚至只要一种机能发生于某一特殊位置，似乎就较易确定下来了。

对信仰感觉中枢说的影响之大，莫过于认识到这个事实，即在视交叉处视神经的部分交叉是与双眼视觉的单象有关的。具有双眼的人们，没有把每一外物看成两个，这是视觉的第一个秘密。公元二世纪，盖伦已将这一矛盾现象与视纤维的部分交叉联系起来，正确地设想视觉的单象乃因双眼的纤维导向脑内的同一部分。

1611年刻卜勒以为网膜上所有各点都投射于脑部；1613年阿吉洛尼厄斯描述了视限（horopter），这是视野中的一条线，在这条线上的所有各点都被视而为一个单象。十八世纪的不同作者包括牛顿在内都支持此说。1824年，托马斯·扬的朋友沃拉斯顿描述了他自己在极度疲劳之后发生的偏盲现象（hemianopia）。他总结说，来自双限右半部的纤维都传至大脑右半球，因而右半球的机能障碍将引起视野左半部的失明（因为眼的水晶体颠倒了网膜影像中的视野）。十九世纪八十年代，费里尔从事切除脑叶的实验，定猴子的视觉中枢为枕叶，孟克则以相同的实验证明了每一脑叶对视野的对侧的半部发生作用。后来的研究证明听觉中枢位于颞叶，
676 躯体觉中枢位于头顶的后中部。左右听觉中枢似乎是成对的，二者必须同时发生作用。这一类发现似都非常有助于中枢说的确立。

中枢说确立了符号表象的事实而反对模拟表象，这对约翰内斯·缪勒虽是一个胜利，但仍说明不了脑内一个特殊位置是如何感知颜色的。苛勒曾一度大胆猜测（1929年），以为各种不同性质可能有各种不同的兴奋，但这种观点又回复到缪勒以及性质不同的特殊能。大多数心理学家实际上仍然是平行论者，他们仅满足于空泛的相关，并不企图回答某个区域的兴奋**为什么**只引起某种经验的问题。

这里的错误在于平行论。莱布尼兹从不想用平行论解释任何事实。他仅要求你满足于明显的符合现象的描述性事实。现代连接论者和反射论者都知道神经兴奋通常并不被引进中枢，只是通过神经路而前进。视神经束无论在何处被阻，都会使你失明。如

果所有神经束都重要的话，为什么这一部分比那一部分更有中枢的意义呢？发人深思的是，现代行为主义者和操作主义者似乎看到了感觉性质的心理生理学终究必须考虑到各主要中枢兴奋的后果。内省必须是中枢兴奋后的外导事件，而这个事件追随中枢兴奋之后，便可使被描述为私人的感觉经验，成为公众所知的东西。假如你告诉我，你正看见光亮，假设我知道了关系的代码，以便你用代码使我了解，那么你告诉我的正是你的视觉区的兴奋状态。

另一方面，平行论者的空泛的相关似也不能摆脱约翰内斯·缪勒的困难。在平行论中，你假定自己对被感知的客观世界有了适当的符号表象，并假定这些符号即使不与客观世界相似，却已有足够程度的分化暗合客观世界的被感知的分化。但现在又是什么人或什么东西在利用知觉的这一切线索和暗号呢？几乎可以肯定。此处又要出现一个人造的侏儒来自圆其说，并作出一些推论，以重新建立正在感知的外部世界。本来很可以说经验无须推论就与神经模型相平行，但在本书作者看来，在谈及知觉的心理学时，经常应用线索和暗号等词，似即表明我们仍然不完全理解下面这
个有创见的智慧的概念：这个智慧借助于无意识推理利用感觉资 677
料以重建外部世界（边码 308—311 页）。

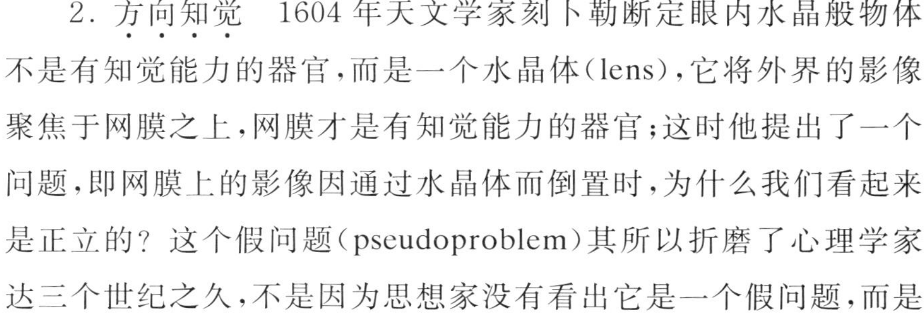

2. 方向知觉　1604 年天文学家刻卜勒断定眼内水晶般物体不是有知觉能力的器官，而是一个水晶体（lens），它将外界的影像聚焦于网膜之上，网膜才是有知觉能力的器官；这时他提出了一个问题，即网膜上的影像因通过水晶体而倒置时，为什么我们看起来是正立的？这个假问题（pseudoproblem）其所以折磨了心理学家达三个世纪之久，不是因为思想家没有看出它是一个假问题，而是

因为浅见的人无疑受了笛卡尔的影响，无意识地采取了人造的侏儒的想法。

心理生理学中的感觉研究史，大部分为自外至内追踪刺激作用，详细说明逐渐内行的有效刺激物。十九世纪初期，大量研究正确地表明了网膜影像在各种动物眼内如何形成（边码 99—102 页）。十九世纪后期，同一趋势继续将听觉刺激描述为内耳的作用。二十世纪，电子的放大作用，不仅对于内耳的耳蜗反应而且对于脑内的内导神经和脑内感觉神经束的活动，提供了大量的知识。然而这个信仰依旧存在：就是，如果你能获得相当分化的兴奋模型，作用于皮质中枢，就可以引起知觉。在这一论点上，二元论者几乎不可避免地给脑内偷运进来一个人造的侏儒，以感知神经所输入的信息。

那就是刻卜勒对倒像为什么看成正像的问题的解答。1691
844 年莫利纽克斯清楚地知道刻卜勒没有提出真正的问题，也明了视觉方向是相对的。他写道：“正的和倒的是与上或下，或者是远离或接近于地球中心的相对名词……但是眼或视官（Visive Faculty）并不注意其自身部分的内部位置，只不过利用这些部分作为一种工具而已”。贝克莱主教于 1709 年争辩说，网膜的影像本身并不是倒置的，不过是就其与身体其他各部分相对而言的。约翰内斯·缪勒在 1838 年已明确了这个问题。福尔克曼（1836 年）亦复如此，缪勒在谈论这个问题时曾引证过他。这里值得我们注意的不在于各人的见解（各人的意见是互相一致的），而在于这个事实，即在 1691 年、1709 年和 1838 年，他们都感到有必要花那么多篇幅来讨论这个问题。他们进行了多次的争论，想必都感到隐约有

一侏儒说在与他们作对，这个侏儒说的势力很大，因此必须再三地累世地予以排斥。

1896年，斯特拉顿对这个问题曾进行过实验，他令被试戴上一套镜片，使网膜上影像颠倒后又正立起来。实验的结果符合了大家的期望。感知的世界看起来颠倒一段时间后又重新颠倒回来。眼镜取下后，再一次产生倒像，立即又得到了矫正。但斯特拉顿并未被侏儒说所迷惑。他认为视觉模型中的“上”不过是“下”的对立面，方向乃是由于视觉模型与躯体觉及行为的关系而获得的。当你伸手向上去拿一个其影像在网膜上部的物体时，其时你所达到的确实是颠倒了的视野，除非你戴上斯特拉顿的眼镜，否则就触不到这个物体。1930年埃弗特重复这个实验，得到了相同的结果。在常人看来，利用网膜上倒像而能有正确的视觉，仍不免感到奇异。很清楚，在接受这个科学概念时，存在着文化落后的现象。假使脑内有一自由感知者(a freely perceiving agent)的观点不是如此根深蒂固，这一问题在1604年，1691、1709年，1838年，1896年和1930年，当不至于一次一次地显得如此重要了。

3. 属性　感觉属性说早在1893年刻卜勒的定义中即已出现。虽说某些有关问题的讨论还要追溯到1852年的洛采。刻卜勒认为感觉的各种属性不外为性质，强度，久暂和展延。这些属性被假定为对于刺激物的各种属性的某些简单的模拟关系。感觉的强度有赖于刺激的强度，感觉的久暂有赖于刺激的久暂，感觉的展延有赖于刺激的展延。凡不具有某种简单的模拟关系的性质，洛克称之为副性，副性就必须为它发现刺激的一个因次(dimension)。牛顿(1672年)发现颜色的刺激属性是光的可折射性，其后证明为波长。伽利略(1638 年)在声音方面有同样的发现,以为音高的刺激相关物是频率。其他感觉因仅有较欠肯定的知识,此处可略而不论。

所谓简单的对应是简单的模拟的一种形式,对我们说来,这里的重要之点在认识这个简单对应的观念,除非用大量事实证据根本推翻了它,否则它在理论上是会仍占优势的。

已经证明,感觉的属性都各有赖于刺激的几种或全部的属性。
679 试以声音为例。三个世纪以来,一直认为音高与刺激的频率相对应,响度与刺激的能量或幅度相对应——究竟是哪一种尚未可知。只是从 1930 年以来,我们才知道音高是频率和能量二者的一种函数,响度则为频率和能量二者的另一函数。以有关音量的事实为例。声音都具有一种音量的属性。这些音量可大可小,而且对它们的大小可以作出可靠而精确的判断。低音的音量大,高音的音量小。强音的音量大,弱音的音量小,正如 S. S. 史蒂文斯于 1934 年所指出的,一弱而低的音其音量可与一强而高的音的音量大小相等。你可由此得出声音的三种感觉属性——音高,响度和音量,其中每一种都有赖于刺激的两种属性——频率和能量。颜色的情况也可资比较:光谱上的光线可因色调,明度和饱和的变化而异,就是说,都作为波长和能量的联合函数而起变化。我们还知道许多其他的联合函数关系,最古老的一种便是星的大小有赖于能量而不有赖于星的影像的展延,对于小客体来说,其明度有赖于刺激的久暂和展延及能量。甚至现在我们仍难使心理学家和生理学家以这些术语进行思考。因为多少世纪以来,一直认为音高与频率相当,色调与波长相当。这里每一对的项目如何能有所不同呢?

但它们是不同的，而且它们的差异已为其独立变异所证明了。

1896 年，G. E. 缪勒提出他的心理物理学公理，断定知觉与其脑内的皮层兴奋有相似性。他把这些法则作为公理提出，不诉诸观察而只诉诸它们固有的明显性，诉诸植根于文化中的思想习惯。“对于各种感觉的组成部分的相等，相似或差异而言……在心理物理的历程中有其相等，相似或差异与之相对应，反之亦然”。感觉相似性的大小常伴有脑历程相似性的大小。如果感觉能在 n 因次中发生变化，则脑的历程也能产生 n 因次的变化。G. E. 缪勒从洛采(1852)，费希纳(1860)，马赫(1865)和海林(1878)那里得到了这个观点的支持，然而他们接受这个观点并无必然的逻辑性。最近有人提出，低音可以随听神经内的冲动频率而变化，高音可有赖于受刺激最大的特殊神经纤维，然而音高的系列对于内省仍可
表现为连续的。这样不连续性便将产生了连续性，与缪勒的公理 680
不无矛盾。但也没有理由坚持不连续性何以不应当有连续性为表征。我们用整数作为反证，在十进制中，我们加上一个新的数字，便从 99 进到 100 了。

在韦伯定律的学说中，表现出十九世纪对简单相关的又一偏爱。如果 $S = \mathrm{k} \log R$，心理学家不禁会问，对数关系是在何处使它本身进入事件的因果链的呢？且让我们考察一下刺激—兴奋—感觉—判断这条因果链，并分别以 R、E、S 和 J，表示之。费希纳认为对数关系是在 E 和 S 之间进入内部的心理物理学的。在他看来，如果我们略去比例性的各常数不计，则 $J = S$，$S = \log E$，$E = R$。G. E. 缪勒认为决定性的变化是生理学的：$J = S = E$，但 $E = \log R$。冯特说，对数是相对律的结果，而判断则遵循相对律而

起作用的：$J = \log S$，但 $S = E = R$（边码 286—292 页）。这里有趣的问题乃是这些简单的等式。为什么费希纳，冯特和缪勒都假定对数关系的出现，必须视为某种例外的东西而加以特别的解释，又为什么假设通常的简单比例性应当就是规律呢？在你未有事实的确证之前，一种关系与另一种关系是难定优劣的。

4. 形状知觉　形状问题可化成投射问题。如果有人证明，网膜上的兴奋模型投射到皮质的视觉区，其逼真性犹如外界的模型经光线而投射于网膜，那么我们确可为形状的视知觉，提供一个绝好的模拟表象的例证了。

上面刚刚提到，刻卜勒如何认为网膜投射于大脑，双眼视觉的单象以及视神经在视交叉处的半交叉的事实，如何可用以说明两个网膜上的相应点在脑内具有共同的投射。到了十九世纪末年前后，学者才明白两个网膜的右半部同时投射到右半球的视觉区，反之亦然（边码 684 页）。

1852 年，E. H. 韦伯进而研究皮肤的位置觉（ortsinn），提出皮肤应被划分为若干“感觉圈”，即有共同神经支配的微小区域，它们按照皮肤上的排列次序投射于脑部。他将这些“小圈”画成六角
681 形，以致彼此紧靠时不互相重叠。他又提出，譬如在前臂上，这些“小圈”都按其主轴方向大大延长。他提出这个主张，是因为臂上的两点差别阈，纵向大于横向。于是韦伯认为，如果一对刺激被感知为两点，大概两个刺激圈之间必被一个未受刺激的第三个圈所分开。韦伯的投射说，完全符合于触觉两点阈和定位错误的其他研究。

1871 年，J. 伯恩斯坦阐述这个投射说更为明晰，他绘画了一

些常被复制的图表，表明皮肤上的刺激如何投射于皮质，当皮质上呈现一定程度的分散时，当可产生许多可被观察到的触觉空间知觉的事实。

二十世纪时，格式塔心理学家大力主张同型论（isomorphism）。1912 年惠太海默为解释似动现象而提出这种关系，但自 1920 年起，苛勒成为这个学说的最有力的支持者。同型论并非投射，但包括投射在内。格式塔说认为，知觉的空间模型与脑内的潜在兴奋是同型的。**同型的**（isomorphic）是指拓扑学上的（topologically）相符而非地形学上的（topographically）相符。被保持不变的不是形状而是次序（orders）。“介于”的关系（in-betweenness）是被保持的。在一个系统内，所有介于两点之间的一点将会在一个同型的系统内，有它的对应物介于其他各点的对应物之间。不言而喻，惠太海默和苛勒的这个观点，不是得自研究的结果，而是受时代气氛的影响，也许正是受 G. E. 缪勒的公理的影响，这些公理和其他所有公理一样，要求别人不待证明而加以接受。另一方面，人们日益信仰视觉和躯体觉的皮质投射说，于是投射说和同型说互相支持。刺激—客体（stimulus-object）与边缘的兴奋是同型的。知觉与刺激—客体又是同型的。如果知觉与皮质的兴奋是同型的，则皮质的兴奋与边缘的兴奋也应当是同型的。凡与同一模型同型的模型也将彼此属于同型。

惠太海默确曾一反寻常地反对过边缘的兴奋与知觉之间的同型现象，因为他知道有许多例子，如各种知觉“常性”，就地形学上而言，是不完全相符合的，但是这些论点涉及大体的近似性。毫无可疑，苛勒的主张看来似很有理的原因，部分是由于对投射说的信 682

仰的日益增长。基于同一理由,苛勒的最近某些有关知觉与脑的兴奋之间的同型关系的实验,是与中枢投射说相符合的,如果有机体不利用投射作为生理学的手段,这些实验至少也与中枢同型的重复现象相符合。

近年来有某种研究指出,在网膜视野与皮质视觉区之间,以及在躯体与皮质的躯体觉区域之间,都存在着点与点的对应。这些事实由于研究上的困难,尚难作出定论。很难断定动物是否失明或感觉缺失(anesthesia),因为动物的交通手段受了这样的限制。谁也不能由动物来完满地推断人类,因为在上升的进化阶梯上存在着机能的脑化作用(encephalization),从而增加了类比的危险。低等动物的观看可以不需要皮质,人则非要不可。幸而黑猩猩与人非常相似。但甚至就人而言,也很难断定由于脑的损伤而失明是否是绝对的,或绝对至这样的程度犹如视神经被切断时那样,或者是否部分起作用象歇斯底里病和其他机能障碍那样,这些病的感觉迟钝由于过度强化的不注意。网膜和皮质视觉区之间的点与点的对应的证据已因下述反证而削弱:就是在中介的神经束中没有保留着空间的次序,而且视神经束的中介部分的神经原数目少于视神经或皮质的数目。于是仿佛网膜和皮质间的同型,并不有赖于投射,而是有赖于脑为知觉重组适当的符号基础的能力。这就是三度视知觉派生于二度网膜影像的经过。在这里,知觉并不模拟网膜的影像,而是复现立体的刺激对象。

有一种普遍的信仰,以为投射是拓扑学的,形状丧失了,但连续性却被保留着,否则不被保留,也在皮质内得到重新组合。这在现在却是一个难以证实的论点。邻近的网膜兴奋相互影响或彼此代替的方法太多了，因而投射模型不纯出于偶然。再者，我们必须记住，一个图形从上下左右伸出黄斑之外，将使其皮质表象也一分为二——一半在左半球，一半在右半球，也许会显示出极其古怪的失真，甚至表现为黄斑部分和黄斑以外部分之间的不连续性。关 683
于躯体觉投射，我们只须记住一件人所周知的事实，即触觉定位的大误差的发生次数较小误差为少。假如投射纯出于偶然，那些现象将如何解释呢？如果皮肤上邻近各点与皮质内邻近各点相对应，你难道意料不到在邻近各点引起位置反应时往往会比远点更易混淆吗？

模拟表象的信仰，对这个领域的进步起推动作用或阻碍作用，尚难作出定论。模拟是否很好，也没有证据。如果对应可以成立，应在空间模型中立即有所发现，因为空间分化几乎是脑的活动非表现不可的唯一分化形式。神经兴奋既没有质的差异，也没有神经特殊能，因为质的差异似乎总会转化为空间的差异。中枢在空间上至少是界限分明的。然而，我们可能仅仅由于知道了脑是何种器官，就可以期望展延性模型的某种模拟。在这些时期内，笛卡尔的灵魂或要感知什么就会感知什么的人造侏儒已经没有多大影响了；然而当你听见："为什么我的网膜影像倒置时我的所见却是正像？"的问题时，你将会感到这些东西还没有完全被排除掉。

机 能 的 定 位

我们已考察了到 1870 年为止的脑的机能定位的历史（边码 61—75 页）。十九世纪，首先为从 1810 年以后的加尔和颅相学

（边码 51—58 页）。然后从 1822 年起为弗卢龙及其脑的主要部分的特殊机能，以及每一部分的共同机能——大脑和小脑的不同机能，但在大脑范围内还没有特殊的定位（边码 64—67 页）。1861 年，布洛卡的语言中枢定位，迫使舆论离开弗卢龙而转向更精确的定位（边码 70—72 页）。其后 1870 年，弗里奇和希齐格施加电刺激于大脑，发现前中央皮质内的运动区和运动区范围内各种机能的特殊定位（边码 73—75 页）。此后有关中枢的研究仍未稍停。

十九世纪七十年代和八十年代的重要研究者为大卫·费里尔（1843—1928），他是伦敦的一个苏格兰人，于 1876 年刊行其《脑的机能》（The functions of the Brain，图二，边码 74 页）；哥廷根的赫尔曼·孟克（1839—1912），他要发现相当精确的定位来支持费里尔；1872 年在斯特拉斯堡的弗里德里希·利奥波德·戈尔茨
684 （1834—1902），他的主张接近于弗卢龙，以为机能是共通的，而它的定位则只是粗糙的。

我们刚刚知道视觉中枢如何被定位于枕叶之内（边码 682 页以下），费里尔切除一些猴子的某一脑叶，不出所料，发现猴子的与切除那一面相对的一眼似乎变盲。孟克矫正了他，指出移除一个枕叶并不使一眼全盲，只是产生偏盲，即每眼与切除一边相对的一半视野产生失明。戈尔茨怀疑这些事实，但孟克是正确的。为什么切除法不能使研究得到明确的结果，可以提出半打技术性的理由。手术本身可以产生暂时的影响。特殊定位随情况而异。损坏一种机能，有不同的方法可供选择。如果假以时间使之痊愈，这同样的机能便可有不同的方式发生作用。到了十九世纪九十年代的末年，舆论有利于精确的定位，但仍存在着许多矛盾的事实。

二十世纪初年便有新方法可供采用了。1900年以前，你能切除或损毁动物被试的脑组织，在尸体解剖中检验受损的正确区域，但你不能获得动物经验的可靠的报告。它们缺乏内省报告的语言。人类被试可以描述其感受性和不感受性，但你不能随意移除人的脑组织。你必须等待脑的意外损坏发生。桑代克于1898年在哥伦比亚创始的实验动物心理学，提供了测验动物的学习、智慧（被定义为迅速学习的能力）和感觉辨别的方法。巴甫洛夫的条件反射法尚未被采用，但很快就被采用了。

谢泼德·艾罗里·弗朗兹（1874—1933）利用新技术以测验学习和辨别，建立了新的动物实验的心理生理学。他于1899年在哥伦比亚师随卡特尔获得哲学博士学位，从1899年到1906年在哈佛医科学院，达特贸斯医科学院和麦克莱恩医院主讲生理学，然后转入华盛顿的政府狂人医院达十八年之久（1907—1924），再转入洛杉矶的加利福尼亚大学（1924—1933）。1902年，弗朗兹刊布其第一篇论文，题目是：《论大脑机能：简单感觉习惯的产生和保持与额叶的关系》（On the Functions of the Cerebrum: the Frontal Lobes in Relation to the Production and Retention of Simple Sensory Habits），使他一举成名。在确立各个中枢时，额叶独被除 685
外。有些人称它们为“沉默区”，因为它们没有可被证明的机能。另一些人指派它为联想的区域，因为联想是没有一定位置的唯一重要的机能。一些临床病例表明，额叶的损害并不扰乱简单的机能，却扰乱了复杂的机能。很早就有菲尼亚斯·盖奇的一个著名病例。盖奇在1848年的一次爆炸中，一个起货钩打穿了他的头盖骨和左额叶。他活了十三年之久。他从一个“反应灵敏的，镇定而

机灵的工人”一变而为一个“烦躁的，冒险的，靠不住”的人。他把时间花在全国旅行上，卖票展览他的头脑和起货钩（这个头盖骨和起货钩迄今仍在哈佛医科学院的华伦博物馆内供人展览）。

弗朗兹就这样地采用动物行为的新技术处理联想区。他在这个和其后的实验中，对猫和猴子施行额叶切除术，发现两叶的组织全被毁坏时，可以导致新习惯的丧失，但不造成旧习惯的丧失；又发现组织虽从未恢复，丧失的习惯却可重新习得；还发现仅仅毁坏一叶，只降低习惯的效能而不消灭习惯本身。其后不断有许多研究都倾向于证明，机能定位非但有欠精确，且易于受到情况变化的干扰，机能丧失后往往得到恢复。弗朗兹于1912年对信仰精确的定位加以嘲笑，称之为“新颅相学”。他说：“我们没有任何事实可以证明我们定位心理历程于脑内比五十年前的定位更有把握。”可是他言过其实了。“五十年前”正是布洛卡的发现后一年，也是弗里奇和希齐格的发现前八年。

卡尔·S.拉施里（1890—　）在霍布金斯从约翰·华生为师获得他的博士学位后，前去华盛顿与弗朗兹共同研究。他们于1917年联合刊布了论大脑毁坏对白鼠的习惯形成和保持的影响（论作为行为主义者的拉施里，见边码648页）。拉施里立即从弗朗兹手里接过了脑的问题，并继续从事一系列卓越的研究，应用白鼠作为被试并记录脑组织毁坏对智慧（学习迷津时的速度和错误）和感觉辨别的影响。他发明了白鼠跳跃法：白鼠学习视觉辨别时被迫从平台越过陷阱跳向两个视觉刺激物中正确的一个。正确的
686 白鼠跳进一个打开的门引向食物；错误的白鼠却碰鼻跌倒——看来是不愉快的——坠入网中。

拉施里于 1929 年将其一般结论编成一篇专著《脑的机制和智慧》(Brain Mechanisms and Intelligence)总结了他的研究。他针对皮质组织的毁损量和迷津的难度,图示迷津学习时的错误。就容易走的迷津而言,有效的皮质组织的面积越少,则错误越多,但所有白鼠都学会了迷津。在较难的迷津中,错误随毁坏数量而增加较快。在一个最困难的迷津中,脑组织毁坏程度达到百分之五十,白鼠仅在犯了极多的错误后才终于学会迷津。拉施里根据这些结果制订了他的大量动作(mass action)律:有效的皮层组织越多,学习越迅速而精确。但是我们如果扩大这个原则包括常人的滥调:以为智慧决定于脑的大小,就不免愚蠢了。

学习有赖于有效的皮层组织的数量,可并不有赖于哪种特殊组织的有效。这就是拉施里的等势(equipotentiality)原则,亦即弗卢龙的共同作用和替代机能(vicarious function)的现代翻版。这个法则主张整个皮质发生作用,但也承认皮层内有特殊定位。例如,白鼠的视觉区,对辨别视觉模型必不可缺,虽然对明度的辨别没有必要(这些结论不可能直接应用于人,因为从鼠到人存在着机能的脑化作用。人类也许需要皮层去辨别明度)。

等势原则不一定有异于所谓替代的机能。一个失去右手的人能学会用左手工作,而实际上,用左手学习右手已能完成的操作也较为容易。学会用脚跑过迷津的白鼠,也能游过贮满水的同样的迷津。辨别差异,如果有五个线索时,一般要比仅有一个线索时为更加细致。1930 年,亨特认为这种解释有些可能适用于等势,我们似乎没有理由相信他是错误的。如果整个有机体能用不同方法达到同一目的,脑也未尝不可如此。等势有助于强调习惯形成的

复杂性，而有些例外——例如模式视觉中就没有替代的机能作用——则表明简单反应终究只有一种可以利用的方法。总之，似
687 乎人的视觉有极高度的发展，可为脑的能力的第一位①。听觉则似留有备用的余地；你可用脑的任何一边获得满意的听觉，但人的皮层视觉区遭受严重损伤后则似留下一个盲点，一个永远的盲点。

如果让这个问题停留在 1930 年的水平便不免认为过去二十年来关于大脑机能的大量研究都徒劳无功了。这是不正确的。因为有关确立大脑机能的详细历史，本身即可写成一本专著，不会是本书的一章。现在关于神经束，投射和投射区已经有很多的知识了。但有关弗卢龙和加尔之间，戈尔茨和费里尔之间，现代等势论者和连接论者之间的主要争端还没有得到解决。

显而易见，连接论者——用纤维的突触联结进行解释——大都在边缘神经系统中致力于脊髓或低级脑部的研究。我们对皮质内部的情况尚欠理解。格式塔心理学相信场论可应用于脑，并期望一个同型的皮质遵循知觉所遵循的物理场的原理。皮质是极端复杂的，如上所述，一个兴奋可以像静电场那样自身“停下”，单纯地围绕着突触的迴路跑回来。拉施里对于格式塔心理学家们的提法很敏感，早在 1929 年，他即提出了对梯度的反应（reaction to a gradient）的问题——就是说，对一个关系的反应，而这个关系则与有关各项的特殊值无关，即图形换位而图形本身不变的问题（边码 612 页以下）。在一条传递辨别信息内容的最后共同通路上有两个兴奋，你是如何在两个兴奋之间放进一个关系的呢？有关兴

① 原书中 crowding 可能是 crowning 之误。——译者

奋何时是同时发生的？何时是前后相继的？拉施里最近问道——正如亨特在发明时间迷津（temporal maze）时所问的一样——你有没有时间整合的能力来处理次序的呢？这两个问题都与态度的皮层性质有关，都与心向或转换机制有关，这个机制在瞬息间关闭一个反应系统并打开另一反应系统——如精通两种语言的人换讲语言时一样。这些问题仍悬而未决。一个写历史的人，选择在他写作前的十年间的重大研究，企图预测最近未来十年的事，就未免失之轻率了。

同时还可望获得一些新的方法。苛勒使用了脑电图，想知道是否能在空间知觉中获得某种关于同型关系的直接证据，结果他 688
获得了成功。沃德·C.霍尔斯特德最近将因素分析法引进神经外科医院。他编制了大概二十七个测验，对二百名以上脑部受伤，施行脑叶切除或额叶切除的每个病人进行这些测验，从统计相关中求得 C. A. P 和 D（Central integrative〔中枢整合性〕，Abstractive〔抽象性〕，Power〔力量〕和 Directive〔定向性〕）各因素，为“生物智慧”（“biological intelligence”）画出一个损害索引，作为这些因素的一个函数，然后求证这些因素如何有赖于额叶的机能作用。但这一类脑的相关只是初步的，而且也是双料“空洞的”。这些因素——一种多维正交系（a multidimensional orthogonal system）的统计结式——新奇而演算复杂，似乎并不具有心理的真实性。由于这个缘故，甚至比寻常更无法回答心理生理学家们的第二个问题，即平行论（相关论）避而不谈的一个问题：脑的特殊区域**如何**或**何以**具有这个或那个机能。

总之，可靠的说法似乎是，本领域内的进步之所以停滞不前，

其原因并不是由于缺乏兴趣，能力和勤奋，而是由于缺乏促使科学进步的某些其他因素。神经冲动性质的知识随着好几种脑叶的电流和电流计的发现而后产生。心理声学的知识似乎在电子学取得进展以前无法获得。关于脑的各种机能的真相，最终或有恃于与生理学或心理学相距较远的某一新领域内的新技术，才可大白于世。天才固有恃于领悟，但领悟又有待于具体事实的新知识的发现。

附　　注

本章继续讨论本书第二章至第五章的题目。关于十九世纪的神经系统的早期生理学，见边码 27—49 页；关于心体问题和颅相学，见边码 50—60 页；关于到 1870 年为止的脑生理学，见边码 61—79 页；关于神经特殊能，见

边码 80—95 页。以上各章的附注也为此处提供了许多有关参考文献。

与上述各题目密切有关的另一种讨论，见波林《实验心理学史中的感觉与知觉》第二章的“感觉生理学”，1942 年，53—90 页，包括附注。有关本章某些题目的更详细的论述，读者可以参考那一章。两本书对这个问题的评论，如果彼此重复，便似乎不太明智了。

心　与　脑

关于心体问题，它与培因的关系，以及培因论身心问题，见边码 236 页以下，上文 245 页。并见波林，前引书，83—90 页，95 页以下。论心体问题的最佳著作为：C. A. 斯特朗，《心灵为什么有一个身体》(Why the Mind Has a Body)，1903 年。

689 没有无神经病的精神病(no psychosis without neurosis)一语在十九世纪后期非常流行，可能源出于赫胥黎所说，“意识与脑内分子变化的关系——是精神病与神经病的关系”，见赫胥黎，“论动物是自动机的假设及其历史”(On

the hypothesis that animals are automata, and its history),《双周评论》(Fortnightly Review),1874 年,第 22 卷,(N. S. 16),555—580 页,特别见 575 页。

关于普夫吕格尔的有关脊髓应当是有意识的这一见解,见普夫吕格尔-洛采的争辩的讨论,费林,《反射动作》(Reflex Action),1930 年,161—186 页。关于洛布,詹宁斯和意识的标准,见正文 622—626 页。

脑的机能

关于脑的机能的现时观点,见 C. T. 摩尔根的《生理心理学》(Physiological Psychology),1943 年,特别见 330—352 页,457—567 页;J. F. 富尔顿,T. C. 鲁契等人所写的几章,较少侧重心理学,见富尔顿《哈威尔生理学教科书》(Howell's Textbook of Physiology),第 15 版,1945 年,178—547 页,特别见 255—304 页,525—547 页;或见富尔顿《神经系统生理学》(Physiology of the Nervous System)第 2 版,1943 年,尤其是 274—444 页。

关于本问题到 1870 年为止的历史,见苏理,《中央神经系统》(Systeme nerveux central),1899 年,或见同一作者所写的《论脑》一文,见黎歇,《生理学词典》(Dictionaire de physiologie),1897 年,卷二,547—670 页。关于最近的历史,见富尔顿,前引书,1943 年,开始数章中有出色的历史注释。

知　　觉

本节大多数题目已有较充分的讨论,并附有较完备的附注,见波林,《实验心理学史中的感觉和知觉》,特别的参考页码,读者可见下引。本节讨论的内容与那本书不同,本节侧重文化落后和科学惰性的历史动力学。

关于一般的,有关交通问题以及神经特殊能的含义,见波林,前引书,68—74 页,93 页以下。

关于性质知觉,见同书,110—112 页,123 页;关于托马斯·扬和特殊能,见同书,226—230 页,257 页以次;关于单象视觉和视觉纤维在视交叉处的半交叉,见同书,74—78 页,94 页以下,论感觉中枢。这最后的问题,并见上节附注。

关于方向知觉,网膜影像的倒置和斯特拉顿的实验,见波林,前引书,

222—230 页,237 页以下,257—266 页。那里已将全部参考书目列出,但我们再从中列举六种如下:刻卜勒,《Whitlo 的光学补遗》(Ad vitellionem paralipomena)①,1604 年 158—221 页(第 5 章);莫利纽克斯,《论屈光》(A Treatise of Dioptricks),1692 年,195 页以次;贝克莱,《视觉新论》,1709 年,第 88 至 121 节;约翰内斯·缪勒《人类生理学纲要》,1838 年,卷二,第 5 编,第 1 节,第 3 章,第一部分;斯特拉顿,"无倒置的网膜影像的视觉"(Vision without inversion of the retinal image),《心理学评论》,1897 年,第 4 卷,341—366 页;艾弗特,"倒置的网膜刺激对空间协调行为的效果的研究"(A study of the effect of inverted retinal stimulation upon spatially coordinated behavior),《发生心理学专刊》(Genet. Psychol. Monog.),1930 年,第 7 卷,177—363 页。

关于感觉属性,一般的见波林,前引书,19—27 页,48 页以下;关于音的属性,见同书,375—381 页,396 页以下;又见 S. S. 史蒂文斯,"音的音量和强度"(The volume and intensity of tones),《美国心理学杂志》,1934 年,第 46 卷,397—408 页;"音的密度"(Tonal density),《美国实验心理学杂志》,1934 年,第 17 卷,585—592 页;"音高对强度的关系"(The relation of pitch to intensity),《美国声学会杂志》,(J. acoust. Soc. Amer.),1935 年,第 6 卷,150—154 页;史蒂文斯和 H. 戴维斯,《听觉》,1938 年,69—166 页;波林,"色觉耐受性的心理物理学"(The psychophysics of color tolerance)(作为两种刺激变量的函数的三种颜色属性),《美国心理学杂志》,1939 年,第 52 卷,384—394 页,特别是 391—394 页;关于牛顿,色调和波长,见波林,《感觉与知觉》(前引书),101—107 页,122 页。关于伽利略,音高和频率,见同书,322—324 页,346 页,以及英译本,关于伽利略的发现,见丹尼斯,《心理学史读本》1948 年,17—24 页;关于 G. E. 缪勒的心理物理学的公理,见波林,"缪勒的心理物理公理的操作性复述",《心理学评论》,1941 年,第 48 卷,
690 457—464 页,及其所引参考书目。关于费希纳,冯特和缪勒的韦伯律的学说,见铁钦纳,《实验心理学》,1905 年,第 2 卷,第二部分,第 xci—xciv 页,

① Whitlo,拉丁名 Vilellio,曾写过中世纪时的一篇最重要的有关光学的论文。刻卜勒补充了新的资料,有助于眼的科学知识的进展。——译者

62—65页；关于感觉属性为什么无须与刺激的因次有一对一的对应，以及关于一个二因次刺激物能有多少属性，见波林，“感觉属性与刺激物因次的关系”(The relation of the attributes of sensation to the dimensions of the stimulus)《哲学科学》，1935年，第2卷，236—245页。

关于投射，一般的见波林，《感觉与知觉》(前引书)，78—83页，95页；关于韦伯论投射和感觉圈，同书，475—485页，515—517页。虽然韦柏的论位置觉(Ortsinn)的重要著作刊布于1834年和1848年，但他关于投射和感觉圈的主要论文却是：《皮肤和眼的空间觉和感觉圈》(Ueber den Raumsinn und die Empfindungskreise in der Haut und im Auge)，见数学物理学部《科学会报告》(Ber. sächs. Gesell. Wiss.)，1852年，85—164页。关于伯恩斯坦的投射说，见他所著《神经系统和肌肉系统的兴奋过程的研究》，(Untersuchungen über den Erregungsvorgang im Nervenund Muskelsystem)，1871年，165—202页；关于投射的现代生理学事实，见富尔顿的《哈威尔生理学教科书》中鲁契的部分，第15版，1946年，254—368页，368—379页，379—382页，434—439页，511—523页；第533页中还有一个有关伯恩斯坦学说的现代图解。又见富尔顿，《神经系统生理学》，第2版，1943年，274—417页。

关于近身的听觉刺激，见波林，前引书，400—436页及其所引参考书目。

关于同型论，见波林，前引书，83—90页，95页以下；关于似动运动现象对同型论的含义，见同书，588—600页，604—606页；关于图形知觉的讨论，格式塔心理学家对知觉不同于刺激客体的兴趣尤较浓于对知觉模拟刺激客体的兴趣的理由的讨论，见同书，246—256页，260—262；关于洛采，格拉斯曼，马赫，海林，唐德斯，G. E. 缪勒，惠太海默，苛勒和考夫卡论心理物理学公理发展而为同型论原则的参考书目，见同书，96页。苛勒在这方面的主要著作为《静止状态中的物理格式塔》，1920年，173—195页，特别见193页；《价值在事实世界中的地位》，1938年，185—232页；《格式塔心理学》，第2版，1947年，55—56页。

机能的定位

机能定位有一简要的讨论，见波林《感觉与知觉》(前引书)，74—77页，94页以次；富尔顿介绍他的各章的历史注释写得极好，应该扩充成书。关于本题目，见富尔顿，《神经系统生理学》，第 2 版，1944 年，341 页，320 页以下，337 页，348 页以下，368—370 页，这本书所引参考书目达五十种。

关于 1870 年至 1890 年间所征引的著作，见 D. 费里尔《脑的机能》，1876 年，第 2 版，1886 年；孟克，《论大脑机能》（Ueber die Funktionen der Grosshirnrinde），1890 年，（十七篇论文，1877—1889）；戈尔茨《大脑机能》（Ueber die Verrichtungen des Grosshirns），1881 年，（四篇论文，1876—1881）。关于现代的阐述，援引到 1900 年，见沙费尔，《生理学教科书》（Text-book of physiology）中他本人所写大脑皮质一章，1900 年，卷二，697—782 页。

关于弗朗兹，见他的自传，收入麦奇森，《心理学家自传集》，1932 年，卷二，89—113 页；吴伟士，"弗朗兹传，1874—1933"，《美国心理学杂志》，1934 年，第 46 卷，151 页以下。约有八十种弗朗兹的科学出版物收入麦奇森《心理学家题名录》，1932 年，171—173 页，其中包括十二篇重要的研究论文是"论大脑的机能，1902—1917 年"（On the functions of the cerebrum, in 1902 to 1917）。最后一文是与拉施里合著的。我们在这里只引，"论大脑的机能：额叶与简单的感觉运动习惯的产生和保持与额叶的关系"，《美国心理学杂志》，

1902 年，第 8 卷，1—22 页；"论大脑的机能：额叶"（On the functions of the cerebrum: the frontal lobes），《心理学档案》，1907 年；第 2 期；"新颅相学"（New phrenology），《科学杂志》，1912 年，第三十五卷，321—328 页；与拉施里合著，"大脑损坏对白鼠的习惯形成和保持的影响"（The effects of cere-
691 bral destruction upon habit-formation and retention in the albino rat），《心理生物学杂志》（Psychobiol.）1917 年，第 1 卷，71—139 页；最后一文的两段摘录已由丹尼斯重印，《心理学史读本》，1948 年，506—512 页。

拉施里的著作为时更近，并陆续出版。麦奇森，《心理学家题名录》（前引书）295—297 页，仅提供至 1932 年的五十种参考文献，这个目录单包括自 1921 年到 1926 年的关于学习的大脑机能的研究七种。最重要的书为《脑的机制和智慧》，1929 年，其中特别重要的为 23—26 页，86—89 页，157—174 页。此书的三段摘录已重版，见丹尼斯，前引书，557—570 页。赫里克，《鼠脑和人脑》（Brains of Rats and Men），1926 年，对那时为止的拉施里著作多作了节要。亨特的批评是"对拉施里和大脑活动等势说的考虑"（A consideration of Lashley's theory of equipotentiality of cerebral action),《普通心理学杂志》,1930 年,第 3 卷,455—488 页。

苛勒关于大脑如何工作以及如何发见脑的工作情况的较新近的观点,见苛勒和瓦拉赫"图形后效:视觉过程的一个研究"(Figural after-effects: an investigation of visual processes),《美国哲学会刊》,1944 年,第 88 卷,269—357 页,特别见 327—357 页;苛勒和 R. 赫尔德"模型视觉的皮质相关物"(The cortical correlate of pattern vision),《科学杂志》,1949 年,第 110 卷,414—419 页。他们在一个早期注释中写道:"如果大脑活动主要是一个物理场,而不只是包括神经冲动,则心理经验与皮质活动之间,大概可以有更容易理解的联系"。

关于霍尔斯特德应用因素分析以决定皮质特别是额叶的机能的性质,见霍尔斯特德,"脑与智慧:额叶的定量研究"(Brain and Intelligence: a Quantitative Study of the Frontal Lobes),1947 年。

D. O. 赫布有关脑机能的最近的最重要的研究,批评了拉施里和苛勒的观点,见他的,《行为的组织:一个神经生理学的研究》(The Organization of Behavior: a Neuropsychological Study),1949 年。

692

第二十六章　动力心理学

动力心理学这一领域就是动机心理学。它趣味盎然，受人关注。凡是对意识和行为的描述感到失望，而追求一种较满意的有时称为“人性”心理学的那些心理学家，也把动力心理学当作一种运动。人性心理学是一种动机心理学，因为行为的预见和控制，对于了解作为一个活生生的、能选择的、有适应能力的有机体的人来说，乃是最重要的实际问题。因此动力心理学并非一个学派，它既无领袖，又无创始人。动力心理学家们不像行为主义者那样，喜爱

为自己贴上派别标签。大多数心理学家之所以宣传动力心理学，并非对动机的题目特感兴趣，而是致力于扩大心理学范围，以求能把他们认为此一被忽视的领域包括无遗。

另一方面，动力心理学虽非一个学派，却也包括了许多派别。如果曾经有过一个学派，精神分析学家们的心理学就是一种动力心理学——它自成一个学派，有创始人，有领袖，有派别标签，有专门语言，有深刻的概念，并划疆立界，结成一个新的核心小组，以迎击顽固的正统观念。动力心理学也包括目的心理学——麦独孤的策动心理学和托尔曼的目的行为主义。麦独孤大概想成立一个学派。托尔曼则已有一个学派。不言而喻，它当然也包括了动力心理学本身——吴伟士的早期动力心理学，勒温的稍后的动力心理

学，三十年代在耶鲁形成的观念体系，以及哈佛心理诊疗所的H.A.默里，天主教心理学家T.V.穆尔和用动力一词讨论精神分析的J.T.麦考迪等人的贡献，此外还有许多关心人格和动机问题的心理学家。吴伟士无意创立一个学派，勒温则拥有许多热心的弟子和一群崇奉他的较年老的心理学家。耶鲁的一群人曾有一段时间意见非常一致似乎形成了一个学派。默里则自强不息，不受正统观念的约束，对人性有敏锐的理解，长期拥有“诊疗所”的阵 693
地，所以能联合二十八个成员出版《人格的探索》(Explorations in Personality)。动力心理学似乎比其他心理学更易适应天主教会的社会背景(milieu)，因为天主教会关心人类天职，特别注意人类动机的本性。总之，动力心理学的领域非常广阔，虽然只是在最近三十年间，它才成为心理学的研究对象，且复应用了实验法，所以本书不能避而不谈。

动力心理学的主要来源当然是弗洛伊德。凡否认弗洛伊德是心理学界的最伟大人物的人，往往是那些认为他非心理学家，却无法否定他的伟大品质的人。弗洛伊德之所以多年来似乎自外于心理学，是因为他孜孜于动机的探究，应用一套专门的术语，而对于忽视动机的正统心理学则置之不理。弗洛伊德的前辈多属于心理病理学——大抵属于法国传统，如麦斯麦，李厄保，沙可，伯恩海姆和让内，后者则为弗洛伊德的同辈，在某种意义上说，也是沙可的继承人。我们将先考察这一发展的路线。

来自活动心理学(activity psychology)——莱布尼兹，赫尔巴特，布伦塔诺，詹姆士，沃德的路线，虽不甚重要，也不容忽视。弗洛伊德的某些早期概念与赫尔巴特的概念相类似。布伦塔诺对他可能有直接的影响。沃德来源于布伦塔诺，麦独孤又来源于沃德，当然也来源于弗洛伊德。动的观念或动机是冲突概念的基础，因而也是动机的心理机制的基础，正是这些机制构成了动力心理学的主要题材。

动力心理学的又一来源是唯乐主义（hedonism），一种与联想论有密切关系的动机说。这条路线从霍布斯经洛克和哈特莱以至边沁，后者建立功利主义并影响了穆勒父子——其中小穆勒先表赞同，后持否定态度。弗洛伊德的快乐原则来源于功利主义者的唯乐主义，后一学说在十九世纪已成为常识。二十世纪侧重于所谓心理学的唯乐主义，此说最简单的形式是桑代克的效果律——认为快乐本身可因引起快乐的动作对学习加以强化而再现。

694 精神神经病

精神神经病可恰当地定义为动机的失调，而关于精神神经病患者症状的发现及对其逐步了解的历史，已成为动机心理学史的初期的一页。若将下列各名词：**磁力**，**麦斯麦术**，**催眠术**，**歇斯底里**，**暗示**，顺序译成人名，则为赫尔蒙特，麦斯麦，布雷德，沙可，伯恩海姆，从而你对弗洛伊德以前的动机心理学，就可有一粗略的了解。

关于精神神经病患者的苦境，此处无须赘述。他几乎得不到同情和了解。由于心灵被认为是自由的，是对本身状态和动作负责的，所以精神病没有任何明确的概念。古代医术对意志错乱只知一味谴责、告诫和惩罚，以为这些错乱的原因是刚愎、邪恶、魔术和恶魔附体。意志自由乃上帝所赐，意志失常则大抵由于恶魔作祟的结果。总之，十九世纪以前，科学和唯物主义的进展，尚远不足以将心灵包括于其决定论之内，因而也不可能给予精神病患者和狂人以人道主义的治疗。

精神病状况的最初变化是日益恶化。文艺复兴时代，社会结构的巨大变化，普遍使人产生无定感和不安全感（边码 7—9 页）。人们惴惴不安，对未来心怀疑惧，又因变革而受挫折，为了袪除恶魔的威胁，就不考虑谴责和惩罚是否得当了。那时同现在一样，他们由于害怕，准备对巫医进行迫害。1489 年，天主教多米尼加教派的两个修道士，雅可比·斯普伦格和海因里希·凯雷墨，利用当时印刷术发明的便利出版了《Malleus maleficarum》一书，这个书名或可译为《巫锤》（Witch Hammer），因为它系为打击巫医的工具而写的，可说是一本残酷的百科全书，专论巫术，侦察行巫者以及对行巫者施行苦刑，逼供和处决的程序。它获得了罗马教皇和罗马皇帝的赞许，几经抵制，最后亦复得到科隆大学神学院的认可。书中视巫术为异端，在我们看来，无异将巫术和精神错乱混为一谈，对精神病患者的许多症状叙述甚详。这本恶毒的著作，三百 695
年来共发行了十九版，一直是宗教法庭的法宝和指南，借以识别异端和魔凭狂。

然而情况也未完全令人绝望。在魔凭说（doctrine of demonology）流行以前，古代人也曾对这些现象产生了某些科学兴趣。G. 齐博格指出，在与宗教法庭对巫医厉行迫害的同时，反对魔凭说的精神疗病学的首次革命，已以一种小规模开始了。在这一革命发展过程中，胡安·路易斯·维韦斯（1492—1540）和约翰·韦耶尔（1515—1588）最为有名。然而，直至民主时期的人道主义的兴起，改善患者的待遇才有显著的进步。宗教法庭苟延残喘到十八世纪之后才被废除。美国革命和法国革命震惊世界，其次就是妇权运动的诞生（玛丽·沃斯顿克拉夫特于 1792 年著《妇权辩》〔Vindication of the Rights of Women〕），但文艺复兴运动正在世界各地徐徐开展了。菲利普·皮内尔（1745—1826）于 1791 年曾著《论精神病的医学哲学》（Traité medico - philosophique de l'aliénation mentale）一文，1794 年被任命为萨尔拍屈里哀（巴黎妇女疯人医院）院长，他于此时成功地树立了精神病治疗的新态度，实不愧为时代精神的代言人。我们当可于此看到，历史的动力学是何等的错综复杂。皮内尔慈爱成性，他曾于 1793 年不无反感地目睹路易十六被处死，同年他顺应新时代的潮流，为比色忒医院（巴黎男子疯人医院）的疯人解除了镣铐。十九世纪在美国，与精神病的最大改革的有关人物为多罗西亚·林达·迪克斯（1802—1887），她自 1841 年起一直倡导一个运动，要求改善监狱和救济院中可怜的精神病者的条件。对于这一有趣的题目，我们可不拟深入讨论了。本章讨论的只是有关动机问题，我们现在已经知道，动机产生的原因为什么终于在十八世纪末才能获得冷静的科学考虑，而在新世纪的前几个世纪中，由于中世纪以来的宗教和迷信压力仍很沉重，以致无法对它进行科学的探究。

我们由此再回到本书题为麦斯麦和催眠术的一章（边码 116—119 页）。帕拉塞尔苏斯（1493—1541）首创磁石说，以为磁
696 石和星体相同，能使人体受其影响；范·赫尔蒙特（1577—1644）继倡动物磁力说，此时尚无人指望此类事件最终可导致精神神经病的发现，或人的动机的了解。麦斯麦（1734—1815）登上历史舞台

之际，正值人们对魔术的信仰日渐衰微，而对自然现象力的信仰日益增强的时候。在巴黎，他的魔柜吸引了大批群众，他扮演一个魔术师的角色，但他对自身所具的磁力，也是一个虔诚的自负的信仰者。现代的意见认为，他确曾治愈了一些精神神经病患者，但他对问题的实质以及究竟如何治愈患者，他本人可没有任何真正的理解。麦斯麦的所作所为，只是在一种强有力的动机的决定因素面前跌跤了，几乎不理解在这种新现象中什么东西是重要的，什么东西是无关的（边码 117—119 页）。那就是麦斯麦的秘密，我们虽已知其底蕴，但他本人却一无所知。

埃斯代尔利用了麦斯麦术的催眠特性。他一定未曾料到，在催眠麻醉下施于象皮症（elephantiasis）的长时间的复杂手术乃是动机性的，患者没有痛感是因为他不愿感到痛。这一结论也可同样适用于沃德的截肢病例，在这个病例中，病人被谴责与外科医生互相串通（边码 120 页以下）。埃利奥特森注意到麦斯麦术的治疗可能性，因遭反对而受牵制。他和埃斯代尔二人都因应用麦斯麦术一词而遇到困难，这个词在科学界已声名狼藉，而埃利奥特森复因对批评持反击态度而使困难更为加重（边码 120—122 页）。不过，十九世纪四十年代的风气与十八世纪九十年代的风气已不相同。科学的医学已取得地位，加之布雷德深信麦斯麦术的受术者表现的乃是生理的症状，不能随意产生，证明了这种现象是真实的，他又贬低“麦斯麦术”，给新症状冠以 neurypnology（神经催眠术）之名，并将 1843 年全部情况编为一书，题为《神经催眠术，即神经睡眠的理论基础》，于是，许多批评者才偃旗息鼓，相信了神经的东西并不是魔术的“把戏”，并相信神经性睡眠也不是江湖骗术（边

码 125—128 页）。据布雷德的见解，催眠是一种单一观念（monoideism），即全神贯注于一个特殊观念或一个具有如此强度的观念，以致记忆常难从睡眠带入觉醒状态。布雷德自觉已走上了正确的道路。其后他复相信暗示是催眠状态的基础，从而他预见到
697 了最后为人接受的观点。然而布雷德术（Braidism）并未为医学界所公认。随着事态的发展，这一步直到 1882 年才由沙可实现了。

A. A. 李厄保（1823—1904）原为法国一个乡村医生，他于 1860 年开始从事麦斯麦术的研究和实践。1864 年他定居南锡，两年后刊行一书：《睡眠及其类似状态》（Du sommeil et des états analogues, considérés surtout au point de vue de l'action de la morale sur le physique.）（八十年以后被认为是用心理学原则治疗身体疾病的观点。）李厄保对病人爱护备至，病人称之为慈父李厄保。他治疗病人用药收一般药费，独于施麦斯麦术则予免费：由于他不是一个自我主义者，而且不标榜新说，所以未招来麻烦。他愿为人治好病，病也真正治好了。精神确实作用于身体。李厄保除有这些仁慈的成就以外，复以 1882 年转化伯恩海姆信仰催眠术而闻名于世。催眠术的南锡派即由此诞生了，与沙可的萨尔拍屈里哀派各树一帜，互相对立。

让·马丹·沙可（1825—1893）于 1853 年在巴黎大学获医学博士学位，1860 年在原校任病理解剖学教授。他在萨尔拍屈里哀的任命系在 1862 年，他就在那里建立其著名的神经病诊疗所，这个诊疗所在十九世纪整个欧洲及其他各地都是首屈一指的。让内和弗洛伊德二人都曾为他的学生；当时许多生理学家在其求学期间至各大学巡回就学，或于获得博士学位后，立即安排时间赴沙可

的诊疗所从业一年。

沙可致力于研究那些就医于其诊疗所的歇斯底里患者——精神神经病患者。他将患者的症状加以分类。他注意患者的瘫痪，感觉缺失和记忆缺失，且复注意到这个事实：即患者的瘫痪和感觉缺失较符合于患者对于身体某一部分或器官的主观想法，而不符合于全身神经的天然安排。沙可还注意到痉挛性发病，并常称之为歇斯底里—癫痫（hystero - epilepsy），仿佛它是一个单一的实体。最初，歇斯底里被认为是一种女性的性的疾病：希腊文 hys-tera 原意为子宫。沙可多少坚持了这一歇斯底里的观点，他从而一举两得，既然是合于现代的，却又是合于古代的，说他是合于现代的，是因为他预见到弗洛伊德的说法认为性是产生精神神经病的一个重要因素；说他是合于古代的是因为他与魔凭说的信仰一脉相承，认为患者的女性多于男性（斯普伦格和凯雷墨曾著一书，书名为《Malleus maleficarum》〔女巫〕而非 maleficarum〔男巫〕）。

沙可着手用催眠以治疗其歇斯底里患者，当然，他获得了某些 698
成功，因为歇斯底里和催眠都是正常动机的失常和夸张。他认为催眠往往经过三个阶段：从嗜眠症到僵直再到梦游症。他发现这些阶段的症状与歇斯底里的症状极为相似。他深信症状是不能模拟的；他于是问道，患者怎么能如此一贯地伪造这些症状呢？他描述歇斯底里和催眠的状态都运用标准的医学名词，如肌肉状态，反射运动和感觉反应的变化。沙可以这种形式于 1882 年二月十三日向科学院提出报告。科学院曾三次拒绝麦斯麦术，他此次却以这些医学成就赢得完全的接受。当羊嚎叫魔法歌时被医生打倒在地，它改唱生理学曲子时却被欢迎进门了。

歇斯底里和催眠之间的相似性使沙可认为，**易受催眠性**(hypnotizability)是歇斯底里的特征，也可说是它的一种症状。这种说法是错误的。因为南锡派立即证明了，催眠状态有赖于暗示性(suggestibility)，而暗示性并不是精神神经病的症状。然而，这个错误是幸运的，因为当科学院的认可有着决定性的意义时，他替催眠的整个实质涂上了医学的色彩，赢得了赞同，从而为整个一代开业的年青神经病学家创造了机会，得以踏上大致正确的征途，虽然他的目的后来还要稍加修正。错误的学说推动真正的进步，科学史上是有很多先例的。

伊波利特·伯恩海姆(1837—1919)是南锡的一个开业医生。他曾医不好一坐骨神经痛患者，却给李厄保医好了，因此为李厄保所转化，运用催眠术。此事发生于 1882 年，也就是沙可取得科学院认可的同年，然而伯恩海姆却没有接受沙可的论点：催眠状态是歇斯底里的一种症状。他和李厄保都深信催眠疗法能应用于非神经症的患者。伯恩海姆从而发展了布雷德的催眠是一种暗示的论点。他刊布了有关这个论题的好几篇重要论文：1884 年的《催眠和清醒时的暗示》(De la suggestion dans l'état hypnotique et dans l'état de veille)，是一篇关于暗示在催眠和清醒状态时的类似性的论据；1866 年的《治疗学中的暗示及其应用》(De la suggestion et ses applications à la thérapeutique)，《有关法医和精神病报告中的催眠和暗示》(L'hypnotisme et la suggestion dans leurs rapports avec la médecine légale et les maladies mentales)是一篇关于罪犯的法律责任的报告，曾于 1897 年在莫斯科一次医学会
699 议上宣读。此文可说是放猫出袋，因为伯恩海姆主张人的意志并

不总是自由的。

伯恩海姆是比李厄保更好的说明者和概括者，可是他既不是宣传家，也不是学派的创始人。南锡“学派”之所以富有影响并最终成名，乃由于其本身的正确性。我们已经指出过，沙可是胜利的错误，伯恩海姆则以其正确而最终获得胜利。他享年八十二岁，早在他逝世(1919)以前，让内和弗洛伊德已先后接管此一领域。沙可死于 1893 年。

皮埃尔·让内(1859—1947)是沙可的学生和继承人。他早年爱好自然哲学和道德哲学，包括心理学在内。他于二十二岁时被任命在勒阿弗尔公立中学教哲学。此时他正在准备一篇论幻觉的论文送交巴黎大学，恰有一医生朋友请他研究一个病例：一个曾受杜波泰(边码 120 页)催眠的女孩列妮表现有千里眼(clairvoyance)和在远距离受催眠的异常现象。让内于 1882 年写有一篇关于列妮的报告，这个报告后来常为所谓灵学研究的热心人所引证，据说让内后于其成熟之年并不乐于提及。但让内却因这篇报告得与巴黎的心理学家们，特别是与沙可相交往。让内乃开始仔细研究沙可和伯恩海姆的观点，并将其著作与歇斯底里史和麦斯麦术史结合探究。1886 年，他发表了这些论题，但不久即转而研究自动动作，并发现沙可日益注意他的工作。1889 年让内在巴黎大学接受博士学位，他的论文题目为《心理的不自主运动》(L'autotisme psychologique)，至 1913 年，这部著作发行了六版，并成为让内后来的下列声明的根据：就是说他提出潜意识的概念要稍早于弗洛伊德。但弗洛伊德及一些较公正的批评者，否认这个声明，他们认为让内当时应用此一名词不过是说说而已(façon

de parler)，并不欲认真创建一个新的概念。

1890 年，沙可邀请让内到萨尔拍屈里哀医院任心理实验室主任。让内在新岗位上，立即着手将大量有关歇斯底里的临床病例加以系统整理，并使之与心理学中较为人普遍理解的概念联系起来。结果使让内的名著《歇斯底里的心理状态》(L'état mental des
700 hystériques)于 1892 年问世。沙可并为此书作序，说此书完成于萨尔拍屈里哀，他本人(沙可)对于让内试图将临床心理学和学院心理学相结合深表同情。让内因这部著作于 1893 年获得医学博士学位。沙可于同年逝世。

1895 年，让内被选任索邦大学讲席，他就在那里的演讲中发现临床心理学和学院心理学，也就是当时巴黎的沙可和笛卡尔之间的巨大分歧而极为震惊。让内企图挽救此一局面。他将临床的概念和术语介入他的普通心理学的演讲之中，并坚持将一切现象的讨论局限于明显的事实。可以说，笛卡尔的印象立即在让内的演讲和病例的讲解中消失了。

1902 年，让内继承李播在法兰西学院的讲席，直至 1936 年退休为止。在此期间他不断从事写作和演讲，系统地论述感觉缺失，意志缺失，固定观念，歇斯底里，强迫观念，精神衰弱，神游现象，人格，催眠外科，神经病，记忆缺失，记忆错觉——大部分项目见于一个传记作者的表中。他于 1906 年在哈佛所作的演讲，于次年出版，题为《歇斯底里的主要症候》(The Major Symptoms of Hysteria)，驰名远近，再版于 1920 年。他在后期的某些见解见于 1919 年的三卷《心理药物学》(Les médications psychologiques)中。沙可死于 1893 年，比纳死于 1911 年，李播死于 1916 年，让内遂得执法国心理学的牛耳。G. 杜马较让内稍幼，H. 皮埃隆年纪更轻。1937年在巴黎召开第十一届国际心理学会，让内被选为名誉主席，皮埃隆任主席。让内死于1947年，他几乎是十九世纪刊布重要的心理学研究的最后一个法国人。

作为一个系统的心理病理学家，让内在沙可和弗洛伊德之间占有一席之地。他依旧把歇斯底里看作退化的现象，称歇斯底里的主要症状为耻辱的标记(stigmata)，这个术语最初是从巫术的症候学(symptomatology)中借来的。所谓耻辱的标记是指感觉缺失，记忆缺失，意志缺失和运动障碍，让内于此之外，复加上事故(accidents)，即不规则发生的各种症状——下意识动作，固定观念，攻击，梦游症，谵妄等。1892年，让内关于歇斯底里的主要论点是：一种人格分裂，其起因为意识域集中于一个观念系统，同时对其他观念系统则不复注意。随着这些概念在让内的思想中不断发展，他便逐渐离开沙可的立场而转向布雷德和伯恩海姆曾经主张过的立场。让内的关于意识域的集中的见解，使人想起布雷德 701
的催眠乃是一种单一观念状态的概念。让内诉诸暗示，以暗示作为这些转变产生的手段，并以注意和失神(absent-mindedness)描述这些变化。总之，他不断推进歇斯底里的动机学说，应用注意的词汇——与十九世纪九十年代其他所有心理学家一样，其后心向，定势(Einstellung)，态度和任务(Aufgabe)等词相伴而生。对于动力原则来说，往往很难找到一些合用的名词。

让内在其后的年代中，采用了一个更具策动性的体系，他谈到了紧张(tensions)和心理力(forces mentales)，但他在这一方面的系统化，被精神分析的进展所湮没，很少有人赏识，也没有产生

影响。

总之，让内的巨大功绩在于他发动了一个运动，使临床心理学和学院心理学趋于统一，形成一套明白易懂的概念。弗洛伊德及其追随者为大学教授们所排斥，从未试图调和，弗洛伊德主义者当其概念逐步形成的初期也没有受到学术机关的欢迎。受让内的影响较其他任何人为更大的，当首推美国的莫顿·普林斯(1854—1929)，他与让内是同时代的，是多重人格和并存意识人格的研究者，也是1927年哈佛心理诊疗所的创建者。这个诊疗所的开办，有一明显的目的，就是要将临床心理学和学院心理学结合起来。捐赠契约中载明诊疗所应推进“变态心理学和动力心理学”的教学和研究——因此，动力心理学一词正式载入官方纪录之中——并指定诊疗所应在文理学院(Faculty of Art and Sciences)而不在医科学院的领导下开展工作。从而他和许多捐献者的意愿得到了实现。至于他是否以这个规定达到他的目的，或者他的愿望是否仅反映了时代精神的趋向，却仍是历史动力学的一个不能解答的问题。

活动观念

动力(dynamic)一词，含有力(force)和活动(activity)两个概念的意义。即使在物理学中，二者也是联系着的，因为力的定义，乃是以其所引起的变化的速率为根据的。压力就是张力，张力被释放时就是行动。日常经验中有很多物理学，科学即从常识中获得其原始的概念，例如热和光，在早期物理学中就是两个分离的实体。

人对努力(effort)是有体验的。一切动植物的生活离不开生存竞争。意识的作用在于保存(preserve)有机体,其所以获得成功,是因为它是注意(attention)和意向(intention)的器官。此二词皆与tension(张力,紧张)有关,决非语源学上的巧合。有意识的有机体,在注意中倾向于(tends)对外部世界的了解,在意向中则倾向于(tends)对未来世界的了解。显而易见,心理学必须考虑有机体的活动,有机体是依照张力而动作的,而张力则是动作的潜力。 702

我们刚刚提及让内在其动力心理学中已转到此一观点,我们即将评价弗洛伊德,麦独孤,勒温及其他动力论者的体系中的活动和紧张等概念。这些学者都试图把心理学从直接描述意识的内容或行为,带回到阐明思想和行为如何变化,以及竞争和挫折如何是永远趋向一定目标的有机体的生活实质。动力心理学因而也包括了目的心理学。

本书插入本节,其目的在于提醒读者,我们已考虑到了活动观念、紧张和意向等概念,因为动力心理学的背景,一部分盖出于此。

莱布尼兹以单子学(monadology)建立他的传统。每一单子都是活动的,各自奋力以求其本身的实现。活动和意识二词实际是同一回事,一个观念的动的发展在于要达到明了性,造成了意识的等差(degrees of consciousness)。因为各个观念从小觉(petites perceptions)循级而升,最后在统觉中获得其意识的现实化。所谓意识的等差,自然意味着每一等差的意识阈限的存在,较低各级的意识较少——不是无意识而只是较少(边码166—168页)。所有此一概念的体系都流传为赫尔巴特，弗洛伊德，麦独孤等人的观点，虽稍有变化，但变化的程度较我们所期望的为小。

赫尔巴特主张一种灵魂动力学(dynamics of the soul)，灵魂的所有观念各自竞争以求在意识中得到实现，但是因为在意识中没有容纳全部观念的余地。所以它们被降入意识阈限(limen of consciousness)下成为一种趋向状态(a state of tendency)，各观念之间因而彼此冲突互相抑制。它们在阈限上的统觉中能否实现取决于其相互作用的力学(边码 255—260 页)。我们于此乃获得了(由紧张所引起的)活动，意识阈限，以及某种新的概念——各观念间的冲突，互相抑制和解决的概念。这与现代的心理机制的关
703 系是昭然可见的。

费希纳很难列入上述名单之内，然而我们可不要忘记，他如何从赫尔巴特那里接过阈限的概念，又如何以其有关阈下感觉的负的强度说支援了无意识说。(边码 290，293 页)。

冯特为内容心理学的鼓吹者并与布伦塔诺相对立，他也不能列入此一名单。然而我们也须记住，冯特采纳了意识的等差的看法、阈限的事实以及活动的统觉和创造性综合等概念。他的现实性理论不容许他成为一个静的心理学家，此外，他还赋予其元素以过程的名称，从而承认了莱布尼兹一派关于活动是意识的基础的主张，这也是他倾向于动力学的重大姿态。(边码 334—336 页)。当然，这些项目乃是冯特的例外，但也足以表明冯特对实际需要的妥协态度。可以说，他和动力心理学的最明确的关系是：他先使心理学远远离开了动力心理学，后来造成了紧张，又恢复了动力心理学。

布伦塔诺当然是意动心理学的象征，也是这个学派的领袖。他以**意动**代替内容，以**意向性**（intentionality）描述意动。（边码359—361页）。他的影响非常巨大，在他的方面有明显的正确性：任何人稍加内省即可了然心灵是有意向的，并指向于客体。布伦塔诺博得了斯顿夫的信仰。（边码367页以下，452页）而且一般说来，最终也争取了屈尔佩（边码408页以下，451页以下）。他有很多的追随者，他们在布伦塔诺的观点上形成了自己的观点——例如威塔塞克和梅塞尔，大家知道，弗洛伊德由于布伦塔诺的推荐，将约翰·穆勒的冈帕茨（Theodor Gomperz）版选集译为德文，从而同时与布伦塔诺及穆勒二人相接触。弗洛伊德是布伦塔诺的学生，在1874—1876两年四个学期内共听了他的六门哲学课程。弗洛伊德是否因受教于布伦塔诺而较易于接受活动观念呢？这大概是有可能的。

唯乐主义

十八世纪最伟大的动机说莫过于唯乐主义（hedonism），此说历经十九世纪而不衰。唯乐主义主张人的行为由人的趋乐避苦的欲望所引起。它与功利主义及边沁的大名连在一起，且复得到英国的联想主义者——霍布斯，洛克，休谟，哈特莱，穆勒父子，斯宾 704
塞——的支持，因为联想原则似有必要阐明人们如何忍受目前的痛苦以求未来的快乐。事实上，唯乐主义可以追溯到希腊时代，苏格拉底的学生亚里斯蒂波斯（前435—356）和伊壁鸠鲁（前341—270）的著作。

L. T. 特罗兰区划出三种唯乐主义——现在的唯乐主义，未来的唯乐主义和过去的唯乐主义。现在的唯乐主义是亚里斯蒂波斯和昔勒尼派的学说，主张当前的快乐是人类行为的至善（summum bomum）。快乐本身便是一条伦理的准则，因为它规定了人所应作之事。此说如果改成下面说法，当可成为一种心理学说：寻求当前的快乐或逃避眼下的痛苦，这种说法几乎对动物比对人更为适用，因为动物缺少预料未来所必需的符号历程，而人则总是瞻望着未来。作为伦理学，这一简单原则很快陷于矛盾之中，伊壁鸠鲁派大加修正，使它能解释未来的快乐和痛苦。

十八世纪和十九世纪的唯乐主义基本上是一种未来的唯乐主义和一种社会的唯乐主义。霍布斯，洛克，休谟，边泌以及穆勒父子都关心国家和社会。一个人如果仅追求当前的快乐，他就会发现痛苦往往会随后即至的。恣意浪费必定导致不良的后果。因而个人必须学习审慎，这是伊壁鸠鲁派承认的一个事实。更进一层，如果个人的快乐建筑在别人的痛苦之上，就会造成人们的冲突。因此哲学家要问，未来的快乐如何能得到保证呢？当人类的欲望不可避免地产生冲突时，就得不到这个保证了。为此，以身体力行的边沁为首的功利主义者们，乃坚决主张你必须应用唯乐主义原则于社会，将快乐和痛苦加以综合，以“最大多数人的最大利益”作为社会的目标。

于是联想乃乘虚而入。每个人都要接受这个社会目标，否则冲突必生，从而使大家有苦而无乐。个人要立即将快乐而不将痛苦与导致社会目标的那些行动，与最大多数人的最大利益联系起来。因此利他的冲动当可建立起来，谨慎的美德也可以同样的方

式用联想而养成，个人也就可以将未来灾难的痛苦与当前快乐的 705
行动联系起来了。

杰里米·边沁（1748—1832）的唯乐主义直接得之于休谟，而其联想论则得之于哈特莱。他也曾受亚当·斯密的影响。斯密的《国民财富的性质和原因的研究》（Inquiry into the Nature and Causes of the Wealth of Nations）发表于1776年。他曾主张国家的最大财富和幸福来自自由贸易中的自身利益（self-interest）的实现。斯密不是一个改革者，而边沁因年岁很轻，足以避免十八世纪的自满情绪而进入激进的十九世纪，视功利主义原则为毕生奋战的事业。1779年他出版了《道德原则和立法原则引论》（An Introduction to the Principles of Morals and Legislation）。“动作本身的动机莫过于快乐和痛苦的观念”。人类行动的发生“完全在两个主宰，即痛苦和快乐的支配之下”。一切动作都是谋求自身利益，但自由的自身利益却产生“最大多数人的最大利益”，它可以用“人类幸福的总和”加以衡量。这类词句听来非常熟悉，可见功利主义哲学在今日已成为深入人心的常识了。

从现代眼光看，边沁并非一个自由主义者。他坚信树立起来的权威。他曾说侈谈自由和人的权利乃是一派胡言；最大多数人的最大利益有赖于安全而不有赖于自由；惩罚是用以劝说人们以自身利益去支持权威的一种手段。

边沁给予詹姆士·穆勒（1773—1836）以很深的印象。穆勒小于边沁二十五岁，他接受边沁的学说象接受另一学说联想论一样，应用严格而毫不妥协的言词予以表述，以致失去了较缓和的人的同情。后来约于1822年，约翰·穆勒（1806—1873）年方十六，在其父的影响下热情地接受这个学说。但四年以后，他反对了这个原则，以为它过于简单化，违反了人道主义伦理学。他强调善行不单纯有赖于自身利益。边沁于1832年死后，约翰·穆勒攻击了边沁主义者，但是他仍为一位巧妙的功利主义者。他的《功利主义》的论文，发表于1863年，是一篇为人广泛引证的唯乐主义学说的经典著作，它有效地主张政治的唯乐说，但没有主张心理学的唯乐说。

赫伯特·斯宾塞(1820—1903)将功利主义和进化论联系起来。他主张现在的唯乐主义属于这样的一个进化时期，在这个时期内，感觉比观念更为重要，并认为人的观念的发展，能使人预见
706 并宁愿牺牲较少的目前快乐以换取较多的未来快乐。在这种情况下，神学和进化论之间不产生矛盾，因为基督教会依赖天堂的快乐以对抗地狱的痛苦，引导人们趋于正直。然而斯宾塞并不承认眼前的正直对智者说来是一种痛苦。他认为人有足够的智慧，唯乐主义原则就可以应付了，不需要地狱的威胁。

弗洛伊德在其早期有关人类动机的理论中，以未来的唯乐主义作为快乐的原则。但实验心理学家们不用未来的快乐而以过去的快乐为动作的决定因素。他们以为目的应推人前进而非拉人后退。意向必须诉诸原因。他们于是去寻找一种过去的唯乐主义，当然，这主要的就是1898年桑代克在迷笼实验中所发现的效果律。(边码561—563页)。这个原则是：凡立即导致快乐的动作，便留下印象而被记得，从而重复而成习惯；凡马上导致痛苦的动作，不留下印象，甚至其后的复现也受到了抑制。

关于二十世纪的有关效果律的历史，此处无须论述。无疑的

是，在目标寻求中，通过尝试错误的成功动作，便易被长久保持，失败动作便易趋于消失。通常的说法是满足（意即有目标时的成功）强化了导致成功的动作。于是快乐和痛苦改称愉快（P）和不愉快（U），但令人怀疑的是，在动物或人的被试中，P 和 U 的存在是否可以在任何一定的时间建立起来。我们不能训练动物学会一种语言，用以描述它们自己的感情，而患受虐狂（内心惩罚性的）的病人则矛盾得很，以苦为乐，因此，替 P 和 U 下定义就非常困难了。接受（acceptance）和抵制（rejection），成功和失败，仍不失为可用的名词。但 1888 年，朗格，后来符茨堡学派都发现这些因素绝对不是动作的唯一决定因素，而符茨堡学派则发现特殊的动作有赖于心向和态度——这是我们不久就要讨论的一个问题（边码 716 页）。

精 神 分 析

在西格蒙德·弗洛伊德（1856—1939）身上我们看到一个具有伟大品质的人。他是一个思想领域的开拓者，思考着用一种新的方法去了解人性。尽管他的概念是从文化的潮流中取得的，他仍然是这样的一位创始人，他忠于自己的基本信念而辛勤工作了五十年，同时他对于自己的观念体系不惮修改，使它趋于成熟，为人 707 类的知识作出贡献。他是一个领袖，在自己的周围集结起一群有力的支持者，其中有一些人毕生效忠于他，另一些人则不再以他为“父”（the father image），批评了他的学说，并各自建立敌对的派别。他的工作从最初默默无闻，中经为人诟谇，声名狼藉，后复由于追随者不断增多，他的批评者又勉强接受了他的某些特殊论点，才逐渐地、一点一滴地重新得到了支持。他的观念日益扩展，直至他的有关人类动机的全部思想普及于心理学家们和普通人之间，在他们看来，弗洛伊德的这一形容词几乎与达尔文主义同样耳熟了。他已使潜意识心灵这个概念变成了常识。最后，纳粹的野蛮措施把他拘留在维也纳，等候从瑞士取回他的未售完的存书以便当众焚毁，但在此之后，他逃出了虎口，在伦敦复享盛名，于一年后逝世。正是这个弗洛伊德，他把动力概念引进了心理学，使心理学家们看到了它，又采用了它。他们采用动力概念，犹豫缓慢，只接受某些基本原则，而放弃其丛枝茂叶。谁想在今后三个世纪内写出一部心理学史，而不提弗洛伊德的姓名，那就不可能自诩是一部心理学通史了。这里你便可有一个伟大的最好标准：身后的荣誉。伟大的人物乃是史学家笔下不容忽视的人物。如果弗洛伊德窒死于摇篮之中，时代将可能产生出另一个弗洛伊德。这很难说，因为历史的动力说还缺乏控制的实验。

因此，精神分析运动乃是以弗洛伊德及其忠实信徒为中心的一个私人学派。当运动的发展超出了他的控制，随着 A. 阿德勒，C. G. 荣格，最后甚至 O. 兰克的一一变节，它便变成了一个“中间”(in-between)领域，它既是一门科学，又是一种疗法，既为学院心理学家们所不齿，复为医学界所不容。最后终于逐渐渗入这两个集体之中。心理学家在符茨堡学派的研究发表之后，实际上不得不采纳无意识动机的概念，但是他们所可能应用的，似乎只有弗洛伊德的概念才有积极的意义。医学界的精神病学家由于对精神神经病缺乏了解，他们从弗洛伊德体系中接过各种不同的基本论

点，尽管他们仍然提出形式上的抗议，反对弗洛伊德的泛性论 708
（pansexualism）。只是到了 1920 年间动力心理学出现以后，这两个领域——正常心理学和变态心理学——之间的界限才开始得到了弥合。

我们很自然地要问，弗洛伊德从哪里获得了他的观念呢？这些观念已存在于文化里，就等着他来采取了。说也奇怪，其中有一个重要观念就是能量守恒说。

1845 年，即弗洛伊德诞生前的十一年，四个热情而富有理想的生理学家聚首一堂，结成联盟（边码 34 页，299 页以下），他们同为伟大的约翰内斯·缪勒的及门弟子，后来都负有盛名。按年龄为序，他们是路德维希，二十九岁，杜布瓦-莱蒙，布吕克和赫尔姆霍茨，同为二十四岁。他们同心协力与活力论（vitalism）作斗争，活力论主张生命包含着一种不同于无机物之间的相互作用的力。伟大的约翰内斯·缪勒就是一个活力论者，然而这四个人却属于下一世代。杜布瓦-莱蒙和布吕克甚至庄严宣誓，要确立并迫使人们接受此一真理：就是，“有机体内除一般物理化学的力在起作用外别无其他的力”。赫尔姆霍茨支持此一论点，两年之后，他宣读并发表其著名的能量守恒的论文，此文加上另外几个人的著作，把这个学说的创始归属于十九世纪四十年代。三十五年后，赫尔姆霍茨和杜布瓦-莱蒙在柏林，路德维希在莱比锡，布吕克在维也纳各自实现其愿望，使他们的学说为大家所公认。布吕克并收了一个新学生，即弗洛伊德。

弗洛伊德于 1856 年生于摩拉维亚，从 1860 年起迁居维也纳。他的父母收入有限，对弗洛伊德不无影响，因为这就迫使他私人开

业以便自给，同时还可以等待大学有空缺时申请讲席。他在开业期间孜孜钻研，企求证验自己的假说。他醉心于达尔文的学说，放弃了政治事业的梦想，1873年入维也纳大学医学院，想以自然科学为其专业。1876年，他为布吕克的生理研究所的成员之一，好学不倦，在布吕克的指导下，利用显微镜从事研究，发现古柯叶的镇痛作用。他于1881年获得博士学位，次年和布洛伊尔联合私人
709 开业，从事神经病的诊疗。布洛伊尔为一年龄较大的生理学家，也曾在布吕克领导下工作，他曾担任过讲师，1871年转为私人开业，同时在大学继续作少量演讲。因此，布洛伊尔和弗洛伊德二人，均在布吕克指导下同受过物理主义的生理学训练。他们都被教知心理学是有关中枢神经系统的研究，心能就是由大脑细胞所供应的物理能。

约瑟夫·布洛伊尔（1842—1925）与马赫不谋而合，在1875年前发现了半规管的机能。他在布吕克的有关神经能基本原则的基础上，对大脑活动持有某些明确的见解。布洛伊尔认为有机体有一定大小的能量化为大脑内部的兴奋，又认为在有机体身上存在着一种趋势，使这种兴奋保持在恒定的水平上。心理活动则增加兴奋，释放能量。休息和睡眠又可使兴奋重新建成。此说与阿芬那留斯在1888—1890年间的学说极为相似（边码395页以下），足以使人怀疑此种思想在当时已否有了流传。无论如何，布洛伊尔和弗洛伊德却由此得出如下概念：心理活动有赖于有机体所供应的能量，当能量水平过高时，本身便需要释放。因为布吕克曾将他们训练成坚定的物理主义者，他们便轻而易举地从头脑滑向心灵，而不引起当时正使二元论者大伤脑筋的任何问题。

当弗洛伊德加入合作时，布洛伊尔曾试用过催眠术治疗歇斯底里患者，并已发现他和弗洛伊德所称的宣泄(catharsis)的“谈疗法”(“talking cure”)。有一个少女，症状很多，包括不能喝水，当医生用催眠诱导她描述致病的情绪事件，并充分发泄她的情绪以后，就发现其困难得到了解除，从而喝水的能力也获得了恢复。这是一种新的疗法，弗洛伊德将此宣泄法归功于布洛伊尔。

弗洛伊德于 1885—1886 年就学于沙可，当时弗洛伊德时常听到沙可惊呼：“这种病例里头，老是什么生殖的——老是，老是，老是！”弗洛伊德想道：“是的，他既然知道这一点，为什么就不这样说呢？”不久，弗洛伊德去南锡，看到李厄保和伯恩海姆的催眠工作。他得知这种方法对免费病人的疗效优于收费病人，因而领悟到催眠的局限性。他回到维也纳以后，不得不思量两件事情，一是歇斯底里的性的病因学，一是歇斯底里不限于女性的事实。他的维也 710
纳同事们对他的男性歇斯底里想法感到好笑，这个想法与歇斯底里一词本身有矛盾，因为尽人皆知，男人是没有子宫的。

布洛伊尔和弗洛伊德持续他们的工作。他们分别于 1891 年和 1895 年发表了论失语症和论歇斯底里等论文。弗洛伊德单独加进了许多新的概念，这些概念以属于心理学的比属于生理学的要更多一些。这些初期的概念是：防御，抵抗，压抑和发泄。他发现这些心理机能发生于潜意识领域之中，因此与一种早期的潜意识概念相符合，产生了这样的一种宇宙观，在这种宇宙内，潜意识观念象意识观念那样互相作用着，并在一定条件下，力求变为意识——可说是一种潜意识的意识。与此同时，催眠方法也逐渐产生了困难。一是疗效不能永久保持，过去的症候卷土重来。一是出现了移情现象，患者逐渐爱上了治疗者。鉴于这两种困难，布洛伊尔立即转向他种工作，1895 年以后，他把这方面工作留给了弗洛伊德。

下一步的发展，乃是弗洛伊德以自由联想法代替了催眠术。他发现患者受到自由谈话的鼓励后，喋喋不休地尽情诉说内心的隐事。患者一经认识到治疗者从不以卑鄙和猥亵思想责备他们就往往把曾为催眠术引出的同样的被压抑的记忆表露无遗。因此，弗洛伊德逐渐放弃了催眠术。

同时弗洛伊德开始发现了梦的重要意义：梦乃是受压欲望的部分的隐晦的表现。他应用自由联想以分析梦境。他发现了童年经验在成人的情绪生活中的重要性。这一切导致了 1900 年《梦的解释》(Die Traumdeutung)一书的问世。此书被认为是他的最伟大的著作，大大推进了精神分析，书中说明，为了隐瞒梦的真实意义，有许多机制在起作用。此书又介绍了内心的检查员(endopsychic censor)的概念，起了压抑的执行者的作用，执行意识的职责，直到超我(Superego)一词发明以后，此词才弃而不用。

本节不可能综述精神分析的全部发展史，这是属于动机心理学研究史专著的事。但我们可以追溯这一运动，并考察它的经过情况。

711 弗洛伊德六十年的积极工作，可以粗略分为六个十年。

(1) 十九世纪八十年代为他的训练和准备时期。布洛伊尔的主要贡献属于这个时期。

(2) 十九世纪九十年代为尝试错误和初见成效的十年，以《梦的解释》这一伟大著作的出版而告结束。

(3) 二十世纪最初十年为大见成效和成名之始的时期——也是声名狼藉的时期。弗洛伊德强调性的冲动在人类生活中的作用,所以一开始就为人所指责。那时弗洛伊德已在身边招收一群弟子。阿德勒就是他们的代表。交往较早的是奥托·兰克(1884—1939)。汉斯·萨克斯于1904年听了弗洛伊德的演讲后,也立即转化为他的信徒。卡尔·G. 荣格因读弗洛伊德的著作,在苏黎世开始精神分析工作,并应用自由联想法,后于1907年与弗洛伊德晤面。布达佩斯的山多尔·费伦齐(1873—1933),和那时在伦敦,后又在多兰多留居一个时期的欧内斯特·琼斯(1879—　)都属于核心小组。这十年以斯坦利·荷尔邀请弗洛伊德,荣格,费伦齐和琼斯去克拉克大学庆祝二十周年纪念而告终。参加纪念会的其他客人中还有二十位著名心理学家——如詹姆士,铁钦纳,卡特尔和F. 博斯。弗洛伊德著作的重要性,为学者和科学家们所赏识,这还是第一次,他因而欣然前往克拉克大学,虽然他并不喜爱美国。

(4) 他在本世纪一十年代中开始遇到了麻烦。精神分析第二次地方会议举行于纽伦堡。会议决定成立三个精神分析小组协作处理共同的事务——一组设在柏林,由K. 阿伯拉罕领导;一组设在苏黎世,由荣格领导;第三组设在维也纳,弗洛伊德坚持应由阿德勒领导。他们计划于1913年召开一个国际会议,定荣格为主席。但阿德勒关于自卑和补偿的观点正在形成,不久就发生了严重的冲突,以弗洛伊德及忠于其观点的信徒为一方,而以阿德勒为另一方。结果阿德勒于1911年脱离维也纳小组。兰克晋升到阿德勒的位置,萨克斯顶兰克的缺。1913年国际会议如期召开,荣格当选为主席，但他极力反对弗洛伊德及其信仰，并出言不逊，以致产生了破裂。荣格的困难半由于他的理论含混不清。萨克斯为捍卫弗洛伊德反对荣格，引了一首瑞士诗，说有一个瑞士人，在只有两扇门的房间里，一扇门通向天堂，另一扇门通向有关天堂的演讲，这个瑞士人宁可选择后者（苏黎世在瑞士境内）。不管怎样，第
712 一次大战期间建立了三个营垒，弗洛伊德胜利地为自己保留了精神分析的名称。在战争期间，学术的进展是很少可能的。

（5）二十年代为最后成熟和声誉日隆的时期。弗洛伊德每日工作繁忙，从上午九时到下午一时分析患者，但在夏季保留了三个月假期。在弗洛伊德的领导下经过集体讨论，整个体系在年青时期的简单的夸张色彩，已开始逐渐消失了。某些旧概念如检查员，已弃而不用。潜意识（unconscious），抵抗，压抑，倒退（regression），幼儿性欲（infantile sexuality），里比多（libido），恋母情结（Oedipus complex）等概念仍继续沿用，但自恋（narcissism），生和死的本能（life and death instincts），以及人格的超我，自我和伊底（id）的分析都是新的概念。那时的精神分析已远远地离开了精神神经病，而迅速地变为一种了解全人类动机和人格的方法了——它是一个概念体系，可借以了解世界事务的人类活动的模式。为了保证这种进展的趋势，弗洛伊德曾于1920年将忠实的精神分析者组成一个秘密核心小组：他本人，兰克，萨克斯于维也纳；阿伯拉罕，马克斯·艾廷冈于柏林；费伦齐于布达佩斯，以及琼斯于伦敦。他把与自己套在手指上的戒指相似的六枚其他戒指发给这六个人。戒指为埃及宝石，面上刻有一老人头象。他们互相通信，每两年聚会一次，如有必要可增加聚会的次数。其后，未经事先通知，

那忠于弗洛伊德几达二十五年之久的兰克，刊布其有关出生创伤(birth trauma)的著作。其余各人对这部论著深表不满。弗洛伊德居中调解无效，兰克立即退出核心小组。弗洛伊德如果愿望其统治长期不受挑战，就该永远不扶立一“加冕王子”(“crown prince”)。阿伯拉罕于同年逝世，弗洛伊德则发现自己口部患了癌症。

(6) 本世纪三十年代，是弗洛伊德从事其专业工作的第六个十年，是登峰造极的时期。弗洛伊德继续从事工作。他忍受着极大痛苦动了六次手术。他日益减少私人交往，仅保持与精神分析对象和仍然向他求教的学生们的联系。他已名闻全球。1936 年为其八十寿辰举行盛大庆祝会，屋内馈赠充盈，可他本人未能出席。最后，1938 年纳粹恐怖笼罩在维也纳犹太人头上。弗洛伊德得救，没有遭受许多他人所遭受的人身损害和极度屈辱。他次年安静地病逝于伦敦。1944 年，萨克斯撰书论述 713
弗洛伊德，有戒指的七人中，活着的仅有萨克斯和琼斯二人。萨克斯死于 1947 年。

阿尔弗雷德·阿德勒(1870—1937)在 1911 年与弗洛伊德破裂之后，即建立了**个人心理学**(individual psychology)学派。此时，弗洛伊德派视性的里比多为人格的主要驱动力，阿德勒则代之以自尊(superiority)和权力(power)的需要。他把自认低劣称为**自卑情结**(inferiority complex)，此词现已脍炙人口了，他又把克服自卑的努力称为**补偿**(compensation)，因而攻击可不是由于感到自尊所引起，而是由于感到自卑所引起，它往往变成一种**过度的补偿作用**(overcompensation)。

卡尔·G. 荣格(1875—)于1913年与弗洛伊德破裂后,建立了**分析心理学**(analytical psychology)学派。他扩大了里比多一词的意义,以致此词几乎完全失去了性的涵义。他探究人格的差异。他的最著名的**参量**(parameters)是**内倾**(introversion)和**外倾**(extraversion)。荣格的体系错综复杂,不详述于此了。

自弗洛伊德死后,列举具有影响的卓越的精神分析学家的姓名或何人写了何种著作,看来已无必要。读者要想更多地知道精神分析,适当的参考资料并不缺乏,如果有天外来客从未听说精神分析,碰巧开始研究这本书,将会很快因阅读本章附注达到他的目的了。

精神分析在历史上对于实验心理学有什么影响,那是另一问题。我们如果说精神分析是前科学的,并非故意贬低其成就。精神分析缺乏实验,未曾发展一种可供控制的方法,叙述也欠精确,在经验事实的叙述中语义含混不清。然而,心理学确因压抑其对于人性的喜爱而受害,过去半世纪以来的自由联想是一种谈疗法,把心理学从这个抑制中解放出走向正常。精神分析提供过大量的假设,由于它的术语的操作性定义已有可能,它的许多假设都可以通过假设—演绎法的检验而推论其结果。长期以来,实验心理学在其前后关系中抽掉了意志,让这一意动(conation)地盘留下了空白。现在我们得感谢弗洛伊德,他使动机恢
714 复了作用。1943年,R. R. 西尔斯着手对这一情况进行评价。他审查了一百五十个研究,其中有许多是实验性的,包括幼儿的性,亲子关系(child-parent realation)特别是异性的亲子关系,儿童的发展,各年龄的倒退现象,所谓心理机制的操作,以及类似

的题目。他的结论与我们的正复相同：问题明摆着，也正被研究着，精神分析开拓了这个领域，你却不能力求速成的理解。事实上，为了满足科学地理解动机的需要，已有人走了重要的几步。托尔曼的实验提纲就某种意义上说就是对这个问题的进攻；勒温的心理学是一种准实验的动机应用心理学，他所用的描述体系似较弗洛伊德稍少主观性。我们即将在下节中谈到他们二人。

与他的过去对照起来，我们可以说，弗洛伊德采取了，并推进了莱布尼兹，赫尔巴特和布伦塔诺的活动概念（边码 701—703 页）和为这些人所发展并为哈特曼所继续着的无意识概念，以及功利主义者们的唯乐主义（边码 703—706 页）。后一学说初为弗洛伊德容纳在他的快乐原则之中，后来在精神分析的较成熟阶段中弃之不用，而代之以复杂的人格结构的较欠简单的动力论（dynamism）。弗洛伊德的整个一生就是活生生的一课，表明一个人生来并非为追求快乐，因为他矢志不渝地竭尽毕生精力以求增进对人性的理解。甚至在第一次世界大战以后，他不愿为了追求声誉而试图以精神分析来治疗文化病态，因为他怀疑治疗的效力，并且深信理解必须先于应用。

另一件事也妨碍了动力心理学的发展。第一次世界大战以后，当精神分析集结力量企求新的发展时，心理学的领导权却已开始由德国移至美国了。德奥两国的文化有利于主观心理学，精神分析乃得在那里日益进展。但在美国，心理学已成为机能的，并正在准备走向行为主义。而行为学则是难以吸收精神分析的，因为精神分析太富于主观色彩，以致在超我、自我和伊底的概念中包藏有“幽灵”的嫌疑(边码674—678页)。布吕克如果泉下得知,他在1845年与赫尔姆霍茨等几个人签定的使生理学保持物理主义的盟约,竟在一百年以后导致了这样一种信仰,认为在每个人的头脑中都有三个作战的幽灵(按指超我、自我和伊底——译者),就不免大吃一惊了。

715 目的心理学

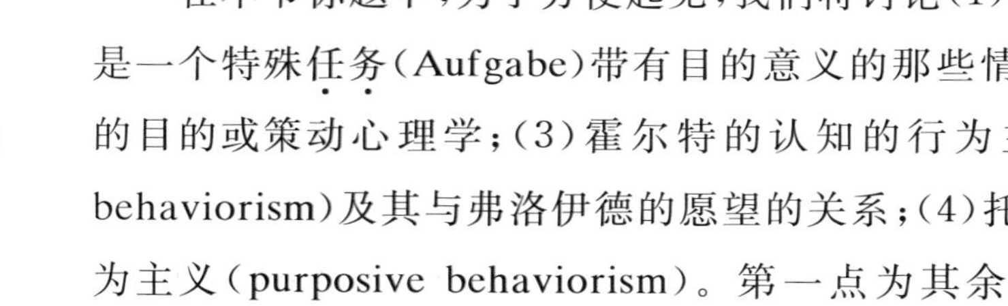

在本节标题下,为了方便起见,我们将讨论(1)心向和态度,就是一个特殊任务(Aufgabe)带有目的的意义的那些情境;(2)麦独孤的目的或策动心理学;(3)霍尔特的认知的行为主义(cognitive behaviorism)及其与弗洛伊德的愿望的关系;(4)托尔曼的目的行为主义(purposive behaviorism)。第一点为其余各点开辟了道路,第三点为第四点作好了准备。

1. 态度(attitude)和心向(set):当撰写动机的实验心理学史时,将可知进行心理的概括而不包括一个目的的决定因素,是很困难的——因为目的进入心理学,作为一个自变量的次数比作为一个因变量的次数要多一些,作为一个决定因素的次数比作为一个研究的题材的次数要多一些。

人们在科学心理学内必然地认识到动力原则——心理事件的特殊的决定因素——虽说在各式各种的词汇掩饰下,其意义未免有模糊不清之处。这里可列举十七个名词如下,这些名词应用于不同的时间,或出现于不同的场合,但包含着同一的概念。这也许是一种有趣的练习,去编写十二本有关动力心理学的小型教科书,而应用这些名词之一以表示每本书的动力原则。

整个十九世纪，心理学家们谈到了(1)注意(attention)，这是在有效的心理倾向充分意识到的时候，(2)预期(expectation)，这是在意识较欠鲜明的时候。例如，你透过一台反视镜(anaglyptoscope)(1885)看见一个浮雕或凹雕，这并不有恃于光线的实际方向，而是有赖于你所认为的光线的方向，那就是预期。注意决定着看见两可透视(reversible perspective)的哪一面，透视的起伏被假定为测量注意的起伏。预期则是这样一个因素，它决定着无意识推理如何应用线索以形成知觉(边码 308—311 页)。预期是先入(prior entry，边码 142—147 页)的有效的决定因素，后来又是反应时间的决定因素。甚至有人认为，如果你常常在发出刺激之前，每隔一定时距预先发出一个警报信号，使预期达到最理想程度，你就可以将反应时间降低为零。舒曼(1900)曾应用注意以解释视错觉中发生的移位现象。铁钦纳曾说过，只要你知道一个心理学家的注意的意义是什么，你就能理解他的体系了，他这个话是有道 716
理的。

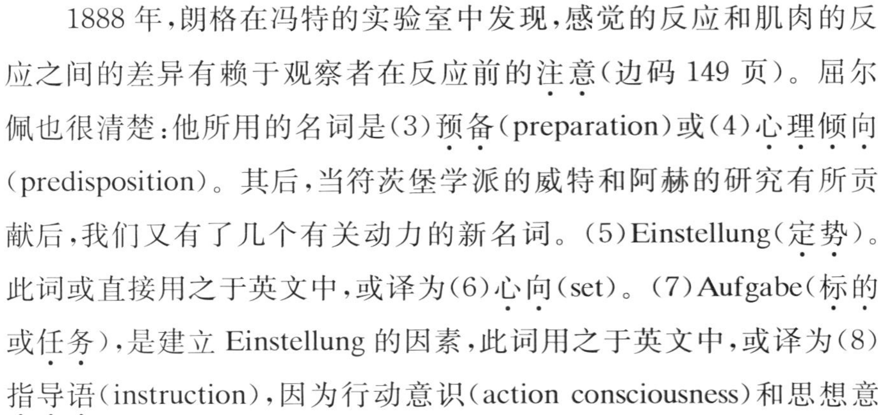

1888 年，朗格在冯特的实验室中发现，感觉的反应和肌肉的反应之间的差异有赖于观察者在反应前的注意(边码 149 页)。屈尔佩也很清楚：他所用的名词是(3)预备(preparation)或(4)心理倾向(predisposition)。其后，当符茨堡学派的威特和阿赫的研究有所贡献后，我们又有了几个有关动力的新名词。(5)Einstellung(定势)。此词或直接用之于英文中，或译为(6)心向(set)。(7)Aufgabe(标的或任务)，是建立 Einstellung 的因素，此词用之于英文中，或译为(8)指导语(instruction)，因为行动意识(action consciousness)和思想意识(thought consciousness)两者都证明是(9)预定的(predetermined),阿赫乃又创一个名词,叫作(10)决定的趋势(determining tendency),类似于G. E. 缪勒的联想的,印象的和坚持的趋势。当一个指导语预定着一个被试,使能引起一个较弱的联想而不引起一个原较强大的联想,那就是决定的趋势在起作用。如果我要你想到韵律,你对black(黑)的联想就会是tack(大头钉),而不是white(白)了。用决定的趋势,决定(determination)和预定(predetermination)等词,大可写出一整本动力心理学。

(11)态度(attitude)一词大约出现于此时,较古老的德文字是(12)Anlage(设计)。然后依照符茨堡学派,我们开始听到有关Bewusstseinslagen(识态)和识态(conscious attitudes)。后来在社会心理学中,态度变成了Einstellung(定势)和Set(心向)的代名词。

在达尔文主义的促进下,(13)本能(instinct)出现于动物心理学,但因本能被设想为由遗传固定下来的,所以不能用以代替其他一些动力的名词。其后(14)内驱力(drive)一词开始被应用着,同时(15)诱因(incentive)一词也用以称指向目标的行为。

麦独孤受沃德和布伦塔诺的影响,但在其著作中写的是行为,他应用(16)目的(purpose)一词于行为,托尔曼更加强了麦独孤的观点。

最后一个名词是(17)需要(need)。主要需要(primary needs)为各种本能,派生需要(derived needs)则为各种习惯。总的说来,需要较之态度更具有生物学的意义。对于空气,食物和性爱的需求都是需要。态度则决定偏好,特别表现于趣味和判断。

这个名单并不完全，也没有指出各个名词最初应用的时间。但它可以表明，心理学家们和实验心理学家们从未摆脱过动力原则。在知觉，动作，注意，情绪，学习和思维的研究中，动力原则总是要求人们的注意。联想原则被接受了以后，这个压力在学习方 717
面减轻了一点，但没有全部消失，甚至情绪也不例外。是否如詹姆士一度所说，见熊而逃才造成恐惧呢？然而，我如果没有枪，我就会逃走；或者我如果是一个蹩脚的射手，我也会逃走。枪和技巧都影响着态度，并决定着逃走。

2. 麦独孤：我们在第二十章中已知道了麦独孤的学说要义（边码 465—467 页，491 页以下，496 页以下）麦独孤的目的心理学基于他本人的一种信仰，即有机体总是奋力以求达到一个目的。他的心理学是一种活动心理学，起源于沃德和苏格兰学派，而沃德则又来源于布伦塔诺。目的心理学涉及经验和行为，但麦独孤在很早时期却声称行为是心理学的主要题材，因而他是一个华生之前的行为主义者，他后来与华生发生论战时，否定了这个称号。较早期的参考资料还标出了麦独孤的“行为的七个标志”，即用以证实行为的目的性的七个特征，以示别于反射运动（边码 466 页以下）由麦独孤看来，目的性包括行动中某种程度的自由，某种程度的不确定性（indeterminateness）——这种观点使他在心理学家中得不到物理主义者的欢心。这些就是他在 1923 年撰写《心理学大纲》（Outline of Psychology）时的观点。

然而麦独孤对动力心理学的最重要贡献，当推 1908 年《社会心理学》（Social Psychology）一书的出版以及其后不断的修订，以迎合此书所引起的巨大要求。此书详述人类行为的性质，建立在

本能的基础之上。十九世纪以来,有关动物本能的文献甚多(边码625页以下)麦独孤企图阐明,人类一切动作——以至社会相互作用——都可视为基本的遗传的本能动作及其在经验中的改变的结果。他又将本能与情绪联系起来。他认为每一主要本能必有一个相应的主要情绪:逃避本能的情绪为恐惧,拒绝本能的情绪为厌恶,好奇本能的情绪为惊异,好斗本能的情绪为愤怒,父母本能的情绪则为柔情。麦独孤认为还有其他一些本能:自卑,自信,生殖,合群性,贪得性等等。这样的项目表可以是无限的,麦独孤即以个
718 人及其在个人之间互相作用的本能的发展写成了他的整本著作。这样一种动力心理学以其简单明了而风靡一时。后来心理学家们发现每人都可随心所欲地编造本能项目表,而且无法证明哪一个表较为正确,于是它在科学上就声名扫地了。麦独孤似乎从他的苏格兰前辈的官能心理学中借鉴太多(边码205页以下),而这种官能心理学则混淆了描述和解释的界限。如果你擅长写作,他们就会说你有写作本能。如果你经常参加殴斗,麦独孤就会说你有好斗本能了。

1930年,麦独孤将其体系更名为策动心理学(hormic psychology),主张本能是指向一个目标的(goal - directed),就是说,其所释放的能量引导有机体趋向一个目标。据他说,此一引导乃是通过认知的觉知(cognitive awareness)而发生作用。趋向目标的活动持续不已直至达到目标为止;此时活动因成功而告结束。趋向目标的进程总是愉快的;进程受挫或被阻总是不愉快的。此说并不新颖。耶鲁的决定论者也主张尝试错误的动作继续不已直至成功方皆结束。但其思想的背景与麦独孤的迥然不同。后者一

有可能，即应用目的论的概念，认为能量可导入动作渠道，而且对目标性质的认知，可使尚未成功的（not－yet－successful）有机体走上正确的道路——或至少使尚未成功的有机体选择正确的道路。当前的动作有赖于认知它的趋向。

麦独孤的想法在此处表现出旧的能量说（布吕克和布洛伊尔的概念，认为脑的能量有待于宣泄，见上文，边码709页），和弗洛伊德及精神分析的影响。麦独孤的著作丰富，态度严肃，但对一般系统心理学的影响不及他对社会心理学的影响，他也不曾影响霍尔特，但可能对托尔曼稍有影响。无论如何，麦独孤和托尔曼二人都是目的行为主义者，虽则目的行为主义一词创始于托尔曼。

3. 霍尔特：我们已经知道埃德温·B. 霍尔特为何许人，并已知道他如何卓越地将行为主义改为一种认知心理学。他认为特殊反应关系（specific response relation）乃是所谓“具有意义”（“having a meaning”）的或简单“认知”（“knowing”）的活动的实质（边码645页以下，661页以下）。我们在此必须进一步注意到，霍尔特认为这种特殊反应关系不仅是基本的认知原则，而且在事实上 719
（ipso facto），也是基本的动力原则。

霍尔特用之于动力原则的名词是愿望（wish），这个名词如果运用得广泛一些，我们本可将其添入上述十七个动力名词表之内的，1915年霍尔特写成《弗洛伊德的愿望及其在伦理学中的地位》（The Freudian Wish and its Place in Ethics）一书。霍尔特说，弗洛伊德已将意志（will）送还给心理学了。愿望和特殊反应关系一样，第一次为科学心理学提供了一个表示因果的范畴，他又说，弗洛伊德“为了减少学院的气息，给了我们一把注释心灵的钥匙。”霍尔特又说，愿望又可被看作目的。一个消极的愿望就是一个消极的目的。愿望的定义在某一方面可说成是“一种动作过程”（“a course of action”），身体的某种机制指向于实现这种过程，而不问其实际在起作用与否。以上着重点是霍尔特加的。有机体总是走向某处。走向某处就是有目的的动作，但是走向某处也是作为预定的结果而动作的，即作为原因的效果而动作的。霍尔特不像麦独孤，他不是目的论者，麦独孤似乎认为未来将现在拉向它自己。霍尔特是一个直率的决定论者，以为“未来拉向现在”无异于把过去推到现在，也就是由结果推测原因（a posteriori）。用表示原因的名词来了解行为，就是要知道有机体如何以及为什么从他现在的地方走向未来。当有机体对一个刺激物作出反应时，他是正在辨别这个刺激物，其本身就是一种认知动作；但是有机体的行为也针对了刺激，并按照它本身的需要，这就是一种意志动作。行为之所以有目的，因为它是被引起的，可能就是这个霍尔特，他采用了托尔曼的目的行为主义的名称。

霍尔特是一位博学之士，也许是有几分古怪的天才，对于他所赏识的学生则是一位善于启发的良师和益友。托尔曼虽然主要受了闵斯特伯格的教育，但是很明显，霍尔特对他有着决定性的影响。

4. 托尔曼：我们已经看到，爱德华·蔡斯·托尔曼在接触到了意义能否存在于没有想象物以前的问题（也就是铁钦纳所提出的关于符茨堡学派的无象思维的问题）以后，如何转而发展其目的的行为主义——也就是操作的行为主义。1932 年，托尔曼发表了他的巨著——《动物和人的目的行为》（Purposive Behavior in

Animals and Men)——及其有关目的的一套奇特的词汇。在托尔曼综合他的体系的后期发展写成许多篇论文，散见于各种刊物以前，此书一直是了解托尔曼的一本关键性著作（边码 647 页以下，662 页）。

很明显，托尔曼继承了霍尔特，他也受格式心理学的影响，因 720
为他描述过大件行为（molar behavior），即整个有机体的整体行动（total action），而不是反射学的“微分行为”（“molecular behavior”）。他从心理学中删去通常认为是由内省发现而无法公之于众的原始感觉（raw feels），把行为当作各先行情境（antecedent situations）和原因的一个函数加以研究。托尔曼在先行项和反应项之间插入了一些中介变量（intervening variables），这些中介变量并不来自霍尔特曾经叫人提防的生理学主义的“字面魔术”（word magic），因为它们都有明确的操作定义。事实上，托尔曼的体系具有很大的优点，这个体系基于许多特殊的实验并导致其他一些确定的实验。这样一种实证论往往是反对字面魔术的可靠保证。

考察一下这种决定论的目的主义（purposivism）如何发生，是很有趣的，目的是可以观察的。例如，你能看到老鼠对一个刺激作出一个反应（华生的行为），但你也能看到老鼠在反应时它正在做某种事（霍尔特的行为），最后，如果你熟悉啮齿动物的行为，则其行为就是有目标的或是有目的的了（托尔曼的行为）。的确，你也许需要像歌德那样好的现象学家，他审察利多海滩上的羊的头盖骨，把它看成是对应部分的一例。（边码 20 页）。但观察无须用推理来证明其无效，否则赫尔姆霍茨如何能主张一切知觉都包含着无意识推理呢？符茨堡的现象学家们就是当影像似未出现时而描述思想的，因而托尔曼在1917年能够相信，在没有影像时，对意义也可进行观察。根据发展的一贯性，托尔曼认为你们现在能观察目的，他维护此一观点的理由正与现象学的理由相同。

只须注意到托尔曼所用的几个名词，问题当可变得更为清楚。需求（Demands）就是需要（needs），不管是主要的或派生的需要，其中都包含着本能。目标—客体（goal - objects）是行为所指向的“将要得到的”客体（“to - be - got - to”objects），一个目标—客体一经达到，行为即告终结。手段—客体（means - objects）和手段—情境（means - situations），都是派生的目标，是达到最后目标—客体的手段。它们的力量来自与目标—客体的联系。预期（expectation）是使行为成为有目标的，有意向前看的决定因素。它是一个真正的中介变量，但这个名词是后来创造出来的。手段—目的—准备性（means - end - readiness）是引起被试去利用手段—客体的意向或准备，而手段—客体又使被试趋向于目标。
721 辨别性特征（discriminanda）是各客体的一些特征，可以作为信号而行动，以指示如何达到目标—客体。这些特征都是一些有效的分化刺激物，为达到一选择点提供线索。操作性特征（manipulanda）是可用以达到目标的一些客体的某些特征，——如一条可供奔驰的小道或一条可供拖拉的绳子。辨别性特征和操作性特征都是行为支持物（behavior supports），因为它们支持着有目标的行为，就是说，它们使有目标的行为成为可能。手段—目的—关系（means - end - relations）是这样一些知觉，它们使一些手段—客体互相发生关系或使各手段—客体与各目标—客体发生关系。一

个信号—格式塔(sign - gestalt)是一个行为支持物,其中包含着一个手段—客体,一个目标—客体和一个手段—目的—关系——所有这一切就是说,它是一个总的外部情境,由于这个情境,有目标的行为才得发生。

在托尔曼的体系中,还有更多的此类概念,包括同义词在内,他一共列举了一百二十三项这类名词,用以充实他的专门词汇,而且,他给它们以严格的定义——并不像我们所引用的一套因袭的术语。总之,上一段所说的目的,并非为了向读者介绍一种新的语言,而是为了告诉读者,收入托尔曼的目的行为主义内的是哪些种类的概念,而且还要表明,对于材料的直接观察,和对于机能的尚未充分意识到(not - fully - conscious)的推论之间如何必然地没有明确的界限。

托尔曼的特创的新词,无疑使许多心理学家不愿接受他的领导。可是他的专门语言已经唤起了人们对行为概念的许多特征的注意,这些概念,如果缺乏这些新术语,就可能被忽视,或虽有人注意,后来也会被遗忘的。像在任何秘密团体中那样,这种语言,对于了解其全部涵义的核心成员来说,也有助于鼓励他们的进一步的活动。

其他的动力心理学家

最后说到的不一定是最不重要的人物。对于吴伟士,勒温,默里,以及我们称之为耶鲁的动机体系,我们仍然有话可说。本节不再谈到苛勒,因为他把动力学理解为场论对现象的应用,与动机无关。

1. **吴伟士**:我们已经提过吴伟士,他是詹姆士的学生,是卡特尔在哥伦比亚大学的副手,后又成为他的继承人(边码 564—566 页,580 页以下)。大约在 1896 年,当吴伟士和桑代克同为研究生时,他对桑代克说过,心理学需要的乃是一种“动机学”(“moti-
722 vology”)。约当本世纪开始,吴伟士从 C. L. 赫里克那里获得一种想法,认为心理学应当是动力的。1910 年左右,吴伟士开始应用**动力心理学**(dynamic psychology)这一名词。1918 年,他以动力心理学为题发表了一系列演讲稿。并于 1925 年和 1930 年,先后描述了动力心理学的性质。这一名词无须吴伟士的介绍,看来也会为人所采用。但就事论事,他无疑为动力心理学之父,或至少也是它的教父。

本书以吴伟士为一机能心理学家,也许是具有美国心理学特色的广义机能主义的最理想代表人。吴伟士的动力学主要在于:一是相信原因和效果适宜子理解心理学的问题,二是相信,有机体的活动由于是心理学讨论的对象,它可以表现为意识过程或行为。我们已注意到,闵斯特伯格,铁钦纳和华生,在吴伟士的眼光中,都是怪人,他们提出的都是心理学避之唯恐不及的东西(边码 565 页)。但我们或可加上麦独孤,因为吴伟士也未曾采用其有关本能的目的论的解释。关于吴伟士对原因和效果以及对意识和行为活动的信念,他与安吉尔及芝加哥的机能主义者没有多大的区别,后者先前也曾支持过此两种观点。再者,吴伟士又认为由于采纳了这类原则才使动机得以进入心理学,此一见解与当时霍尔特的说法,以及其后托尔曼势在必说的看法也完全相同。

有趣的是，我们注意到，吴伟士对于铁钦纳企图将全部意识分析为感觉元素深表惋惜，他与托尔曼相似，站在屈尔佩无象思维的主张的一边。吴伟士在1914年美国心理学会的主席演讲词正是谈论这一题目。如果你要视因果关系为动机，你多少必须采取符茨堡的立场，至少也得采取现象学家们的态度——这一点我们在刚谈到托尔曼时已经提及。否则，你会发现自己只能先看见分析的各项，然后才能推论出其间的关系。

吴伟士在1918年强调机制（mechanism）和驱力（drive）的重要性，力图表明可合用这两个概念解释人类的一切活动。动作的机制就是联接（linkage）。对机制的描述就是回答有关现象的如何的问题。原因和结果的关系，刺激和反应的关系（S—R）都是可加描述的机制。然而在机制以外，必有准备推动此一或彼一机制 723
的能量源泉的存在。发现这些能源就是回答机制的为什么的问题。它们就是驱力。如果一个动物口渴，去喝水（go - to - water）的机制即为渴的驱力所推动，动物如果饥饿，饥饿的驱力就推动觅食的机制。驱力的作用像一种决定趋势，可对刺激字产生协韵的反应字，而不是有相反意义的反应字。

很明显，机制作为一种因果关系时，包含着一个先行项或原因项。如果机制是像膝跳那样一个简单的强迫性反射，则其刺激物就是它的驱力。但较常见的是先有某种状态，这种状态对于有机体来说是内在的，对于机制来说则是外在的，当它发生作用时便推动机制的活动。吃有赖于看见食物（刺激）和处于饥饿状态（驱力）。你可以把驱力看作强化着机制，但你也可以把整个系统看作多重的因果关系（multiple causation）的事例。吴伟士认为习惯逐渐成为兴趣，机制渐次变成驱力，他的见解是符合这一概念的。

2. 勒温：库特·勒温（1890—1947）1909—1914 年在柏林学习心理学，此时正值考夫卡和苛勒于此取得他们的博士学位之后。他留居柏林，不久即刊布几篇重要论文。1917 年，他发表的有关联想的研究即为这样一些论文中的一篇，这些论文阐明联想的力量不单纯有恃于联想各项的接近的次数，且复有赖于联想各项的动机（motive）。此时勒温主要关心之事，在于准备创立一种动机的格式塔心理学，这意味着对当时还存在着的唯一彻底的动机心理学——弗洛伊德体系——进行科学的改造。1922 年，勒温为柏林大学的讲师，1927 年任副教授。他在新的《心理学研究》（Psychologische Forschung）第一卷内再度发表论联想和动机，其后他的二十个学生开始了一系列研究，推进了有关人类行动动力学这一计划。他在美国知名，1923 年移居美国，头三年在斯坦福和康乃耳，次十年到俄亥俄大学，进行了一系列有关儿童动作的研究，第二次世界大战期间，有关各方迫切邀请他从事有关人的行动和动机的若干课题的研究；1945 年第二次世界大战结束时，马萨诸塞工业技术研究所委派他去剑桥任一新的集体动力学研究中心的负责人。此一计划在欲发挥勒温的深邃洞察力，卓越创造力和热情，及其无与伦比的民主领导才能，以建立一个新的“现实的”实验
724 社会心理学时，不幸因他于 1947 年突然去世而未能实现。

托尔曼将勒温和弗洛伊德二人相提并论，他说：“弗洛伊德为一临床医生，勒温为一实验家，正是他们二人常被人所怀念，因为他们的洞察力，相反相成，初次使心理学成为可以同时适用于真实的个人和真实的社会的一门科学”。另一位作者则宁愿使勒温和

詹姆士互相媲美，认为他们二人比任何人都更加平易近人，和蔼可亲，通情达理，不骄不躁，各自开辟了心理学的新领域。以上三人对学生都富有吸引力——詹姆士较多地通过著作，弗洛伊德和勒温则集合忠实信徒，共同商讨。弗洛伊德的核心小组壁垒森严，不忠实者相率离去。勒温则似乎无须盟誓效忠，反而深得人心。他们经常举行年会，勒温在黑板前讲学，时常成为核心人物。凡信仰勒温的心理学家，远近咸至，为讨论所鼓舞，临别依依，又盼望明年再次聚首。我们要了解 1933—1947 年间勒温在美国心理学中的地位，只须知道他的慷慨，友善，和一贯的热情所引致的热烈气氛，就够了。托尔曼以他与弗洛伊德相比，是否正确，历史自有公论。凡与勒温有深交者都无不极端信仰他的天才。

有些不接近勒温的人曾对他严加批评。他们不欣赏他的信徒对他的欢呼。一般说来，外国人士抱怨勒温心理学（Lewinpsychologie）的自命不凡，它自称拓扑学（topology），其实与数学的这一高度发达领域仅有浅薄的关系，它主要地是对实验的或准实验的情境中的社会问题寻求常识的解决，这种解决不过是用新动力说（new dynamism）的术语，用粉笔画成或印制的图解，描述种种现象而以描述伪装为发现。这个问题也有待于历史的公断。身后的长期重要性是考验伟大的试金石，赫尔姆霍茨和詹姆士是伟大的。

勒温的许多论文已译成英文，于 1935 年汇集成册，题为《人格的动力说》（A Dynamic Theory of Personality），书内附有一章，综述有关支持此一新的心理学研究的实验。他的《拓扑心理学原理》（Principles of Topological Psychology）于次年出版；1938 年，

725 又出版了一本专集，论述他的心理力的概念体系的数理逻辑。但他与詹姆士不同，他的魅人人格并未加速其著作的问世。

勒温开始想依据一种场论来描述人的动作，你可想象一个人处于其生活空间(life—space)之内。这个名词的意思是指他所感知的或设想的直接环境(immediate environment)——可以说是他的“生存空间”(“livespace”)，因为这个名词完全不是指一个人的地理环境或其终生的环境。勒温的确反对发生的解释，因为他认为对被试者当时所处的全场(total field)的充分理解，不仅提供了他的动作的描述，也提供了他的动作的解释。这样一种描述就可以兼而回答如何与为什么的问题。当如何与为什么获得满意的答复，再问从何处(whence)的问题就没有意义了。

人是一个移动的有机体。他过着四方移动的生活。他希望达到或离开某些地方，希望获得或躲避某些东西。你可以用诱发力(valences)来表示他的欲望(霍尔特称之为弗洛伊德的愿望)。一个人想要的物体对他具有正诱发力(positive valence)，你可以用向量(vector)表示之，这个向量表示一个把有机体推向想要的物体的力(force)。一个具有负诱发力(negative valence)的物体则把这个人推开。如果一个人在一个场中有许多物体，已知其向量—诱发力的总和与方向，你能否算出各个力的总结以说明这个人将如何行动呢?

此处的困难在于：这个人并不是在一个物理世界中行动着，而是处于一个心理环境之中，这个环境中的现实乃是他所感知或所相信的内容。(物理上)最长的一条路在心理上或生活空间中往往是最短的一条路。你可以在一个儿童及其想要的物体之间设置一个**障碍物**(barrier)。它可以是一道篱笆,也可以是父母的一道禁令。到达物体的距离因障碍物而增加,而当儿童知道了围绕篱笆的途径或逃避禁令的方法,距离又可缩短了。勒温解决这些困难的办法是介绍了**拓扑学**的基本概念——一个空间概念,在此空间中只有次序(order),既没有方向,也没有距离。(在橡胶膜上的图形变形时,距离和方向因此彻底改变而次序保持不变)。在拓扑学的生活空间中,由此及彼的距离仅仅是中介事件的数目。不管怎样,勒温在转向拓扑学时,便丧失了向量以及用简单的决定法则而互相结合的可能性。他为了多少恢复此一优点,后来又提出生活空间是"矢量学的"("hodological"),就是说,各途径都是分化了 726
的拓扑空间。

无怪托尔曼对此体系感到满意。霍尔特或许具有同感。所有这三个人——霍尔特,托尔曼和勒温都认为,你如果能用决定论的术语来描述动机和目的,你就已对它们有所解释,并已获得了许多人孜孜以求的关于人性的预测心理学(predictive psychology)。霍尔特谈到原因和结果,但勒温不喜爱那种分析,他要讲场力(field forces)。勒温以为场论乃是更新颖的科学的概念体系。他称之为伽利略的体系。他说,较古老的观点有赖于亚里士多德的类别说(class theory)。在类别说中,你解释一个物体或事件,只是将它归诸所属的类,而不问这个特定的物体或事件所有不同于这个类的代表平均数的一切特殊的方面。相反,你在场论中就要注意所有特殊方面的相互关系。在思想上,你没有变异性(variability)需要抛弃,因为个别的例案正是你所要了解的东西。勒温的观点在这方面与美国心理学的基本价值观不谋而合,因为美国心理学的目的是机能的，个别差异的研究是常被欢迎的。

有关勒温的心理学内容还有很多。他用紧张（tension）的概念说明动机或需要，认为目标一经达到，或某些其他缓和的手段，如完成一个代替的目标一经实现，紧张便得到解除。或许这一概念的应用，就是一种动力心理学的真正标志。这一种说法与认为凡动力心理学家都应用场论的主张并无不符之处，因为场论代表另一说法：当场内的力处于不平衡状态时，动作便持续不已，直至达到平衡为止。平衡就是成功，失败和挫折则产生紧张。

凡热烈赞赏勒温对心理学的贡献的人们，无不指出他的研究和实验结果的丰收。1935 年，勒温曾亲自列出一表，列举约四十个题目，都是他的二十个学生在过去十年间所作的重要贡献。我们选择少数几种为例叙述如下。

在勒温的指导下，第一个也是最闻名的重要研究之一是蔡格尼克（1927）的研究，她发现未完成的作业比完成的作业有更好的回忆。此说认为动机的紧张因完成作业而解除，但当活动被打断时，紧张便持续着，使记忆处于经常活动状态。奥芙散金娜（1928）
727 表明，成人未能完成一项活动，其后一有机会就有再图试作的倾向，而已完成此项活动的成人，则大都选择另外新的活动。紧张的解释与蔡格尼克的研究相同。利斯纳（1933）发现一个未完成的活动所产生的紧张，可以用完成一个类似的代替活动而部分得到解除。此项研究与弗洛伊德的升华作用（Sublimation）在动力方面颇有相似之处。

有几个研究表明成功和失败在心理上有赖于被试者为自己所定的欲求（aspiration）水平。在明知不可能做到的事情上遭到失败根本不算失败，在看来非常容易成功的事情上获得成功也算不得成功。紧张的产生及其解除时的成功程度，有赖于被试者为自己所定的欲求水平。霍普(1931)开始此项研究，弗兰克(1935)进一步作了许多更为详尽的工作。

巴克，丹波和勒温(1941)有一个关于幼儿对挫折的反应方式的著名研究。挫折在手：先让一个幼儿玩普通的玩具，其次给他最喜爱的玩具，然后用铁丝栅栏把幼儿和漂亮的玩具隔开，只把普通的玩具退给他玩，但他仍能看见其他的玩具。在挫折面前，他对普通玩具的享用受到了破坏，逐渐变得“笼统化”(“dedifferentiated”)降低到较简单而在结构上较欠成熟的游戏。这样，我们便可用实验引起弗洛伊德的倒退现象，而予以一种科学的描述。

第二次大战时需要领袖，心理学家们纷纷求教于勒温，因为他曾和R. 利皮特和R. K. 怀特(1939)作过关于少年集体的领导类型的研究。他们通过不同的领导，即独裁型，*放任自流*(laissez-faire)型和民主型，建立不同的“社会气氛”(“social climates”)，以训练各种领袖。获得最大成功的是以民主方式领导的集体。

我们无法断言这些问题及其解答有可能得到确切的规定应否归功于勒温的体系，或是否勒温的富于感染性的人格是这里的共同因素。但我们可以肯定的是，他的热诚的信徒及其所联系的人，接受了他的思想的模式，也接受了他的研究的使命。他们当然不像弗洛伊德和铁钦纳的学生，有什么严格牢靠的正统观念必须遵守，因为勒温是一个真正的民主领袖，他的信条经过集体讨论才臻于成熟。但勒温激发着运动，他所提供的动机，不仅是提供一套用 728
以描述事实的有词有图的方便语言。一本动机心理学教科书也许可以表明全部事实和其他许多事实,甚至无须提到勒温的体系,概念和图解,那是可能的。另一方面,勒温也可能是时代精神的代言人,把动机心理学从清规戒律中解放出来,使伽利略的观点战胜了亚里士多德的观点,使格式塔心理学压倒了冯特的分析心理学。究竟怎样,历史将会为我们作出最后的判断。

3. 默里:如果我们是正在讨论动力心理学家们的各主要体系,便无权对亨利·A. 默里的观点略而不谈,这些观点在哈佛心理诊疗所内渐次形成,更在默里领导下的一群研究者于 1938 年刊行了《人格的探索》。

这个体系包括一大批需要及其许多新词,它既很复杂,而词汇又过于专门化,以致不宜详述于此。它基本上与霍尔特,托尔曼和勒温的体系相同。一个有机体的动作使一个最初的总情境发生变化,直到一个新情境产生为止,这个新情境具有结束这个动作的特点。这样一个事件证实了一种需要的存在,而一个引起动作的需要,则以其效果为特征,而不以引起效果的特殊运动为特征。默里称这些无关的运动为动作活动(actones),再将它们分为言语活动(verbones 即 verbal activity)和肌肉活动(motones,即非言语的肌肉运动),一个特殊的需要就是引致特殊效果的东西,而不问其所使用的是何种动作活动。例如不管你使用打火机或是借一根火柴,需要总是为了点一个火。这就是霍尔特所表明的特征。霍尔特说,一个孩子不是正走过屋旁,他是正走向菜场。走过屋旁(going-by-the-house)乃是无关的动作活动。各种需要——如我们已经指出,默里有其一大串需要——都是有方向的(勒温的向量),只是因为它们趋向于效果。在操作上,定向的(directed)一词主要的意思是指效果（目标）的到达使需要和活动告一结束，效果（目标）是指消除需要所必需的任何变化。一个内脏产生的正的需要（positive viscerogenic need），例如“食物需要”（“n Food”，即need for food），显然指向一种结束状态——摄取营养入胃——暂时地消除了需要。一个内脏产生的负的需要，例如“免毒的需要”（“n Noxavoidance”），乃是吐出毒物或避而不看它们的排除毒物的需要。一个心理产生的需要（psychogenic need），例如“获取需要”（“n Acquisition”），即获取的态度，在操作上是难以下定义的，因为结束—情境（end - situation）可能仅仅是银行的存款，而不是 729
保险库地板上的一堆金币。

默里的问题与勒温正复相同：特殊的术语能否说明问题借以启发重要的研究，否则就无从着手呢？或者这种语言是否只是热心研究小组的一种行话呢？这些都很难说。但可以肯定的是，默里的集体是有成效的，默里的领导才能可以部分说明他的追随者所作出的成绩。默里相信深入探究一个人内部的所有能力的总和，就能对人格有所理解，因而他在第二次世界大战期间的美国军队中，开始共对人的评价工作。

4．耶鲁的体系（The Yale Schema）：在耶鲁人类关系研究所（Institute of Human Relations at Yale）还有一些对动机问题感兴趣的心理学家，形成了另一个有力的集体。在那里克拉克·L．赫尔（边码 651—553 页）是鼓动的力量，虽然他自己的活动仅限于学习问题。概念的图式发表于题为《挫折和攻击》（Frustration and Aggression，1939）的一本专题著作中，其中包括有约翰·多拉德，L．W．杜布，尼尔·E．密勒，O．H．莫勒和 R．R．西尔斯的论文。这部著作表明一群专家可以长期而热情地从事有关动机问题的讨论，而无须创造一种特殊的语言作为进一步互相交流之用。这一事实给人的启示是，托尔曼，勒温和默里的新词在科学的进程中，可以起一种动机性的作用，而不是理智性的作用。心理学似乎已有足够的语言——耶鲁的语言——使“动机学”（“motivology”）得以表达清楚。特殊的词汇可属于科学的实用学，而不属于科学的语义学，因为这些词汇似乎用以提高研究集体的忠心。也许这些语言可以防止思维的昏睡。它们肯定是理智警觉性的征兆。

耶鲁的动力体系是直截了当的。下面是它的一个轮廓。一个**有目标的行为**（goal-directed behavior）可根据它导向何处而规定其意义。某种发动这一行为的东西可以称为**促动体**（instigator）。这类被促动的动作就是**目标—反应**（goal-response），它以目标到达的成功而结束。在一个全新的情境中，成功必须经过尝试错误而获得。但每一次成功**强化**了目标—反应，以致当情境逐渐变得熟悉时，成功便稳妥而迅速地发生。这便是整个体系的核心，它是以赫尔的强化概念为基础的。这一特殊理论还进一步解释攻击行为。一个被促动的目标—反应受到干涉就是**挫折**。挫折不是导致
730 一种**代替**的反应，就是引起**攻击**，而攻击本身就是一种代替。当攻击受阻时，它本身可以在一个代替物上得到发泄，或转向内心而变成**自我攻击**。如果这些名词听起来有嫌模糊，则人们不妨可以说耶鲁在1939年才知道为它们下操作的定义，因而这些定义较之托尔曼，勒温和默里等人的名词定义就较欠精密了。

附　　注

本章介绍性的各段中所涉及的内容，大部分在本章或本书的其他适当地方都做了具体阐述。我们注意到，还有两个动力心理学家，在本书他处没有提起，就是：J. T. 麦考迪，《动力心理学问题》(Problems in Dynamic Psychology：a Critique of Psychoanalysis and Suggested Formulations)，1922 年；T. V. 穆尔，《动力心理学》(Dynamic Psychology)，1924 年，第 2 版，1926 年；《认知心理学》(Cognitive Psychology)，1939 年。吴伟士似乎在 1918 年首次应用动力(dynamic)一词，来表明一种特殊的心理学。

精神神经病

首先参见齐博格的《医学心理学史》，1941 年，这本书首次提供了这方面史料，使人易于查阅。关于早期对精神病的态度，见 27—92 页；关于精神病治疗的复杂化以后的衰落，93—117 页；关于魔鬼信仰(demonology)的兴起，118—143 页；关于巫锤和三个世纪宗教法庭的捕巫，144—174 页；关于对迷信的初次反抗，175—244 页；关于精神神经病的发现和理解，245—378 页；以下要更详细地提到齐博格。关于精神神经病的发生史有一简要评论，见墨菲，《近代心理学史引论》，第 2 版，1949 年，131—136 页。

斯普伦格和凯雷墨的《巫锤》(Malleus maleficarum)初次出版于 1489 年。德译本，Der Hexenhammer，1906 年；英译本，附有拉丁文标题，1928 年，再版为缩影本，附有一篇新引言，1940 年，斯普伦格的教名似为雅可布(Jacob)，译为詹姆士(James)，虽然齐博格称之为约翰(Johann)。齐博格把这本书名译为 The Witches' Hammer；但这个书名对于谁施打击和谁被打击含意不清，以译 Witch Hammer(巫锤)为佳。此书作者原意是用这本书为锤，打击巫婆，见齐博格，前引书，144—174 页。

关于维韦斯，见齐博格，前引书，180—195 页并散见其他各页。关于韦耶尔，同书，207—235，并散见各页。关于皮内尔，同书，319—341，并散见各页；又见墨菲，前引书，34—43 页。关于迪克斯见齐博格等，《美国精神病学百年史》(One Hundred Years of American Psychiatry)1944 年,78 页以下。

关于麦斯麦,埃斯代尔,埃利奥特森和布雷德参见第七章正文及 116—128 页附注。关于李厄保和沙可见同一附注,129 页以下。涉及以上各人的重要性,在齐博格的《医学心理学史》(前引书)中有:麦斯麦,342—345 页;埃利奥特森,351—354 页;布雷德,356 页以下;李厄保,357—359 页;沙可,361—378 页。对沙可的人格简述,见威廉·奥斯勒,"吉恩-马丁·沙可",《约翰·霍布金斯医院公报》(Johns Hopkins Hospital Bull.,),1893 年,第 4 卷,87 页以下。

关于让内,见 W. S. 泰罗,"皮尔·让内传,1859—1947",《美国心理学杂志》1947 年,第 60 卷,637—645 页;E. R. 古斯里,"皮尔·让内,1859—1947",《心理学评论》1948 年,第 55 卷,65 页以下。让内有一篇启发性不大的自传,见麦奇森,《心理学家自传集》,卷一,1930 年,123—133 页;关于他的一篇长的传记,见麦奇森,《心理学家题名录》,1932 年,723—725 页。让内的

731 重要著作为:《歇斯底里的心理状态》,1892 年,第 2 版,1911 年;英译本,1901 年;《歇斯底里的主要症状》,1907 年;第 2 版,1920 年;《心理药物学》,共三卷,1919 年。Dédoubler 意指双重,分开或分裂(人格分而为二)。《歇斯底里的心理状态》的译者为什么颠倒了这个词的意义,且在正文中把 dédoubler 译为 undouble,二字意义相反,其原因或永难查明。她(指英译者)在读校样以前死去,她的丈夫进行了校对,然而是铁钦纳帮忙的。

普林斯的两本名著是:《人格的分裂》(包昌甫小姐病案)(The Dissociation of a Personality),1906 年;《无意识》(The Unconscious),1914 年。泰罗在《普林斯与变态心理学》(Morton Prince and Abnormal psychology)一书中曾企图介绍普林斯。普林斯和让内,以及闵斯特伯格和李播都曾为著名的《论潜意识现象》(Subconscious Phenomena,1910)同题论文集撰文。普林斯于 1927 年利用一无名氏的捐款创建了哈佛心理诊疗所。这个捐赠者深信普林斯的明智。普林斯提出了许多意见,其中之一是进行"并行意识"(coconscious)的内省——因为那时铁钦纳仍然在世,内省还没有过时。一个主要的意识既可以用眼看,又可以用嘴说出内省的所见,并存意识,在接过耳官的感知以后,可能用纸笔表达它的内省。普林斯认为这两种意识可一同进行着,各自报导自己。但我们也可料想到,它们会互相干扰,或竟可能互相推测。

活动观念

因为本节是本书前面各部分的回顾，所以除在正文中交叉参考以外，无须再加附注，余如弗洛伊德与布伦塔诺的关系可参见 P. 默连，“布伦塔诺与弗洛伊德”，《历史思想杂志》(J. Hist. Idea)，1945 年，第 6 卷，375—377 页；“布伦塔诺与弗洛伊德——续编”，同杂志，1949 年，第 10 卷，451 页。

唯乐主义

本章提到的许多英国经验主义者和联想主义者在本书中已有较充分的论述：洛克，边码 169—179 页，休谟和哈特莱，边码 186—199 页；穆勒父子和斯宾塞，边码 219—233 页，240—243 页；以上各人的关系以及他们与阿里斯梯波斯，伊壁鸠鲁和边沁及唯乐主义的关系，见约翰·华生，《自阿里斯梯波斯至斯宾塞的唯乐主义说》(Hedonistic Theories from Aristippus to Spencer)，1895 年；莱斯利·斯蒂芬，《英国功利主义者》(The English Utilitarians)，1900 年，共三卷，(分述边沁，穆勒父子)；欧内斯特·阿耳比，《英国功利主义史》(A History of English Utilitarianism)，1902 年。以上各书都谈到上述各人及其他一些人(阿耳比涉及最广)，介绍各人的著作。杰里米·边沁的《道德和立法原则引论》，1779 年，1848 年再版时加一引言。

有关本问题与实验心理学的关系的讨论，见托罗兰，《人类动机的基本原理》(Fundamentals of Human Motivation)，1928 年，273—306 页；P. T. 杨《行为的动机》(Motivation of Behavior)，1936 年，327—337 页。有一简短的介绍，参见墨菲，《近代心理学史引论》，第 2 版，1949 年，4—43 页。

精神分析

关于精神分析的历史，较早的见弗洛伊德，关于在克拉克庆祝二十周年纪念(vigentennium)的报道，“精神分析的起源和发展”(The origin and development of psychoanalysis)，《美国心理学杂志》，1910 年，第 21 卷，181—218 页，以及稍后的《精神分析运动史》(Zur Geschichte der psychoanalytischen Bewegung)，1914 年；英译本，1917 年，德文和英文都有各种不同重版本，包括其《基本著作集》（引见下文）。稍后为弗洛伊德，《梦的解释》，1925年；英译本，1946年。关于弗洛伊德写得最好的著作是一本小册子，萨克斯《弗洛伊德，大师和朋友》（Freud, Master and Friend），1944年。关于弗洛伊
732 德早年生活写得最好的作品是F.威特尔斯的《西格蒙德·弗洛伊德：人，学说，学派》，（Sigmund Freud: der Mann, die Lehre, die Schule），1924年；英译本，1924年。稍逊的是特奥多尔·赖克，《追随弗洛伊德三十年》（From Thirty Years with Freud），1940年，萨克斯是忠于弗洛伊德三十五年（1904—1939）的信徒，当别人背离时，他毫不动摇，以客观态度写书，他擅长品评人格并付诸笔墨，他以亲密的塑像，给弗洛伊德留下不可磨灭的印象。有朝一日有人想把弗洛伊德和铁钦纳二人的人格作一比较，则他们彼此酷似，甚至许多细微末节也有雷同之处，虽然弗洛伊德是伟大得多的人物。萨克斯认为弗洛伊德虽然否认自己是一个慧眼人（Menschenkenner），但也应知道加冕王子可能最不忠诚，从而当阿德勒和兰克叛离时，得免心痛。关于弗洛伊德与布吕克和布洛伊尔的早年关系，以及布吕克与路德维希，杜布瓦-莱蒙和赫尔姆霍茨在1845年的盟约，见S.伯恩费尔德，“弗洛伊德的最初学说和赫尔姆霍茨的学派”（Freud's earliest theories and the school of Helmholtz）《心理分析季刊》，1944年，第13卷，341—362页；关于弗洛伊德如何听布伦塔诺的演讲以及将约翰内斯·穆勒的著作译成德文，参看上文和默连的上述引文。又见H. W.普纳，《弗洛伊德传：他的生平和思想》（Freud: His Life and Mind, a Biography），1947年。

弗洛伊德的著作繁多，已收入他的全集（Gesammelte Werke）共十七卷，1940—1948年。本书正本中提到的弗洛伊德的一些著作有：《关于歇斯底里的研究》（Studien über Hysterie）（与布洛伊尔合著），1895年；英译本，1909年；《梦的解释》1900年；英译本，（The Interpretation of Dreams）1913年；《日常生活的精神病理学》，（Zur Psychopathologie des Alltagslebens），1901年；英译本，（Psychopathology of Everyday Life）1914年，《诙谐及其与潜意识的关系》（Der Witz und seine Beziehung zum Unbewussten），1905年；英译本（Wit and Its Relation to the Unconscious），1916年；《关于精神分析的通俗演讲》，（Vorlesungen zur Einfübrung in die Psychoanalyse），1917年；英译本（Introductory Lectures on Psycho-Analysis），1922年；《在快乐原则之上》

(Jenseits des Lustprinzips),1920 年;英译本(Beyond the pleasure Principle),1922 年;《自我和伊底》(Das Ich und das Es),1923 年;英译本(The Ego and the Id),1927 年。《西格蒙德·弗洛伊德的基本著作集》(The Basic Writings of Sigmund Freud),1938 年,其中包括 A. A. 布里尔的英译:"日常生活的精神病理学","梦的解释","性的学说的三大贡献"(Three Contributions to Sexual Theory),"诙谐及其与潜意识的关系","图腾与禁忌"(Totem and Taboo)和"精神分析运动史"。美国心理学家正在转向行为主义,可能只是慢慢地对弗洛伊德的观点产生兴趣。另一方面,这许多英译本表明,经常留心机能观点的美国公众,正从弗洛伊德那里(当然也在性的方面)发现了机能心理学,也会很快地对弗洛伊德有所认识。

麦奇森的《心理学家题名录》中,附有阿德勒,费伦齐,弗洛伊德,琼斯和荣格的详细书目,此处无须一一列举,但我们可从中举出三个持不同意见者的三本书,或可说是三本宣战书。阿德勒(于 1911 年与弗洛伊德分裂),《论神经特征》(Ueber den nervösen Charakter: Grundzüge einer vergleichenden Individualpsychologie und Psychotherapie) 1912 年;英译本,1917 年;荣格(1913 年分裂),《无意识过程心理学》(Die Psychologie der unbewussten prozesse: ein Ueberblick über die moderne Theorie und Methode der analytischen Psychologie),1917 年;英译本,1917 年;兰克(1925 年分裂),《出生创伤及其对精神分析的意义》(Das Trauma der Geburt und seine Bedeutung für die Psychoanalyse),1924 年;英译本,1929 年。其他早期影响很大的著作有琼斯的《精神分析论文集》(Papers on Psycho-Analysis),1913 年。琼斯曾在多伦多稍留,1913 年后定居伦敦。费伦齐定居布达佩斯,直至 1933 年逝世。萨克斯在柏林精神分析研究所任职,1933 年赴波士顿。他曾对本书作者进行了精神分析,或至少在第 168 届会议中开始了一次分析。也许未足以使作者有足够的转变。见波林和萨克斯,"这次分析是成功的吗?"《变态社会心理学杂志》,1940 年,第 38 卷,3—16 页。

还有许多有关精神分析的论述是为教学目的而作的,其中最好的两种为:墨菲《近代心理学历史导引》,第 2 版,1949 年,370—348 页;吴伟士,《现代心理学派别》,第 2 版,1948 年,156—212 页。较次的(其中两种已过时,未 733
列)有:海德布里德,《七种心理学》,1933 年,376—412 页;J. C. 夫罗格尔,

《心理学百年史 1833—1933》,1933 年,279—303 页;列伐恩,《当代心理学》,1940 年,148—228 页;约翰·里克曼,《精神分析索引,1893—1926》,1928 年,列举在他写作时期中的文献目录 4,739 条及有关精神分析的书籍,以及著名精神分析学家的姓名和重要的精神分析期刊。对于本领域的初学者来说,除本节所引著作外,最好的指南也许莫过于艾夫斯·亨德里克,《精神分析的事实和理论》(Facts and Theories of Psychoanalysis),1934 年,第 2 版,1939 年,这本书推荐的进一步读物不容忽视。作为文献评述而非指南的好书是 W. 希利,A. F. 布朗纳和 A. M. 鲍尔斯,《精神分析的结构和意义》(The Structure and Meaning of Psychoanalysis),1930 年。

正文注意到了精神分析正渗透于普通心理学之中,凡出现动机问题的地方都在考虑之列。可参阅西尔斯,《精神分析概念的客观研究概观》(Survey of Objective Studies of Psychoanalytic Concepts),1943 年,《会社科学研究会公报》(Soc. Sci. Res. Counc. Bull.,)第 51 期。也应注意精神分析的概念和问题为何在下面一书十章中至少占了六章,S. S. 汤姆金斯,《现代精神病理学》(Contemporary Psychpathology),1943 年。

920

目的心理学

关于心向和态度各段指出一个尚待详细探讨的领域。现时还不可能提供文献。读者如果不知道什么是反视镜(anaglyptoscope),可参见波林,《实验心理学史中的感觉和知觉》,1942 年,266 页,304 页。关于注意和反应,见詹姆士,《心理学原理》,1890 年,卷一,427—434 页。冯特仅把动力原则直称为精神的(psychic),无疑在这一较普通的术语下面,往往隐藏着目的的因素:见冯特,《简单反应在精神的影响下的变化,生理心理学原理》(Veränderungen der einfachen Reaktion durch psychische Einflüsse, Grundzüge der physiologischen Psychologie)第 6 版,1911 年,卷三,409—421 页。

关于麦独孤见边码 465—467 页,491 页以下。他的传略及几种著作,见边码 496 页以下,此外再加上论策动心理学的论文,见麦奇森,《1930 年心理学》,1930 年,3—36 页。有一张关于需要的现代项目表,超出了麦独孤的尚属节制的本能项目表,见默里,《人格的探索》,1938 年,特别见 54—242 页。

关于霍尔特和托尔曼,见边码 645—648 页。661 页以下的附注,指出了他们的主要著作，霍尔特的传略和关于托尔曼体系的评论。

其他的动力心理学家

关于吴伟士，见边码 564—566 页和 586 页以下的附注，与此有关的重要著作是 1918 年的书以及 1925 年和 1930 年的论文。

从有关勒温著作的大量文献目录中，我们可以指出正文中提及的几种："意志动作受阻时的心理活动与联想的基本规律"(Die psychische Tätigkeit bei der Hemmung von Willensvorgängen und der Grundgesetz der Assoziation)，《心理学杂志》(Zsch. Psychol.)1917 年，第 77 卷，212—247 页；"意向的问题与联想的基本规律"(Das Problem der Willensmessung und das Grundgesetz der Assoziation)，《心理学研究》，1922 年，第 1 卷，191—302 页；第 2 卷，65—140 页；《人格的动力说》，1935 年(英译本，或散见他处的七章英译原文，或 1926—33 年在他处出现的各章并书末增加新的概观的一章)；《拓扑心理学原理》1936 年，(有关生活空间的标准描述)；关于概念的复现和心理力的测量，见《对心理学理论的贡献》(Contributions to Psychological Theory)，1938 年(拓扑的或矢量的，["hodological"]体系的数理逻辑的发展)。

正文中提到受勒温影响的代表性的研究是：蔡格尼克，"论完成的动作和未完成的动作的保持"(Ueber das Behalten von erledigten und unerledigten Handlungen)，《心理学研究》，1927 年，第 9 卷，1—85 页；奥芙散金娜，"中断活动的再图试作"(Die Wiederaufnahme unterbrochener Handlungen)，同杂志，1928 年，第 6 卷，302—379 页；利斯纳，"满足通过代替动作而缓和"(Die 734
Entspannen von Bedürfnissen durch Ersatzhandlungen)，同杂志，1933 年，第 18 卷，218—250 页；霍普"成功与失败"(Erfolg und Misserfolg)，同杂志，1931 年，第 14 卷，1—62 页；弗兰克，"欲求水平在某些方面的个别差异"(Individual differences in certain aspects of the level of aspiration)，《美国心理学杂志》，1935 年，第 47 卷，119—128 页；"欲求水平的一些心理决定因素"(Some psychological determinants of the level of aspiration)，同上，285—293 页；"完成一项工作的水平对另一项工作的欲求水平的影响"(The influence of the level of performance in one task on the level of aspiration in another)，《实验心理学杂志》，1935 年，第 18 卷，159—171 页；巴克，丹波和勒

温，“挫折与退化”（Frustration and Regression：an Experiment w：th Young Children），1941 年（《衣阿华大学儿童福利研究》，第 18 卷，第 1 期）；勒温，利皮特，怀特，“实验创造的‘社会气氛’中的攻击行为模型”（Patterns of aggressive behavior in experimentally created ‘social climates’），《社会心理学杂志》，1939 年，第 10 卷，271—299 页。有一个有关蔡格尼克的实验的故事。勒温和他的朋友们在柏林的一家餐厅用餐，周围人声嘈杂，谈话之声不绝。他们订菜已经很久，侍者却在远处张罗。勒温把侍者叫来，问他应找回多少钱，他立即告诉了他并把应找回的钱付讫，但周围谈话声音仍很喧嚣。勒温忽然念头一闪，他把侍者叫回，问他刚才找给自己多少钱。侍者再也记不起来了。原来当他把账单算清以后，紧张已经解除，记忆再也不生效了。《心理学研究》第 9 到第 19 卷（1927—1934）载有勒温对动作和情绪心理学的一组研究，共有十七个研究题，本段所引大多数研究是从那里引来的。

关于勒温未见有好的传记。大多数悼文中都是颂词多而事实少。有三篇为奥尔波特，托尔曼和 A. J. 马罗所写，都是从别处转载于《社会问题杂志》（J. soc. Issues），1944 年，补编，第 1 号。正文所引托尔曼的原文，见他的“库尔特·勒温，1890—1947”一文，《心理学评论》，1948 年，第 55 卷，1—4 页。

有一些关于勒温的描述，见吴伟士，《现代心理学派别》，第 2 版，1948 年，151—155 页；墨菲，《近代心理学历史导引》，第 2 版，1949 年，296—306 页；列伐恩，《当代心理学》，1940 年，106—126 页；后一书并不自称为有关勒温的描述，其实是描述勒温的。有关勒温的思想的最详尽说明，见 R. W. 利珀，《勒温的拓扑心理学和向量心理学》（Lewin’s Topological and Vector Psychology：a Digest and Critique），1943 年，俄勒岗大学心理学研究出版社，第 1 期。对勒温所用概念的最猛烈的谴责见 I. D. 伦敦，“心理学家对物理学和数学的辅助概念的误用”（Psychologists’ misuse of the auxiliary concepts of physics and mathematics），《心理学评论》1944 年，第 51 卷，266—291 页。

对托尔曼和勒温二人的见解，见怀特，“托尔曼和勒温的学习解释的例案”（The case for the Tolman-Lewin interpretation of learning），《心理学评论》，1943 年，第 50 卷，157—186 页。这里的问题是，学习是否需要重复的强化。托尔曼和勒温认为，如果有强烈的动机，单有一次的知觉就可以学会了。

关于默里的动力心理学，见《人格的探索》，1938 年，默里等人著，36—141 页，特别是有关需要部分，54—115 页。美国军队中关于人格评价的工作始于默里，但由他以前的学生，和许多其他心理学家继续下去，他们的最后结果与哈佛心理诊疗所有相似之处，这里的相似不是在词汇和概念体系方面，而是在集体讨论下，许多人格的量度被综合为一个最后的评价。见《人的评价》，(Assessment of Men)，1948 年，战略情报局工作人员编。

关于耶鲁体系，见多拉德，杜布，密勒，莫勒和西尔斯，《挫折与攻击》(Frustration and Aggression)，1939 年；又见 P. L. 哈里曼的心理学百科全书(Encyclopedia，of Psychology)中西尔斯所写的条文，1946 年，215—218 页。西尔斯应用这一体系略述一系统的儿童心理学，见丹尼斯等人，《心理学的当代趋势》(Current Trends in Psychology)，1947 年，50—74 页。

评　价

第二十七章　回顾

我们现在能否用两千字叙述实验心理学——也就是科学心理学——的产生和现状呢？ 737

欧洲最初是文艺复兴，然后是科学的出现，有了著名科学家如哥白尼（1543），刻卜勒（1609），伽利略（1638），最后是牛顿（1687）。新的世纪意味着脱离教会的权力统治和国家的专制政治，而转向于民主政治和承认个人的权利。一向掌握在贵族手中的权力转入那些能够而且已经发财致富的人们的手中，而东西方新陆地的开拓，给那些生而无权的人们以获得巨大成功的新机会。最后要由实用价值来批准的科学，不管它常是如何纯粹和深奥，却随着民主政治而繁荣起来。西欧所发生的慢腾腾的变化，在新世界里却加速了，结果美国变成了一个很早的讲究实效和实行民主的国家。由于这个缘故，美国虽然还方在开拓着，却容易接受了达尔文主义和适者生存的信仰，后来又接过了德国人的叙述心理学，立即把它改造成为具有美国特色的机能心理学了。

现代心理学的哲学渊源可追溯到笛卡尔（1650），他给了我们二元论，也就给心理学以自由人的灵魂和全被决定了的人身。法国的唯物主义来源于笛卡尔，但今天的所有主观主义和心灵主义，也来源于笛卡尔。二者都是笛卡尔赐给我们的。莱布尼兹（1714）

提供了平行论，那时虽已有了能量守恒的学说，但这个平行论却使当时的心理学家们有可能坚持心灵主义。他又提出了心理活动说，这个学说不仅留存于布伦塔诺(1874)的意动心理学内，而且也
738 继续存在于更近时的弗洛伊德的动机说内。洛克(1690)开创了经验主义，中经贝克莱(1710)，休谟(1740)，布朗(1820)，穆勒父子(1829，1843)，赫尔姆霍茨(1867)和冯特(1874)以至于现在，有助于使十九世纪的心理学成为感觉主义的。联想主义脱胎于经验主义，不仅盛行于英国而且也盛行于法国。孔狄亚克(1754)是一个联想主义者。法国的唯物主义者(拉·美特利，1748；卡巴尼斯，1802)有助于建立生理心理学而且为以后的反射学铺平了道路。康德(1781)提倡先天论并信赖先验内容的描述，因而他是从约翰内斯·缪勒(1838)，海林(1864)，斯顿夫(1873)，以至格式塔心理学的传统的首创者(1912)。苏格兰派(1764及其后)提供各种官能，在颅相学的名义下受到公众的注意(1810)，但也遭到科学的指责，现今在美国则以机能心理学的形式重新出现，而为因素分析的产物如能力，能力倾向和特性。边沁(1789)提供唯乐主义，经过弗洛伊德(1920)和快乐原则，有助于动机心理学的创建。

为实验心理学储备材料或对它产生影响的生理学的发展可见于感觉、反射、神经兴奋和脑机能的四个研究领域之内。我们只能在每一方面提出几个人物。感觉：贝尔和贝尔—马戎第定律(1811)，普金耶(1825)，E. H. 韦伯(1834)，约翰内斯·缪勒和特殊神经能(1838)，费希纳(1860)，赫尔姆霍茨(1867)。反射学：罗伯特·惠特(1751)，马沙尔·荷尔(1833)，约翰内斯·缪勒(1833)，以后有俄国的谢切诺夫(1863)，别赫切烈夫(1907)和巴甫

洛夫(1902 及以后)。神经兴奋:伽伐尼(1791),伏特(1800),杜布瓦-莱蒙(1849),伯恩斯坦(1866),卢卡斯(1909),艾德里安(1912)。脑的机能:弗卢龙(1824),布洛卡(1861),弗里奇和希齐格(1870),费里尔(1876),戈尔茨(1881),孟克(1890),弗朗兹(1902 及其后),拉施里(1929)。

心理学从天文学获得了人差方程式(贝塞尔,1826),反应时间(唐德斯,1868),态度和动机实验心理学的开端(朗格,1888)。

心理学从神秘方面产生了麦斯麦的动物磁力(1781),埃利奥特森(1843)和埃斯代尔(1846)的麦斯麦术,布雷德(1843)和李厄保(1866)的催眠术,沙可(1878),伯恩海姆(1884)和让内(1890)的歇斯底里,弗洛伊德(1900)的神经病和精神分析,以及从那时起的整个的动机心理学,如霍尔特(1915)和勒温(1935)。

"新"的实验心理学开始于德国。费希纳(1860)的概念有些取
自赫尔巴特(1825),他为心理测量作出了贡献。赫尔姆霍茨对于 739
视觉(1867)和听觉(1863)进行了大量的研究,得到了大量的事实。冯特则是一位创始人和推动者(1874,1879,等等),他虽不及赫尔姆霍茨的伟大,但是他以不知疲倦的热情和渊博的知识,对运动的推动做了一切必要的事情。洛采(1852)为这一新兴事业提供了背景,布伦塔诺的意动心理学(1874)与冯特(1874)得之于联想主义的内容的分析心理学形成了对峙。海林(1864)和斯顿夫(1873)为冯特树立了一个先天论的对立面。G. E. 缪勒(1896)则与赫尔姆霍茨(1855 及其后)和冯特(1874)——同站在经验主义的一边。马赫(1886)影响了屈尔佩(1893)和铁钦纳(1910),使他们各自走向更大的系统的特殊性,他们虽多少有所不同,但都来源于冯特的传统。

铁钦纳信仰元素主义的内容，至死不渝(1927)，但是屈尔佩却在符茨堡(1901—1908)研究思想问题，离开了他对于感觉元素的信仰，转到了更接近于布伦塔诺的地位。后来，格式塔心理学(1912)及其现象学接过了符茨堡学派遗留下来的问题。德国对于心理学的贡献，以纳粹政府的兴起而中断(1934)。

法国一直主要是研究变态心理学的国家。笛卡尔(1650)，拉·美特利(1748)和卡巴尼斯(1802)的传统，后来导致李厄保(1866)，沙可(1878)，伯恩海姆(1884)和让内(1890)的路线。甚至李播(1881及以后)也大部分在研究心理病理学。比纳(1903)是一个实验主义者，但他的巨大贡献是在心理测验方面。

英国的伟大的科学贡献首推达尔文(1859)和他的进化论，达尔文首次影响心理学是通过高尔顿(1869)这条途径。心理遗传和心理进化的问题逐渐地重要起来了。动物心理学通过达尔文(1872)，罗曼尼斯(1882)和摩尔根(1894)以开其端。德国有洛布(1890)提倡向性说。后来动物心理学传到美国，桑代克的实验(1898)，使它加入了新心理学。高尔顿(1883)提出了有关人的才能的心理测验和统计测量的基本概念，然后这一运动传到美国，卡特尔(1890)推进了它。

美国心理学始于詹姆士(1890)，他发现了德国人正在研究什
740 么以后，在他的《原理》中对美国人作了关于新运动的介绍。德国心理学的变形正是以他为开端的，他把感觉内容的条顿式的幼虫变成了机能现实的美国蝴蝶。荷尔(1883，1887等等)是它的主角，赖德(1887)是它的讲解员，鲍德温(1895)则是进化学说的供应商。杜威(1896)是在荒野中的詹姆士的呼应者。卡特尔(1890等

等)是一个通情达理的实干家,因而也是测验的推动者。铁钦纳(1898)仍是站在山峰上的摩西,手持十诫,而“拜金”的美国人则围绕着他们的黄金般的机能主义跳舞。稍后,出现了安吉尔(1907)和芝加哥的特殊的机能主义,吴伟士(1918)和哥伦比亚的一般的机能主义,桑代克(1914)和教育心理学及测验。

美国的运动离开了心灵主义,这似乎是不可避免的——至少与美国的民主和机能主义是不可避免的一样。安吉尔的机能主义离开了二元论把行为当作有效的心理学资料。华生则明白地提出行为主义(1913)。这一倾向因格式塔心理学家出现于美国而受到了短期的阻挠。格式塔心理学家不准备放弃意识,但苛勒从前曾实验过猩猩,所以美国不久就能适应这些新来的客人而和平共处、防止争论了。勒温(1935)是德国人,但更像一个美国人。最后关于实证主义和操作主义的讨论似乎解决了意识的问题,因为它可以把心灵的概念随意译为行为的概念。

考察实验心理学史的另一方面是探讨普通心理学的核心,这个核心是心理学在教育、医疗和工业方面的应用的基础。普通的实验心理学有三个连续的阶段:(1)最初,它几乎全部致力于**感觉**和**知觉**问题的研究,这些问题是费希纳,赫尔姆霍茨和冯特于十九世纪中叶刚从实验生理学中取过来的。(2)然后,出现了**学习**的实验心理学,由艾宾浩斯于1885年开其端。屈尔佩则由这个事件出发,创始了高级心理历程的心理学。但是他的学派关于思想的研究工作应属于第三范畴。(3)最后就是**动机**心理学了,这当然包括作为动机基础的**无意识**心理学在内。屈尔佩的符茨堡学派证明了
这样一个事实,就是思想是有动机的,它的动机是无意识的。但 741

是，动机的无意识的真正出发点并不在心理学本身，而与心理学之外的弗洛伊德有关。心理学史的学者假如在想象的水平线上，保持下列三个里程碑：即1860年费希纳的《心理物理学纲要》，1885年艾宾浩斯的《记忆》，1900年的弗洛伊德的《梦的解释》，也许不算是提倡谬论吧。

*　　*　　*

二十一年前，即1929年，作者在本书的第一版中写道："现在我们可提出下面的问题来质问自己了：就是，新心理学究竟做出了多大的成绩？有人常用口头或书面对现代心理学提出批判，以为这个新科学没有多大成就，以为与它的雄心相比起来，是比较失望的，它的初意要用实验法研究心灵，也得到了关于感觉的大量知识（这是生理学家们也可以得到的），关于其他方面也微有所得，而关于理性的心灵、人格和人性，却没有重要的收获。这个批评若出自哲学家之口，我们或许可以认为是哲学家对新心理学的趋势表示失望，或甚至是对于心理学家漠视哲学的反击，但是，心理学家如果没有感觉到自卫的必要，却也很可能对心理学的进步表示不满。实验心理学已有了七十年的历史，我们可以问：心理学研究它自己的问题真的是没有多大效果吗？"

七十年！现在的情景已扩展到九十年了，作者对于这九十年的历史要说些什么呢？

在1950年，心理学家没有道歉的必要。心理学已繁荣发达了。它已大部分跨过大西洋，到达了美国，心理学欣欣向荣，在欧洲的一些国家内正在争取战后的复兴，在美国则尤其活跃。二十年来，美国心理学会会员已从一千人发展到六千人，而在1910年时只有 228 名会员。现在，应用心理学的各部门，特别是临床心理学正日益兴旺，实验心理学也同时为公用事业和各大学所需求。美国国内虽存在着内部的批评和抱怨，这对健康组织的成长却是正常的。各个领域的科学家相信他们自己的专业由于其他专业的竞争而被削弱着，但是旧的自卑感已一去不返了，那就是进步。当科学的雄心壮志超过了物质的支援时，就不免遭受暂时的挫折，但 742
总的说来，社会也不会过迟地使一项新的科学创见发生作用的。

1929 年，作者曾经埋怨过心理学进步的迟缓是“由于心理学本身的内部冲突，而这个冲突也就是它的历史的自然发展的结果。心理学从来没有成功地容纳哲学或脱离哲学……心理学内的分心并不是一种健康现象……因此，心理学如果在事实及其所声明的原则上，放弃它的哲学遗产，专注意自己的问题，而不受分心的障碍，它就应当有更快的进步了。”在大不列颠和美国，心理学的战斗不仅在获得实验室的各自生活的安排上，而且在它的思想上，都为着摆脱它的哲学母体而独立，譬如说，在 1910 年，写出的理论文章在比例上大大超出了其所依据的经验的事实，而且除了感觉和知觉范围以外，没有足够的研究，可使人确信心理学不是生理学和哲学的混合体。这种依恋母体和谋求独立的需要之间的矛盾在 1929 年，仍可以感觉得到，但是现在已经消逝了。美国现在的心理学家的人数从 1930 年以来，增加六倍，从 1910 年以来，增加三十倍，在现在的大量心理学家中，几乎没有人亲身体验到这种哲学的情结。心理学作为一个机构来说，就像一个人的一生，在生活和思想两方面，已度过了它的青年期，达到了生活和思想上的独立成熟阶段。这种变化的获得，实际上由于本身的增殖，较由于个体成

长为更多。而机构的成熟则不是由于集体中老的成员的习惯和思想的改变,而是由于新的一代成员的加入。他们的价值观和思想模式是在**时代精神**的后一阶段之上形成的。

心理学在它自己的成熟上获得这种新的自信的时候,已能多少满意地来估价自己了。大量的感觉和知觉的研究,在不断地有效地增加时,得到了学习领域内同样多的研究的补充;现在我们又看到第三个领域即动机的研究正在展开。由于这种进展,关于心理学不能研究人性的抱怨也烟消云散了。与此同时,心理学还因成功地应用了它的事实和原则而增强了自信。对于感觉和知觉的
743 应用心理学提出了要求——如心理声学,视觉的心理物理学;教育心理学仍然应用着学习心理学;临床心理学是有关动机的应用心理学,而人事心理学也半有赖于人的动机的评价。大学教师现在也已经知道.心理学不是他们所想象的可用以互相批评的一门庸俗的狭窄的学科,它是这个世界所可利用并正在利用的某种学问,它还可以要求作出更多的贡献。心理学本身由于不断地有人需求,因而能够消除青年期的神经病,因为它与现实密切结合,终于达到了成熟期。哲学认为心理学可能得不到好结果的可怕的警告,现在似乎早已成为陈迹了。

作者在 1929 年还表示过另一遗憾,认为"自古至今还没有伟大的心理学家,心理学还没有它自己的伟大的人物。冯特不是赫尔姆霍茨或达尔文一流的伟人……心理学家已有出现伟大人物或伟大事件的迹象,因为他们热烈抓住每一种似若伟大的新运动,但是伟大的事件至今仍未出现。"那个判断现在可得大大地加以修订了。

第一，且让我们说，心理学史是指心理学的过去。心理学史中的伟大人物要以他们的最后的影响而定。赫尔姆霍茨也许从来不属于一个德国心理学社会，达尔文也许从来不属于一个英国心理学社会，然而他们都是心理学过去的最伟大人物——达尔文就更加伟大了。弗洛伊德也是如此。心理学家们长期不承认他是一个心理学家，然而他现在却成为最伟大的创始者，时代精神的代言人，以潜意识历程的原则完成了向心理学的进军。如果作者要在心理学中挑选伟大的人物以满足读者的好奇心，他也许可以说，如果以身后长存的重要性为评判的标准，那么心理学史中至少有四个很伟大的人物：达尔文、赫尔姆霍茨、詹姆士和弗洛伊德，以同一标准加以衡量，达尔文和弗洛伊德又比赫尔姆霍茨和詹姆士在思想上产生了更大的革命。但是，弗洛伊德的影响与达尔文的影响相比较，尚为时过早。为此我们必须再等五十年。

没有其他有关伟大的标准是可靠的。对活着的人们的判断常随他们私人关系的中断而改变：詹姆士的关系是他的朋友，铁钦纳的关系是他的学生，弗洛伊德的关系是他的信徒，勒温的关系则是他的追随者——所有这些虽引人注意，但当我们问到主流如何变迁时，就终至于不重要了。博学也不能成为一个测量伟大的尺度，冯特学识渊博，他的知识范围之广，老一辈心理学家中几乎是尽人 744
皆知的。铁钦纳和弗洛伊德同为博学之士。铁钦纳在私人生活方式上近似于弗洛伊德，但是二人之间有着巨大的差别，铁钦纳反时代精神的潮流而游泳，弗洛伊德则随时代精神而前进。

于是我们又被导入科学进步的伟人说了。二十年来，作者已改变了他对这个问题的观点。伟大人物在科学上，或者在历史上，起着什么作用呢？他们是进步的原因呢，或者仅仅是进步的征兆呢？答案是：两者都不是，他们是进步的代言人。科学进步的最微小的元素——例如全或无的步子现象使科学在走向它的去处中得到了进展——乃是一个人的思想和头脑中的事件，也就是这样一种领悟，把以前从未放在一起的两件旧事项联系起来，从而创造出某种新的东西。一个人如果具有决定性的领悟，在新的方向上导致长期持续的重大的进步，那个人就被认为是伟大的了。这个新的发展经过适当的宣传就同这样一个人的名字联系在一起，因为就在他的头脑内出现了重大的启发性的领悟。为了这个缘故，就有所谓归纳出来的伟大，用他们的名字命名他们所启发的任何重大的新发展——例如孟德尔，他在 1865 年的研究，由德弗里斯发掘出来，并于 1900 年公布于世。这种简单的归功给赏是会发生的，虽然次要的科学家和后继者也是不可缺少的，因为他们赋予新运动以重要性，从而证明它的伟大；或虽然科学方向的转变，仅因顺应时代精神而较易发生，否则与时代相反就可能过早地被扼杀了。历史是大自然的一部分，在大自然中，多重的因果关系在统治着，单独有效的原因是过度的简单化，借以把现实的不可理解的复杂性，引入人的悟性的窄狭的范围之内。

因此，在任何进步的片断中，伟大人物只能被视为多种原因之一，他也是时代的一个象征，因为原因的背后还有原因。如果他要获得成功，时代必须与他合作。在实际上，没有听众，他是不能成功的，他必须在适当的世纪，或甚至在一个适当的十年期间，说出他的嘉言懿行，才有人倾听。同时也有不可避免的历史的预见（如贝尔和约翰内斯·缪勒），以及许多几乎是同时的独立的发现（如贝尔和马戎第），都表明了产生伟大人物的乃是时代而不是魔术。如果贝尔没有触发这两种领悟，马戎第马上会想出其中的一种，缪 745
勒也能产生另外一种，而这两种“天才的闪光”对于贝尔也都不是全新的东西。如果想象一个人，以他的光辉的新思想，而作为领导一个重要发展的创始人，那就等于放弃科学的心理学，而假定在一切有规律的心理现象之中，天才的领悟构成了事出无因的一个例外，这样的自然观，就会使一个伟人成为一个神仙，或至少成为一个幽灵了。

天才当然是能特立独行的，它是独一无二的或几乎是无与伦比的，似乎没有人能预见到牛顿的颜色说，而在牛顿提出了这个学说之后，最初受了他的著名的同时代人的讥笑，一世纪以后又受了伟大的歌德的讥笑，这就使他的这个发见似乎越发是独创的了。一个思想更加独特的人是数学家费尔玛，他无疑地作出了证明，当 n 大于 2 时，就没有整数能切合 $x^n + y^n = a^n$ 这个方程式——他作出了这个证明，但没有指示从哪里去求到它。三个世纪以后，数学家们仍然在极力揣想费尔玛的由于书眉太窄而没有空间写下来的领悟。但甚至费尔玛也得依赖过去策励未来。一个伟人的决定性思想既不是原因，也不是象征，不过是历史的时空范围内的一个事件。人脑的复杂性，是一个完全适合的场所，可用以使在思想领域中的历史力量，得以会合和分解而在新方向上出现新的结果。如果出现的思想是重要的，如果它在未来一百年内深入人心，那么，具有这个领悟的头脑的那个人的姓名，就变成伟大的了。

译 者 附 识

波林(Edwin Garrigues Boring, 1886—1968)是美国的心理学和心理学史专家。他于1929年刊行他的《实验心理学史》,我曾把它译成中文,交由商务印书馆出版。1950年,波林发表此书的修订版。三十年过去了。我为什么还要根据波林新版来修订我这个译本呢?

理由如下:

1. 波林原著在美国心理学史的著作中,几乎是首屈一指的。这本书原为《世纪心理学丛书》中第四十卷。丛书的主编埃利奥特赞扬它是一本无懈可击的名著。《近代心理学史》作者许尔茨说,1971年,美国心理学会对美国大学心理学系的调查证明心理学史是心理学系的主要课程中的一门,而著名史学专家波林的《实验心理学史》则自1953年以来连续被推荐用作教材。

2. 中国科学院心理研究所所长潘菽同志对波林《实验心理学史》的新版非常注意。他于1976年就把这本书寄来给我,建议我根据新版,修订我的旧译本。后来他还经常写信来催促动笔。他对此书的关心使我受到极大的感动和鼓励。

3. 我国《西方近代心理学史》编写组在教育部高教一司和中国心理学会编译委员会的支持下,于1979年4月在南京召开了全国十九所院校心理学史教材会议,决定修订波林《实验心理学史》译本,作为全国院校心理学史的重要参考书之一,并把这个任务交给我来完成。

根据这三个理由和全国院校心理学教学的需要,我作为波林《实验心理学史》的原译者就开始不顾自己的年老力衰,积极投入了修订工作。编写组在南京会议中决定邀请湖南师院教师孙名之同志来南京协助。他于1979年9月自湘来宁,在来宁之前和来宁之后,翻译了此书第二十三、二十五、二十六、二十七四章及其附注,又校阅了第二十、二十一两章的译文及附注,通读了全部译稿。

我在南师的助手宋月丽同志也参加了修订工作。她整理了第十三、第十四两章旧本译文,根据新版本补译了不少章节,并加译了全书各章的附注。

孙、宋两同志在参加修订工作后,忘我地劳动着,往往到深夜才休息。假使没有他们的热心协助,此书译稿肯定是不能如期完成的。因此,可以说这部书是我们三人合译的。为此,我对他们深表谢忱。但是全部译文还是由原译者逐字逐句,细心校阅的。由于原著修订版更动太多,译本工作量很大,错误是很难避免的。这应由原译者承担全部责任,希望读者不吝指正!

上海师大讲师马文驹老师自沪来宁,通读了全书译稿,提出了不少宝贵的意见,为此我也应向他致谢。

湖南师院、上海师大和南京师院都大力支持此书的修订工作。湖南师院更允许孙名之同志留宁协助达两个月之久。我对此三所师范院校领导同志致以由衷的感谢。

高觉敷

1980年1月

中西人名对照索引

本索引是根据原书人名索引加排汉译名编成的。汉译名排黑体者是书中有专节叙述的心理学家或有关的科学家，页码系原书页码，即本书的边码，黑体字页码是有关该心理学家的重要论述。

A

Abraham, K. 阿伯拉罕 711

Abraham, O. 阿伯拉罕 382

Ach, N. **阿赫** **149**, 233, 377, 382, **404—6**, 418, 435, 514, 594, 610, 640, 668, 716

Adams, D. K. 亚当斯 496

Adams. J. 亚当斯 271

Adler, A. (1870—1937) 阿德勒 707, 711, 713, 732

Adrian, E. D. 艾德里安 43, 49, 738

Agassiz, L. 阿加西斯 510

Aguilonius, F. 阿吉洛尼厄斯 75, 105, 675

Airy, G. B. 艾里 150

Albee, E. 阿尔比 731

Albertus Magnus, (1193—1280) 阿尔伯特·马格努斯 50

Alembert, J. Le R. d', 达兰贝尔 19

Alison, A. (1757—1839) 阿利森 203, 216

Allesch, G. J. V. 阿勒喜 382

Allport, G. W. 奥尔波特 438, 544, 734

Angell, F. 安吉尔 324, 341, 383, 411, 438, 548

Angell, J. R. (1869—1949) **安吉尔** 436, 548, 553, **554—7**, **558**, **579**, 627, 634, 643, 722, 740

Angier, R. P. 安季尔 544

Anschütz, G. 安舒兹 437

Arago, D. F. 阿拉戈 139 以下, 151

Archimedes (前 287—212) 阿基米德 6, 14, 601

Argelander, F. W. A, 阿格兰德尔 136

Aristippos(前 435—356)亚里斯蒂波斯 704

Aristotle(前 384—322)**亚里士多德** 6, 12, 15, 17, 50, 81, **84**, 94, 157, **158**, 177, 182, 221, 238, 356, 359, 372, 601, 632, 664

Armstrong, A.C.阿姆斯特朗 546

Arrer, M.阿里 341

Asher, L.阿谢尔 383

Aster, E.V.阿斯塔 406, 435, 437, 455

Astruc, J.阿斯特律克 35, 190

Aubert, H. (1826—1892) 奥贝特 103, 104, 115, 281, 384, 421, 422

Avenarius, R.(1843—1896)**阿芬那留斯** 332, 386, 393, **395**, 399, 416, 419, **433**, 527, 709

Azam, E.阿赞 127, 129

B

Babkin, B. P. 巴布金 661

Bache, A. D. 贝奇 140

Eacon, F. (1561—1626) [弗兰西斯.]培根 13, 17, 20

Bader, P. 巴德 341

Bain, A. (1818—1903) [亚历山大•]**培因** 177, 211, 219, 221, 228, **233—6**, **236—40**, 241, 244, 246, 275, 316, 324, 357, 389, 462 以下, 468, 524, 547, 667

Baird, J. W, 贝尔德 383, 405, 420, 435, 438, 523

Baldwin, J. M. (1861—1934)**鲍德温** 130, 177 以下, 200, 216—8, 243, 244, 270—2, 295, **413**, 436, 505, 508, 524, **529—32**, **530**, **532**, 533, 535, 538, 545, **547**, 547, 548, 552, 555, 559, 571, 581, 643

Baly, W. 巴立 46

Bard, P. 巴德 517

Barker, R. G. 巴克 727, 734

Barrow, I. 巴罗 11

Barth, J. A. 巴特 437

Bartlett, F. C. (1886—)巴特列特 460, 488, 493, 495, 501, 502, 559

Bäumker, C. 鲍姆克尔 433

Bäumler, A. A. 鲍姆勒 434

Beaunis, H. (1830—1921)博尼 573

Becher, E. 比彻 381

Beecher, H. W. 比彻尔 518

Beer, T. 比尔 625, 659

Békésy, G. V. 贝克锡 115

Bekhterev, V. M. (1857—1927)别赫切烈夫 620, 635, 637 以下, 651, 661, 738

Bell, C. (1774—1842) [查尔斯•]**贝尔** **17**, **27**, **31—3**, 34, 45, 46, **57**,

81—90，92，94，95，**97**，**100**，102，106，**107**，110，112，**114**，114，177，208，222，233，276，304，638，664，674，744

Bell，J. 约翰·贝尔

Bennett，G. K. 贝内特 583

Bentham，J.（1748—1832）边沁 693，704，731，738

Bentley，E. 本特利 23

Bentley，M. 本特利 58，412，420，436，455

Benussi，V.（1878—1927）比努西 440，446，448，455

Bergström，J. A. 伯格斯特罗 382，546

Berkeley，G.（1685—1753）**贝克莱** 105，165，**179**，**180—6**，186，190，193，199，200，206，208，217，221，225，229，231—3，246，248，607，609，620，646，677，689,738

Bernard，C.（1813—1878）贝尔纳 18，425，635

Bernheim，H.（1837—1919）伯恩海姆 130，132，639，693，698，709，738

Bernoull，D.（1700—1782）贝努利 284

Bernstein，J. 伯恩斯坦 30 42，43，281，284，681，690，738

Bérulle，P. de 贝律尔 161

Beryl，F. 贝里尔 614

Bessel. F. W.（1784—1846）**贝塞尔** **134—8**，**142**，145，150，152，738

Bethe，A.（1872—1931）贝蒂 498，625，659

Bichat，M. F. X.（1771—1802）比夏 17，61，77，112

Bidder，F. 比德 115

Binet，A.（1857—1911）**比纳** 130，376，390，426，**430**，**438**，476，498，559，567，569，572，**572—4**，**573**，575，582，739

Bingham，W. V. 宾厄姆 558

Binswanger，L. 宾斯旺格 178

Biot，J. B. 比奥 108

Bischoff，T. L. W. 比肖夫 46

Blix，M. 布利克斯 92，425

Blumenfeld，W. 布卢门菲尔德 614

Boas，F. 博斯 432，568，582，711

Boerhaave，H.（1668—1738）波尔哈夫 16，212

Bolton，F. E. 博尔顿 546

Bolton，T. L. 博尔顿 546，547，582

Bonitz，H. 波尼兹 372

Bonnet，C.（1720—1793）波纳 204，211，217，218

Bonnet，G. 波纳 217

Borelli，G. A. 博雷利 17，212

Boring, E. G. (1886—1963) 波林 23, 47, 94, 114, 177, 217, 295, 315, 380—2, 436, 544, 548, 580, 583, 618 以下, 663, 688—90, 732

Boring, M. D. 波林 548, 580, 583, 618, 663, 688—90, 732

Bosanquet, B. (1848—1923) 博桑奎 502

Bouguer, P. 博格 614

Bouillaud, J. B. 布伊岳 70, 79

Boutroux, E. 布特鲁 544

Bowditch, H. P. 鲍迪奇 43 以下, 49, 519, 568

Bower, G. S. 鲍威尔 202, 244

Bowers, A. M. 鲍尔斯 733

Boyle, R. **波义耳 12**, 24, 103, 179

Bradley, F. H. (1846—1924) 布雷德利 **135**, 502

Brahe, T. (1546—1601) 布拉赫 20

Braid, J. (1795—1860) **布雷德** 120, **124—8**, 132, 639, 694, 696, 693, 738

Bramwell, J. M. 布拉姆韦尔 130—2

Bravais, A. 布拉维 479, 499

Brentano, F. (1838—1917) **布伦塔诺** 160, 167, 264, 351, **356—8**, **358—61**, **360**, **361**, 362—5, 369, 372, 374, 379, 380, 385—7, 392, 408, 430, 432, 439—41, 444, 448, 451—3, 462, 489, 524, 564, 593, 595, 610, 620, 703, 714, 716, 737, 739

Brett, G. S. 布雷特 176—8, 200—2, 216—8, 244, 270—2, 295

Breuer, J. (1842—1925) 布洛伊尔 640, 708, **709**, 711, 718, 732

Brewster, D. 布鲁斯特 **105**

Bridges, J. W. 布鲁奇斯 583

Bridgman, P. W. (1882—1962) **布里奇曼** 394, **653**, 655, **663**

Brill, A. A. 布里尔 732

Broca, P. (1824—1880) **布罗卡 29**, **70—2**, 79, 127, 129, 664, 675, 683, 685, 738

Bronner, A. F. 布朗纳 733

Brown, J. F. 布朗 600

Brown, T. (1778—1820) 布朗, 托马斯 56, 112, 203, 204, 206, 207, 216, 218, 222, 224, 246, 262, 609, 738

Brown, Warner 布朗, 沃纳 540

Brown, William (1881—) 布朗, 威廉 478, 492—4, 500

Brücke, E. 布吕克 34, 299, 708, 714, 718

Brunswik, E. 布伦斯威克 614

Bryan, A. I. 布赖恩 583

Bryan, W. L. 布赖恩 401, 543, 546

Buffon，G. L. L. de 布丰 103
Bühler，K. 彪勒 390，406，408，432—4，435
Bunsen，R. W. 宾生 635
Burch，G. J. 伯奇 43，49
Burdon-Sanderson，J. S. 伯登-桑德森 411
Burnham，W. H. 伯纳姆 520，545，549，568，581
Buros，O. K. 布罗斯 583
Burow，C. A. 布洛 100，115
Burt，C. L.（1885— ）伯特 481，492，494，496，500，576，583
Burton，J. H. 伯顿 201
Bush，W. T. 布什 433
Butler，S. 巴特勒 497
Byron，G. G. 拜伦 371

C

Cabanis，P. J. G.（1757—1808）卡巴尼斯 29，204，214—6，218，633，664，738
Cajal，S. R. 卡杰尔 68，79
Calkins，M. W. 卡尔金斯 436，548
Cannon，W. B. 坎农 517
Capen，N. 卡彭 59
Carmichael，L. 卡米启尔 45，94，380，662
Carnap，R. 卡尔纳普 394，603，633，655
Carpenter，W. B. 卡彭特 238，245
Carr，H. A.（1873— ）卡尔 558，580
Carstanjen，F. 卡斯坦扬 433
Carus，P. J. 卡勒斯 352
Carville，C. 卡维尔 75，79
Cattell，J. Mck.（1860—1944）卡特尔 153，243，324，342，347，398，414，432，489，494，506—8，520，524，528，531，532，534，535，536，537，539，540，543，545，548，550，559，560，562—4，566，569，572—5，580，582，634，644，711，739
Charcot，J. M.（1825—1893）**沙可** 129，**130**，132，216，430，485，637，639，693，697，699—701，738
Charles II. 查理二世 13，102
Chase，H. W. 蔡斯 546
Christina，Queen，克里斯蒂娜皇后 161
Claparède，E. 克拉帕雷德 217，382，438，559
Cloguet，H. 克洛克 114，115
Cohen，T. B. 科亨 22，47
Cohn，J. 科恩 343
Cole，L. W. 科尔 629，660
Comenius，J. A.（1592—1670）夸美纽斯 567

Columbus, C. 哥伦布 8
Combe, G. (1788—1858)库姆 56, 60, 126
Comte, A. (1798—1857)孔德 633, 649, 660
Conant, J. B. 康南特 22—4, 47
Condillac, E. B. de(1715—1780)孔狄
亚克 78, 204, 209—11, 214—6, 217, 218, 609, 738
Conklin, E. S. 康克林 546
Conrat, F. 康拉特 315
Copernicus, N. (1473—1543)哥白尼 3, 9, 23, 737
Cornelius, H. (1863—)科内利乌斯 440, 445, 446, 454
Corti 科蒂
Courtney, W. L. 考特尼 245
Cox, C. M. 柯克斯 178, 244, 500
Cramer, A. 克拉默 106
Creighton, J. E. 克赖顿 345, 543
Crozier, W. J. 克罗泽 650
Cruikshank, R. M. 克鲁克香克 583
Cuvier, G. L. C. F. D. (1769—1832)居维叶 53, 59, 63, 469

D

d'Alembert, J. Le R. 达兰贝尔 19
Dallenbach, K. M. 达伦巴哈 416, 420, 435, 578
Dalton, J. 道尔顿 104
Damiron, J. P. 达米伦 218
Daniels, A, H. 丹尼尔斯 546
Darwin, C. (1809—1882)**查理·达尔文** 241—3, 278, 308, 468, **470—2**, 473, 482, **497**, 506, 526, 531, 553, 622, 630, 656, 739, 743
Darwin, E. (1731—1802)达尔文 **203**, 207, 216, 469
Darwin, F. 达尔文 497
Darwin, R. W. 达尔文 **103**
Dashiell, J. F. 达希尔 540
Davidson, W. L. 戴维森 245
Davis, H. 戴维斯 689
Dax, M. 达克士 79
Dearborn, W. F. 迪尔邦 540, 548
Delabarre, E. B. 德拉贝尔 543, 544, 548
Delacroix, H. 德拉克罗克斯 433
Delboeuf, J. L. R. (1831—1896)**德尔柏夫** 281, 283, 290, 295, 384, **426**, **437**
Delezenne, C. E. J. 德勒仁 108
Dembo, T. 丹波 727, 734
Democritus 德谟克利特 672
de Moivre, A. 德·莫甫尔 150, 499
Dennis, W. **丹尼斯** 24, 45, 77, 115, 131, 176—8, 200, 202, 217, 244, 295, 315, 432, 436,

501，544，546，579，582，616，661，689，734

Descartes，R.（1596—1650）**笛卡尔** 28，31，35，39，**51**，**57**，58，61—3，77，81，105，158—**60**，**161**—**5**，168，**177**，178，181，183，189，196，198，204，210—4，216，233，237，242，300，353，475，620，**632**，641，664—6，671，677，700，737，739

Desmoulins，A. 德穆兰 67，78

Despretz，C. 德斯普雷茨 108

Dessoir，M. 德索尔 94，130，176—8，200，218，270

Destutt de Tracy，A. L. C. 德斯蒂德·特雷西 633，660

de Vries，H.（1848—1935）德·弗里斯 744

Dewaule，L. 德瓦耳 217

Dewey，J.（1859—1952）**杜威** 243，436，505，508，512，516，520，543，544，548，**552**—**4**，**553**，**556**，563，570，**578**，608，634，638，669，740

Dickson，J. D. H. 狄克森 479，499

Diderot，D. 狄德罗 19，209

Diels，H. 迪尔斯 397

Dietze，G. 迪茨 342

Diserens，C. M. 迪塞伦斯 660

Dix，D. L.（1802—1887）迪克斯 695

Dixon，E. T. 狄克森 490

Dodd，S. C. 多德 500

Dodge，R. 道奇 548

Dollard，J. 多拉德 729，734

Dolley，C. S. 多利 536

Döllinger，I. 多林格 356

Donaldson，H. H. 唐纳尔森 520，627，643

Donders，F. C.（1818—1889）唐德斯 147，384，422，668，738

Doob，L. W. 杜布 729，734

Downey，J. E. 唐尼 558

Dresslar，F. B. 德雷斯勒 546

Drever，J.（1873—1950）德雷弗 492，493，502

Drobisch，M. W. 德罗比希 284，371

du Bois-Reymond，E.（1818—1896）**杜布瓦-莱蒙** **30**，34，**40**，42—4，46—8，80，93，299，318，468，518，637，708，738

Dumas，G. 杜马 700

Duncan，G. M. 邓肯 177

Duncker，K. 邓克尔 599

Dunlap，K. 邓拉普 147

Dupotet de Sennevoy，杜波泰·德·森涅瓦 120

Durand de Gros 迪朗德·格罗 129，132

Duret, H. 杜雷 75, 79
Dürr, E. 杜尔 324, 341, 347, 390, 406, 432, 435

E

Ebbinghaus, H. (1850—1909) **艾宾浩斯** 129, 169, 198, 241, 338, 340, 343, 354, 365, 370, 374, 377, 382, **386—91**, **387**, **389**, **390**, **391**, 395, 397, 400, 402, 409, 412, 419—21, 423, 425, 426, **431**, **432**, 437, 526, 563, 572, 582,652,740
Ebstein, E. 埃布斯泰因
Eckener, H. 埃克纳 343
Eckhard, C, 埃克哈德 45
Edgell, B. 埃杰尔 151
Edgeworth, F. Y. 埃奇沃思 479, 499
Ehrenberg, C. G. 埃伦伯格 68
Ehrenfels, C. V. (1859—1932) **厄棱费尔** **442—4**, 446, **453**, 506, 557, 589, 593, 600, 608
Einstein, A. (1879—1955) 爱因斯坦 23
Eisler, R. 艾斯勒 245, 345
Eitingon, M. 艾廷冈 712
Eliot, C. W. 埃利奥特 510, 520, 567
Elliotson, J. (1791—1868) **埃利奥特森** **119—22**, 123, 125, 127, 131, 132, 696, 738
Elliott, R. M. 埃利奥特 662
Ellis, A. J. 埃利斯 303, 314
Ellis, W. D. 埃利斯 616
Empedocles 恩培多克勒 672
Encke, J. F. 恩克 136
Epicuros(前 341—270)伊壁鸠鲁 672, 704
Erasistratus 埃拉西斯特拉托 50, 83
Erdmann, B. 埃德曼 407
Esdaile, J. (1808—1859) **埃斯代尔** 120, **123**, 131, 132, 138, 696
Esquirol 厄斯歧洛尔 58
Estel, V. 埃斯特尔 341
Euclid 欧几里德 28
Euler, L. 欧勒 284
Ewald, J. R. (1855—1921) 埃瓦尔德 423, 437
Ewert, P. A. 艾弗特 689
Exner, S. (1846—1926) 埃克斯纳 150, 384, 389, 421, **422**

F

Fabre, J. H. (1823—1915) 法布尔 475, 498, 626
Fabricus, H. 法布里克斯 15
Falckenberg, R. 法尔肯伯格 271
Fallopious, G. 法洛皮乌斯 15
Faraday, M. 法拉第 30

Farnsworth，P. R. 法恩斯沃思 544
Farrand，L. 法兰德 535，543，572，582
Faye，M. 费耶 139，151
Fearing，F. 费林 46，177，202，218，689
Fechner，G. T.（1801—1887）**费希纳** 45，70，80，113，158，168，236，249，257，261，263，**275—83**，**277**，**278**，**280**，**278—80**，**282**，**283**，**284**，**284—93**，**286**，**290**，**291**，**293**，295，297，306，316，320，332，336，341，351，357，363，372—5，384，387，420，425，432，485，537，550，602，614，639，680，703，738，740
Feigl，H.（1902— ）费格尔 394，655，663
Féré，C. 费勒 130
Ferenczi，S. F.（1873—1933）费伦齐 640，711
Fermat，P. de 费尔玛 499，745
Ferree，C. E. 费里 420
Ferrier，D.（1843—1928）费里尔 74，79，600，675，683，687，738
Fichte，J. G.（1762—1814）费希特 83，250，261，298，304—6
Fick，A. 菲克 426
Findlater，A. 芬勒特 244
Fischer，A. 费希尔 433
Fischer，K. 费希尔 438
Fisher，R. A. 费歇尔 481，500
Fisher，S. C. 费歇尔 545
Fitch，F. B. 菲奇 662
Flechsig，. P. E. 弗莱奇塞西 637
Flourens，M. J. P.（1794—1867）**弗卢龙** **29**，**61**—7，77，100，233，276，395，664，675，683，686，738
Flugel，J. C. 弗罗格尔 492
Flügel，O. 弗吕革尔 271，435，496，500，733
Forel，A.（1848—1931）福勒尔 476，498，626
Foster，M. 福斯特 24，489
Foster，W. S. 福斯特 435，495
Fourier，J. B. J. 傅立叶 28，109
Fowler，L. N.（1811—1896）福勒 57，60
Fowler，O. S.（1809—1887）福勒 57，60
Fox sisters，福克斯修女 122
Frank，Philipp，弗兰克 433，655，663，727，734
Frankau，G. 弗朗考 131
Franklin，B. 富兰克林 30，103
Franz，S. L.（1874—1933）弗朗兹 65，76，79，540，548，684，690，738

Fraser, A. C. 弗雷泽 178, 200

Fraunhofer, J. v. 弗朗荷佛 102

Frederick the Great 腓德烈大帝 19, 213, 218

Frederick William II 威廉·腓德烈二世 247

Freeman, F. N. 弗里曼 582

Freud, S. (1856—1939) **弗洛伊德** 39, 129, 255, 257, 358, 380, 432, 506, 522, 639, 660, 693, 697, 702, **706—12**, **708—12**, 709, 713, 718, 724, 727, 731, **731—3**, **732**, 737, 741, 743

Frey, M. v. (1852—1932) 冯·弗雷 425, 437

Friedrich, M. 弗里德里希 153, 342, 668

Fritsch, G. 弗里奇 29, 73, 79, 88, 664, 675, 683, 685, 738

Froebel, F. (1782—1825) 福禄贝尔 567

Frolov, Y. P. 弗罗洛夫 661

Fullerton, G. S. 富勒顿 534, 538, 541, 543, 548, 634, 644

Fulton, J. F. 富尔顿 46, 48, 79, 689

Funke, O. 芬克 352, 426

G

Gage, P. P. 盖奇 685

Gale, H. 盖尔 347

Galen, C. (约 129—190) **盖伦** **14**, **27**, 29, 34, 50, **75**, 83, **105**, 159, 215, 664, 675

Galileo, G. (1564—1642) 伽利略 10, 11, 14, 16, 19, 24, 159, 161, 252, 601, 678, 737

Gall, F. J. (1758—1828) **加尔** **28**, **51—7**, **59**, **61**, 66, 70, 78, 95, 104, 119, 205—7, 216, 276, 664, 675, 683, 687

Galton, F. (1822—1911) **高尔顿** 285, 460, **461**, **472**, **476—8**, **478**, 480, **482**, **482—4**, **483**, **484**, **485**, **486**, **487**, 488, **499**, 499—501, **500**, **501**, 507, 532—4, 538, 550—2, 559, 569, **571**, 572, 575—7, 739

Galvani, L. (1737—98) 伽伐尼 30, 39, 43, 47, 80, 738

Gamble, E. A. 甘布尔 377, 383, 412, 420

Garman, C. E. 加曼 564

Garnett, J. C. M. 加尼特 481, 500, 574

Garrett, H. E. 加勒特 566, 582

Garten, S. 加顿 379

Garvey, C. R. 加维 549

Gassendi 伽桑狄 12

Gates, A. I. 盖茨 540

Gauss, C. F. 高斯 136, 138, 150, 285, 499, 538

Gay, J. 盖伊 195, 202

Geiger, P. H. 盖格 146, 342

Geissler, L. R. 盖斯勒 416

Gelb, A. 格尔布 382

George I 乔治一世 180

George II 乔治二世 180

Gerlach, J. G. 格洛克 68

Gerling, C. L. 格尔林 138, 150

Gerver, A. 杰弗 661

Gibbon, C. 吉本 60

Gilbert, J. A. 吉尔伯特 572, 582

Gilbert, W. 吉尔伯特 11

Gildmeister, M. 吉尔迈斯特 437

Gill, D. 吉尔 144, 152

Glisson, F. 格利森 36, 212

Goddard, H. H. 戈达德 546, 574, 582

Goethe, J. W. V. (1749—1832) 歌德 17, **20**, 24, 28, 80, **99**, 104, 114, 351, 355, 371, 461, 469, 501, 601, 720, 745

Goldscheider, A. 哥德斯瑟德 92, 94, 425

Goldstein, B. 戈尔茨坦 663

Goldstein, K. 戈尔茨坦 597

Golgi, C. 戈尔基 68, 78, 93

Goltz, F. L. (1834—1902) 戈尔茨 75, 79, 675, 684, 687, 690, 738

Gomperz, T. 冈帕茨 703

Goodenough, F. L. 古德纳夫 566

Gotch, F. 戈奇 43, 49, 491

Götz, W. 戈策 614

Goujon, J. J. E. 古乔恩 139, 151

Gramont, Duc de 格拉蒙特公爵 213

Grassmann, H. 格拉斯曼 102

Gray, T. 葛雷

Greatrakes, V. (1629—1683) 格雷特勒克 116

Green, T. H. 格林 201

Griffith, C. R. 格里菲思 578, 617, 661

Grijns, G. 格里扬斯 437

Grose, T. H. 格罗斯 201

Grote, G. 格罗特 177, 244

Gruhle, H. 格鲁尔 597

Guericke, O. V. 格里凯 11, 24

Guilford, J. P. 吉尔福德 478

Guillaume, P. 吉约米 617

Gullstrand, A. 格尔斯特兰 314, 424

Gurney, E. (1847—1888) 格尼 502, 545

Guthrie, E. R. 古斯里 730

H

Haberling, W. 赫伯林 46

Haddon, A. C. 哈登 490

Hall, G. S. (1844—1924) 斯坦利·

荷尔 46，243，272，295，314，324，344，347，389，432，437，505，508，**517**，**518—21**，**522**，**523**，528，531，533，541，**545**，547，552，559，564，566，**567—9**，570，**581**，640，711，740

Hall，Marshall（1790—1857）马沙尔·荷尔 29，36—9，47，121，669，738

Hall，Marshall(1910—)马沙尔·荷尔 662

Haller，A. V.（1708—1777）**哈勒** **16—18**，34，**36**，37，**41**，46，48，**73**，**114**，212，551，633

Hällström，G. G. 霍尔斯特罗姆 169

Halstead，W. C. 霍尔斯特德 688，691

Hamilton，G. V. 汉密尔顿 628，630，660

Hamilton，W. 汉密尔顿 57，216

Hammond，W. A. 哈蒙德 94，177

Hankins，F. H. 哈金斯 499

Harding，D. W. 哈丁 494

Hardwick，R. S. 哈德威克 583

Harless，C. 哈利斯 106，115

Harpcr，R. S. 哈珀 544，548，581

Harris，W. T. 哈里斯 271，548

Harrower-Erickson，M. R. 哈罗威尔-埃里克森 617

Hart，B. 哈特 500

Hartenstein，G. 哈腾斯坦 270

Hartley，D.（1705—1757）**哈特莱** 75，**83**，94，158，189，**193—5**，**195—9**，202，203，211，221，233，237，246，275，609，665，674，693，704

Hartlib 哈特立波

Hartmarm，E. V.（1842—1906）哈特曼 386，639，714

Hartmann，G. W. 哈特曼 617

Hartmann，J. 哈特曼 141，145，151

Harvey，W.（1758—1657）**哈维** 11，15，32，34，121，162

Hayes，S. P. 海斯 416，420

Head，H.（1861—1940）赫德 491，502，517

Healy，W. 希利 569，733

Heermann? 希尔曼 100，115

Hegel，G. W. F.（1770—1831）黑格尔 250，261

Heidbreder，E. 海德布雷德 435，544，561，578—80，617，661，733

Heidenhain，R. 海登海因 130，132，639

Held，R. 赫尔德 691

Hellpach，W. 赫尔帕赫 341

Helmholtz，H. L. F. V.（1821—1894）**赫尔姆霍茨** **21**，24，28，30，33，**41—5**，48，50，57，80，

91—3，95，99，104，109，115，129，144，159，169，236，246，249，261，264，268，275，281，294，**298—301，302—4，304—8，308—11，311—3，313**，314，316，319，351—5，357，372，384，389，420，423，437，468，488，536，550，602，635，641，664，674，708，714，724，738—40，743

Helmont，J. B. Van（1577—1644）范·赫尔蒙特 116，694，696

Helson，H. 赫尔森 455，619

Helvétius，C. A.（1715—1771）爱尔维修 214

Hendrick，I. 亨德里克 733

Henmon，V. A. C. 亨蒙 536，548

Henning，H. 亨宁 424，432

Henri，V.（1872—1940）亨利 383，559，572，582

Henry，J. 亨利 138，150

Hensen，V. 亨森 98，426

Herbart，J. F.（1776—1841）**赫尔巴特** 31，44，**142**，168，246，249，**250，251—61**，262，264—6，270，272，275，281，284，286，293，303，320，331，337，342，384，394，404，462，464，567，639，670，693，702，714，739

Herder，J. G.（1744—1803）赫德尔 633，660

Hering，E.（1834—1918）**海林** 17，**21，93**，98，101，103，104，115，165，249，305，351，**352—4，353，354，355**，363，374，376，379，384，386，389，392，396，420，426，489，595，602，614，679，738

Hermann，L. 赫尔曼 20，98，150，354，426

Heron，W. T. 赫伦 660

Herophilus 希罗费罗斯 50，83

Herrick，C. J. 赫里克 691

Herrick，C. L. 赫里克 271，722

Herschel，J. F. W. 赫舍尔 102，104

Hertz，P. 赫兹 301，315

Heyfelder，V. 海费尔德 315

Hicks，G. D.（1862—1941）希克斯 493，495，501

Hiero，S.（前 308—216）希罗（王）14

Hilgard，E. R. 希尔加德 662

Hill，D S. 希尔 546

Hillebrand，F. 希尔布兰德 379，614

Hinneberg，P. 欣尼巴格 432

Hipp，M. 希普 141，151

Hippocrates 希波克拉底 14，215

Hirsch，A. 赫希 141，151

Hitler，A. 希特勒 597

Hitzig，E. 希齐格 29，73，79，88，

664，675，683，685，738
Hobbes，T.（1588—1679）霍布斯 159，169，178，193，693，704
Hobhouse，L. T.（1864—1929）霍布豪斯 408，475，498，660
Hodge，C. F. 霍奇 46
Höffding，H. 霍夫丁 345，403，433
Hoffmann，A. 霍夫曼 270
Höfler，A. 霍夫勒 454
Holaday. B. E. 霍拉德 614
Holbein，H. 霍尔拜因 282
Hollands，E. H. 霍兰斯 346
Hollingworth，H. L. 霍林沃思 540，548
Holmes，O. W. 霍姆斯 105
Holmes，S. J. 霍姆斯 659
Holt，E. B.（1873—1946）**霍尔特** 94，432，466，506，516，620，622，**645**，656，**661**，715，**718**，720，726，728，738
Homer 荷马 122
Hook，S. 胡克 23
Hoppe，F. 霍普 727，734
Horn 霍恩 114
Hornbostel，E. M. V.（1877—1936）霍恩博思特尔 366，382，599
Horwicz 霍维赤 261
Hovland，C. I. 霍夫兰 662
Huey，E. B. 休伊 546
Hughlings-Jackson，J.（1835—1911）休林斯-杰克逊 502
Hugo，V. 雨果 63
Hull，C. L.（1884—1952）**赫尔** 131，549，645，**651**，658，**662**，**729**
Humboldt，A. V. 洪保德 48
Hume，D.（1711—1776）**休谟** **186**，**187—92**，193—7，**201**，205—8，211，221，224，228，233，236，**247**，394，432，609，704，738
Humphrey，G. 汉弗莱 494
Hunt，J. McV. 亨特 131
Hunter，J.（1728—93）亨特 106
Hunter，W. S.（1889— ）**亨特** 558，579，**629**，**630**，645，**649**，660，**662**，686，691
Husserl，E. G.（1859—1938）胡塞尔 18，365，367，380，394，408，420，448，451，595，603
Huxley，T. H.（1825—1895）赫胥黎 201，471，689
Huygens，C.（1629—95）惠更斯 212
Hyslop，J. H. 希斯洛普 548

I

Ihde，A. J. 依德 23
Irons，D. 艾恩斯 545
Isreal，H. E. 伊斯雷尔 663

J

Jackson，J. 杰克逊 132

Jacobson, E. 雅各布森 416, 618

Jaensch, E. R. (1883—1940)扬施 377, 383, 431, 604, 618

James, W. (1842—1910)**詹姆士** 22, 44, 79, 146, 149, 159, 167, 169, 241, 243, 262, 278, 291, 294, 295, 324, 334, 346, 352, 354, 359, 364, 384, 390, 395, 397, 403, 428, 432, 505, **508—12**, **512—4**, **516**, **517**, 519—21, 523—6, 528, 530, 543, **544**, 548, 550, 552, 555, 559—62, 654, 566, 570, 600, 608, 610, 618, 634, 643, 646, 665, 711, 717, 724, 733, 739, 743

Janet, P. (1859—1947)让内 129, 130, 430, 639, 693, 697, 699—701, 702, 730, 738

Jastrow, J. (1863—1944)**贾斯特罗** 153, 432, 520, 524, 528, **540**, **541**, 548, **549**, 582

Jenkins, T. N. 詹金斯 659

Jennings, H. S. (1868—1947)**詹宁斯** 432, 476, 498, 623, **625**, 639, 647, 656, **659**, 666

Jones, E. 琼斯 (1879—) 432, 640, 711, 732

Jones, H. E. 琼斯 566

Jost, A. 乔思特 375, 383

Joule, J. P. 焦耳 299, 666

Judd, C. H. (1873—1946) 贾德 324, 345, 347, 528, 548

Jung, C. G. (1875—1961) 荣格 432, 523, 640, 707, 711, 713, 732

K

Kaiser, F. 恺撒 141, 151

Kämpfe, B. 坎普费 411

Kant, I. (1724—1804)**康德** 19, 31, 44, 83, 165, 187, 193, 201, 204, 210, 243, **246**, 250, 253, 257, 261, 270, 298, 300, 304—6, 353, 363, 603, 738

Katz, A. 卡茨 660

Katz, B. 卡茨 663

Katz, David. (1884—)卡茨·大卫 377, 382, 604, 614, 618

Keller, H. 凯勒 608

Kelley, T. L. 凯利 540, 576, 583

Kellogg, L. A. 凯洛格 660

Kellogg, W. N. 凯洛格 660

Kent, G. H. 肯特 537

Kepler, J. (1571—1630) **刻卜勒 (——译开普勒)** **10**, 13, 24, 28, **104**, **105**, 159, 162, 601, 675, 677, 680, 689, 737

Kiesow, F. 基苏 324, 341, 347, 429, 438

Kinnaman, A. J. 金纳曼 627, 660

Kinnebrook，D. 金内布鲁克 134—7，150

Kirchhoff，J. W. 基尔霍夫 397

Kirschmann，A. 基希曼 324，341，347，411，429，438

Klemm，O. 克列姆 176—8，200，270，295，324

Kline，L. W. 克兰 546，627，659

Klüver，H. 克吕弗尔 618

Knorre，E. C. F. 克诺阿 137

Koenigsberger，L. 哥尼斯贝格尔 48，314

Koffka，K. （1886—1941）**考夫卡** 65，370，382，383，429，455，591，594，**597—9**，614，617，619，723

Köhler. W. （1887—1967）**苛勒** 366，370，376，382，383，429，475，591，594，**595—9**，600，603，614，**616**，619，629，**630**，660，676，681，687，690，**691**，723，740

Kollert，J. 科勒特 341

König，A. （1856—1901）柯尼希 48，302，389，421，423，437

König，E. 柯尼希 345

Kornilov，K. N. 柯尔尼洛夫 638

Kraemer，H，克雷默 694，697，730

Kraepelin，E. （1856—1926）**克勒佩林** 324，342，347，**429**，**438**，489，571，582

Kraus，O. 克劳斯 380

Krause，K. C. F. 克劳泽 394

Krauth，A. C. 克势思 200

Kries，J. v. （1853—1928）冯·克里斯 314，389，423，436，437，519，618

Kroebef，A. L. 克罗伯 22

Krohn，O. 克罗 383

Kronecker，H. 克洛内格尔 43，49，519

Krueger，F. 克鲁格 324，341，347

Kühne，W. 屈内 319，426

Külpe，O. （1862—1915）**屈尔佩** **149**，152，153，167，169，173，189，291，324，330，332，339，341，346，352，361，368—70，374，393—6，**397—9**，**398—402**，**401**，**402—7**，405，**407—10**，**409**，410—3，415，420，429，431，**433**，**434**，440，448，451，492，514，525，536，543，550，589，591，593，600，603，610，620，633，640，646，665，668，678，703，716，722，739

Kuntze，J. E. 孔茨 295

L

La Chambre 拉·钱布里 217

Ladd，G. T. （1842—1921）**赖德**

243，271，505，508，**524—6**，**525**，526，528—30，545，**546**，548，552，559，564，566，580

Ladd-Franklin，C. 赖德-富兰克林 104，548

Lafontaine，J. de 拉封丹 125—7，132

Laird，J. 莱尔德 495

Lamarck，J. B. P. A. M. de，(1769—1832) **拉马克** 308，467，469，470

La Mettrie，J. O. de(1709—1751) 拉·美特利 29，162，204，**212**，**213**，215，218，620，624，632，641，649，665，738

Lange，C. 朗格 516，544

Lange，L. **朗格** **148**，153，324，342，347，398，405，422，536，641，668，706，716，738

Langfeld，H. S. 朗菲尔德 381，382，662

Langley，A. G. 兰利 103，177，492

Laplace，P. S. de，(1749—1827)拉普拉斯 150，284，476，499

Larguier des Bancels，J. 拉古尔 438

Lashley，K. S. (1890—1958) **拉施里** **76**，79，645，**648**，649，**662**，670，**685—7**，690，**691**，738

Lasswitz，K. 拉斯威茨 295

Laycock，T. 列科克 46

Lazarus，M. 拉扎鲁斯 261

Leeper，R. W. 利珀 734

Leeuwenhoek，A. v. (1632—1723) 列文霍克 12

Lehmann，A. (1858—1921) 勒曼 132，324，330，347，400，429

Leibnitz，G. W. (1646—1716)**莱布尼兹** 31，159，**165**，**166—8**，170，177，181，201，209，246，248，255—7，304，461，501，639，665，676，693，702，714

Lemoine，A. 莱莫伊内 217

Lenz，M. 伦茨 382

Leonardo da Vinci. 达芬奇 15，103，601

Leslie 莱斯利 207

Lessing，G. E. 莱辛 371

Leuba，J. H. 勒巴 546，548

Le Verrier，U. J. J. 勒维烈 151

Levine，A. J. 列伐恩 617，733

Lewes，G. H. (1817—1878)刘易斯 240，244，245，334，660

Lewin，K. (1890—1947)**勒温** 381，591，599，692，714，723，724—6，726—8，728—30，733，738，740，743

Lewis，W. 路易斯

Libby，W. 利比 22，24

Lichtenstein，A. 利希滕斯坦 272

Lièbeault，A. A. (1823—1904) 李

厄保 139，132，639，693，697，709，738

Lillie，R. S. 李利 43，49

Lindenau，B. A. V. 林德诺 136

Lindley，E. H. 林德利 546

Linnæus，C.（1707—1778）林耐 16，17，20，114

Lippitt，R. 利比特 727，734

Lipps，G. F. 立普斯 347

Lipps，T.（1852—1914）立普斯 366，389，421，426，427，437，440，445，448，453

Lissner，K. 利斯纳 727，734

Listing，J. B. 利斯丁 100，115

Lobachevski，N. I. 洛巴切夫斯基 315

Locke，John（1632—1704）**约翰·洛克** 28，58，78，81，88，90，94，111，159，165，**169**，**170—6**，**178**，179，181，184，188，190，193，195，204，206，209—11，214，217，236，240，243，246—8，253，255，304，312，353，463，474，550，609，620，673，678，693，704，737

Loeb，J.（1859—1924）洛布 475，498，608，623，624，638，649，656，659，666，739

London，I. 伦敦 663，734

Lorenz，C. 洛伦茨 341，365，381

Lotze，R. H.（1817—1881）**洛采（一译陆宰）** **29**，**38**，47，51，58，67，89，93，95，158，208，238，249，251，**261—5**，**261—70**，271，272，275，284，305—7，316—8，332，351，353，357，363，372—4，376，384，387，412，462，468，550，593，603，666，678，739

Louis XIV 路易十四 13

Lowell，J. R. 洛厄尔 410

Lubbock，J.（1834—1913）卢波克 475，498，626

Lucas，K. 卢卡斯 43，49，748

Ludwig，C. F. W.（1816—1895）**路德维希** 34，299，318，354，423，489，614，635，708

Luft，E. 勒夫特 341

M

MacCurdy，J. T. 麦考迪 692，730

Mace，C. A. 梅斯 496

Mach，E.（1838—1916）**马赫** 192，202，249，281，332，351，376，384，386，**392**，**393**，**393—5**，396—400，416，419，**432**，433，440，**442**，595，603，633，655，658，679，709，739

Magendie，F.（1783—1855）**马戎第** **18**，**27**，**32**，34，46，**66**，73，78，276，744

Magnus, H. G. 马格纳斯 299—301, 318, 635
Maier, N. R. F. 梅尔 659
Mailly, E. 梅利 499
Main, R. 梅因 138, 150
Maine de Biran, F. P. G. 梅因·德·比隆 277
Malebrauche, N, de, 马勒布朗士 165, 181, 201, 204, 209, 217, 236
Marbe, K. 马尔比 341, 344, 347, 402, 434
Marey, E. J. 马雷 43, 49
Marie Antoinnette, 玛丽·安托 131
Mariotte, E. 马里奥特 102, 314
Marquis, D. G. 马奎斯 581
Marrow, A. J. 马罗 734
Marshall, H. R. 马歇尔 548
Martin, L. J. 马丁 375, 382
Martius, G. 马修斯 341, 347, 614
Marx, K. 马克思 638
Maskelyne, N. (1732—1811) **马斯基林 134**, 150
Mast, S. O. 马斯特 659
Mateer, F. 马蒂尔 546
Matsumoto, M. 马楚摩托 528
Matteucci, C. 马特锡 40, 47
Maudsley, H. (1835—1918) 莫兹利 502, 634, 639, 660
Maxwell, C. 马克斯韦尔 102, 489
May, M. A. 梅伊 566
Mayer, A. 迈尔 402, 434
McCosh, J. 麦科什 216, 530
McDougall, W. (1871—1944) **麦独孤** 167, 361, 460, 465, 465—7, 466, 467, 471, 488, 490, 494, 495, 496, 497, 512, 673, 692, 702, 715, 717, 719, 722, 733
McGeoch, J. A. 麦乔奇 657, 663
McKeag, A. J. 麦克格 94
McNeile, H. 麦克尼尔 127
McNemar, Q. 麦克尼马尔 500
Mead, G. H. 弥德 553, 556, 579
Mechnikoff, I. I. 米切尼科夫 635
Meés, C. E. K. 米斯 23
Meinong, A. (1853—1920) 麦农 440—2, 444, 446, 448, 454
Meissner, G. 迈斯纳 363
Mendel, G. J. (1822—84) 孟德尔 744
Mendeleyev, G. I. (1834—1907) 门得列耶夫 592, 635
Mentz, P. 门茨 324
Merkel, J. 默克尔 341
Merlan, P. 默连 380, 731
Merrill, M. A. 梅里尔 576, 583
Mersenne, M. 梅塞内 12, 161
Merz, J. T. 梅尔茨 22, 24
Mesmer, F. A. (1734—1815) **麦斯麦 116—9**, 121, 128, 131, 693—

6, 738
Messer, A. (1867—1937) 梅塞尔 173, 361, 369, **406**, 408, 431, 435, 440, **448—51**, 452, **455**, 456, 526, 703
Metzger, W. (1899—) 梅茨格 438, 599
Meumann, E. (1862—1915) 墨伊曼 324, 341, 343, 347, 400, 411, **429**, **438**, **581**
Meyer, A. 迈耶 432
Meyer, H. 迈耶 614
Meyer, M. 迈耶 370, 382, 548, 648, 654, 663
Michelangelo 米开朗琪罗 **15**
Michotte, A. 米肖特 560
Miles, C. C. 密尔斯 545
Miles, W. R. 密尔斯 545, 579
Mill, Jas. (1773—1836) 詹姆士·穆勒 171, 173, 184, 203, 206, 208, 211, **219**, **220—6**, 227—9, 233, 239, 241, 244, 246, 276, 304, 336, 386, 550, 598, 608, 646, 693, 704, 738
Mill, J. S. (1806—1873) 约翰·穆勒 200, 203, 206, 208, 211, 219, **227**, **228—33**, 233—5, 239, 244, 246, 250, 276, 304, 316, 336, 357, 447, 461, 501, 518, 550, 608, 646, 693, 704, 738
Miller, N. E. 密勒 729, 734
Mirabeau, Comte de 米拉波 215
Mises, Dr. 米赛斯博士 277, 278
Mitchel, O. M. 米切尔 140, 151
M'kendrick, J. C. 麦克德里克 49, 314
Möbius, F. J. 默比乌斯 59
Möbius, W. 默比乌斯 324
Moll, A. 莫尔 130
Molyneux, W. 莫利纽克斯 689
Mommsen, T. 莫姆生 397
Moore, A. W. 穆尔 436, 553—5, 579
Moore, H. T. 穆尔 380
Moore, T. V. 穆尔 692, 730
Morgan, C. Lloyd (1852—1936) 摩尔根 460, **474**, 488, 492, **497**, 563, 622, 628, 641, 650, 739
Morgan, C. T. 摩尔根 79, 689
Morgan, T. H. 摩尔根 497
Morse, J. 莫尔斯 546
Morton, W. T. G. 莫顿 122, 124, 132
Mosch, E. 莫希 324
Moss, F. A. 莫斯 659
Mowrer, O. H. 莫勒 729, 734
Müller, F. 缪勒 316
Müller, G. E. (1850—1934) 格·埃·缪勒 251, 262, 264, 272, 293, 343, 351, 364, **371—9**, **373**,

375，**375**—**7**，**376**—**9**，377，**378**，382，386—93，397，410，412，419—21，425，428，431，465，489，497，508，511，537，587，596，604，663，665，679—81，716，739

Müller，Joh.（1801—1858）**约翰内斯·缪勒** 16，**18**，**20**，**27**，**30**，32，**33**—**5**，**36**，40，**41**，46—8，**75**，78，80，**81**—**90**，91，94，98，**99**—**102**，104—6，**105**，**106**，**107**—**9**，110，112，**114**，**143**，152，158，233，236，238，249，263，266，275，284，297，299，303—5，307，312，315，318，352，384，421，602，635，664，668，672—4，676. 689，708，738，744

Müller，R. 缪勒 295，324

Mülliner，B. C. 米利纳 271

Munk，H.（1839—1912）孟克 75，79，93，675，683，690，738

Münsterberg，H.（1863—1916）**闵斯特伯格** 347，426，**427**—**9**，**438**，511，533，543，548，565，571，605，722

Münsterberg，M. 闵斯特伯格 438，582，731

Murchiscn，C. **麦奇森** 381，437，496，500，502，578—81，617，661，690，730，732

Murphy，G. **墨菲** 94，178，217，244，270—2，295，315，345，431，435，544，617，661，730—2，734

Murray，H. A. 默里 692，728，733，734

Musschenbroek，P. Van 范·穆森布勒克 102

Myers，C. S.（1873—1946）迈尔斯 435，460，488，490—3，495，501，502，559

N

Nagel，W. A.（1870—1910）纳格尔 20，94，314，424

Napoleon，拿破仑 59，215

Nasse，O. 纳斯 68，78

Natanson? 纳汤生 91，95

Nehus? 内胡斯 138，150

Neurath，O. 纽拉思 654

Newcomb，S. 纽科姆 144，152

Newman，B. E. 纽曼 617

Newton，I.（1642—1727）**牛顿** **5**，**10**，**12**，13，16，19，24，**75**，80，96，**98**，99，**102**，**103**，105，159，165，179，195，234，237，252，299，303，340，601，675，678，737，745

Nichols，H. 尼科尔斯 546

Nicolai，F. B. G. 尼古拉 138，

143—5，152
Nobel，A. B.（1833—96）诺贝尔
Nordenskiöld，E. 诺登斯柯尔德 24，79
Nothnagel，H. 诺特纳格尔 74，79
Noyons，A. K. M. 诺伊翁斯 437
Nuel，J. P. 纽尔 659

O

Oehrn，A. 厄恩 571，582
Oelschläger，W. 厄尔施勒格 151
Offner，M. 奥夫纳 217
Ogburn，W. F. 奥格本 22
Ogden，R. M. 奥格登 434，599
Ohm，G. S. 欧姆 30，109，277
Okabe，T. 鄂卡俾 416
Ordahl，G. 奥达尔 546
Ornstein，M. 奥恩斯坦 24
Orr，J. 奥尔 201
Orth，J. 奥尔特 402，403，406，434
Osler，W. 奥斯勒 730
Otswald，W. 奥斯瓦尔德 43，49
Otis，A. S. 奥蒂斯 575
Ovsiankina，M. 奥芙散金娜 726，733

P

Pace，E. A. 佩斯 343，347，411
Panum，P. L. 潘乌姆 614
Paracelsus，P. A.（1493—1541）帕拉塞尔苏斯 116，695
Parker，G. H. 帕克 626
Pascal，B. 帕斯卡尔 499
Passkönig，O. 帕斯柯尼希 345
Patrick，G. T. W. 帕特里克 347，548
Pattie，F. A. 帕蒂 496
Pauli，R. 鲍里 437
Paulsen，F. 保尔森 527
Pavlov，I. P.（1849—1936）**巴甫洛夫** 39，523，570，620，635，**636**，644，**661**，684，738
Pear，T. H.（1886— ）皮尔 492，493，502
Pearson，K.（1857—1936）**皮尔逊** 192，202，393，432，478，**479**，480，482，488，**499**，499—501，655
Peirce，B 皮尔斯 151
Peirce，C. S. 皮尔斯 243，541，549
Pean，W. 彭恩 298
Penne，C. 彭妮 298
Pennington，L. A. 彭宁顿 657，663
Perkins，D. T. 珀金斯 662
Perky，C. W. 佩基 202
Perry，R. B. 佩里 245，295，346，544，618
Pestalozzi，J. H.（1746—1827）斐斯塔洛齐 251，567
Petermann，B. 彼特曼 617

Peters, C. A. F. 彼得斯 150
Peters, C. C. 彼得斯 500
Peterson, J. 彼得森 558, 582
Pflaum, C. D. 弗拉姆 342
Pflüger, E. F. 普夫吕格尔 29, 38, 47, 67, 665
Pfungst, O. 芬斯特 382
Philips, J. P 菲利普斯 132
Piaget, J. (1896—1980)皮亚杰 560
Piéron, H. 皮埃隆 559, 700
Piesse, L. 皮西 218
Pillsbury, W. B, 皮尔斯伯里 176, 200, 347, 412, 420, 548, 549
Pilzecker, A. 匹尔捷克 375, 383
Pinel, P. (1745—1826)皮内尔 51, 58, 59, 695
Planck, M. (1858—1947)普朗克 597
Plantamour, E. 普兰塔摩 141
Plateau, J. 普拉托 98, 102
Plato(前 427—347)柏拉图 6, 50, 664
Pledge, H. T. 普莱奇 22
Podmore, F. 波德莫尔 502
Poffenberger, A. T. 波芬柏格尔 540
Poissen, S. D. 普瓦松 284
Ponzo, M. 庞佐 438
Poppelreuter, W. 波普尔路透 382, 614
Porta, G. B. 波塔 104
Porterfield, William 波特菲尔德, 威廉 98
Pratt, C. C. 普拉特 663
Prazmowski? 普拉兹莫斯基 140, 151
Preyer, W. (1842—1897)普累叶 130, 132, 389, 421, 425, 437, 468
Priestley, J. (1733—1804)普利斯特列 98, 203, 216, 614
Prince, M. (1854—1929)普林斯 129, 701, 731
Prochaska, G. (1749—1820)普洛查斯卡 36—8, 46
Pruette, L. 普鲁埃特 545
Puglisi, M. 普利西 380
Puner, H. W. 普纳 732
Purkinje, J. E. (1781—1869)**普金耶** 17, **20**, 28, 78, 80, 98, **99**, **103**, **106**, 114, 313, 351, 355, 602, 738
Pyle, W. H. 派尔 416
Pythagoras 毕达哥拉斯 50, 664

Q

Quetelet, A(1796—1874)**刻特雷** 139, 150, 285, 461, **476**, 478, **499**, 534

R

Radau, R. 拉多 150

Rahn, C. 拉恩 402, 434
Rand, B 兰德 94, 130, 176—8, 200—2, 216—8, 244, 270, 295, 315, 437, 532, 581
Rank, O. (1884—1939)兰克 707, 711, 732
Raspe, R. E. 拉斯帕 177
Ratner, J. 拉特纳 578
Reichenbach, K. v. 赖兴巴赫 132
Reid, T. (1710—1796)**黎德 53, 55, 59**, 193, 203, 204, **205**, 207—9, 216, 246, 609, 646
Reik, T. 赖克 732
Reiner, J. 赖纳 314
Remak, R. 雷马克 68
Renshaw, S. 伦肖 662
Repsold, O. P. 勒普索 139
Reymert, M. L. 雷默特 548
Rhenisch, E. 莱尼希 271
Rhine, J. B. 莱因 496
Ribot, T. (1839—1916)**李播** 244, 270—2, 295, 345, 426, **430, 438**, 559, 700, 731, 739
Richet, C. 黎歇 130, 132, 689
Rickman, J. 里克曼 733
Reimann, G. F. B. 黎曼 315
Rivers, W. H. R. (1864—1922)里弗斯 460, 488, 489—93, 501
Roback, A. A. 罗伯克 661
Robertson, C. 罗伯逊 236, 464, 468, 497
Robinson, A. L. 鲁宾逊 496
Robinson, T. R. 鲁宾逊 138, 150
Rogers, A. K. 罗杰斯 270
Rogerson, W. 罗杰森 138, 150
Rolando, L. (1770—1831)罗兰图 62, 66, 68, 73, 77
Romanes, G. J. (1848—1894)罗曼尼斯 473, 475, 497, 563, 622, 627, 630, 656, 739
Romieu, J. B, 罗米厄 109
Rorschach, H. 罗夏 583
Rosanoff, A. J. 罗莎诺夫 537
Rosenblith, W. A. 罗森布利兹 115
Ross, R. T. 罗斯 662
Rousseau, J. J. 卢梭 19, 209
Roux, P. J. 鲁 32
Royce, J. 罗伊斯 270, 543, 548, 626
Rubin, E. (1886—)鲁宾 378, 383, 604, 605—7, 618
Ruch T. C. 鲁契 689
Rückle, G. 吕格尔 377
Ruckmick, C. A. 鲁克米克 381, 544
Rupp, H. 吕普 370, 377, 382
Rush, B. (1745—1813)拉什 51, 58
Russell, B. (1872—1970)罗素 22—4, 270

S

Sachs, H. 萨克斯 711, 731

Salow, P. 塞洛 324

Sanford, E. C. (1859—1924) **桑福德** 150, 152, 520, 523, 528, **542**, 545, 548, **549**

Sanson, L. J. 桑森 106

Sarton, G. 萨顿 22

Sauvages, F. B. de 索维吉 41

Savart, F. 萨瓦尔 108

Schaefer, K. L. 沙费尔 382

Schäfer, E. A. 沙费尔 98, 490, 690

Schaub, A. de V. 肖布 201

Schelling, F. W. J. v. (1775—1854)谢林 250, 261

Schiller, J. C. F. v. 席勒 448

Schlick, M. 施里克 315, 394, 603, 633, 654

Schlosberg, H. 施洛斯贝格 660

Schmidt, R. 施密特 381, 437, 454, 456,

Schneck, M. R. 施内克 582

Schnierla, T. C. 施尼尔拉 659

Schopenhauer, A. 叔本华 104, 114

Schräder, H. 施拉德 434

Schumann, F. (1863—1940) **舒曼** 370, 374, 382, **429**, **438**, **445**, **454**, 594, 715

Schurman, J. G. 舒尔曼 543

Scott, C. A. 司各脱 546

Scripture, E. W. (1864—1945) **斯克里普彻** 324, 341, 347, 411, 526, **527**, 528, 533, 541, **546**, 548, 559

Sears, R. R. 西尔斯 713, 729, 733

Seashore, C. E. (1866—1949)西肖尔 432, 528, 548

Seashore, R. H. 西肖尔 663

Sechenov, I. M. (1829—1905)谢切诺夫 620, 635, 651, 660, 661, 738

Sedgwick, W. T. 塞奇威克 22

Seebeck, A. 西贝克 104, 109

Seyfert, R. 赛弗特 455

Shaftesbury, Earl of (1671—1713) 沙甫慈伯利伯爵 170

Shakow, D. 沙科 431

Sharp, S. E. 夏普 572, 582

Shaternikov, M. N. 沙特尔尼柯夫 660

Sheepshanks, R. 希普香克斯 150

Shelden, H. D. 谢尔登 546

Shelley, P. B. 雪莱 371

Sherren, J. 谢伦 491

Sherrington, C. S. (1857—1952)谢灵顿 88, 490, 492, 502, 564

Sidgwick, H. (1838—1900)西基威克 502

Simon, J. 西蒙 132

Simon, T. 西蒙 272, 438, 573, 582
Simpson, J. 辛普森 131
Skinner, B. F. (1904—)斯金纳 645, 650, 656, 662, 663
Skramlik, E. v. 司克拉姆里克 437
Slade, H. 斯莱德 306
Small, W. S. 斯莫尔 546, 627, 629, 659
Smidt, H. 斯米德特 497
Smith, A. (1723—90)亚当·斯密 705
Smith, C. A. 史密斯 131
Smith, May, 史密斯 492
Smith, M. K. 史密斯 270
Smith, N. 史密斯 201
Smith, W. G. 史密斯 492
Smuts, J. 斯马次 588
Sorley, W. R. 索利 495
Soucek, R. 苏色克 438
Soury, J. 苏理 77, 79, 689
Spalding, D. A. 斯波尔丁 498, 626, 659
Spearman, C. E. (1863—1945)斯皮尔曼 **480**, 490, 492, 494, 496, **500**, 574, 576, 582, 588
Spencer, H. (1820—1903)**斯宾塞** 211, 219, 236, **240—2**, 243, 245, 308, 471, 507, 524, 552, 704—6
Spinoza, B. de(1632—77)斯宾诺莎 165, 168, 178, 217
Spiro, K. 斯皮罗 383
Spoerl, H. D. 斯波尔 59, 216
Sprenger, J. 斯普伦格 694, 697, 730
Spurzheim(1776—1832)施普茨海姆 52—7, 59, 62, 72, 95
Starbuch, E. D. 斯塔布克 544, 546
Steinbuch, J. G. 斯坦布赫 106, 112, 114
Steinheil, C. A. 斯坦海尔 284
Steinthal, H. 斯坦塔尔 261
Stephen, L. 斯蒂芬 731
Stern, W. (1871—1938)斯特恩 430, 438, 574, 582
Stevens, H. C. 史蒂文斯 146
Stevens, K. 史蒂文斯 581
Stevens, S. S. 史蒂文斯 656—8, 663, 679, 689
Stewart, D. (1753—1828)**斯图尔特** **53**, **55**, **59**, **203**, 204, **206**, 208, 216, 218, 246
Stilling, B. 斯蒂林 68
Stoddard, G. D. 斯托达德 583
Stone, S. 斯通 147
Störring, G. W. 斯托林 347, 429, 438
Stout, G. F. (1860—1944)**斯托特** 206, 254, 455, 460, **464**, 468, 488, 494, 495, **496**, 513, 526
Stratton, G. M. 斯特拉顿 324,

341，347，548，677，689
Strong，C. A. 斯特朗 548，688
Strong，E. K. 斯特朗 540，583
Struve，O. W. 斯特鲁维 137，139，150
Stuart，J. 斯图尔特 220
Stuckenberg，J. H. W. 斯图肯伯格 270
Stumpf，C. （1848—1936）**斯顿夫** 165，167，249，262，264，305，351，356，361，**362—6**，**363**，**363—71**，**364**，**367—9**，**370**，**371**，372—4，378，380—2，**382**，386，389，392，394，397，400，408，420，425，429，440，445，451，454，489，508，510，564，593—5，597，599，603，703，738
Sully，J. （1842—1923）萨利 460，463，467，488，494，497，524
Swift，J. 斯威夫特 200
Sylvius，D. 西尔维斯 15
Symes，W. L. 西姆斯 151
Szokalsky，V. 索卡尔斯基 104，115

T

Tartini，G. 塔蒂尼 96，109
Tawney，G. A. 陶奈伊 347
Taylor，W. S. 泰罗 730
Tchisch，W，von 冯·戚希 146，342
Tennyson，A. 丁尼生
Terman，I. M. 推孟 500，546，574，576，583
Thatcher，J. K. 撒切尔 525
Thomas，D. 托马斯 22
Thomas，H. L. 托马斯 47
Thomas Young（1773—1829）**托马斯·扬** 27，75，**91**，95，**103**，104，106，114，300，304，315，354，674
Thornpson，H. B. 汤普森
Thomson，G. H. 汤姆生 478，481，500，574，576，583
Thoorndike，E. L. (1874—1949)**桑代克** 242，475，498，500，506，539，544，548，559，**561—4**，**562**，**566**，**569**，**574**，**580**，**581**，582，626，629，637，652，659，684，693，706，721，739
Thouless，G. H. 索利斯 614
Thucydides 修昔底德 6
Thuma，B. D. 苏马 544
Thurstone，L. L. 瑟斯顿 478，481，500，576，583
Tilquin，A. 蒂尔奎因 662
Tinker，M. A. 廷克尔 544
Tischer，E. 蒂舍尔 153，341
Titchener，E. B. (1867—1927)**铁钦纳** 77，151，153，171，184，201，206，208，225，229，233，272，295，319，324，326，331，341，

344，347，352，376，379—83，386，391，393，395—7，399，402，409，**410**，**410—7**，**412—4**，**413**，**414**，**415**，**416—20**，**417—9**，**419**，429，431，432，434—7，**435**，**436**，441，455，495，506，514，528，532，537，542，545，548，549，550，555，559，565，571，573，578，**579**，587，592，600，608—11，**618**，620，633，640，642，645，690，711，715，722，727，739，743

Tolman，E. C.（1886—1959）**托尔曼** 466，506，516，622，645，**647**，649，652，654，656，**662**，663，692，714—6，718，**719—21**，722，724，726，728—30，734

Tolstoy，L. 托尔斯泰 22

Tomkins，S. S. 汤姆金斯 733

Torricelli E. 托里切利 11，24

Tourtual，C. T. 图尔塔耳 98，115

Tracy，Destutt de(1754—1836)特拉西 633

Trautscholdt，M. 特劳特施科德 153，343

Trendelenburg，F. A. 特伦德伦伯格 356，372，518

Trettien，A. W. 特雷廷 546

Treviramus，G. R. 特雷维拉努斯 99，102，115，152

Triplett，N. 特里普里特 546

Troland，L. T. 特罗兰 704，731

Tschermak，A. V.（1870—　）切尔麦克 424

Tsyon，E. 切翁

Tucker，A.（1705—1774）塔克 203，216

Tuke，W.（1732—1822）图克 51，58

Turner，F. J. 特纳 23

Tyler，H. W. 泰勒 22

U

Uexküll，J. v. 尤克斯屈尔 625，659

Unzer，J. A.（1727—1799）昂泽 17，36，38，46

Urban，F. M. 乌尔班 293

V

Van Essen，J. 范·埃森 382

Vanhomrigh，E. 范霍姆莉格 200

Van Voorhis，W. R. 冯·沃勒斯 500

Veitch，J 维奇 216

Venn，J. 维恩 489

Vesalius，A.（1514—1564）维萨留斯 15

Vierordt，K. v.（1818—1884）维洛特 102，281，384，422，437

Vieth，G. U. A. 维茨 105

Villa，G. 维拉 176

Vintschgau，M. von 冯·文希高 98，426

Virchow，R. 微尔和 46，299

Visher，S. S. 维谢尔 548

Vives，J. L.（1492—1540）维韦斯 695

Volkmann，A. W.（1800—1877）**福尔克曼** 80，95，**100**，102，115，263，277，281，318，384，**422**，677

Volkmann，W. F. 福尔克曼 261，364，524

Volta，A. 伏特 30，40，43，47，63，738

Voltaire，伏尔泰 5，19，209

W

Wagner，E. 华格纳 352

Wagner，Richard 华格纳，理查德 453

Wagner，Rudolph. 华格纳，鲁道夫 20，95，98，100，107，114，265

Waite，A. E. 韦特 132

Waitz，T. 魏茨 261

Walbeck? 沃尔贝克 136

Waldeyer，W. 瓦德耶尔 69，79

Walker，A. 沃克 45

Walker，H. M. 沃克 498—500

Wallace，A. R.（1823—1913）华莱士 471，507

Wallach，H. 瓦拉赫 599，614，616，691

Waller，A. 沃勒 68，78

Wallin，J. F. W. 沃勒 528

Ward，J.（1843—1925）**沃德** 206，361，454，460，**462—4**，465，488，**489**，**493**，**495**，513，526，610，693，716

Ward，W. S. 沃德 120，124，131

Warden，C. J. 沃登 498，659

Warner，L. H. 沃纳 659

Warren，H. C. 华伦 176，178，200，216—8，244，324，347，411，435，531，548

Warren，R. B. 华伦 23

Washburn，M. F. 华许本 341，347，412，420，498，548，659

Waters，R.H. 沃特斯 657，659，663

Watson，J. B.（1878—1958）**华生** 506，**556**，558，565，570，587，620，622，627，637，640，**641—5**，646，653，660，**661**，685，717，722，731，740

Watt，H. J.（1879—1925）瓦特 149，403，405，435，492，514，594，610，640，716

Weber，E. H.（1795—1878）**韦伯** **21**，28，80 89，95，96，98，102，109，110—3，115，222，233，263，266，275，280，284，289，

303，306，318，320，352，363，375，384，421，486，680，690，738
Weinmana，R. 温曼 94
Weismann，A.（1834—1914）魏斯曼 467，471
Weiss，A. P.（1879—1931）魏斯 620，645，648，662
Weisse，C. 韦斯 263
Weld，H. P. 韦尔德 420，436
Weldon，W. F. R. 韦尔登 480
Wells，H. 韦尔斯 548
Wells，F. L. 韦尔斯 122，124，131
Welsh，D. 韦尔什 217
Wentscher，M. 温彻尔 272
Wertheimer，M.（1880—1943）**惠太海默** 65，171，370，376，429，441，444，447，587，589—91，**594—9**，600，605，607—9，611，**616**，681
Weyer，I.（1515—1588）韦耶尔 695
Wheatstone，C. 惠斯顿 105，151，355
Wheeler，R. H. 惠勒 600
Wheeler，W. M. 惠勒 659
Whewell，W. 休厄尔 228
Whipple，G. M. 惠普尔 420，569，574，582
White，R. K. 怀特 727，734
Whytt，R.（1714—1766）惠特 29，35—8，37，46，212，669，738
Williams，A. M. 威廉斯 271
Williams，H. D. 威廉斯 432
Willis，T. 威利斯 50
Wilson，H. A. 威尔逊 491
Wilson，L. N. 威尔逊 545
Wiltse，S. E. 威尔茨 581
Wirth，W. 沃思 324，347，438
Wissler，C. 威斯勒 540，574，582
Witasek，S.（1870—1915）威塔塞克 173，361，369，440，446，448，452，455，703
Witmer，L. 威特默 324，347，411，534，548，568，581
Wittels，F. 威特耳斯 731
Wolf，A. 沃尔夫 22
Wolf，C. 沃尔夫 144，152
Wolfe，H. K. 武尔夫 347
Wolfers，J. P. 沃尔弗斯 138，150
Wolff，C.（1679—1754）沃尔夫 246
Wolfle，D. 沃尔弗利 583
Wollaston，W. H. 沃拉斯顿 75，675
Wollstonecraft，M. 沃斯顿克拉夫特 695
Woodworth. R. S.（1869—1962）**吴伟士** 431，435，437，525，540，548，559，561，**564**，**564—6**，**566**，574，578，**580**，580—2，**581**，617，61 9，661，692，**721**—

3，730，732，734，740
Woolley，H. T. 伍利 558，574，582
Worcester，W. L. 武斯特 545
Wren，C. 雷恩
Wundt，E. 冯特 344
Wundt，W.（1832—1920）**冯特** 4，21，33，101，**142**，**144**，**146**，**147—9**，151，166，168，173，184，198，203，206，208，216，219，228，236，246，249，252，258，261，269，271，275，281，283，294，295，297，305，309，315，**316—27**，**320—3**，**322**，**323—5**，**325—7**，**327—31**，**331—9**，**339—43**，344—7，**345**，**346**，**347**，351—4，357—61，365—7，369，371，373—5，379—82，381，384，386，389，392，394，397—400，403，406，408，410—6，419—21，427，429，431，433，435，439，446—8，**461**，468，474，482，487，489，505，507—12，514，519，521，524，527，530，533，537，547，550，559，563，587，591，600，602，607，610，618，620，636，643，646，665，668，680，703，733，738—40，743
Yerkes，R. M.（1876—　）叶克斯 574，583，626，628，629，630，660

Y

Young，E. 扬 371
Young，P. T. 扬 731
Young T.（1773—1829）托马斯·扬 27，75，91，95，103，104，106，114，300，304，315，354，674
Yule，G. U.（1871—　）尤尔 480，499

Z

Zeigarnik，B. 蔡格尼克 726，733
Zeller，E. 策勒 264，527
Ziehen，T.（1862—1950）齐亨 271，426，427，434，437，525
Zilboorg，G. 齐博格 131，695，730
Zöllner，J. K. F. 佐尔纳 306，323
Zwaardemaker，H.（1857—1930）茨瓦特梅格 424，437

图书在版编目(CIP)数据

实验心理学史/(美)E. G. 波林著;高觉敷译. —北京:商务印书馆,2017
(汉译世界学术名著丛书:120年纪念版:珍藏本)
ISBN 978-7-100-14894-8

Ⅰ. ①实… Ⅱ. ①E… ②高… Ⅲ. ①实验心理学—心理学史 Ⅳ. ①B84-09

中国版本图书馆CIP数据核字(2017)第160074号

汉译世界学术名著丛书
(120年纪念版·珍藏本)
实验心理学史
(全两册)
〔美〕E. G. 波林 著
高觉敷 译

商务印书馆出版
(北京王府井大街36号 邮政编码100710)
商务印书馆发行
北京冠中印刷厂印刷
ISBN 978-7-100-14894-8

2017年12月第1版 开本710×1000 1/16
2017年12月北京第1次印刷 印张62¼
定价:300.00元